Alexander Nadler

Stadtführer

HONG KONG

MIT MACAU

Reise-Informationen und Insider-Tips
für bekannte und unbekannte Gebiete
Hongkongs

1. Auflage 1993/94
2. Auflage 1993/94
3. Auflage 1995/96

Büchnerstraße 11 · D 41540 Dormagen
Telefon 0 21 33 / 2 60 30 · Fax 0 21 33 / 26 03 33

Farb- und Schwarzweißbilder: Alexander Nadler
Redaktionelles Copyright, Konzept und dessen Überarbeitung:
Michael Iwanowski
Karten: Günter Kloppenburg, Michael Iwanowski

Gesamtherstellung: F. X. Stückle, 77955 Ettenheim

Printed in Germany

ISBN 3-923975-36-8

Inhaltsverzeichnis

☛ **Die roten Seiten: Iwanowski's Highlights, Supertips und Warnungen**

1. EINLEITUNG: HONG KONG – DER DUFTENDE HAFEN 7

2. HONG KONG – LAND UND LEUTE 10
2.1 Historischer Überblick 10
2.1.2 Die Geschichte einer Stadt 10
2.1.3 Das politische System 21
2.1.4 Wichtige Persönlichkeiten 22
Captain Charles Elliot 22 - Sir Henry Pottinger 22 - William Jardine/James Matheson 23 - Sir Lawrence Kadoorie 24 - Run Run Shaw 24
2.2 Landeskundlicher Überblick 25
2.2.1 Wirtschaft 25
2.2.2 Geographie 26
2.2.3 Klima 28
2.2.4 Bevölkerung 29
2.2.5 Erziehung 30
2.2.6 Was die Menschen bedrückt 31
2.3 Kulturgeschichtlicher Überblick 35
2.4 Religion 40
2.4.1 Konfuzianismus 40
2.4.2 Taoismus 41
2.4.3 Buddhismus 41
2.4.4 Ahnenkult 43
2.4.5 Animismus 43
2.4.6 Die wichtigsten chinesischen Götter 45
Kuanti 45 - Kuan Yin 45 - Pak Tai 45 - Tam Kung 46 - Tin Hau 46 - Wong Tai Sin 46 - Die acht Unsterblichen 46

3. HONG KONG ALS REISEZIEL 49
3.1 Praktische Reisetips von A-Z 49
3.2 Wo man unterkommt 109
3.2.1 Sehr teure Hotels 109
3.2.2 Teure Hotels 111
3.2.3 Moderate Hotels 113
3.2.4 Preiswerte Hotels 115
3.2.5 Billige Hotels 116
3.3 Wo man gut ißt 117

3.3.1 Allgemeines ... 117
3.3.2 Die wichtigsten Regionalküchen Chinas ... 118
3.3.3 Ausgewählte Restaurants ... 120
3.4 Bars, Lounges, Pubs & Discos ... 127
3.5 Hostessen-Clubs ... 128
3.6 Wo man gut einkauft ... 129
3.6.1 Allgemeines ... 129
3.6.2 Einkaufszentren (Shopping Centres) ... 131
3.6.3 Department Stores ... 132
3.6.4 Märkte ... 133
3.6.5 Spezialläden ... 135
3.7 Organisierte Touren ... 139
3.8 Programmvorschläge ... 140
3.8.1 Vorschlag für einen eintägigen Aufenthalt ... 140
3.8.2 Vorschlag für einen zweitägigen Aufenthalt ... 141
3.8.3 Vorschlag für einen dreitägigen Aufenthalt ... 141
3.8.4 Vorschlag für einen viertägigen Aufenthalt ... 142

☛ **Die grünen Seiten: Das kostet Sie Hong Kong**

4. HONG KONG SEHEN UND ERLEBEN ... 145

4.1 Hong Kong Island ... 145
4.1.1 Western District ... 145
4.1.2 Central District ... 155
4.1.3 Mid-Levels ... 169
4.1.4 The Peak ... 173
4.1.5 Wan Chai Gap ... 176
4.1.6 Wan Chai ... 178
4.1.7 Causeway Bay ... 184
4.1.8 Happy Valley ... 190
4.1.9 Der Osten ... 193
4.1.10 Der Süden ... 198
Aberdeen 198 - Ocean Park, Middle Kingdom und Water World 202 - Deep Water Bay 204 - Repulse Bay 204 - Stanley 206 - Shek O 208
4.1.11 Country Parks ... 209
Pok Fu Lam Country Park 209 - Aberdeen Country Park 209 - Tai Tam Country Park 209 - Shek O Country Park 209

4.2 Kowloon ... 210
4.2.1 Tsim Sha Tsui und Tsim Sha Tsui East ... 210
4.2.2 Hung Hom ... 222
4.2.3 Yau Ma Tei ... 223
4.2.4 Mong Kok ... 233

4.2.5 Sham Shui Po 235
4.2.6 Lai Chi Kok 236
4.2.7 Kowloon City 237
4.2.8 Wong Tai Sin 239
4.2.9 Sau Mau Ping 240
4.2.10 Yau Tong 240

4.3 New Territories 242
4.3.1 Tsuen Wan 242
Chuk Lam Sim Yuen 242 - Yuen Yuen Institute 244 - Sam Tung Uk Museum 245 - Hoi Pa Village House 245
4.3.2 Tai Mo Shan 245
4.3.3 Tuen Mun 246
Ching Chung Koon-Tempel 246 - Tsing Shan Monastery 247 - Hung Lau 247 - Castle Peak 248 - Miu Fat Buddhist Monastery 248
4.3.4 Lau Fau Shan 249
4.3.5 Ping Shan 249
Kun Ting Study Library 249 - Tsui Shing Lau Pagoda 250
4.3.6 Yuen Long 250
4.3.7 Kam Tin 250
Kat Hing Wai 251 - Shui Tau 251
4.3.8 Mai Po Marshes 252
4.3.9 San Tin 252
Tai Fu Tai 252 - Man Lun-fung Ancestral Hall 253
4.3.10 Lok Ma Chau 254
4.3.11 Sheung Shui 254
Liu Man Shek Tong Ancestral Hall 254
4.3.12 Fanling 255
Kun Lung Gate Tower 255 - Fung Ying Seen Koon-Tempel 255 - Luen Wo Market 256 - Wo Hop Shek Cemetery 256
4.3.13 Tai Po 256
Hong Kong Railway Museum 257 - Man Mo-Tempel 257 - Tin Hau-Tempel 258 - Tai Ping Carpet Factory 258 - Island House 258 - Plover Cove Reservoir 258 - Tai Po Kau 259
4.3.14 Chinese University 259
4.3.15 Sha Tin 260
Ten Thousand Buddhas Monastery 261 - Che Kung-Tempel 262 - Tsang Tai Uk 262 - New Town Plaza 263 - Treasure Floating Restaurant 263 - Sha Tin Race Course 263 - Amah Rock 264

4.3.16 Sai Kung Peninsula 264
Hebe Haven Marina Cove 264 - Sheung Yiu Folk Museum 264 - Ma On Shan 265
4.3.17 Clear Water Bay Peninsula 265
Joss House Bay Tin Hau-Tempel 266
4.3.18 Country Parks 266

4.4 Outlying Islands 267
4.4.1 Cheung Chau 267
4.4.2 Lamma Island 273
4.4.3 Lantau Island 276
Mui Wo 278 - Trappist Haven Monastery 279 - Discovery Bay 279 - Shek Pik Reservoir 280 - Tai O 280 - Ngong Ping 282 - Tung Chung 285 - Lantau Trail 285 - Fan Lau 286 - Chi Ma Wan Peninsula 286
4.4.4 Peng Chau 287
4.4.5 Ping Chau 287
4.4.6 Po Toi Island 288
4.4.7 Tap Mun Chau 288
4.4.8 Tung Lung Chau 288

5. AUSFLÜGE IN DIE UMGEBUNG 289

5.1 Volksrepublik China 289
5.1.2 Hainan 290
5.1.3 Shenzhen 290
5.1.4 Guangzhou 290
5.1.5 Guilin 290

5.2 Macau 291
5.2.1 Geschichte 291
5.2.2 Fakten, Informationen und touristische Hinweise 294
5.2.3 Was es zu sehen gibt 296
Auf der Halbinsel Macau 296 - Auf Taipa Island 299 - Auf Coloane Island 299

Literaturverzeichnis 300
Stichwortverzeichnis 302

Iwanowski's Highlights Supertips Warnungen

Highlights

- In der Dämmerung mit der Peak Tram hoch auf den Victoria Peak auf Hong Kong Island.
- Mit der Tramway einmal quer durch Victoria, Hong Kong Island.
- Hafenüberfahrt mit der Star Ferry zwischen Hong Kong Island und Kowloon.
- Nächtliche Hafenrundfahrt, am besten bis Aberdeen.
- Helikopterrundflug
- Zum Kaffee oder Abendessen ins Revolving 66 im Hopewell Centre, Wan Chai, Hong Kong Island.
- Spaziergang rund um den Peak und entlang der Bowen Road.

Supertips

- **Hotels**

  - **Hong Kong Island:**
    The Conrad Hong Kong
    Grand Hyatt
    Island Shangri-La Hong Kong
    Harbour View International House

  - **Kowloon:**
    The Regent
    The Peninsula
    The Salisbury YMCA

- **Einkaufen**

  - **Hong Kong Island:**
    Cityplaza, Taikoo Shing
    Pacific Place, Central District

  - **Kowloon:**
    Temple Street Night Market, Yau Ma Tei
    Ladies' Market, Mong Kok

- **New Territories:**
  New Town Plaza, Sha Tin
  Tuen Mun Town Plaza, Tuen Mun

• Essen

- **Chinesisch:**
  China Restaurant, Hyatt Regency, Tsim Sha Tsui: Kantonesisch, Dim Sums
  The Golden Leaf, The Conrad Hong Kong, Central District: Dim Sums
  Hunan Garden, The Forum, Exchange Square, Central District: Hunan-Küche
  Luk Yu Tea House, Central District: Kantonesisch, Dim Sums
  Yung Kee, Yung Kee Building, Central District: Kantonesisch, Dim Sums

- **Westlich:**
  Amigo, Amigo Mansion, Happy Valley: Französisch
  Capriccio, Ramada Renaissance, Tsim Sha Tsui: Italienisch
  Excelsior Grill, The Excelsior, Causeway Bay: Kontinental
  Felix, The Peninsula, Tsim Sha Tsui: Europäisch-pazifisch
  Gaddi's, The Peninsula, Tsim Sha Tsui: Französisch
  Grissini, Grand Hyatt, Wan Chai: Italienisch
  Petrus, Island Shangri-La Hong Kong, Central District: Französisch
  Plume, The Regent, Tsim Sha Tsui: Europäisch

- **Zum Kaffeetrinken ins**
  The Regent, Tsim Sha Tsui
  The Peninsula, Tsim Sha Tsui
  Grand Hyatt, Wan Chai
  Revolving 66, Hopewell Centre, Wan Chai
  Island Shangri-La Hong Kong, Central District, High Tea im 39. Stock

• Sehenswürdigkeiten

- **Hong Kong Island**
  Hongkong and Shanghai Bank, Central District
  Luk Yu Tea House, Central District
  Tsui Museum of Art, Bank of China Building, Central District
  Hong Kong Park
  Man Mo Tempel, Sheung Wan
  Ocean Park, Aberdeen
  Floating Restaurants, Aberdeen

- **Kowloon + New Kowloon**
  Kowloon Park mit Museum of History, Tsim Sha Tsui

Museum of Art + Hong Kong Space Museum, Hong Kong Cultural Centre, Tsim Sha Tsui
Hong Kong Science Museum, Tsim Sha Tsui East
Bird Market, Mong Kok
Wong Tai Sin Tempel, Wong Tai Sin
Temple Street Night Market

- **New Territories**
Tempel der 10 000 Buddhas, Sha Tin
Ching Chung Koon Tempel, Tuen Mun
Sam Tung Uk Museum, Tsuen Wan
Sheung Yiu Folk Museum, Sai Kung
Po Lin Monastery, Lantau Island
Cheung Chau

Allgemeine Tips

- Als erstes Infomaterial bei der HKTA besorgen.
- Reichlich Kleingeld für die verschiedenen Verkehrsmittel bereithalten.
- Sonntags in den Central District fahren: An diesem Tag versammeln sich dort Zehntausende Philippinas, die den Bezirk in einen einzigen großen Picknickplatz verwandeln.
- In kleinen chinesischen Restaurants essen – dort gibt es viel Lokalkolorit und ausgezeichnetes Essen zu Tiefstpreisen.
- Anfliegende Jets in Kowloon City beobachten.
- Während der Rennsaison zum Pferderennen gehen.
- An chinesischen Festen teilnehmen. Infos darüber gibt es bei der HKTA.
- Besuch bei den Käfigmenschen in Mong Kok.

Warnungen

- **Kriminalität**

Obwohl Hong Kong als sicherste Großstadt der Welt gilt, sollte man dennoch einige Sicherheitshinweise nicht außer acht lassen.

- Papiere und nicht benötigtes Geld im Hotelsafe lassen.
- Auf der Star Ferry, der Nathan Road und in Causeway Bay erhöhte Vorsicht vor Taschendieben.

- **Einkaufen**

- Viele betrügerische Händler in Tsim Sha Tsui und Tsim Sha Tsui East. Alle Waren genau prüfen, sich beim Kauf nicht ablenken lassen – oft werden Waren unter dem Ladentisch vertauscht.
- Das Schild 'Sale' weist nicht unbedingt auf Sonderpreise hin, ebenso der Terminus 'Outlet'.

- Die Kreditkarte nur zum Abzug aus der Hand geben, denn Hong Kong ist zur Hochburg der Kreditkartenfälschung geworden. Ebenso darauf achten, daß kein zweiter Abzug gemacht wird.

● Nachtclubs
Ein zwanglos gemeinter fünfminütiger Plausch mit einer der Damen kann mehrere hundert Dollar kosten, selbst wenn man die Dame nicht an den Tisch gebeten hat. Zahlungsverweigerung nützt in solchen Fällen nichts. Am besten meidet man dererlei Etablissements, denn man bekommt sowieso sehr wenig für sehr viel Geld geboten.

● Hotelreservierungen
Während des Chinesischen Neujahrsfestes und der Monate Oktober und November ist Hong Kong in der Regel stets ausgebucht. Wer zu dieser Zeit nach Hong Kong will, sollte mindestens vier Monate im voraus buchen.

● Taxis
Die grün-weißen Taxis in den New Territories nehmen nur Gäste für die New Territories auf. Wer von dort nach Kowloon oder Hong Kong Island möchte, muß auf ein rotes aus der Stadt warten – was dauern kann.

1. Einleitung: Hong Kong – der duftende Hafen

Sprößling des Krieges, gezeugt von der Handelsleidenschaft westlicher Mächte, Abkömmling des ungleichen Elternpaares, des britischen Löwens einerseits und des chinesischen Drachens andererseits – unter diesen Vorzeichen wuchs das kaum für lebensfähig gehaltene Sorgenkind zu einem der vier kleinen Tiger heran, die den westlichen Großmächten zusehends Kopfzerbrechen bereiten. Im Spannungsfeld zwischen Ost und West gelegen, entwickelte sich so jene eigenartige, oftmals widersprüchlich erscheinende Mischung aus Hightech und kulturell religiösem Traditionalismus, fernöstiche Philosophie im westlichen Design.

Hong Kongs Wappen

Es ist durchaus lokaltypisch, sich in einem österreichischen Café eines amerikanischen Hotels von der philippinischen Bedienung im Dirndl auf Englisch die Spaghetti carbonara servieren zu lassen.

Kaum daß man seinen Fuß auf Hong Konger Boden gesetzt hat, absorbiert einen die pulsierende Hektik, die die Menschen hier Tag für Tag zu neuen ehrgeizigen Zielen antreibt. Wer versucht, dagegen anzugehen, bleibt auf der Strecke, verdirbt sich selbst den Spaß, den dieser territoriale Winzling in überaus reichem Maße zu bieten hat.

Schritt für Schritt konfrontiert mit dem Aufeinanderprallen schroffester Gegensätze, erlebt der Neuankömmling zunächst meist ein Wechselbad der Gefühle, ehe es ihm allmählich gelingt, die mitunter konfliktbeladenen Widersprüchlichkeiten aus Ost und West, Alt und Neu, Rationalem und Irrationalem einigermaßen unter einen Hut zu bekommen. Doch ist es gerade dasjenige, was man nicht versteht, was Hong Kong seinen einzigartigen Charme und seine unvergleichliche Faszination verleiht.

Vermutlich bedurfte es dieser spannungsgeladenen Konfliktfelder, um diese Stadt der Superlative entstehen zu lassen.

Wo heute das vierthöchste Gebäude der Welt steht, sich das größte Einkaufszentrum Asiens befindet, sich in manchen Stadtvierteln mehr als 165.000 Menschen pro Quadratkilometer zusammenballen, die Mieten in schwindelerregende Höhen klettern, man die größte freistehende Bronzebuddhastatue der Welt errichtet hat, der am Umschlag gemessen größte Containerhafen der Welt entstanden ist, auf aufgeschüttetem Land Satellitenstädte für Hunderttausende aus dem Boden gestampft wurden, die Totalisatoren an Renntagen heißlaufen, man sich in maßgeschneiderter Garderobe zum millionenträchtigen Lunch und Diner in einem der Nobelrestaurants eines jener Luxushotels trifft, die zu den besten der Welt zählen, man tagtäglich Milliarden an der Börse verschiebt, dort stieß man vor eineinhalb Jahrhunderten auf eine ungastliche Ansammlung größerer und kleinerer gebirgiger Inseln, auf denen kaum ein Baum wuchs, wobei die wenigen hier Lebenden dem bißchen nutzbaren Ackerland winzige Reisfelder abtrotzten, die ihnen zusammen mit dem gehaltenen Geflügel und gefangenen Fisch gerade so das Überleben sicherten.

Diese paar tausend Menschen standen am Anfangspunkt jener Entwicklung, die aus einer malariaverseuchten, lebensfeindlichen Umwelt den weltweit drittgrößten Finanzplatz und eine der wichtigsten Städte im Welthandel entstehen ließ, deren mittlerweile knapp sechs Millionen Menschen sie zur derzeit zehngrößten Wirtschaftsmacht hochkatapultierten. War die Frühphase Hong Konger Geschichte lange Zeit geprägt von den in den umliegenden Gewässern ihr Unwesen treibenden Piraten, so sind es heute die Wirtschaftshaie, die über das Wohl und Wehe der Enklave entscheiden, und in Zukunft möglicherweise verstärkt auch die Politiker.

Nicht mehr der Geruch von Blumen, Räucherstäbchen oder Opium durchweht den 'Duftenden Hafen', sondern derjenige der großen weiten Welt, geprägt und gedruckt auf Münzen und Scheinen. Der Sproß britischer Kanonenbootpolitik ist eines der Wunder des 20. Jhds. Konnten in den Anfangsjahren so manche zum Verkauf angebotene Grundstücke trotz niedrigster Preise nicht einmal an den Mann gebracht werden, so zahlt man in etwas besseren Lagen mittlerweile die höchsten Grundstückspreise der Welt.

Der Mangel an Baugrund zwingt zum Höhenwachstum, die Abrißbirne schlägt hier öfters zu als anderswo, was wiederum das äußere Erscheinungsbild Hong Kongs rascher verändert als das jeder anderen Stadt. Neben der Welt der eiskalt kalkulierenden Großfinanziers ist Hong Kong jedoch stets auch ein Hord für Spekulanten und Glücksritter geblieben, unter die sich einige zwielichtige Gestalten mischen.

Offiziell regiert von der britischen Krone, repräsentiert durch den Gouverneur, hielt jedoch von Anbeginn an die Gilde der Händler und Kaufleute die Zügel straff in den Händen. Die anfänglich durch den Opiumhandel beschmutzten Hände wuschen sich die Herren nach und nach rein und führten in den Logen des Royal Hong Kong Jockey Clubs ihre inoffizielle Regierung nahezu unangefochten bis in die jüngste Vergangenheit hinein fort. Was sie schufen, bietet sich dem Touristen heute dar als riesiges Einkaufs- und Vergnügungszentrum mit 24-Stunden-Service, als ein Paradies für Gourmets, aber noch immer auch als ein Stückchen Land, in dem es vieles abseits der normalen Touristenwege zu entdecken gibt. So wird jede verschlafene Stunde zur reinen Sünde.

Das einzig Stete an Hong Kong ist der Wechsel, doch gerade er ist es, aus dem es seine unwiderstehliche Faszination schöpft. Stillstand gilt als Rückschritt. Die knapp vier Tage, die der Durchschnittstourist in Hong Kong verbringt, sind allerdings zu wenig, um die einzelnen Teile des Puzzles zusammenfügen zu können. Doch auch dem, der länger bleibt, fehlt noch stets ein Stück. Ein Grund mehr, wiederzukommen!

2. Hong Kong – Land und Leute

2.1 Historischer Überblick

2.1.2 Die Geschichte einer Stadt

Mag das an Superlativen wahrlich nicht arme Hong Kong von heute auch ein Produkt der letzten Jahrzehnte sein, so reichen die geschichtlichen Anfänge doch bis weit vor die Zeitenwende zurück. Und eigentlich sprach gar nichts für den steilen Aufstieg, den dieses Stückchen Erde in der jüngsten Vergangenheit nahm.

Die Frühphase Hong Konger Geschichte ist belegt durch diverse Funde von Töpferwaren und Steinwerkzeugen aus der **späten Steinzeit**, wie sie unter anderem auf Lantau Island, Cheung Chau und Lamma Island gemacht wurden. Werkzeugfunde dokumentieren das **Bronzezeitalter** ab ca. 1200 v.Chr.

Diese und die gleichfalls zutage gekommenen 'geometrischen' Töpferwaren und Steininschriften, lassen noch keinen Rückschluß darauf zu, woher diese Techniken kamen, ob aus der Gegend des Chang Jiang, aus Yunnan oder Nordvietnam. Funde dieser Art wurden unter anderem auf Lantau Island, Cheung Chau, Lamma Island und Hong Kong Island gemacht, allerdings fehlen auch hier Belege für die Siedlungsformen, wobei man jedoch annimmt, daß die Menschen zu dieser Zeit zum großen Teil auf Boo-

Victoria auf Hong Kong Island, Ölgemälde von 1854

ten hausten. Die Aufzeichnungen chinesischer Historiker bezüglich der Lebensweise lassen darauf schließen, daß die Menschen der Bronzezeit durchaus die Vorfahren der heute in den Gewässern Hong Kongs lebenden **Tanka- und Hoklo**-Fischerfamilien sein können.

Bis zur Einigung Chinas unter **Qin Shi Huang Di** (221 v.Chr.) bleibt Hong Kongs Geschichte im Dunkeln, die folgenden Jahrhunderte sind sodann geprägt vom Wechsel zwischen weitgehender Unabhängigkeit und der Wiedereingliederung in das chinesische Großreich. Erstmalig weiterreichende Bedeutung erlangte das Territorium während der **Tang-Dynastie** (618-907), als die Gegend um Tuen Mun zum Durchgangshafen für den Schiffsverkehr und Warenhandel von Guangzhou in Richtung Südostasien wurde, quasi die erste Etappe auf dem langen Weg hin zu einem der wichtigsten Welthandelshäfen der Neuzeit. Die hier stationierte Garnison wurde durch eine Marinebasis verstärkt, der es oblag, für Ordnung an den Küsten der Region zu sorgen.

Zu wirtschaftlicher Bedeutung gelangte zu dieser Zeit die im Auftrag des chinesischen Kaisers im Tolo Harbour betriebene Perlenzucht, die bis Ende des 17. Jhds aufrechterhalten wurde.

Während der **Sung-Dynastie** (960-1279) setzte die Landnahme durch Kantonesisch sprechende Bauern ein, die damit begannen, die wenigen fruchtbaren Flußtäler zu kultivieren. So gründete der größte der noch heute in Kam Tin ansässigen Clans, der **Tang-Clan**, im 11. Jhd die ersten Siedlungen in den heutigen New Territories. Und auch die seefahrenden Tanka und Hoklo fingen an, temporäre Siedlungen entlang den Küsten Hong Kongs zu errichten, ähnlich dem heutigen Tai O auf Lantau Island.

Der Legende zufolge sollen die beiden letzten Kaiser – beide noch im Kindesalter – der von der **Yuan-Dynastie** (Mongolen) 1276 abgelösten **Sung-Dynastie** hier vor der Verfolgung durch die Eroberer aus dem Norden Zuflucht gesucht haben, ehe auch der zweite von ihnen 1279 – durch einen Unfall – ums Leben kam. Erst während der **Ming-Dynastie** (1368-1644) erhielt die Region wieder etwas von ihrer Bedeutung zurück, die sie während der **Yuan-Dynastie** (1276-1368) eingebüßt hatte, galt es doch von hier aus die japanischen Piraten zurückzuschlagen, die in diesen Gewässern ihr Unwesen trieben.

Zur selben Zeit zog jedoch eine neue Gefahr für die Chinesen herauf, und zwar in Person portugiesischer Handelsleute, die Anfang des 16. Jhds Tuen Mun erreichten und wenige Jahre später gen Beijing segelten, um diplomatische Beziehungen mit dem Kaiserreich aufzunehmen. Die **Abtretung Macaus im Jahre 1557** an die Portugiesen stellte einen Wendepunkt in den Beziehungen zwischen China und den fremdländischen Mächten dar.

Das Aufblühen des Küstenhandels lockte allerdings schon bald wieder verstärkt Seeräuber an. Um sie auszuhungern, befahl der Vizekönig und Gouverneur von Guangdong die Räumung eines etwa 25 km tiefen Küstenstreifens, doch erwies sich diese Anordnung als ein Schlag ins Wasser, denn nunmehr konnten die Piraten vollends nach Belieben schalten und walten. Seinen folgeschweren Fehler erkennend widerrief der Gouverneur 1669 seinen Befehl, ermunterte jetzt sogar zum verstärkten Zuzug. Unter den Neuankömmlingen befanden sich auch die **Hakka**, ein aus dem Norden vertriebener Volksstamm, der zu einem der wichtigsten Clans wurde.

Berüchtigster Pirat war Anfang des 19. Jhds **Cheung Po Tsai**, der 270 Schiffe mit 30.000 Mann befehligte und erst nach schweren Zusammenstößen mit den Chinesen und den Schiffen der **East India Company**, die dem Kaiserreich ihre Zusage beim Kampf gegen die Piraterie gegeben hatte, zur Zusammenarbeit bewegt werden konnte; fortan beteiligte er sich seinerseits an der Verfolgung ehemaliger Spießgesellen, ging dafür aber selber straffrei aus.

Selbstlosigkeit war es nicht, was die ausländischen Mächte veranlaßte, China bei der Bekämpfung des Piratenwesens zu Hilfe zu kommen. Im Gegenteil. Seit rund 100 Jahren bemühten sich vornehmlich britische Kaufleute, Handelsbeziehungen mit dem chinesischen Kaiserreich aufzubauen. Zwar waren ihnen diese nicht gänzlich untersagt, doch unterlagen sie starken Restriktionen. Einzig offenstehender Umschlagsplatz im Kaiserreich war Guangzhou, wobei sich die ausländischen Kaufleute nur innerhalb ihrer Handelsniederlassungen aufhalten durften, und auch dies nur während der Monate Oktober bis Mai. Dieses von Ausländern bewohnte Stadtviertel war durch eine Schutzmauer abgeschottet, der direkte Verkehr zwischen Ausländern und Chinesen war verboten, das Erlernen der chinesischen Sprache war den 'fremden Teufeln' ebenfalls untersagt, wobei jedwedes Geschäft über chinesische Zwischenhändler und Kontaktmänner, die sogenannten **Hong**, lief, die eine Monopolstellung für diesen bilateralen Handel besaßen. ('Hong' wurde später die Bezeichnung für die großen Handelsgesellschaften Hong Kongs, wie z.B. Jardine Matheson.)

Aus ihrer selbstgewählten Isolation und der Meinung heraus, nichts Brauchbares aus dem Ausland importieren zu können, verlief der Warenfluß nahezu ausnahmslos in eine Richtung. Die steigende Nachfrage nach Seide, Porzellan und Tee im britischen Königreich und der daraus resultierende Geldabfluß veranlaßten die Herren der **East India Company** (EIC), die sich nach und nach eine fast uneingeschränkte Monopolstellung im Handel mit China aufgebaut hatten, über ein Kompensationsgeschäft nachzudenken. Auf was sie dabei stießen, war 'fremder Dreck', wie die Chinesen das gern gerauchte **Opium** nannten. Demzufolge wurde auf Geheiß der EIC in Nordindien großflächig Opium produziert, dessen – zwar illegaler, oftmals von offizieller chinesischer Seite aus aber tolerierter, wenn nicht gar unterstützter – Verkauf schon bald mehr einbrachte als für den Erwerb der chinesischen Exportwaren ausgegeben werden mußte. Dies wiederum rief die chinesische Regierung auf den Plan, sah sie sich doch einem erheblichen Schwund ihrer Silberreserven ausgesetzt.

Die Appelle der Chinesen, und selbst ein kaiserliches Dekret im Jahre 1799, den Opiumhandel einzustellen, oder zumindest einzudämmen, verhalten bei den Briten ungehört, zeigte doch Beijing seinerseits keinerlei Bereitschaft, selbst dagegen anzugehen, zudem weigerte sich das Kaiserreich weiterhin, diplomatische Beziehungen mit Großbritannien aufzunehmen. Um den lukrativen Chinahandel auszuweiten, das Kaiserreich zur Öffnung weiterer Seehäfen zu zwingen und Bewegungsfreiheit für die ausländischen Kaufleute im Reich der Mitte zu erlangen, sah Whitehall bald keine andere Möglichkeit mehr als die Anwendung von Gewalt.

Und so nahmen denn die Geschehnisse, die mit der Abtretung von Hong Kong Island an die britische Krone enden sollten, ihren – vorherbestimmten – Lauf. Alles begann **1839** mit der Ernennung des kaiserlichen Kommissars **Lin Zexu** in Guangzhou, dem es zur Aufgabe gemacht wurde, den Opiumhandel zum Stillstand zu bringen. Dieser kam seiner Aufgabe auch unverzüglich nach, forderte von den ausländischen Handelsgesellschaften die Aushändigung ihres Opiums. Um seiner Forderung Nachdruck zu verleihen, ließ er die Handelskonzession von Militär umstellen, so daß **Captain Charles Elliot**, der britische Handelsbevollmächtigte, schließlich in die Übergabe von 20.283 Kisten Opium einwilligte, die anschließend vernichtet wurden.

Den von Lin Zexu neu aufgestellten Handelsbedingungen widersetzte sich Elliot jedoch, woraufhin sich die britischen Händler von Guangzhou nach Macau, ihrer Sommerresidenz, zurückzogen. Da ihnen die Portugiesen die Zusage für die Inschutznahme gegen chinesische Übergriffe vorenthielten, zogen es jene vor, im natürlichen Schutzhafen von Hong Kong Zuflucht zu suchen.

Als der Tod eines Chinesen während der Krawalle bei einer von Briten veranstalteten Strandparty und die von den Briten mißachtete Aufforderung seitens Lins, den Mörder auszuliefern, mit chinesischen Angriffen auf britische Schiffe beantwortet wurden, hielt der britische Außenminister **Lord Palmerston** die Zeit zum Handeln für gekommen.

Palmerston forderte von den Chinesen Ersatz für das beschlagnahmte Opium und Handelsfreiheit für die britischen Kaufleute in China, außerdem die Abtretung von einer oder mehrerer Inseln, die als Handelsposten dienen sollten.

Um den Forderungen Nachdruck zu verleihen, wurde ein Expeditionsheer zur Belagerung Guangzhous ausgeschickt, der Chang Jiang und der Beijing mit dem Meer verbindende Fluß blockiert. Militärisch unterlegen, willigten die Chinesen in Verhandlungen ein, die in Guangzhou geführt wurden. Das Ergebnis nicht abwartend, landete auf Geheiß Elliots eine Marineabteilung unter Befehl von Commodore Sir J.J. Bremer am **25. Januar 1841** voreilig auf Hong Kong Island und hißte am Possession Point den Union Jack, wodurch er die Insel für die britische Krone in Besitz nahm. Die förmliche Landnahme erfolgte einen Tag später, die offizielle Anerkennung als Kronkolonie allerdings erst zweieinhalb Jahre später.

Lord Palmerston, über das voreilige Vorgehen Elliots und dessen Wahl aufgebracht, berief diesen nach Großbritannien zurück, hatte er es doch versäumt, einen regulären Vertrag mit China abzuschließen. Zudem entrüstete sich der Außenminister über die von Elliot getroffene Wahl, habe dieser doch anstatt des ersehnten Schutz- und Handelsplatzes nichts weiter als "einen kahlen Felsen mit kaum einer Hütte darauf" ausgesucht. Doch wer konnte schon ahnen, daß dieses malariaverseuchte, von rund 7.450 Menschen besiedelte Eiland mit seinen 16 Ortschaften und den in seinen Gewässern ankernden Fischern jenen Aufschwung nehmen würde, dessen Resultat heute eine der faszinierendsten Städte der Welt ist.

Elliots Nachfolger, **Sir Henry Pottinger**, rang den Chinesen durch weitere Angriffe und Blockaden im **Sommer 1842** schließlich jene Forderungen ab, die der britische Außenminister an sie gestellt hatte. 21 Millionen Silberdollar wurden als Entschädigung für das beschlagnahmte Opium bezahlt, fünf Häfen für den Handel geöffnet, diplomatische Beziehungen aufgenommen, und Hong Kong Island "auf ewig" an Großbritannien abgetreten. Am **29. August 1842** wurde der **Vertrag von Nanjing** unterzeichnet und im Juni 1843 ratifiziert, Sir Henry Pottinger wurde erster Gouverneur Hong Kongs.

Die Frage des Opiumhandels blieb auch nach dem Ende des **Ersten Opiumkrieges** (1839-42) zunächst ungelöst, Pottingers Nachfolger, **Sir John Davis**, gab daraufhin Lizenzen für den Verkauf aus. Erst 1891 wurden erste Versuche unternommen, den Opiumhandel zu untersagen, ab dem 28. Februar 1910 wurden keine Lizenzen mehr ausgegeben. In Hong Kong selbst blieb der Konsum des Rauschgiftes bis zum Zweiten Weltkrieg legalisiert.

Um die Ansprüche Großbritanniens zu untermauern, begann Captain Elliot bereits am 18. Juni 1841 mit dem Verkauf von Landparzellen im heutigen Central District. Die Chinesen hingegen siedelten überwiegend in den heutigen Stadtteilen Western District und Wan Chai. Durch Arbeitsuchende vom Festland stieg die Einwohnerzahl bis 1844 auf 20.000, 'Queen's Town' wurde von Sir Henry Pottinger zu Ehren der britischen Königin in '**Victoria**' umbenannt, was bis heute der Name der Hauptstadt Hong Kongs geblieben ist.

Um der steigenden Frage nach geeignetem Baugrund nachzukommen, begann man bereits Anfang der **50er Jahre** mit den **ersten Aufschüttungen** entlang der Nordküste von Hong Kong Island – ein Verfahren, das im Laufe der Zeit, angesichts der gebirgigen Struktur, immer wichtiger wurde, um Lebensraum und Arbeitsplätze für die nach oben schnellende Einwohnerzahl zu schaffen. Und so wächst Hong Kong aufgrund dieser *Reclamation Areas* noch immer Jahr für Jahr.

1857 erreichten die britisch-chinesischen Beziehungen einen weiteren Tiefpunkt, als die Besatzung des chinesischen Schiffes 'Arrow', registriert in Hong Kong und mit britischem Kapitän, während der Abwesenheit des Kapitäns in Guangzhou mit der Beschuldigung der Piraterie inhaftiert wurde. Als die Chinesen die verlangte Entschuldigung ablehnten, erklärte der britische Konsul dem Kaiserreich den Krieg, dessen Ergebnis der **Vertrag von Tianjin** (1858) war, der unter anderem die Öffnung weiterer fünf Häfen für den Außenhandel beinhaltete.

Die Kämpfe flackerten im folgenden Jahr jedoch wieder auf, erst die **Konvention von Beijing** im **Oktober 1860** beendete formell diesen sogenannten **Zweiten Opiumkrieg** (1856-60). Wichtigster Vertragspunkt war die "auf ewig" erfolgte Abtretung der Halbinsel Kowloon einschließlich Stonecutter Island an die Briten, die diesen Landzugewinn auch gleich weitlich nutzten, indem sie ihren Handelsposten

Die Vertragsunterzeichnung von Tianjin (26.06.1858)

ausbauten, was wiederum die Bevölkerungszahl ansteigen ließ, so daß **1900** bereits 260.000 Menschen in der Kronkolonie lebten.

Von immer wiederkehrenden Seuchen geplagt, zogen es die Europäer ab dem Ende der 60er Jahre vor, sich in höheren Lagen des Victoria Peak niederzulassen. Mit der **Einweihung der Peak Tram am 2. Mai 1888** – zuvor war der Peak nur mittels Tragsessel oder zu Fuß erreichbar – wurde auch das bis zum Zweiten Weltkrieg gültige Gesetz erlassen, das es nur Ausländern gestattete, am Peak zu wohnen.

Weitere Aufschüttungen – vorwiegend im Central District – erfolgten, zahlreiche Befestigungsanlagen wurden errichtet, Polizei und Militär stationiert – das anfänglich gescholtene Provisorium wuchs zur vollfunktionierenden Stadt heran.

Gegen Ende des Jahrhunderts wurde der Wunsch nach einer territorialen Erweiterung der Kronkolonie wach, vornehmlich um den aufstrebenden Winzling besser gegen eventuelle Übergriffe verteidigen zu können, wie es offiziell hieß.

Und so trat am **1. Juli 1898** der über 99 Jahre laufende **Pachtvertrag für die New Territories** in Kraft, der neben einem immensen Festlandsanteil im Norden Kowloons auch 235 Inseln, die sogenannten **Outlying Islands**, unter britische Herrschaft stellte, insgesamt rund 90% des Gesamtterritoriums des heutigen Hong Kongs.

Im selben Jahr nahm die **Star Ferry** ihren Liniendienst zwischen Hong Kong Island und Kowloon auf, **1904** ging die **Tramway** von Kennedy Town nach Shau Kei Wan in Betrieb, **1912** wurde die **Eisenbahn von Hong Kong nach Guangzhou** eröffnet, im selben Jahr wie die **Universität von Hong Kong** und das neue **Supreme Court Building**, der heutige Legislative Council am Statue Square.

Die Jahre des **Ersten Weltkriegs** gingen ziemlich spurlos an Hong Kong vorbei, umso mehr wurde die Kronkolonie in den Jahren zwischen den beiden Weltkriegen zur Zuflucht für zahllose Chinesen, die den Unruhen und dem Bürgerkrieg im ehemaligen Kaiserreich zu entrinnen versuchten. Zwischen 1921 und 1941 wuchs die Bevölkerung so von 625.166 auf 1.639.000 an. Während dieser Jahre vollzog sich aber auch der Aufstieg Hong Kongs zu einem der wichtigsten Häfen der Welt.

Eigentlich begann der **Zweite Weltkrieg** für Hong Kong nicht erst am **8. Dezember 1941**, als die Japaner die Kronkolonie direkt angriffen, sondern bereits **1937**, als diese aus dem von ihnen gegründeten Marionettenkaiserreich Manchukuo zunächst gen Beijing und dann Shanghai vorrückten, und infolge dessen Hunderttausende in der britischen Enklave Zuflucht suchten. Den massiven Angriffen der Japaner hatte die britische Verteidigung nichts entgegenzusetzen, und so mußten die britischen Truppen, die sich nach erfolgter Räumung der New Territories und Kowloons auf Hong Kong Island zurückgezogen hatten, unter Gouverneur **Sir Mark Young** bereits am **25. Dezember 1941** kapitulieren.

Um die Nahrungsmitteleinfuhren für die in der besetzten Kronkolonie Lebenden einschränken zu können, zwangen die Japaner zahlreiche Chinesen, ins Mutterland zurückzukehren. Die meisten Ausländer hatten sich nach Macau abgesetzt, dessen Neutralität von den Japanern anerkannt wurde. So sank die Bevölkerungszahl Hong Kongs bis zum Ende der Okkupation auf etwa 600.000. Drei Jahre und acht Monate dauerte es, ehe Sir Mark Young seine unterbrochene Amtsperiode fortsetzen konnte. Am **14. August 1945** willigten die Japaner in die **Kapitulation** ein, am 30. August schließlich erreichten Schiffe der britischen Pazifikflotte Hong Kong und beendeten die japanische Besetzung.

Wirtschaftlich ausgeblutet, sah sich Hong Kong in den Folgejahren erneut einem Massenansturm chinesischer Flüchtlinge gegenüber, die vor den Kommunisten in China flohen. Bereits Ende **1946** lebten wieder 1,6 Mio Menschen in der britischen Kronkolonie, **1956** waren es bereits 2,5 Mio; Elendsviertel, sogenannte **Squatter Areas**, überzogen die Berghänge. Der **Brand in einem dieser Armenviertel** in Shek Kip Mei am **25. Dezember 1953**, bei dem mehr als 53.000 Menschen ihre Bleibe verloren, löste das **größte soziale Wohnungsbauprogramm** in der Geschichte der Menschheit aus.

Die daraufhin gegründete **Hong Kong Housing Authority** machte es sich zur Aufgabe, jedem Bewohner des Territoriums eine dauerhafte Unterkunft zur Verfügung zu stellen, was in Form der in ganz Hong Kong anzutreffenden **Real Estates** bis zum heutigen Datum geschieht. Diesem Programm entspringen auch die seit Anfang der 70er Jahre in den New Territories entstandenen **New Towns**, Satellitenstädte für Hunderttausende, die das Zentrum – sprich Hong Kong Island und vor allem Kowloon – vor dem Infarkt bewahren und die industriellen Produktionsstätten weitgehend in das Hinterland verlegen sollen.

Der gegen China verhängte **Handelsboykott zur Zeit des Koreakrieges** (1950-53) traf auch Hong Kong, das als wichtigster Umschlagplatz im Chinahandel fungierte. Und doch schafften es die vor den Kommunisten aus China geflohenen Unternehmer und Arbeiter, die neben ihrem Vermögen zum Teil ihre Produktionsanlagen mitgebracht hatten, den **Grundstein für Hong Kongs rapiden wirtschaftlichen Aufstieg** zu legen. Ausgehend von der Textilherstellung entwickelte sich das Territorium zum Großproduzenten von Spielzeug, Kunststoff- und Gummiprodukten, später gefolgt von Elektrogeräten, Uhren und anderen hochwertigen Produkten.

1967 schwappten die Unruhen der **chinesischen Kulturrevolution** auch nach Hong Kong herein, marodierende Jugendliche, Sympathisanten der Roten Garden, zogen durch die Stadt und lähmten vorübergehend das Geschäftsleben. Doch schon im darauffolgenden Jahr kehrte Hong Kong wieder zur Tagesordnung zurück und wurde während der Jahre des **Vietnamkrieges** neben Bangkok zur wichtigsten Etappe der amerikanischen GIs, die in Wan Chai den Spuren Suzie Wongs nachjagten und das Viertel in einen riesigen Rotlichtdistrikt verwandelten.

1972 war ein Wendepunkt in der Geschichte Hong Kongs. Der Vietnamkrieg ging zu Ende, China bemühte sich nach dem Besuch von US-Präsident Nixon in der Volksrepublik um die Aufnahme besserer diplomatischer Beziehungen zum Westen, und Hong Kong erhielt einen neuen Gouverneur, **Sir Murray MacLehose**, der es während seiner zehn Amtsjahre verstand, das Flüchtlingsproblem und mittels der von ihm ins Leben gerufenen *'Independent Commission Against Corruption'* (ICAC) die fortschreitende Korruption, besonders innerhalb der Polizei und des öffentlichen Dienstes, in den Griff zu bekommen.

1973 wurde die **erste Generation der New Towns** – Tsuen Wan, Sha Tin und Tuen Mun – in Angriff genommen, um so der weiterhin steigenden Einwohnerzahl einigermaßen gerecht zu werden, die Anfang der 80er Jahre bei 5 Mio stand. Und obwohl Flüchtlinge aus der Volksrepublik gemäß dem mit Beijing geschlossenen Abkommen im Falle ihrer Aufgreifung auf Hong Konger Territorium zurückgeschickt wurden, stieg die Zahl der in der Kronkolonie Lebenden ständig weiter.

Noch einem weiteren Flüchtlingsproblem sah sich Hong Kong ab **1978** ausgesetzt, dem **Zustrom vietnamesischer Boat People**, der nach dem Sieg Nordvietnams über den Süden einsetzte. Diese wurden zunächst in offenen Lagern untergebracht, nach mehreren Handgreiflichkeiten jedoch ab 1982 nach und nach in geschlossene umquartiert. Als allein 1989 rund 34.000 von ihnen Hong Konger Gewässer erreichten, sah sich die Regierung, bis dato um die Umsiedlung dieser Menschen in Drittländer bemüht, gezwungen, mit Vietnam Gespräche über eine Repatriierung der Flüchtlinge aufzunehmen. Um die Zahl der Zufluchtsuchenden zu minimieren, wird gegenwärtig auch so manch einer zwangsrepatriiert, doch kann Hong Kong die Lasten dieses Problems weit weniger verkraften, als dies andere Länder könnten, die sich allerdings weigern, mehr dieser Menschen aufzunehmen. Wirtschaftlich ging es mit Hong Kong steil bergauf. Der Containerhafen Kwai Chung ist heute der größte der Welt, effektive Nahverkehrssysteme verbinden alle Teile der '**britisch verwalteten Niederlassung an der Südküste Chinas**' – so die offizielle Bezeichnung Hong Kongs seit September 1983 – miteinander, der territoriale Winzling entwickelte sich vom Billigprodukthersteller zur Hightechmetropole. Als verkehrstechnische Meisterleistungen wurden **1972** der **Cross Harbour Tunnel** und **1979** die **Mass Transit Railway (MTR)**, Hong Kongs U-Bahn eingeweiht.

Seit dem Besuch der britischen Ministerpräsidentin Margaret Thatcher im **September 1982** in Beijing führten Großbritannien und China Gespräche über die Zukunft der Kronkolonie. Da London nur über das Gesamtterritorium verhandeln wollte (Hong Kong Island und Kowloon sind allein nicht überlebensfähig) und Beijing von vornherein klarmachte, daß eine weitere Unabhängigkeit Hong Kongs über den 1. Juli 1997 hinaus nicht zur Debatte stünde, einigte man sich schließlich am **26. September 1984** im '**Chinesisch-britischen Hong Kong-Abkommen**' auf die von Deng Xiaoping geprägte Formel: '**Ein Land, zwei Systeme**'. So wird Hong Kong nach dem 1. Juli 1997 für zunächst weitere 50 Jahre wirtschaftliche, innenpolitische, soziale und kulturelle Souveränität zugestanden, wohingegen Beijing von diesem Tag an für die Verteidigung und die Außenpolitik des Territoriums verantwortlich zeichnen wird. Das Abkommen wurde am **19. Dezember 1984** bei einem Besuch der britischen Ministerpräsidentin in Beijing unterzeichnet, im Mai des darauffolgenden Jahres wurden die Ratifizierungsurkunden ausgetauscht, was das Vertrauen der Bevölkerung Hong Kongs in ihre Zukunft zunächst stärkte, ehe die Ereignisse am **Tian An Men** in Beijing am **4. Juni 1989** einen schweren Rückschlag in den zwischenzeitlich herangereiften Beziehungen darstellten. In den Folgetagen gingen erstmalig in der Geschichte Hong Kongs weit mehr als eine Million Menschen für eine politische Sache auf die Straße, zeigten Chinesen und Gweilos ('Fremde Teufel') in der Stadt uneingeschränkte Solidarität für die gleiche Sache, nämlich die Einhaltung der im chine-

Blick vom Victoria Peak auf Central District und Wan Chai

sisch-britischen Abkommen niedergelegten Zusagen. Die nach der Unterzeichnung 1985 eingesetzte **chinesisch-britische Joint Liaison Group**, die das Rahmenwerk des Abkommens (denn um mehr handelte es sich bei der Unterzeichnung nicht) mit Leben erfüllen soll, tagt seither mehrmals jährlich, abwechselnd in Beijing, London oder Hong Kong.

Eine wichtige Etappe hierbei war die **Verkündigung des Grundgesetzes für die zukünftige Hong Konger Sonderverwaltungszone** durch den Nationalen Volkskongreß im Beijing am **4. April 1990**, stellt dieses doch quasi die Verfassung für das Territorium nach dem 1. Juli 1997 dar. Dieses Gesetz stellt allerdings mehr eine politische Willenserklärung denn eine Verfassung im westlichen Sinne dar, doch bleibt den Menschen in Hong Kong nichts anderes übrig, als den Zusagen Beijings zu vertrauen, die ihnen das Fortbestehen ihres wirtschaftlichen und sozialen Systems garantieren.

Der große Exodus, der vornehmlich nach dem 4. Juni 1989 vorübergehend einsetzte, ist mittlerweile wieder auf das Normalmaß zurückgegangen, denn wer die nötigen Mittel dazu aufbringt, hat sich meist schon abgesetzt oder sich zumindest ein zweites Standbein außerhalb Hong Kongs geschaffen, alle anderen (und dies sind gut 90%) haben ohnehin keine Chance, das Territorium zu verlassen. Und so verfolgt man mit zunehmendem Interesse auch die Veränderungen innerhalb der Volksrepublik, von denen Hong Kongs Zukunft entscheidend mit abhängt. Die **1992** getroffenen Entscheidungen des Volkskongresses und des Parteitages in Beijing, sowohl den wirtschaftlichen Reformkurs fortzusetzen, als auch – da wo es für sinnvoll und adäquat erachtet wird – politisch vom Westen zu lernen, lassen Hong Kongs Bürger hoffen: Warum sollte sich Beijing selbst die Perle aus der Krone reißen, bedarf es Hong Kong angesichts des inneren Wandels doch mehr, als dies umgekehrt der Fall ist.

Nach der Eröffnung der **Eastern Harbour Crossing** im Herbst **1989** wartete man auf die Zustimmung Beijings zum Bau des **neuen Internationalen Flughafens** vor Lantau Island, ein Projekt, das mit all seinen ergänzenden Verkehrs- und Industrieprojekten planerisch bis ins Jahr 2007 reicht, also zehn Jahre über das magische Datum hinaus. Beijings 'Ja' ließ viele tief durchatmen, hatten sich Hong Kongs Vertreter doch weitestgehend durchgesetzt, gegenüber Beijing betonend, daß es sich hierbei um eine innenpolitische Sache handle und daher allein Hong Kongs Politiker darüber zu entscheiden hätten. Ein erster politischer Erfolg, möglicherweise aber ein weichenstellender.

So dürfte dem 28. – und aller Wahrscheinlichkeit nach letztem – Gouverneur, **Christopher Patten**, der am 9. Juli 1992 sein Amt antrat, die leidliche Aufgabe zukommen, am **30. Juni 1997 Punkt Mitternacht die britische Flagge einzuholen**.

2.1.3 Das politische System

Hong Kong ist keine Demokratie und wird auch nach dem 1. Juli 1997 keine sein, dies steht fest. Seit der Machtübernahme durch die Briten war es eine **Kronkolonie**, die seit September 1983 unter der offiziellen Bezeichnung '**Britisch verwaltete Niederlassung an der Südküste Chinas**' verwaltet wird. Doch wer verwaltet das Territorium?

An der Spitze der Hong Konger Regierung steht der von London ernannte **Gouverneur**, der in der Regel für jeweils fünf Jahre ernannt wurde. Als Stellvertreter der britischen Königin bzw. deren Nachfolger(in) steht er der örtlichen Selbstverwaltung in Gestalt der **beiden Regierungsorgane**, dem **Executive Council** (Exco) und

Legislative Council Building, Sitz der Hong Konger Regierung

dem **Legislative Council** (Legco), bis zum 27. Juni 1997 vor. Unter seiner Leitung fungiert der Exekutivrat mit vier ständigen Ex-officio-Mitgliedern und zehn entweder vom Gouverneur oder der britischen Regierung ernannten Mitgliedern. Darunter rangiert der Legislativrat, neben dem Gouverneur bestehend aus drei Ex-officio-Mitgliedern, 18 vom Gouverneur ernannten und 39 gewählten Mitgliedern. Während im Exco Tagespolitik gemacht wird und alle für das Territorium wichtigen Fragen behandelt werden, flankiert der Legco die Gesetzgebung, erläßt Gesetze und kontrolliert die Staatsausgaben.

Der **Urban Council** ist für die alltäglichen Verwaltungsarbeiten und städtischen Serviceleistungen auf Hong Kong Island und in Kowloon zuständig. Er besteht aus 40 Mitgliedern, von denen 15 vom Gouverneur ernannt, die anderen von den entsprechenden Stadtteilverwaltungen gewählt werden. Der **Regional Council** hat in etwa die gleichgearteten Funktionen in den New Territories, er besteht aus 36 Mitgliedern. Die unterste Stufe stellen die **District Boards** dar, lokale Verwaltungseinheiten, die aber kaum wirkliche Macht ausüben.

Politische Parteien sind nicht zugelassen, **Wahlberechtigung** besteht für alle Bürger über 21 Jahre (aktives Wahlrecht), respektive zehn Jahre Anwesenheit im Staatsgebiet (passives Wahlrecht).

Seit der Unterzeichnung des 'Chinesisch-britischen Hong

Kong-Abkommens' ist man gemäß der Vereinbarungen dazu übergegangen, neu zu besetzende Führungspositionen in der Verwaltung nicht mehr mit Ausländern, sondern sie nach und nach vollständig mit Chinesen zu besetzen. In untergeordneten Regierungsämtern sind Nicht-Chinesen auch nach dem 1. Juli 1997 zugelassen. Um welche Posten es sich dabei genau handelt, muß in den gegenwärtigen Verhandlungen der Joint Liaison Group noch geklärt werden.

Captain Charles Elliot, zeitgenössisches Foto

2.1.4 Wichtige Persönlichkeiten

• Captain Charles Elliot (1801-75)

Bereits mit 14 Jahren trat Elliot in die Marine ein, diente zunächst im Mittelmeer, dann in Indien, Afrika und der Karibik. 1828 wurde er zum Captain befördert, trat allerdings überraschend aus der Marine aus und nahm eine Stellung im *Colonial and Foreign Office* an, in der unter anderem bis 1834 in Guyana Dienst tat.

Nur widerwillig schloß er sich Lord Napiers – zu dieser Zeit Handelsbevollmächtigter in Guangzhou – Gesandtschaft an. Am 1. Februar 1835 erreichte Elliot Guangzhou, wo er sich umgehend um den Ausbau der bilateralen Handelsbeziehungen bemühte. Doch all seine Bemühungen, direkt mit den Chinesen zu verhandeln, ohne die Vermittlerrolle der Hongs in Anspruch zu nehmen, scheiterten, woraufhin er sich deprimiert nach Macau zurückzog und um militärische Hilfe aus Indien nachsuchte.

Mit dieser war es ihm sodann möglich den nötigen Druck auf die Chinesen auszuüben und sie zu den gewünschten Zugeständnissen zu zwingen, die von den ausländischen Händlern und der britischen Regierung seit langem gefordert wurden.

Die von ihm veranlaßte voreilige Inbesitznahme von Hong Kong Island erzürnte den britischen Außenminister jedoch so sehr, daß er ihn abberief und als Generalkonsul nach Texas schickte.

• Sir Henry Pottinger (1789-1856)

In Irland geboren, fuhr er mit nur 12 Jahren zur See. Ohne abgeschlossene Ausbildung diente er in verschiedenen Positionen in der *East India Company* in Indien und kehrte nach 27 Jahren im Ausland 1840 nach Großbritannien zurück, wo er die Baronswürde verliehen bekam.

Von Macau aus segelte er die chinesische Küste hinauf, um die Chinesen zur Einhaltung der getroffenen Vereinbarungen von Chuanbi zu zwingen bzw. ihnen weitere Zugeständnisse abzuringen. Seine Mission war von Erfolg gekrönt, und so konnte von ihm am 29. August 1842 an Bord des britischen Kriegsschiffes HMS Cornwallis der Vertrag von Nanjing unterzeichnet werden.

Im Juni 1843 wurde er Hong Kongs erster Gouverneur, reichte jedoch bereits im Juli 1843, enttäuscht über seine Erfolglosigkeit beim Aufbau der neuen Kronkolonie, seine Demission ein, mußte aber bis zum Mai des kommenden Jahres auf seine Ablösung durch Sir John Davis warten.

• William Jardine (1785-1843) und James Matheson (1796-1878)

Es war der von diesen beiden schottischen Händlern ausgeheckte Plan, dem die Briten letztendlich die Abtretung Hong Kong Islands an die britische Krone zu verdanken hatten. Ihren Ratschlägen schenkte der britische Außenminister Lord Palmerston Gehör und gestand ihnen dafür weitreichende Handelsvollmachten zu. So schritt er z.B. nicht gegen deren immer stärker werdenden Opiumhandel ein, mit dem das Unternehmen zum wichtigsten Handelshaus in der neuen Kronkolonie aufstieg.

Diese Führungsposition hat das Unternehmen bis heute verteidigen können, die von ihm getätigten Transaktionen und Geschäfte sind heutzutage jedoch gang andere: Immobilien, Hotels, Versicherungen, Handelsbanken, Schiffahrtslinien, Nahrungsmittelimport und -export, Speditionsgeschäfte, Reiseagenturen, Flugliniendienste, Ladenketten. Hinzu kommen Zuckerrohrplantagen auf Hawaii, Beteiligungen in Südafrika und den arabischen Golfstaaten sowie die Gewinnung von Mineralien und deren Verarbeitung.

Dr. William Jardine

Hinter dem, was einmal mit 20 Miarbeitern begann, verbirgt sich heute mehr als ein Viertel des gesamten an der Hong Konger Börse gehaltenen Kapitals.

• Sir Lawrence Kadoorie (geb. 1899)

Als Sohn einer jüdischen irakischen Händlerfamilie in Hong Kong geboren, ist er der letzte Taipan Hong Kongs. Sein Jurastudium in London schloß er nicht ab, denn von Anbeginn an hing sein Herz am Geschäftsleben, und auch die Gefangenschaft während des Zweiten Weltkrieges und die während dieser Zeit erlittenen schweren geschäftlichen Rückschläge konnten seine Ehrgeiz nicht stoppen.

Er glaubte stets an die Zukunft Hong Kongs, für sie setzte er sich ein, pflegte die guten Kontakte zur rotchinesischen Führungsspitze. Von 1951 bis 1954 war er Mitglied des Legislative und des Executive Councils.

Das Vermögen der Familie ist breit gestreut, zentrales Unternehmen ist jedoch seit jeher *China Light*, das die Halbinsel Kowloon mit Strom versorgt und dessen Präsident und Hauptaktionär (35%) Kadoorie ist. Diese Beteiligung allein trägt rund US$ 2,2 Milliarden zu dem auf insgesamt US$ 3 Milliarden geschätzten Familienvermögen bei. Außerdem ist Kadoorie zu 53% an den *Hongkong and Shanghai Hotels* beteiligt und an der Tai Ping Teppichfabrik; weitere Beteiligungen bestehen in der Textilherstellung, an Bürogebäuden in Johannesburg und an diversen internationalen Banken.

Der Cross Harbour Tunnel war Kadoories Geisteskind, ebenso die *Kadoorie Agricultural Aid Association* in den New Territories, die nicht nur vielen Flüchtlingen aus China zu einer Lebensgrundlage verhalf, sondern auch als landwirtschaftliche Experimentalstation. Zu seinen Hotelbeteiligungen zählt auch diejenige am The Peninsula Hotel, und auch an der Peak Tram bestehen Anteile.

Kadoorie war die erste in Hong Hong geborene Person, der 1987 ein britischer Adelstitel verliehen wurde.

• Run Run Shaw

Der große alte Herr der Hong Konger Filmproduktion, der es zusammen mit seinem Bruder schaffte, Hong Konger Leinwandspektakel auf die internationalen Leinwände zu bringen. In seinen Studios entstanden zahllose Kung Fu-Filme und andere ziemlich belanglose Zelluloidstreifen, die jedoch Millionen um Millionen einspielten.

20 Filme und mehr gelangen Jahr für Jahr in die gut 160 Filmtheater in Amerika und Asien, die zum Imperium von 'Sir Run Run' gehören. 'Shaw Brothers Limited' besitzt neben einem der größten Filmstudios in Asien aber auch noch Banken und Hotels, Versicherungs- und Immobilienfirmen, Vergnügungsparks und andere Beteiligungen, die dem milliardenschweren Unternehmen mehrere Standbeine sichern.

2.2 Landeskundlicher Überblick

2.2.1 Wirtschaft

Hong Kongs wirtschaftliche Lebensader war von Anfang an sein **natürlicher Tiefseehafen**, dem es letztendlich zu verdanken ist, daß der territoriale Zwerg heute zur **zehntstärksten Wirtschaftsmacht** aufgerückt ist. Die geographisch günstige Lage prädestiniert ihn geradezu als Umschlagsplatz im Warenverkehr von und nach Ost- und Südostasien, besonders aber **China**, das zum **wichtigsten Handelspartner** geworden ist. 7,97 Mio Container schlug Hong Kongs Containerhafen Kwai Chung 1992 um, rund 55% des Gesamtwarenumschlags – Weltrekord. Und um den Anforderungen der kommenden Jahre gerecht zu werden, baut man im Zuge des neuen Flughafen- und Hafenerweiterungsprojektes weitere Terminals.

Hong Kongs einziger 'Rohstoff' waren und sind seine Arbeitskräfte, was den Aufbau einer exportorientierten Industrie nötig machte. Der entscheidende Schub kam mit den nach dem Ende des Zweiten Weltkriegs hierher fliehenden Nationalchinesen, unter denen sich unter anderem bedeutende Textilhersteller befanden, die neben Geld auch Maschinen mitbrachten. Auch wenn der prozentuale Anteil am Gesamtexport im Vergleich zu den 50er, 60er und 70er Jahren zurückgegangen ist, Hong Kongs **Bekleidungsindustrie** ist mit 33% des inländischen Exportvolumens noch immer **wichtigster Wirtschaftzweig** und nach Italien weltweit zweitgrößter Bekleidungshersteller. Zweitwichtigster Exportzweig ist die **Elektronikindustrie**, die 25,8% des inländischen Exportvolumens erwirtschaftete, gefolgt von der **Textilbranche** (7,4%), **Uhren** und **Armbanduhren** (6,5%), **Plastikprodukten** (3,2%) und **Spielwaren** (drittgrößter Hersteller nach Taiwan und Südkorea).

Entsprechend verteilen sich auch die Arbeitsplatzanteile, wobei fast alle vorwiegend manuell und somit arbeitsintensiven Produktionszweige mehr und mehr in die VR China verlagert werden, vor allem ins Perlflußdreieck. Dort sind die Löhne noch niedriger, so daß der Anteil der Re-Exporte steigend ist. Mittlerweile sind rund eine Million Arbeitsplätze im chinesischen Hintorland Hong Kongs direkt von Hong Kongs Wirtschaft abhängig.

Von Anbeginn an den Bedürfnissen des Handels angepaßt, gilt Hong Kong als Musterbeispiel kapitalistischer Tugenden: strebsam, auf Wettbewerb bedacht, geld- und profitorientiert. Die **Maxime des Laissez-faire**, die Nichteinmischung in Privatgeschäfte staatlicherseits, verhalfen Hong Kong zum wirtschaftlichen Aufstieg. Freies Unternehmertum, freier Handel, ein hervorragendes Kommunikationssystem rund um den Globus, moderner Hafen und Flughafen, all dies gepaart mit dem entsprechenden Arbeitspotential und dem Anreiz **niedrigster Steuersätze** (maximal 15% Einkommenssteuer und 16,5% Ertagssteuer, keine Kapital- und Transfersteuern) verhalf Hong Kongs Bürgern zu einem der höchsten Lebensstandards in Asien, mit einem **Jahreseinkommen** von durchschnittlich **über US$ 11.000**.

Da nur rund 9% des Territoriums landwirtschaftlich geeignet sind, arbeiten – mit abnehmender Tendenz – nur knapp 2% der Bevölkerung in der **Landwirtschaft** und im **Fischereigewerbe**. Letzteres beschäftigt noch etwa 21.000 Menschen mit rund 4.500 Fischereifahrzeugen.

Bezüglich seiner Lebensmittel, Rohstoffe und Treibstoffe ist Hong Kong **fast vollständig von Importen** abhängig, die zum Großteil aus der VR China stammen; von dort kommen nahezu alle Grundnahrungsmittel und über 70% des Trinkwassers.

So konzentriert sich Hong Kongs Wirtschaft auf den **herstellenden und verarbeitenden Sektor**. **Hauptexportländer** sind die USA (27,6% des Gesamtexports), die VR China (26,5%) und Deutschland (6,8%). Wichtigste **Re-Export-Länder** sind die VR China (30,7%), die USA (21,5%) und Japan (5,4%). Die meisten **Importe** kommen aus der VR China (37,1%), Japan (17,4%) und Taiwan (9,1%).

Die in den letzten Jahren stark gestiegenen Löhne bringen allerdings auch eine **Inflationsrate** von derzeit 9-10% mit sich, die aber allgemein als Tribut für den gestiegenen Lebensstandard akzeptiert wird. Das **reale Wirtschaftswachstum** betrug in den letzten Jahren zwischen 3,5% und 5%.

Hong Kong ist mittlerweile **Chinas wichtigster Finanzplatz**, sowohl was den Devisenverkehr, aber auch die Investitionen anbelangt. **164 lizensierte Banken** haben hier ihre Niederlassungen, die **Warenbörse** gehört weltweit zu den umsatzstärksten, die **Goldbörse** ist nach derjenigen in London und Zürich drittgrößte, ähnlich gut liegt die **Diamantenbörse** im Rennen, so daß Hong Kong insgesamt derzeit das **drittgrößte Finanzzentrum der Welt** ist, und das bei einer **Arbeitslosenquote**, die bei nur knapp 2% liegt.

2.2.2 Geographie

Hong Kong liegt **130 km südlich des Nördlichen Wendekreises** auf 22°17' südlicher Breite und 114°9,5' östlicher Länge, also in etwa auf gleicher geographischer Breite wie Mexico City, die Bahamas oder Hawaii. Die maximale Nord-Süd-Ausdehnung beträgt 38 km, von Osten nach Westen sind es 50 km.

Das **Gesamtterritorium** Hong Kongs von **1.076 km²** setzt sich aus drei Teilen zusammen: Hong Kong Island, die

Halbinsel Kowloon und die New Territories, zu denen auch die sogenannten Outlying Islands gehören.

Hong Kong Island mit der **Hauptstadt Victoria** umfaßt 79 km², dies sind rund 7% des Gesamtterritoriums. Höchste Erhebung der Insel ist der **554 m hohe Victoria Peak**.

seln sind unbewohnt, zum Teil nur kleine Felsen, die größte hingegen, **Lantau Island**, ist annähernd doppelt so groß wie Hong Kong Island und besitzt mit dem **934 m hohen Lantau Peak** und dem **869 m hohen Sunset Peak** auch Hong Kongs zweit- und dritthöchsten Berg. Doch auch die bewohnten Inseln sind, mit Ausnahme

Ab Central District verkehren die Fähren nach Kowloon und zu den Outlying Islands

Die **Halbinsel Kowloon**, die sich nordwärts bis zur Boundary St erstreckt, mißt rund 13 km², wächst aber durch Landgewinnung ständig. Nördlich schließt sich **New Kowloon** an, das bereits zu den **New Territories** zählt, die ihrerseits einschließlich der **235 Outlying Islands** 984 km², d.h. knapp 92% des Gesamtterritoriums ausmachen, von denen rund 20% auf die Outlying Islands entfallen.

In den New Territories liegt **Hong Kongs höchster Berg**, der **958 m messende Tai Mo Shan**. Die meisten der 235 In-

von Cheung Chau, meist überaus dünn besiedelt.
Die gebirgige Struktur Hong Kongs zwang von Anfang an die Menschen, sich entlang der Küsten niederzulassen, woran sich bis heute nicht allzu viel geändert hat, sieht man von den massiven Landabtragungen in jüngster Zeit einmal ab.

Die wenigen Talebenen, einst landwirtschaftlich genutzt, sind heute verbaut, Agrarwirtschaft spielt im Hong Kong des ausgehenden 20. Jhds keine Rolle mehr, von wenigen Ausnahmen auf den Outlying Islands abgesehen.

2.2.3 Klima

Hong Kong wird der **subtropischen Klimazone** zugerechnet. Obzwar nahezu auf der gleichen geographischen Breite wie Calcutta oder Hawaii gelegen, verhindern die über der gewaltigen asiatischen Landmasse entstehenden und von Norden her kommenden kalten Winde in den Wintermonaten das Entstehen eines ähnlich tropischen Klimas, wie an jenen Orten. Der Sommer dagegen bringt zumeist warme, feuchte tropische Luft aus dem Süden mit sich, die die Luftfeuchtigkeit bis auf 90% und darüber ansteigen läßt. Die hohe Luftfeuchtigkeit und niedrige Wolkenbildung hüllen die höheren Berge in diesen Monaten meist in einen Dunstschleier, der Schuld daran ist, daß Besucher des Victoria Peak zu dieser Zeit meist nicht viel oder gar nichts von der ihnen zu Füssen liegenden Stadt sehen.

Der **Frühling**, Mitte März bis Ende Mai, ist gekennzeichnet durch stetig steigende Temperaturen, wobei die Niederschläge im Mai spürbar ansteigen, was auch die Sicht zusehens einschränkt. Insgesamt aber eine noch gute Reisezeit.

INFO

Information zu den Taifunen

***Juni bis Oktober ist Taifun-Zeit in Hong Kong**, selten aber wird es so schlimm, daß man tagelang gezwungen ist, im Hotelzimmer auszuharren (wohl dem, der dann über eine entsprechende Unterkunft verfügt). '**Taifun**' ist das chinesische Wort für '**großer Wind**'. Mit verschiedenen Warnsignalen wird auf das Nahen eines solchen aufmerksam gemacht. **Signal Eins** wird gehißt, wenn sich einer dieser tropischen Stürme bis auf 800 km Hong Kong genähert hat. Weitere Signale **bis hin zur Nummer Acht** zeigen sein Näherkommen an, wobei bei Acht bereits schwere Regenfälle und starke Böen das Geschäftsleben zum Stillstand bringen, die Büros schließen, auch wenn noch öffentliche Verkehrsmittel fahren. **Signal Neun und Zehn** sind selten, sie bedeuten, daß mit einem raschen Anwachsen der Windgeschwindigkeit und Regenfälle gerechnet wird, die dann auch den öffentlichen Verkehr zum Erliegen bringen. Signal Zehn bedeutet, daß das Sturmzentrum direkt über Hong Kong erwartet wird. Um die Bevölkerung über die Entwicklung und Zugrichtung eines Taifuns auf dem laufenden zu halten, werden bei Signal 8-10 jeweils zwei Minuten vor der vollen und halben Stunde über Rundfunk entsprechende Sturmvorhersagen durchgegeben. Da **während eines Sturmes** die Strom- und Wasserversorgung zusammenbrechen kann und es **strikt verboten ist auszugehen**, empfiehlt es sich in solch einem Fall, sich ein gewisses Kontingent an Lebensmitteln, Streichhölzern, Kerzen, Wasser und Batterien für das Transistorradio oder den Walkman zu besorgen, um so das Unwetter abzuwarten und über den neuesten Stand der Dinge informiert zu sein.*

Die **Sommermonate** Juni bis September sind geprägt von zahlreichen Regentagen, hoher Luftfeuchtigkeit und Tagestemperaturen von meist über 30°C. Die zu dieser Jahreszeit Hong Kong heimsuchenden Taifune können unter Umständen zu einem längeren Hotelaufenthalt zwingen.

Klimatisch die **beste Reisezeit** ist der von Oktober bis Dezember dauernde **Herbst**, der durch die einsetzenden kalten Nordwinde für klare Sicht und angenehme Temperaturen sorgt.

Hong Kongs **Winter** dauert von Ende Dezember bis Mitte März. Die Temperaturen können nachts bis nahe den Gefrierpunkt absinken, doch sorgt die kühle Luft meist für gute Fernsicht.

Klimatabelle											
Durchschnittliche Tagestemperaturen (°C) und Niederschläge (mm)											
Jan	**Feb**	**Mär**	**Apr**	**Mai**	**Jun**	**Jul**	**Aug**	**Sep**	**Okt**	**Nov**	**Dez**
15.8	15.9	18.5	22.2	25.9	27.8	28.8	28.4	27.6	25.2	21.4	17.6
23	48	67	162	317	376	324	391	300	145	35	27

2.2.4 Bevölkerung

Mit **5.902.100 Menschen** (Stand Ende 1992) steht Hong Kong gemessen an der **Bevölkerungsdichte**, die Ende 1992 bei **5.485 Ew/km²** lag, momentan **weltweit an dritter Stelle**, nach Macau und Monaco. Auf **Hong Kong Island** lebten Ende 1992 22,3% der Gesamtbevölkerung, also 1.316.168 Menschen, in **Kowloon und New Kowloon** 33,8% oder 1.994.909 Personen und in den **New Territories** 43,9% oder 2.591.023 Personen.

Rund **94% der Bevölkerung sind Chinesen**, von denen 60% in Hong Kong geboren sind und 34% in der VR China. Die restlichen 6% teilen sich Briten, Amerikaner und vor allem die rund 90.000 Philippinas, die sich jeder bessere Haushalt als Dienstmädchen hält.

Die ältesten in Hong Kong ansässigen Clans sind die **Tanka** und **Hoklo** sowie die **Hakka**. Erstere beiden sind nomadisierende Boat People, die hier schon seit Jahrhunderten fischten, bevor ausländische Mächte in diesen Gewässern auftauchten. Letztere sind Bauern, die seit langem das wenige fruchtbare Ackerland der New Territories kultivierten.

Älteste und größte der fünf Clan-Familien der **Hakkas** im Territorium sind die in Kam Tin ansässigen **Tang**, die bereits im 11. Jhd dort Fuß faßten. Ihnen folgten – ebenfalls bereits im 11. Jhd – die **Hau**, die **Pang** während der späten Sung-Dynastie (13. Jhd), im 14. Jhd die **Liu**, gefolgt von den **Man**.

Kostengünstig und taifunsicher: Bambusgerüste

Hong Kongs Bevölkerung ist eine **Stadtbevölkerung**, vornehmlich zusammengeballt in den urbanen Zentren rund um den Victoria Harbour und in den seit den 70er Jahren entstandenen New Towns.

Zwar trifft man in den New Territories, besonders den Outlying Islands, noch auf zahlreiche kleinere Ortschaften, doch werden viele von ihnen ganz allmählich von den immer weiter wachsenden städtischen Siedlungen aufgesogen oder zumindest durch bauliche Veränderungen ihres dörflichen Charakters beraubt.

Dank der enormen Anstrengungen der *Housing Authority* ist es gelungen, die Zahl der in **Squatter Areas** Lebenden auf rund 273.000 zu senken, von denen etwa 228.000 in den New Territories leben.

2.2.5 Erziehung

Hong Kongs **Erziehungssystem** lehnt sich – selbstverständlich – eng an das britische an. Es herrscht Schulpflicht, wobei die Grundschulausbildung kostenlos ist. In der weiterführenden Stufe beginnt die fachliche Ausrichtung, entweder eine auf das College hinführende Ausbildung oder eine berufsbezogene. Die dritte Stufe unterliegt einem harten Wettbewerb, da nur etwa 5% derjenigen, die einen Ausbildungsplatz an der Universität anstreben, letztendlich auch zugelassen werden. Grund dafür sind die wenigen Studienplätze. Wer jedoch über genügend finanzielle Mittel verfügt, schickt seinen Sprößling einfach ins Ausland.

Die **University of Hong Kong**, Hong Kongs 1912 eröffnete älteste Universität, zählt heute 9.200 Studenten, die **Chinese University of Hong Kong** in Ma Liu Shui rund 8.400, die 1991 in Clear Water Bay eröffnete **Hong Kong University of Science and Technology** derzeit 1.800 (stark ansteigende Zahl). Im **Hong Kong Polytechnic** sind gegenwärtig etwa 11.000 Vollzeitstudenten eingeschrieben, im **Hong Kong City Polytechnic** über 7.700.

Aufgrund der geltenden **Schulpflicht** kann in Hong Kong, mit Ausnahme weniger älterer Menschen, jeder lesen und schreiben. Unterrichtssprache ist Kantonesisch und Englisch, was es umso erstaunlicher macht, wie ungenügend auch noch viele jüngere Menschen des Englischen mächtig sind; für eine Auskunft reicht es aber meistens aus. Ältere Menschen, besonders auf dem Lande, verstehen sowieso nur ihren Dialekt.

Woran es derzeit fehlt, sind Facharbeiter und Graduierte, da es zum einen nicht genügend Ausbildungsplätze gibt, es zum anderen gerade die geistige Elite in Hinblick auf die ungewisse Zukunft ins Ausland zieht.

2.2.6 Was die Menschen bedrückt

Wer in Hong Kong leben, überleben will, muß arbeiten, hart arbeiten. **Soziale Einrichtungen**, wie wir sie kennen, gibt es erst in **rudimentären Ansätzen**, und auch dies erst seit wenigen Jahren. Wegen der chinesisch-konfuzianischen Tradition, daß die Kinder für ihre Eltern sorgen, bestand bis in jüngste Zeit auch keine Notwendigkeit dafür, da meist genügend Kinder vorhanden waren, die dieser Verpflichtung nachkamen. Der Trend zur Ein- oder Zwei-Kinder-Familie und die Tatsache, daß heute so gut wie alle Frauen einer Arbeit nachgehen, erfordern in zunehmendem Maße den Aufbau sozialer Einrichtungen, vornehmlich, um die älteren Menschen angemessen versorgen zu können, die keine Angehörigen haben, die sich um sie sorgen können. Dem wirtschaftlichen Grundsatz des Laissez-faire folgend, hauptsächlich aber aus Geldmangel, hatte sich die Regierung die längste Zeit dahingehend zurückgehalten, so daß es private Organisationen oder Stiftungen waren, die sich um jene Altersgruppe und Behinderte kümmerten.

Die moderne Gesundheitsfürsorge, bessere Arbeits- und Lebensumstände lassen Hong Kongs Bevölkerung immer älter werden. So lag die **Lebenserwartung** 1991 für Männer bei 75 Jahren, für Frauen sogar bei 80 Jahren. Da die Zahl der Neugeborenen gleichzeitig seit Jahren zurückgeht, sieht sich die Regierung nunmehr der Notwendigkeit gegenüber, ein funktionierendes Alters- und Sozialsystem aufzubauen, das jedermann, unabhängig von seiner Familie, ein Leben in Würde gewährleistet.

Noch funktioniert das auf **konfuzianischer Ethik beruhende Versorgungssystem** ganz gut, doch ist Hong Kong ein zu teures Pflaster, als daß man sich in Zukunft einzig und allein darauf verlassen kann. So liegt die **staatliche Altersversorgung** derzeit bei maximal 70% des letzten Einkommens, **Sozialhilfe** gibt es im günstigsten Fall HK$ 500. Die Altersversorgung stellt aber ein vergleichsweise geringes Problem dar, da eh jeder so lange wie irgend möglich arbeitet, viele bis zum Tod. Wirklich problematisch ist hingegen die **Gesundheitsfürsorge**, denn die teuren Privatkliniken können sich nur wenige leisten. Doch ist es der Regierung dank großer Anstrengungen gelungen, die Situation zu entschärfen, der Bau neuer Polikliniken und Hospitäler zahlt sich aus.

Arbeitslosenunterstützung gibt es praktisch keine, was angesichts des permanenten Arbeitskräftemangels nicht weiter verwundert und auch nicht für notwendig gehalten wird. Auch für die alten Menschen ist Arbeit der einzige Inhalt des Lebens, erst die junge Generation entdeckt die Genüsse der Freizeit, muß jedoch, um sich diese und all die prestigeträchtigen Statussymbole, auf die in Hong Kong so viel Wert gelegt wird, leisten zu können, oft in zwei Berufen arbeiten. **400.000 US-Dollar-Millionäre soll es in Hong Kong geben**, deren Besitz ist aber nur Anreiz zu noch mehr eigenem Engagement, nicht etwa Ursache für diebische Überlegungen.

So wird bei der Umgestaltung des sozialen Netzes viel davon abhängen, inwieweit die traditionellen Familienbanden auseinanderreißen. Zwar brachten sie auch oftmals aufgrund der räumlichen Enge erhebliche Probleme mit sich, waren andererseits aber der Garant dafür, daß jedes Familienmitglied über die Runden kam. Der bei den jüngeren Menschen wach gewordene Wunsch nach der eigenen Wohnung stellt Hong Kong vor ein neues Problem, das an und für sich ein altes ist.

Denn fast seit Beginn seiner neueren Geschichte platzt Hong Kong aus allen Nähten. Der periodisch wiederkehrende Zustrom von Hunderttausenden Flüchtlingen machte jegliche Wohnbauplanung meist umgehend zur Makulatur. Erst die seit Anfang der 80er Jahre mit der VR China getroffenen Zuwanderungsbeschränkungen brachten die erhofften Erfolge bei der Bekämpfung der **akuten Wohnraumnot**. In den schlimmsten Zeiten lebten weit mehr als eine Million Menschen in den Squatter Areas und in den Straßen Hong Kongs, heute sind es nur noch rund 280.000, die sich in diesen Hüttensiedlungen durch das Leben schlagen. Aber auch die, die ein festes Dach über dem Kopf haben, müssen sich zumeist mit 40 oder 50 m² bescheiden, und dies zu sechst, acht oder noch mehr. So leben z.B. in den Stadtteilen Sham Shui Po und Mong Kok mehr als 165.000 Ew/km², Betten werden hier zum Teil in drei Schichten rund um die Uhr vermietet, acht Stunden für HK$ 20 oder 30.

Nur den gewaltigen Anstrengungen der **Housing Authority** ist es zu verdanken, daß einem großen Teil der Bevölkerung heutzutage eine einigermaßen menschenwürdige Unterkunft gewährt werden kann. So lebt derzeit rund die Hälfte der Menschen in deren Sozialbauwohnungen oder Mietwohnungen, doch die Ansprüche steigen, und immer mehr können sich eine der neueren, größeren Wohnungen mit 70 oder gar 100 m^2 leisten. Das Gros aber muß sich mit dem bescheiden, was dem Gast im Hong Kong Island Shangri-La mit einem normalen Doppelzimmer zur Verfügung gestellt wird, doch wohl gemerkt, geteilt mit fünf, sechs oder aber auch zehn anderen.

Dank der enormen Leidens- und Strapazierfähigkeit des Chinesen sieht er selbst vieles nicht so dramatisch, wie der westliche Ausländer dies gewöhnlich tut. Ernsthaftes Kopfzerbrechen bereitet aber vielen das magische Datum 1. Juli 1997, jener Tag, an dem Hong Kong wieder an die VR China zurückgeht. Und obwohl die Zukunft Hong Kongs und seiner Bürger von der Einhaltung des '**Chinesisch-britischen Hong Kong-Abkommens**' seitens der chinesischen Regierung abhängt, hat kaum einer der knapp sechs Millionen Menschen es tatsächlich gelesen. Und doch hat jeder eine Meinung dazu, gebildet aus dem, was auszugsweise in den Zeitungen stand, in Rundfunk oder Fernsehen zu hören war und ist, meist jedoch ohne konkrete persönliche Vorstellungen.

Was nun besagt das am 27. Mai 1985 in Kraft getretene Abkommen in den wichtigsten Punkten: Hong Kong wird mit Gültigkeit vom 1. Juli 1997 mit dem Status einer Sonderverwaltungszone in das Territorium der VR China wiedereingegliedert, die fortan die Souveränität über Hong Kong ausüben wird. Die zentrale Volksregierung der VR China wird die direkte Autorität über das Territorium ausüben, doch wird diesem ein hohes Maß an Autonomie zugestanden. Mit Ausnahme der Außenpolitik und Verteidigung bleibt Hong Kongs politisches, wirtschaftliches und soziales System unverändert weiter bestehen. Die Gerichtsbarkeit bleibt unverändert erhalten, Meinungs-, Religions- und Reisefreiheit bleiben unangetastet, ebenso wie die Besitzverhältnisse.

Weiterhin behält Hong Kong seinen Status als Freihafen und separates Zollgebiet. Der Hong Kong-Dollar wird beibehalten und bleibt frei konvertibel, es gibt keine Einschränkungen im Devisen- oder Goldhandel. Hong Kong führt keine Steuern an Beijing ab, sondern wird als getrenntes Finanzgebiet verwaltet.

Hong Kong entscheidet selbständig über seine wirtschaftlichen, kulturellen und sonstigen Beziehungen, vergibt eigenständig Ein- und Ausreisepapiere, sorgt für die innere Ordnung. Diese vereinbarten Zusagen gelten zunächst für 50 Jahre, mit der Option der Verlängerung.

Diesem Abkommen sind **drei Anhänge** angefügt, wobei besonders Anhang I Kopfzerbrechen bereitet, denn in ihm wird

Victoria und Hong Kong im Jahre 1843, zeitgenöss. Darstellung

die Einrichtung der Sonderverwaltungszone detailliert abgehandelt. Viele diesbezügliche Fragen waren bei der Abkommensratifizierung jedoch noch offen; seither bemüht sich die eingesetzte chinesisch-britische Joint Liaison Group darum, das Rahmenwerk des Abkommens mit Leben zu erfüllen.

Skeptisch stimmt die Einwohner Hong Kongs die kategorische Weigerung Beijings, ihnen die Einsetzung einer eigenen, demokratisch gewählten Regierung bzw. Verwaltung zuzugestehen. Die führenden politischen Köpfe sollen dem Abkommen gemäß von Beijing ernannt werden. Auch behält sich Beijing das Recht vor, im Notfall selbst für die öffentliche Ordnung zu sorgen, was insbesonders in Hinblick darauf an Brisanz gewinnt, daß die britischen Streitkräfte und das Gurkha-Bataillon durch die Rote Armee ersetzt werden.

Um allen Unwägbarkeiten aus dem Weg zu gehen, setzten sich verstärkt nach dem 4. Juni 1989 diejenigen ab, die die finanziellen Mittel dazu hatten oder über eine entsprechend qualifizierte Ausbildung verfügten, die sie für andere Länder interessant machte. Großbritannien gestand nach langen Verhandlungen 50.000 Familien, vorwiegend Verwaltungsangestellten, die Einwanderung zu, doch ließ Beijing erkennen, daß es die britischen Pässe im Falle ihres Bleibens nicht anerkennen werde.

So ist das Gros der Einwohner auf die Einhaltung der Zusagen Beijings angewiesen, was besonders diejenigen verärgert, die unter britischer Flagge geboren sind, immerhin rund 60%, trotzdem aber von der Regierung in London nicht als britische Staatsbürger anerkannt werden und somit auch keine britischen Pässe erhalten.

2.3 Kulturgeschichtlicher Überblick

Hong Kongs Kultur ist, trotz 150 Jahren britischen Einflusses, **weitestgehend eine chinesische** geblieben. Gerade dies macht sie so interessant, stößt man in ihr doch auf viele Traditionen, die dem vom westlichen Kapitalismus bestimmten Wirtschaftsleben völlig zu widersprechen scheinen.

Doch waren Chinesen von jeher Pragmatiker, die es verstanden, aus jeder Glaubensrichtung und Lebensweisheit das ihnen geeignet Erscheinende herauszufiltern, wodurch besonders bei den Exilchinesen eine ganz eigenartige **Mischung aus östlicher und westlicher Tradition** entstand.

Eine der wichtigsten Grundregeln im Umgang mit Hong Kong-Chinesen ist das **Wahren des Gesichtes**, des eigenen wie desjenigen des Gegenübers. Lautes Insistieren, Rechthaborei, das öffentliche Aufzeigen von Fehlern hat Gesichtsverlust für beide Seiten zur Folge, und sollte daher tunlichst vermieden werden. Angebrachter ist es in solchen Fällen, dem Gegenüber durch einige abwiegelnde Worte zu Hilfe zu kommen, was seinen Gesichtsverlust mindert, und einem selbst Pluspunkte einbringt. Prestigeträchtige Gastgeschenke, z.B. Cognac (Hong Kong hat weltweit den höchsten Prokopfverbrauch) – der wie alle Spirituosen in Hong Kong teuer ist –, Parfüm, importierte Schokolade oder ähnliches, gehören ebenfalls zu diesem Spiel.

Hierin liegt auch das **Streben nach Statussymbolen** jeglicher Art begründet, und keine Familie, nicht einmal die ärmste, wird es sich nehmen lassen, eine in unseren Augen verschwenderische Hochzeitsparty zu geben, für die sie sich mitunter auf Jahre hinaus verschuldet.

Ein wichtiges Element chinesischer Kultur sind die dem Mondkalender folgenden Tierkreiszeichen. Anders als unsere **Tierkreiszeichen** steht im **chinesischen Mondkalender** eines für je ein Jahr, sich im 12-jährigen Turnus wiederholend. Da das Chinesische Neujahr entsprechend dem Mondkalender jeweils auf die Zeit Mitte Januar bis Mitte Februar fällt, zählen die ersten Wochen unseres Sonnenkalenders noch jeweils zum alten Mondkalenderjahr.

Wie unseren Tierkreiszeichen werden auch den chinesischen verschiedene positive und negative Eigenschaften nachgesagt, was für den Chinesen besonders in Hinblick auf den gewählten bzw. zu wählenden Ehepartner von Bedeutung ist. Stimmt die Konstellation zwischen beiden nicht, so kommt ein späteres Scheitern der Ehe für niemanden überraschend. Da sich die jüngeren Menschen heute ihren Partner für das Leben in der Regel selbst auswählen, bedarf es einigen Pragmatismus', um eventuell negativ beeinflußte Konstellationen doch noch zurechtzubiegen.

Zuständig hierfür ist der in allen größeren Tempeln, aber auch andernorts (z.B. am Nachtmarkt) anzutreffende **Weissager**, den es in solchen und anderen wichtigen Fällen, ganz gleich ob privat oder geschäftlich, zu konsultieren gilt. So holen sich z.B. bei den Weissagern im Wong Tai Sin-Tempel viele ihren Tip für das Pferderennen oder ihren Besuch in den Spielcasinos von Macau ab.

Als erstes schüttelt man den **Chim**, einen mit Bambusstäbchen gefüllten Köcher, solange, bis ein Stäbchen herausfällt, dessen Nummer man sich notiert. Dies kann man mehrmals wiederholen. Zusätzlich kann man **Sing Pui**, zwei nierenförmige Holzstücke, werfen, die auf einer Seite flach, auf der anderen gewölbt sind. Fallen beide auf die flache Seite, bedeutet dies ein 'Nein' auf die zuvor gestellte Frage, fallen sie auf unterschiedliche Seiten, so signalisiert dies ein 'Ja', fallen beide auf die gekrümmte Seite, muß man sie noch einmal werfen.

All dies wird notiert und anschließend vom Weissager mit Hilfe des chinesischen Almanachs, eine Art Jahreshoroskop, interpretiert. Viele – besonders ältere Frauen – lesen sich auf die gleiche Weise ihre Zukunft selbst, konsultieren aber sicherheitshalber im Anschluß doch noch den Weissager.

Für den Außenstehenden kaum nochvollziehbar und in den meisten Fällen mit verständnislosem Kopfschütteln beantwortet, ist **Feng Shui**, was wörtlich übersetzt '**Wind Wasser**' bedeutet. Diese auf Geomantik beruhende Lehre erscheint dem Westler als völlig irrational, noch dazu in einer Stadt, die ansonsten geprägt ist von westlich kapitalistischer Business-Mentalität. Und doch würde es keiner wagen, sich in entscheidenden Angelegenheiten über die von einem Feng Shui-Meister getroffenen Anordnungen hinwegzusetzen. Die Lehre beruht auf dem alten **taoistischen Prinzip von Yin** (weiblich) **und Yang** (männlich), den sich kompliementär ergänzenden Gegensatzpaaren, die alle Bereiche des Lebens und der Natur durchdringen, z.B. Dunkel und Hell, Feucht und Trocken etc., und der Harmonisierung der fünf Elemente Holz, Feuer, Erde, Metall und Wasser.

Eine ganz entscheidende Rolle spielt Feng Shui im Geschäftsleben und in der Architektur. So mußte beispielsweise beim Bau des Regent-Hotels zur Hafenseite hin eine 13 m hohe Glasfassade errichtet werden, damit der hinter dem Hotel an Land hausende Drache auch weiterhin im Hafenbecken schwimmen gehen könne. Und der Grundriß der Standard Chartered Bank wurde aus Oktagonen aufgebaut – Achtecke wehren nämlich böse Geister ab. Deswegen sieht man auch in vielen Wohnungen mindestens einen achteckigen Spiegel am Fenster, denn bei dessen Anblick erschrecken sich die Geister zu Tode und fliehen. Zum gleichen Zweck werden Spiegel gerne gegenüber Türen angebracht.

Ein Beispiel aus dem Geschäftsleben: Einladungen zu wichtigen Vorstandssitzungen oder ähnlich entscheidenden Terminen, so auch zu Hochzeiten, geben den Beginn der Veranstaltung auf die Minute genau an, z.B. 11.18 Uhr, nicht etwa 11 Uhr. Und keiner der Teilnehmer wird es wagen, auch nur eine Minute zu spät zu kommen, es sei denn, er beabsichtige, die Firma in den Bankrott zu treiben oder die Ehe mit Unfrieden zu behaften.

Ganz gleich, ob ein Haus errichtet, eine Straße angelegt, ein Baum gefällt oder die U-Bahn gebaut werden soll, die Hinzuziehung eines Feng Shui-Meisters ist unumgänglich, will man Ungemach vermeiden. Noch wichtiger als in all diesen Fällen ist er jedoch bei der Auswahl der Grabstätte, denn von deren Lage – am besten an einem nach Süden, dem Meer zugewandten Hang – und dem damit verbundenen Wohlergehen des Ahnen hängt es ganz entscheidend ab, ob die Nachfahren von Unbillen verschont bleiben. Sollten die Ahnen nicht zufrieden sein, werden sie als böse Geister wiederkehren, solange, bis ihnen die entsprechende Ruhestätte ausgewählt worden ist und sie auch sonst mit der notwendigen Ehrerweisung behandelt werden, d.h. man ihnen an den Totentagen genügend Opfer darbringt und auch sonst ihrer regelmäßig gedenkt. Sollte das Unglück einen dennoch heimsuchen, muß zusätzlich ein taoistischer Priester zu Rate gezogen werden, denn ihm ist es unter Umständen möglich, die verärgerten Vorfahren, die in der Geisterwelt fortleben, zu beschwichtigen bzw. die geeigneten Maßnahmen herauszufinden, mit denen sie beruhigt werden können.

Nur wer es versteht, die überall hausenden Drachen und Geister nicht zu verärgern, ist vor Unglücksfällen einigermaßen gefeit. Vielleicht gelingt es sogar, sich ihrer im positiven Sinn zu bedienen. So haben z.B. manche Orte und Tempel in den New Territories noch kleine Haine, sollen doch Bäume Heimstätte guter Geister sein.

Würden Sie HK$ 5 Mio für ein Autonummernschild bezahlen? Wohl kaum – es sei denn, Sie sind eingeschworener Anhänger der '**Lucky Numbers**'-Philosophie. Diese Zahlenphilosophie durchzieht alle Bereiche des Lebens und wird von den meisten Hong Kong-Chinesen sehr ernst genommen. So steht die '1' für 'immer', die '2' für 'einfach', die '3' für 'langes Leben', die '4' für 'Tod', die '5' für 'Glück', die '6' für 'doppelt', die '7' für 'stabil', die '8' für 'Reichtum, Geld' und die '9' für 'Gesundheit'.

Für die Wahl wichtiger Termine ist es ratsam, die geeignete Zahlenkombination zu finden:

so waren die Standesämter am 8.8.1988 bereits auf Monate im voraus ausgebucht, und die Eröffnung eines Geschäftes oder Hauses findet nie willkürlich statt. Auch würde kein Chinese in einen Krankenwagen steigen, der die Nummer 4 hat, ganz gleich, wie schlecht es um ihn steht. Und auch bei Hong Kongs derzeit höchstem Gebäude, Central Plaza, wurde peinlichst darauf geachtet, wie hoch es wurde, und zwar 1.228 Fuß, was 'übersetzt' soviel bedeutet wie 'immer leichter, leichter Reichtum'. Aus dieser Überlegung heraus werden von den Gläubigen auch stets drei, sechs oder neun Räucherstäbchen abgebrannt, Ausdruck des Wunsches nach langem Leben.

Doch nun zu den Nummernschildern. Es gibt einige hundert Zahlenkombinationen, die als 'lucky' gelten und die, so sie frei sind, alljährlich auf einer Auktion versteigert werden. Die Gelder dieser Versteigerung fließen wohltätigen Zwecken zu. Am meisten Glück verheißen Nummern ohne Kennbuchstaben, denn sie sind die ältesten. Und für welche Nummer würden Sie nun HK$ 5 Mio bezahlen? Klar doch, für die 8888. Den goldfarbenen Rolls Royce, den diese Nummer ziert, kann man auf der Fahrt von Aberdeen oder Repulse Bay hoch zum Victoria Peak links in der Garage stehen sehen – angeblich ist er auch schon einmal gefahren. Das teuerste Nummernschild ist seit März 1993 jedoch die '2', für das umgerechnet 2,7 Mio DM hingelegt worden sind.

Aus dem kulturellen Leben der Chinesen nicht wegzudenken sind **Löwen- und Drachentanz**, die zu jedem chinesischen Fest gehören und in aller Regel im Anschluß an die religiösen Zeremonien aufgeführt werden. Besonders während der wichtigen Feiertage (Chinesisch Neujahr, Mid-Autumn Festival, Tin Hau-Festival oder Drachenbootfestival) können sich endlos lange, von 100 Mann und mehr getragene Drachen durch die Straßen bewegen, wobei die aufgesteckten Knallkörper der Abwehr böser Geister dienen. Löwentänze werden oft auch bei Einweihungsfeiern von Geschäften und Gebäuden aufgeführt, da dies als glückbringend gilt.

Neben den etwa 500 Profis gibt es noch ein Mehrfaches an Laiendarstellern, die sich in der Präsentation der verschiedenen **chinesischen Opernvarianten** versuchen. Erstere treten, so sie nicht im Ausland sind, auf den großen Bühnen Hong Kongs auf, letztere bescheiden sich entweder mit kleineren lokalen Veranstaltungen oder treten unter anderem auf dem Nachtmarkt in der Temple Street auf. Wer die Gelegenheit dazu hat, sollte es sich nicht entgehen lassen, eine Vorführung dieser Laiendarstellergruppen zu besuchen. Auskünfte über aktuelle Veranstaltungen erhält man bei der HKTA oder entnimmt sie dem in der City Hall kostenlos ausliegenden Blatt 'Hong Kong Diary'.

Mag die **Peking-Oper** auch die bekannteste sein, so ist sie doch nicht die einzige ihrer Art.

Auch wer sprachlich nichts versteht und der Symbolik der Farben, Gesten und Requisiten nicht mächtig ist, kann Gefallen an dieser schauspielerischen Kunst finden, zumal wenn es sich um ein Stück handeln sollte, in dem neben den gesanglichen, sprachlichen, mimischen und tänzerischen Elementen auch noch akrobatische vorkommen, die die mitunter fünf oder sechs Stunden dauernde Vorführung doch recht kurzweilig gestalten. Und wem es zu lange dauert, der geht einfach – die Chinesen halten das genauso.

Kanton-Oper

Neben der Peking-Oper, die weitestgehend auf Requisiten verzichtet und sich durch einen sehr verfeinerten Stil auszeichnet, werden in Hong Kong noch die **kantonesische Variante** – die mehr musikalische Elemente bringt, sich meist um die Beziehung Junge-Mädchen dreht und gerne auch moderne Elemente miteinbezieht – und die **Chiu Chow-Form** gespielt, die die aus der Ming-Zeit stammenden Traditionen wahrt, d.h. stets auch eine moralische Lehre beinhaltet.

Die chinesischen Tierkreiszeichen								
Schlange	1917	1929	1941	1953	1965	1977	1989	2001
Pferd	1918	1930	1942	1954	1966	1978	1990	2002
Schaf	1919	1931	1943	1955	1967	1979	1991	2003
Affe	1920	1932	1944	1956	1968	1980	1992	2004
Hahn	1921	1933	1945	1957	1969	1981	1993	2005
Hund	1922	1934	1946	1958	1970	1982	1994	2006
Schwein	1923	1935	1947	1959	1971	1983	1995	2007
Ratte	1924	1936	1948	1960	1972	1984	1996	2008
Ochse	1925	1937	1949	1961	1973	1985	1997	2009
Tiger	1926	1938	1950	1962	1974	1986	1998	2010
Hase	1927	1939	1951	1963	1975	1987	1999	2011
Drache	1928	1940	1952	1964	1976	1988	2000	2012

2.4 Religion

Der den Hong Kong-Chinesen eigene Pragmatismus ist nirgends leichter erkennbar als in ihrer religiösen Geisteswelt. In ihr haben sie es verstanden, **Elemente des Konfuzianismus, Taoismus, Buddhismus, Animismus und Ahnenkultes** miteinander zu verschmelzen. Daher wird auch in keinem der über 360 Tempel, Klöster und Schreine eine dieser Lehren auch wirklich in reiner Form praktiziert, die Zuordnung der Kultstätte zu einer dieser 'Religionen' gibt vielmehr nur die Hauptausrichtung der in ihm ausgeübten rituellen Praktiken an.

Zum besseren Verständnis zunächst ein paar Worte zu den einzelnen geistig-religiösen Teilaspekten.

2.4.1 Konfuzianismus

Die Lehre des **Meisters Kung** (551-479 v.Chr.) ist eine Moralethik, die starkes Gewicht auf die einzelnen **Loyalitätsverhältnisse** legt (Kind – Eltern, Frau – Mann, jüngerer Bruder – älterer Bruder usw.). Ein jeder soll in der von ihm gegenwärtig eingenommenen hierarchischen Stellung dem Höherstehenden strikte Loyalität entgegenbringen, letzterer ist jedoch verpflichtet, die ihm so zufallende Macht nicht egoistisch, sondern zum Wohle aller einzusetzen.

Ausgehend von der **Grundthese, daß der Mensch von Natur aus gut sei**, baute Konfuzius sein ideales Staats- und Herrschaftssystem auf, das jedoch aufgrund seines zu idealen Ansatzes von vornherein dazu verdammt war, sich nie wirklich durchsetzen zu können.

Der Konfuzianismus ist eine auf das Diesseits bezogene Moral- und Sittenlehre, den edlen Menschen erkennt man daher nicht an seiner sozialen Stellung, sondern an seinem Verhalten. Dies bedeutete einen radikalen Bruch mit der chinesischen Tradition und war auch eine der Hauptursachen dafür, daß sich diese Philosophie nie durchsetzen konnte. Denn in China spielte bis in die neueste Zeit hinein fast ausschließlich die Abstammung die entscheidende Rolle.

Trotzdem genießt Konfuzius bis heute höchstes Ansehen bei den Chinesen, für die seine Lehre einer Religion gleichkommt. Er selbst sah sich aber nie als religiöser Führer, Prophet oder derartiges, sondern stets als Lehrer, dem es um Reformen und Humanisierung ging. Er wollte jedem eine Chance geben, unabhängig von Geburt und Beziehungen. Einzig und allein die Fähigkeiten eines jeden sollten über seine gesellschaftliche Stellung entscheiden.

2.4.2 Taoismus

Wie der Konfuzianismus ist der Taoismus originär chinesisch, anders als jener jedoch das Sammelwerk mehrerer Lehrer, auch wenn meist **Lao Tze** ('der Alte'), ein Zeitgenosse Konfuzius', als Gründer dieser **stark naturbezogenen Philosophie** genannt wird, die sich erst später in eine Religion verwandelte. Noch ist nicht einmal endgültig geklärt, ob Lao Tze überhaupt gelebt hat.

Die **Grundthese** des uns überlieferten Werkes 'Tao De Qing' ('Buch vom Weg und der Kraft') ist, daß das **beste Handeln ein Nicht-Handeln (Wu Wei)** sei, d.h. der Mensch so wenig wie möglich in die Naturgeschehnisse eingreifen soll, um die ihr innewohnende Harmonie so wenig wie möglich zu stören. Eine dem westlichen Denken konträr gegenüberstehende Weltanschauung, von der in Hong Kong aber auch nichts zu spüren ist.

'**Tao**' bedeutet '**Weg**' und kann wohl am adäquatesten als der 'hinführende Pfad' interpretiert werden, quasi die Wahrheit oder das Prinzip des Universums, nicht zu verwechseln jedoch mit einem göttlichen oder ähnlich geartetem personifiziertem Wesen. So wie es verschiedene Deutungen über 'Tao' gibt, so auch über '**De**', die '**Kraft**'. Die erste interpretiert sie als philosophische Kraft, wodurch es dem ihr Folgenden möglich ist, sein Leben, entweder durch Überlegung oder aber durch Intuition, gemäß den Regeln des Universums auszurichten. Die zweite deutet diese Kraft psychisch, wobei es durch Yoga-Übungen möglich ist, diese zu erkennen und auf sich wirken zu lassen. Die dritte Deutung ist überaus spirituell, denn in ihr ist die Kraft des Universums die Kraft der Götter, Magie und Zauberei.

Letztere Stufe steht am Ende eines Entwicklungsprozesses weg von der Philosophie und hin zur Religion, und in dieser Form ging der Taoismus dann auch in die religiöse Gedankenwelt der Chinesen ein.

2.4.3 Buddhismus

Auch der Buddhismus ist in seiner **ursprünglichen** Form, so wie er von **Gautama Buddha** (Sakyamuni) (560-480 v.Chr.) gelehrt wurde, **eine Philosophie**, niedergeschrieben von seinen Anhängern etwa 150 Jahre nach seinem Tode.

Kern seiner Lehre ist die Feststellung, daß **alles Leben Leiden ist**. Leiden entsteht durch das Gebundensein an irdische Güter, so daß es gilt, diese Bindungen zu lösen, sich frei zu machen von Begierden jeglicher Art; nur so läßt sich der Kreislauf des Leidens durchbrechen. So sprach Buddha bei seiner ersten Predigt von den '**Vier heiligen Wahrheiten**': vom Leiden, von der Entstehung des Leidens, von der Aufhebung des Leidens (das Ziel des Buddhismus) und von dem zur Aufhebung führenden **achtteiligen** Pfad.

Letzterer besteht aus den acht Schritten: rechte Anschauung, rechte Gesinnung, rechtes Reden, rechtes Handeln, rechtes Leben, rechtes Streben, rechtes Denken und rechtes Sichversenken.

Um zur rechten Erkenntnis zu gelangen, bedarf es der intensiven Meditation, um in die Psyche vorzudringen, wo die wahren Probleme, aber auch die Antworten auf die Wahrheiten des Lebens zu finden sind. Das erstrebte Ziel all dieses ist das Erreichen, das Aufgehen im **Nirvana**, das gemäß den Sutras (Reden Buddhas) ein Zustand völligen Losgelöst-

Buddhastatue im Po Lin Tze auf Lantau Island

seins von Gier, Zorn, Unwissenheit und den anderen Fesseln des menschlichen Daseins ist.

Die ursprüngliche Lehre, der später so genannte **Hinayana-** oder **Theravada-Buddhismus** ('Kleines Fahrzeug') ruft jeden selbst dazu auf, den Weisungen des achtfachen Pfades zu folgen, er kennt keine Sakramente, keine Riten, keine magischen Formeln und keine heiligen Institutionen, die ins Nirvana führen. Buddha kann dabei nur den Weg weisen.

Die später entstandene Lehre des **Mahayana-Buddhismus**' ('Großes Fahrzeug') hingegen kennt bereits Mittler, die **Bodhisattvas**. Bei diesen handelt es sich um Buddhas ('Erleuchtete'), d.h. Personen, die den Zugang zum Nirvana zwar schon gefunden haben, jedoch zugunsten ihrer Mitmenschen darauf verzichten und anderen dabei behilflich sind, auf dem achtfachen Pfad voranzuschreiten.

Anders als im Hinayana, in dem jeder selbst den zu gehenden Pfad suchen muß, geht die Lehre des Mahayanas davon aus, daß das Schicksal eines jeden mit dem der anderen verbunden ist, da es nur ein Dasein gibt. Und so habe Gautama Buddha das Nirvana nicht für sich allein gesucht, sondern wirke fort in Gestalt der Bodhisattvas.

Im Laufe der Jahrhunderte integrierte der Mahayana-Buddhismus mehr und mehr Götter- und Geistergestalten anderer Lokalreligionen, so daß in den Tempeln neben Amitabha, dem himmlischen Pendant Gautama Buddhas, die drei Buddhas der Erdzeitalter [Vergangenheit (Kasyapa), Gegenwart (Gautama Buddha) und Zukunft (Maitreya)] und zahlreichen Bodhisattvagestalten (am bekanntesten ist Avalokiteshvara mit seinen bis zu 11 Köpfen und 1.000 Armen) auch Lokalgottheiten und Schutzdämonen auftauchen.

2.4.4 Ahnenkult

Eines der wichtigsten Anliegen eines jeden Chinesen ist dafür zu sorgen, daß seine Vorfahren eine angemessene Grabstelle erhalten und ihrer regelmäßig gedacht wird, denn nur so läßt sich verhindern, daß sie als böse Geister über ihn kommen. Die optimale Ruhestätte ist an einem Hang, ausgerichtet in Richtung aufgehender Sonne und Meer, doch damit allein ist es nicht getan.

Beim Begräbnis und anschließend zu bestimmten Zeiten gilt es, der Verstorbenen zu gedenken, so z.B. beim Ching Ming-Fest oder Chung Yeung-Fest, aber auch immer dann, wenn Schicksalsschläge die Lebenden heimsuchen. Denn möglicherweise hat man nicht genug getan, um die Dahingegangenen zu besänftigen.

Nicht nur die obligatorischen Räucherstäbchen werden dann dargebracht, sondern Obst, Spanferkel und jede Menge aus Papier gefertigte Utensilien, die am Ende verbrannt werden und dem Toten das Leben im Jenseits so angenehm wie möglich machen sollen, so z.B. Häuser (bei denen selbst die Pantoffeln nicht fehlen), Autos, Fernseher und dererlei mehr, und ein riesiges Paket Totengeld, das von den Angehörigen zuvor kunstvoll gefaltet wurde.

Ein kleiner Schrein zu Hause erinnert ebenfalls an die Verstorbenen, die heute aufgrund des Mangels an Grabstellen meist verbrannt und deren Urnen in den Ahnengedenkhallen auf den Friedhöfen untergebracht werden, zum Teil mehrstöckige Hallen, deren Wände über und über bedeckt sind mit Urnenfächern, jedes einzelne abgedeckt mit einem Bild des Toten.

2.4.5 Animismus

Überall kann man beobachten, von wievielen Geistern und Dämonen sich die Hong Kong-Chinesen umgeben fühlen. Nicht nur ihr unverrückbarer Glaube an Feng Shui dokumentiert dies, abzulesen ist dies auch an den zahllosen kleinen Schreinen, die vor oder in den meisten Geschäften und Büros stehen, denn diese dienen der Beschwichtigung der Erdgeister.

Weitaus mehr als hehre religiöse oder philosophische Vorstellungen interessieren den Chinesen jedoch die Dinge des Alltags, und wie sie positiv zu beeinflussen sind. Und natürlich ein verstohlener Blick in die Zukunft.

Das meistgebrauchte Wort im religiösen Alltag der Chinesen ist '**Joss**', was soviel wie 'Glück' bedeutet. So etwas Wichtiges wie Glück kann man in den Augen der geschäftstüchtigen Chinesen nicht dem Zufall überlassen, da müssen schon die Götter wohlgefällig gestimmt, böse Geister vertrieben und ruhende Drachen besänftigt werden, um das Glück an seine Seite zu binden. Räucherstäbchen müssen abgebrannt, Gaben dargebracht und Gebete gesprochen werden, und hilft all das nicht oder will man ganz sicher gehen, konsultiert man einen Feng Shui-Meister oder Wahrsager.

Gemeinsamen Gottesdienst oder feste Gebetszeiten gibt es nicht, jeder betet oder geht in den Tempel, wenn ihm danach ist, entweder um Hilfe zu erbitten oder um sich für etwas zu bedanken. Einzige Ausnahme ist die Bestattung.

Als kosmopolitische Stadt ist Hong Kong aber auch Heimstätte der anderen großen Weltreligionen, deren Anhänger in friedlicher Koexistenz an ihrem gemeinsamen Traum namens 'Hong Kong' arbeiten. Neben den rund **254.800 römisch-katholischen Christen und den 258.000 Protestanten** leben noch Anhänger von gut 50 verschiedenen christlichen Konfessionen und Sekten im Territorium.

Die **Sikhs**, erkennbar an ihren Bärten und Turbanen, zählen derzeit **mehrere tausend Anhänger**, ihr Tempel liegt in 371 Queen's Road East, Wan Chai, Hong Kong Island. Religiöses Zentrum der **12.000 Hindus** ist ihr Tempel in der Wong Nai Chung Road in Happy Valley, Hong Kong Island. Den **50.000 Muslims** stehen drei Moscheen zur Ausübung ihrer religiösen Riten zur Verfügung, deren größte diejenige im Kowloon Park an der Nathan Road, Tsim Sha Tsui, Kowloon, ist. Religiöses Zentrum der rund **1.000 Juden** ist die Ohel Leah Synagogue in 70 Robinson Rd, Mid-Levels, Hong Kong Island.

St John's Cathedral

2.4.6 Die wichtigsten chinesischen Götter

Die chinesische Religion kennt viele Göttergestalten, jedes Haus hat seinen Küchen- und Hausgott, jedes Gewerbe hat seinen Gott oder mehrere, ihnen allen werden regelmäßig Opfergaben dargebracht.

Bei feierlichen Anlässen besucht man zusätzlich einen Tempel und läßt die Götter und Geister von dem mitgebrachten Obst oder Spanferkel kosten, ehe man es wieder mit nach Hause nimmt, um es selbst zu verzehren. Die wichtigsten sind im folgenden kurz beschrieben:

● Kuanti

Soldaten beten zu dem rotgesichtigen Kriegsgott, aber auch die Hong Konger Polizei und Unterwelt (!), gleichzeitig ist er Schutzgott der Restaurants, Pfandleihen und Raritätensammler. Kuanti lebte als ruhmreicher Krieger um 200 n.Chr. und verkörpert neben kriegerischer Tüchtigkeit Rechtschaffenheit, Integrität und Loyalität.

Bald nach seinem Tod setzte der Kult um seine Person ein, im 7. Jhd wurde er – wie dies bei vielen chinesischen Göttern der Fall ist – in den buddhistischen Pantheon aufgenommen und 1594 vom Ming-Kaiser Wan Li vergöttlicht, der ihm den Titel 'Erhalter des Himmels und Beschützer des Königreichs' gab. Doch ist Kuanti nicht nur ein kriegsbesessener Schlächter, vielmehr kann er die Menschen auch vor dem Krieg und seinen Greueln schützen.

● Kuan Yin

Die Göttin der Barmherzigkeit ist auch als **Kwun Yum**, und in Macau als **Kuan Iam**, bekannt. Sie ist das buddhistische Äquivalent zur taoistischen Göttin Tin Hau. Sie steht führt die Zärtlichkeit und das Mitleid mit der unglücklichen Masse der Sterblichen.

● Pak Tai

Gleich Kuanti ist Pak Tai militärischer Beschützer des Staates. Über seine Herkunft gibt es verschiedene Legenden. Eine besagt, er habe um 2000 v.Chr. gelebt und sei verantwortlich gewesen für die Einführung eines Flut- und Drainagesystems. Eine andere berichtet, daß er an der Spitze einer himmlischen Armee zwei die Erde tyrannisierende Monster vernichtet habe, woraufhin er zum obersten Gebieter des Himmels berufen wurde. Er führt zudem den Titel 'Kaiser des Nordens', und da der Norden mit dem Tode eng verbunden ist, ist er auch oberster Herr der Totenwelt.

Da in der Welt der Chinesen die Vorfahren geistige Wächter über ihre Nachfahren sind, ist Pak Tai sozusagen 'Wächter der Gesellschaft'. Man nimmt an, daß er, wenn Chaos und Zerstörung herrschen, vom Himmel herabsteigt, um Ordnung und Frieden herzustellen.

Tam Kung

Dieser Gott wird nur in einem schmalen Küstenstreifen Südchinas verehrt, so auch in Hong Kong und Macau. Angeblich soll er der letzte Kaiser der Südlichen Sung-Dynastie gewesen sein, der vor Kublai Khans Mongolenheer im Hong Konger Territorium Zuflucht gesucht habe. Wann die Vergöttlichung dieses Kindskaisers begann, liegt im Dunkeln.

Tin Hau

Die 'Königin des Himmels' und 'Schutzherrin der Seefahrer' – gelebt haben soll sie zwischen 900 und 1000 n.Chr. – ist eine der beliebtesten und am meisten verehrten Göttinnen in Hong Kong, in Macau bekannt als **A-Ma**. Sie ist der klassische Fall der nachträglichen Vergöttlichung einer Menschenperson.

Die Legende besagt, daß sie, im letzten Moment noch an Bord gekommen, das Schiff, auf dem sie mitfuhr, während eines schweren Taifuns als einziges vor dem Untergang bewahrt habe, indem sie den Elementen befohlen habe, sich zu beruhigen. Das Boot landete daraufhin an einer kleinen Landzunge an der Südküste Chinas, dem heutigen Macau.

Doch noch ehe sich die erstaunte Besatzung für die wundersame Rettung bedanken konnte, sei das junge Mädchen gen Himmel gefahren. Ihr zu Ehren errichtete man im 14. Jhd an der Stelle, wo das Schiff gelandet sei, den A-Ma-Tempel, Macaus ältestes Bauwerk.

Wong Tai Sin

Auch über die Herkunft dieser Göttergestalt gibt es verschiedene Legenden. Einer zufolge soll es sich bei ihr um Huang Di, den mythischen Gelben Kaiser und somit einen der ältesten Götter Chinas, handeln.

Die Geschichte, die man heutzutage in der Regel zu hören bekommt, besagt, daß es sich bei ihm um einen vergöttlichten Schäferjungen handelt, der von einem der acht Unsterblichen die Formel einer Medizin zur Unsterblichkeit erhielt. 40 Jahre lang suchte sein Bruder nach ihm, ehe er ihn wiederfand. Bekannt für seine guten Renntips, erfreut er sich bei der wettbesessenen Hong Konger Bevölkerung allerhöchster Sympathien.

Die acht Unsterblichen

Diese acht taoistischen Götter sind Schutzpatrone vieler Gewerbe. Es handelt sich bei ihnen um nachträglich vergöttlichte Personen, die während der Sung-Dynastie (960-1276) gelebt haben sollen und aufgrund ihrer untadeligen Lebensweise später in den taoistischen Pantheon aufgenommen wurden. Sie verkörpern Armut, Wohlstand, Plebeiertum, Alter, Jugend, Männlichkeit und Weiblichkeit. Kein Tempel ist ihnen geweiht, doch finden sich ihre Abbilder in vielen anderen Göttern gewidmeten Tempeln.

Blick vom Murray's Quay auf Queen's Road und Hafen; Lithographie von 1846

Persönliche Notizen

Hong Kong's zweithöchstes Gebäude:
Bank of China Tower

Blick über den Royal Hong Kong Yacht Club hinweg auf den Central District

Sai Kung – bekannt für seine ausgezeichneten Meeresfrüchterestaurants

Star Ferry, im Hintergrund das Hong Kong Cultural Centre und der Clock Tower

Bo Fook Ancestral Worship Halls in Sha Tin

The Ultamia in Wan Chai Gap

Kanton-Opern sind noch immer fester Bestandteil chinesischer Feste

Das Schiffs-Mosaik im Ma Kok Miu erinnert an die Entstehungsgeschichte Macaus

Das Flagstaff House Museum of Tea Ware
im Hong Kong Park

Pferderennbahn in Sha Tin

Ruhe vom Alltagstrubel findet der Besucher auf
Peng Chau

Der Ching Chung Koon Tempel in Tuen Mun

Statue der Meeresgöttin Tin Hau in Repulse Bay

Fahrradrikschas gehören in Macau nach wie vor zum Alltagsbild

Meilenstein moderner Architektur: das Lippo Centre

Statue Square, das Herz von Victoria

Nach wie vor baut man Dschunken in Aberdeen ohne [illegible]. Im Hintergrund die Floating Restaurants.

Tagesmarkt in Yau Ma Tei

Zum Mid-Autumn-Festival werden Lampions in allen nur erdenklichen Formen verkauft

Hong Kong Park: Grüne Lunge im Häusermeer

Blick auf den Central District

Reich dekorierte Opferarrangements gehören zu jedem Tempelfest

3. Hong Kong als Reiseziel

3.1 Praktische Reisetips von A-Z

Alkohol ... 50
Apotheke ... 50
Arzt ... 50
Ausreise ... 51
Autofahren ... 52
Banken ... 53
Behinderte ... 53
Benzin ... 53
Beschwerden ... 53
Botschaften ... 54
Bücher ... 54
Business-Tips ... 55
Camping ... 55
City Check ... 55
Einreise ... 56
Fähren ... 58
Fahrradfahren ... 62
Feiertage und Feste ... 63
Fernsehen ... 72
Filme ... 73
Flüge ... 74
Fluggesellschaften ... 74
Fotografieren ... 76
Fremdenverkehrsamt ... 77
Geld / Währung / Umtausch ... 78
Gesundheit ... 80
Gottesdienst ... 81
Haustiere ... 81
Informationen ... 81
Jugendherbergen ... 82
Kartenmaterial ... 83
Kartenvorverkauf ... 83
Kinder ... 84
Kleidung ... 84
Konsulate ... 84
Krankenhäuser ... 85
Kulturelle Veranstaltungen 85
Maßeinheiten ... 86
Mietwagen ... 87
Mücken ... 87
Museen ... 87
Notruf ... 88
Öffnungszeiten ... 88
Paßfotos ... 88
Polizei ... 88
Post ... 88
Rundfunk ... 89
Sicherheit ... 89
Sport ... 90
Sprache ... 92
Strände ... 92
Strom ... 93
Supermärkte ... 93
Telefonieren ... 93
Telefax, Telex, Telegramm 94
Trinkgeld ... 94
Veranstaltungen ... 95
Verhalten ... 95
Verkehrsmittel ... 96
Versicherung ... 106
Visum ... 106
Wasche ... 106
Zeit ... 107
Zeitungen/Zeitschriften ... 107
Zoll ... 107

A ALKOHOL

Alkoholische Getränke sind in Hong Kong teuer, vor allem die importierten Spirituosen, und dies durchaus nicht nur in den Spitzenrestaurants, wo für die eine oder andere Flasche eines ganz besonders erlesenen Jahrgangs durchaus bis zu DM 1.000 bezahlt werden müssen.

Eine Flasche französischen Cognacs ist kaum unter DM 50 zu haben, die Spitzenprodukte liegen beim Vielfachen. So ist Cognac zu einem der Statussymbole geworden, mit denen man seinen Freunden und Bekannten imponiert. Die Anzahl der angebotenen Cognacflaschen wird bei einer Hochzeit als Gradmesser für die Generosität des Bräutigams genommen. Der Pro-Kopf-Verbrauch ist bei diesem Getränk noch immer Weltspitze.

➻ APOTHEKE

Diese heißt hier **Chemist**, **Dispensary** oder **Pharmacy**, und ist überall zu finden. Die wichtigsten westlichen Apotheken sind **Watson's The Chemists**, **Mannings Dispensary** und **Victory Dispensary**, die sowohl auf Hong Kong Island als auch in Kowloon zahlreiche Filialen unterhalten und über ein reichhaltiges Sortiment westlicher Medikamente verfügen. Die wichtigsten davon findet man auch bei den zahllosen chinesischen Apotheken, die nicht zu verwechseln sind mit den traditionellen Kräuterdoktoren, mit denen sie bisweilen allerdings den Laden teilen. Bei letzteren gibt es all die Exotika, von denen viele der Erhaltung bzw. Stimulierung der Potenz dienen (sollen). Auskunft über die nächstgelegene Apotheke erhält man an jeder Hotelrezeption.

Geöffnet haben die meisten Apotheken von 9 bis 18 h, manche auch bis 20 h und länger.

➻ ARZT

Bei den niedergelassenen Privatärzten dominiert die westliche Schulmedizin, ähnliches gilt für die Zahnärzte; billiger sind meist die der traditionellen chinesischen Medizin folgenden.

Die meisten Hotels haben ihren eigenen Hausarzt, der rund um die Uhr zur Verfügung steht. Ein Hotelbesuch kostet in der Regel etwa das Doppelte eines Praxisbesuchs. Eine aktuelle Liste **deutschsprachiger Ärzte** ist beim Deutschen Konsulat, 21st Floor, United Centre, 95 Queensway, Central, Hong Kong Island, Tel. 25298855, erhältlich. In jedem Fall gilt es Arzt- und Rezeptrechnungen für die Einreichung bei der Versicherung nach der Rückkehr aufzuheben. Es empfiehlt sich hierbei, den Rechnungsbetrag vor Ort in DM umrechnen zu lassen.

➻ AUSKUNFT

s. "Fremdenverkehrsamt" und "Informationen"

AUSREISE

Per Flugzeug:

Größtes Problem bei der Ausreise ist erfahrungsgemäß das Übergewicht. Ein Blick in das Flugticket zeigt einem, wieviel an Check-in-Gepäck erlaubt ist. In der Economy-Class sind dies in der Regel 20 kg, in der Business-Class 30 kg, in der First-Class 40 kg pro Person. Ausgenommen von dieser Regelung sind normalerweise Flüge nach und von den USA und Kanada, wo meist zwei Gepäckstücke erlaubt sind, unabhängig vom Gewicht, solange diese nicht überproportional schwer sind und jeweils nicht länger als 158 cm sind.

Bei bis zu 5 kg Übergewicht hat es aber noch nie Schwierigkeiten gegeben, ganz im Gegensatz zu der Mißachtung der Vorschrift, daß **nur ein größeres Handgepäckstück pro Person** mit an Bord genommen werden darf. **Die maximalen Maße dieses Gepäckstückes betragen 56 cm x 36 cm x 23 cm** und werden vor der Paßkontrolle im Zweifelsfall auch genau nachgeprüft. Eine Damenhandtasche oder Plastikeinkauftüte normalen Ausmaßes gilt nicht als weiteres Handgepäck, kritisch wird es ab Boardcasegröße. Sollte es unumgänglich sein, aber auch wirklich nur in diesem Fall, kann man sich beim Check-in ein sogenanntes **BX-Tag** geben lassen, das man anschließend den Kontrolleurinnen zeigen muß, die es an dem zweiten Gepäckstück befestigen. Es empfiehlt sich beim Check-in den Supervisor holen zu lassen, denn letztendlich entscheidet er über die Mitnahmeerlaubnis des zweiten Handgepäckstückes.

Für die Ausreise werden bei der Zoll- und Paßkontrolle **Flugticket**, **Departure Card** und **Paß** verlangt.

Hong Kong ist einer der größten Verarbeiter von Elfenbein, doch denken Sie bitte daran, daß die Einfuhr nach Deutschland, Österreich und der Schweiz strengstens verboten ist, ebenso die von Produkten anderer geschützter Tierarten. Es ist ratsam, sich im Zweifelsfall vor der Abreise beim Zollamt oder Außenhandelsministerium über die aktuellen Einfuhrbestimmungen zu informieren.

Die **Flughafengebühr** beträgt derzeit HK$ 50, Kinder unter 12 Jahren sind davon befreit.

Per Schiff:

Bei der **Ausreise nach Macau** ist die Ausreisegebühr im jeweiligen Fahrpreis enthalten. Auf den Jetfoils sind 10 kg Handgepäck pro Person erlaubt, auf den Fähren zum Teil mehr. Wer mehr mitnehmen möchte, sollte sich zuvor bei den Buchungsstellen informieren. Diese befinden sich zum einen auf Hong Kong Island im Shun Tak Centre (200 Connaught Rd, Sheung Wan), zum anderen in Kowloon im China Ferry Terminal (Canton Rd, Tsim Sha Tsui). Wer Hong Kong **in Richtung VR China** verläßt, sollte sich ebenfalls im China Ferry Terminal nach den Bestimmungen erkundigen.

- **Per Helikopter:**

Wer mit dem Helikopter **nach Macau** fliegt, hat nur 5 kg Handgepäck frei.

- **Per Bahn:**

Da **nur ein Gepäckstück pro Person kostenlos** befördert wird, empfiehlt es sich, den Rest als Handgepäck mit in den Waggon zu nehmen. Wer zuviel hat, muß dies kostenpflichtig am Bahnhof aufgeben.

(S.a. "Visum".)

➽ AUTOFAHREN

Hong Kongs ausgezeichnetes Nahverkehrssystem macht Autofahren, zumal angesichts der ständig verstopften Straßen, im Grunde genommen überflüssig. Wer es dennoch nicht lassen kann bzw. dazu gezwungen ist, der beachte folgendes: **Gefahren wird** gemäß britischer Straßenverkehrsordnung **links**. Vorsicht bei der Grenzüberschreitung, **in der VR China wird rechts gefahren**. Fahrer und Beifahrer müssen Sicherheitsgurte tragen, das Nicht-Anlegen wird drakonisch bestraft, was im übrigen für alle Vergehen gegen die Straßenverkehrsordnung gilt. Das Mitführen des Führerscheins ist obligatorisch. **Fahrberechtigt ist jeder über 18 Jahren**, der im Besitz eines gültigen Führerscheins seines Landes oder eines Internationalen Führerscheins ist. (In der VR China darf nur mit chinesischem Führerschein gefahren werden.) Damit darf man bis zu 12 Monaten fahren, vorausgesetzt, man ist kaskoversichert. Wer länger bleibt, benötigt einen Hong Konger Führerschein. Dieser ist ohne Fahrprüfung erhältlich bei: Transport Department Licensing Division, 41st Floor, Wanchai Tower II, 7 Gloucester Rd, Wanchai, Tel. 25261577.

Trotz eines sich evtl. entrüstenden Hintermannes sollte man sich nicht der Unsitte vieler Hong Konger anschließen und noch bei Rot über die Ampel

Rushhour im Central District

fahren. Die **Hinweisschilder sind chinesisch und englisch**, doch sollte man sich beizeiten über sein Ziel informieren, dies gilt vor allem in Hinblick auf die anfangs ungewohnten chinesischen Ortsbezeichnungen, selbst wenn sie übersetzt sind.

B BANKEN

Außer den ortsansässigen sind auch fast alle großen internationalen Banken im Territorium vertreten. **Öffnungszeiten** sind Mo-Fr 9.00/10.00-15.00/16.00 h, Sa 9.00/10.00-12.00/12.30 h. Kleinere Banken oder Filialen öffnen meist später als die großen oder schließen früher. Die Hong Kong and Shanghai Bank und die Standard Chartered Bank öffnen wochentags z.T. bis 16.30 h, die Hang Seng Bank sogar bis 17.00, am Sa bis 13.00 h. Da manche Banken ihre Transaktionen bereits eine Stunde vor der Schließung beenden, gelten als sicherste Schalterstunden wochentags 10.00-14.00 h und Sa 10.00-11.30 h. (vgl. Stichwort "Geld")

➻ BEHINDERTE

Wer auf einen Rollstuhl angewiesen ist. sollte sich nei der HKTA die kostemlose Broschüre **'A Guide for Physically Handicapped Visitors to Hong Kong'** besorgen. In ihr erfährt man von über 200 Plätzen, ob eine Rampe vorhanden ist, wieviele Stufen der Eingang hat, ob Toiletten, Telefone und Sitzgelegenheiten rollstuhltauglich sind. Beschrieben werden Hotels, Restaurants, Geschäfte, Kinos, Büchereien, Museen, Theater und Konzertsäle, religiöse Gedenkstätten und Erholungseinrichtungen.

Hong Kong ist **um Behinderte sehr bemüht**, viele Unter- bzw. Überführungen sind entsprechend ausgelegt, in den Bussen werden gesondert gekennzeichnete Sitze zur Verfügung gestellt. Im innerstädtischen Bereich sind **viele Ampeln mittlerweile blindentauglich**: ein Dauerton gibt an, daß die Straße überschritten werden kann, ein schneller Intervallton warnt davor, daß die Fußgängerampel in Kürze auf Rot schaltet, ein langsamer Intervallton zeigt an, daß die Straße momentan nicht überschritten werden darf.

➻ BENZIN

Benzin zählt zu den wenigen Produkten, die in Hong Kong mit Steuern belegt sind, und das gleich mit mehr als 100%, was Autofahren nicht gerade billigt macht. Tankstellen gibt es im ganzen Territorium, die kurzen Entfernungen machen es aber meist überflüssig, den Wagen jeweils vollzutanken. Gefahren wird weitestgehend mit bleifreiem Benzin. Der Liter Super bleifrei kostet derzeit rund DM 1.60.

➻ BESCHWERDEN

Wer Beschwerde gegen ein Geschäft führen möchte, das das Zeichen der HKTA führt (Rote Dschunke in einem rot geränderten weißen Kreis), wende sich an die **HKTA**, 11th Floor, Citicorp Centre, 18 Whitfield Road, North Point, Hong Kong Island, Tel. 28076543, Fax 28060303. Bei Geschäften, die dieses Logo nicht führen, also keine den Richtlinien der HKTA sich verpflichtet fühlenden sind, ist die Aussicht auf eine erfolgreiche Beschwerde weitaus geringer.

Zusätzliche Möglichkeiten sind bei

- **Goldkäufen**: Hong Kong Consumer Council, China Hong Kong City, Canton Rd, Tsim Sha Tsui, Kowloon, Tel. 25277662, Hot Line 27363636; eine Zweigstelle befindet sich 38 Pier Rd, Central, Hong Kong Island, Tel. 25411422.
- **Diamantenkäufen**: Diamond Importers Association, 12th Floor, Central Bldg, 27 Queen's Rd, Central, Hong Kong Island, Tel. 25235497.

Wer **Probleme mit einem Taxifahrer** hat, kann sich bei der Polizei unter Tel. 25277177 beschweren. **Wichtig:** Taxinummer notieren. An diese Telefonnummer kann sich auch wenden, wer etwas im Taxi vergessen hat.

Ist ein Polizist in der Nähe, so ist es oft wirksamer, sich direkt bei ihm über den Taxifahrer zu beschweren; auf keinen Fall aber vorher zahlen.

BOTSCHAFTEN

Da Hong Kong kein eigenständiger Staat ist, gibt es keine eigenen Botschaften oder Konsulate. Die Interessen werden von denjenigen Großbritanniens wahrgenommen. Diese sind:

- in **Deutschland**
D-53113 Bonn,
Friedrich-Ebert-Allee 77,
Tel. (0228) 234061
- in **Österreich**
A-1030 Wien,
Reisnerstraße 40,
Tel. (0222) 731575
- in der **Schweiz**
CH-3005 Bern,
Thunstraße 50,
Tel. (031)445021

(vgl. a. Stichwort "Konsulate")

BÜCHER

Viele Hotels verfügen über eigene kleine Buchläden, in denen man neben Zeitungen und Zeitschriften auch Literatur über Hong Kong erstehen kann oder Romane, doch nur in englischer Sprache. Gut sortiert sind folgende Buchhandlungen:

- **Swindon Book Co. Ltd**, 13-15 Lock Rd, Tsim Sha Tsui, Kowloon, Tel. 23668001 (vier Filialen im Ocean Centre und Ocean Terminal sowie Star Ferry Pier, Tsim Sha Tsui, Kowloon).
- **Times – The Bookshop**, Shop G31, Hutchison House, 10 Harcourt Rd, Central, Hong Kong Island, Tel. 25258797 (Filialen in der Pottinger St, Central, Hong Kong Island, und in der Nathan Rd, Tsim Sha Tsui, Kowloon).
- **Family Book Shop**, Star Ferry Concourse, Central, Hong Kong Island, Tel. 25221012 (Filialen im Hotel Furama, Central, Hong Kong Island, im New World Centre in Tsim Sha Tsui, Kowloon, und in Cityplaza, Taikoo Shing, Hong Kong Island).

• **Wanderlust**, 30 Hollywood Rd, Central, Hong Kong Island, Tel. 25232042.

➻ BUSINESS-TIPS

Die **Hotels der oberen Preisklassen** verfügen in der Regel über ein eigenes **Business Centre** (auch Service Centre genannt), wo dem Geschäftsreisende Telex, Fax, Übersetzerdienst, Sekretärin, Schreibdienst, Schreibmaschinen, Computer, Fotokopierer, zusätzliche Telefonanschlüsse, Simultandolmetscher und ähnliches zur Verfügung stehen.

Wer sich mit dem Gedanken trägt, in Hong Kong Geschäfte zu machen, der wende sich an den **Hong Kong Trade Development Council**, 38th Floor, Office Tower, Convention Plaza, 1 Harbour Rd, Wan Chai, Hong Kong Island, Tel. 25844333.

Nützliche Publikationen sind *The A-O-A Businessman's Handbook* (kostenlos bei der HKTA erhältlich), *Doing Business in Today's Hong Kong*, *Hong Kong Annual Report* und *Hong Kong Taxation* (jeweils im Buchhandel erhältlich).

C CAMPING

Wildes Campen ist verboten, doch darf man sein Zelt in den meisten Fällen **in der unmittelbaren Nachbarschaft der Jugendherbergen** aufschlagen, wobei man deren Toiletten und Waschräume benutzen kann.

Die **Hong Kong Youth Hostel Association** (HKYHA) finden Sie im Room 225, Block 19, Shek Kip Mei Estate, Shek Kip Mei, Kowloon, Tel. 27881638. Hier erhält man auch ein Handbuch, in dem Lagepläne der Jugendherbergen eingezeichnet und die Verhaltensvorschriften aufgelistet sind.

In einer bei der HKTA erhältlichen Bröschüre sind einige staatliche sowie unabhängige Campingplätze auf Lantau Island aufgeführt.

➻ CITY CHECK

(nur für Fluggäste von *Cathay Pacific*)

Gäste, die mit *Cathay Pacific* fliegen, können einen bislang einzigartigen Service in Anspruch nehmen, den City Check. Dieser ermöglicht es dem Fluggast, sein Gepäck bereits Stunden vor dem Abflug aufzugeben, gleichzeitig erhält er bereits seine Boarding Card. So kann man das oftmals lange Anstehen am Flughafen umgehen.

Wer noch am gleichen Tag fliegt, muß **mindestens drei Stunden vor dem Abflug** eingecheckt haben. Es ist aber auch möglich, bereits für den folgenden Tag einzuchecken. Trotzdem sollte man eine Stunde vor Abflug am Flughafen sein, da Paß- und Sicherheitskontrolle noch einige Zeit in Anspruch nehmen.

City Check Centre: Unit 403, Level 4, The Mall, Pacific Place, 88 Queensway, Central, Hong Kong Island. Geöffnet ist der City Check tägl. 8.00-20.00 h; weitere Auskünfte unter Tel. 27471234. Übrigens: Cathay fliegt seit Frühjahr 1994 rauchfrei nach Europa.

E EINKAUFEN

s. Kapitel 3.6

➻ EINREISE

Bürger der **Bundesrepublik Deutschland** benötigen für einen Aufenthalt bis zu einem Monat kein Visum, Bürger der **Schweiz** und **Österreichs** für einen Aufenthalt bis zu drei Monaten. Devisen dürfen unbegrenzt eingeführt und ausgeführt werden.

(Zum Thema Visa und Visaverlängerung siehe Stichwort "Visum")

• Per Flugzeug

Hong Kongs Flughafen Kai Tak (Tel. 27697531) ist trotz ständiger Erweiterungen immer knapp an seiner Kapazitätsgrenze, weswegen ab 1997 ein neuer Flughafen auf Lantau Island in Betrieb gehen soll. Wenn mehrere Jumbos gleichzeitig ankommen, kann es vor den Schaltern der Paßkontrolle schon mal zu längeren Wartezeiten kommen, insgesamt aber bemühen sich die Beamten, die angekommenen Gäste möglichst zügig abzufertigen.

An der Paßkontrolle werden der **noch mindestens sechs Monate gültige Reisepaß** und die ausgefüllte *Arrival/Departure Card* verlangt. Auf großen Tafeln wird hinter den Paßkontrollschaltern angezeigt, auf welchem **Gepäckband** man sein aufgegebenes Gepäck bekommt. Angezeigt werden die Flugnummern. Nach der **Zollkontrolle** ('Green Chanel' für nicht anzumeldende Waren, 'Red Chanel' für zollpflichtige Waren) gelangt man in einen Korridor. Wer **ohne Reisegruppe** unterwegs ist und auch noch keine Hotelreservierung vorgenommen hat, wendet sich **nach links** (Greeting Area, Taxis, Airbus), die **Tourbusse für die Reisegruppen warten rechts**, beim Ausgang 5, während die **Hotel-Shuttle-Busse geradeaus** zu finden sind.

Wer noch keine **Hotelreservierung** vor dem Abflug vorgenommen hat, kann dies nach der Zollkontrolle in der Buffer Hall tun, wo die **Hong Kong Hotel Association** einen Schalter unterhält, an dem man in einem der Mitgliedshotels (über 60 derzeit) ein Zimmer buchen kann. Hotels der unteren Preiskategorien werden hier nicht vermittelt, doch sollte man sich zumindest für die erste Nacht ein halbwegs anständiges Zimmer gönnen, denn es macht wenig Spaß, schon gar nicht in den Sommermonaten, mit dem ganzen Gepäck die Stadt nach einer preiswerteren Unterkunft abzuklappern. Geöffnet ist der Schalter tägl. 7.00-24.00 h. Daneben befindet sich der Schalter der **Hong Kong Tourist Association (HKTA)**, der tägl. 8.00-22.30 h besetzt ist. Der Schalter steht nur ankommenden Passagieren für Auskünfte zur Verfügung, die sich hier mit Infomaterial, einem Stadtplan und sonstigen Informationen eindecken können. Gleich nebenan befindet sich ein Schalter der **Macau Tourist Information**, der tägl. 9.00-22.30 h geöffnet hat. Außerdem besteht die Möglichkeit des Geldwechsels, doch sollte man angesichts des schlechten Kurses nur so viel tauschen, wie man braucht, bis man entweder im Hotel ist oder auf die Bank gehen kann (max. DM 50). Sich beim Wechseln einige Münzen geben lassen, vor allem wenn man den **Airbus** benutzt. Daran denken, auch der Fahrer des ansonsten kostenlosen Hotel-Shuttle-Busses freut sich über ein paar HK-Dollar Trinkgeld.

Die **öffentlichen Telefone** in der Ankunftshalle sind kostenlos.

Anders als auf vielen anderen Flughäfen stehen **kostenlose Gepäckwagen** in ausreichender Menge bei den Gepäckbändern zur Verfügung. **Gepäckträger** erwarten pro Gepäckstück HK$ 5.

Tip: Gleich hinter der Paßkontrolle oder aber an den Gepäckbändern werden Plastiktüten mit Infomaterial verteilt bzw. in Ständern zum Mitnehmen ausgelegt. Die kostenlosen, wöchentlich neu aufgelegten Informationsblätter setzen einen über die aktuellen Geschehnisse und Veranstaltungen in Kenntnis, zudem enthalten sie die wichtigsten Basisinformationen über Hong Kong.

Eine **Gepäckaufbewahrung** steht ebenfalls zur Verfügung. Es gibt – außer den **Shuttle-Bussen** – noch mehrere Möglichkeiten, um vom Flughafen in die Stadt zu gelangen. Zum einen per **Taxi**, die einen bis vor die Haustür fahren, dafür aber auch (trotz der günstigen Taxigebühren) teuer werden können, falls man auf Hong Kong Island wohnt, denn dann werden zum normalen Fahrpreis noch HK$ 20 als Benutzungsgebühr für den Cross Harbour Tunnel bzw. HK$ 10 für die Eastern Harbour Crossing aufgeschlagen (der Rückweg muß mitbezahlt werden). Jedes größere Gepäckstück kostet HK$ 5 extra. Mit folgenden Grundfahrpreisen ist in etwa zu rechnen: nach Tsim Sha Tsui HK$ 30-40, nach Central District HK$ 80-100. Preisgünstiger, wenn auch nicht ganz so bequem, ist der **Airbus** (dazu siehe "Öffentliche Verkehrsmittel"). Gleich das richtige Feeling für Hong Kong bekommt, wer sich den Luxus leistet und mit der **Hotellimousine** abholen läßt. Je nach Hotel stehen Daimlers, Bentleys oder Rolls Royces zur Verfügung. Der Spaß ist aber nicht billig, so berechnet das Regent Hotel für einen Daimler HK$ 440, der RR liegt etwa 50% darüber.

• Per Schiff

Wer im Rahmen einer **Kreuzfahrt** in Hong Kong Station macht, legt am *Ocean Terminal* in Tsim Sha Tsui, direkt neben dem *Star Ferry Pier*, an, landet also mitten im Herzen der Stadt. Die Paßformalitäten werden noch an Bord erledigt, Gepäck hat man nicht, so daß man sich sofort ins Getümmel stürzen kann – und auch gleich einen Vorgeschmack von dem bekommt, was Hong Kong für viele ist, nämlich ein einziges großes Warenhaus.

Wer auf einem **Frachter** anreist, dem werden die Paß- und Zollformalitäten ebenfalls vom Zahlmeister abgenommen.

Wer mit der **Fähre aus China** ankommt, legt am *China Ferry Terminal* in Tsim Sha Tsui an, wo auch die entsprechenden Paß- und Zollformalitäten vorgenommen werden. Von hier aus empfiehlt sich der Transfer zum Hotel per Taxi.

● Per Bahn

Wer nicht über die **Grenzstation Lo Wu** einreist und dort seine Paß- und Zollformalitäten erledigt hat, kommt an der **Kowloon Station** in Tsim Sha Tsui East an. Nach der Ankunft der Züge erkennt man sofort den Unterschied zwischen Einheimischen und Fremden. Während erstere die Rolltreppen zur Paßkontrolle hochstürzen, stehen die Neuankömmlinge diesem Treiben meist zunächst verdattert gegenüber. Damit man bei der Paßkontrolle aber nicht zu lange steht, empfiehlt es sich, dem Pulk hinterherzurennen. Sollte man im Zug keine **Arrival Card** erhalten haben (im Notfall das begleitende Bahnpersonal danach fragen), so kann man diese auch noch am Schalter selbst bekommen. Das **aufgegebene Gepäck** bekommt man anschließend links um die Ecke, wohin es per Aufzug gebracht wird. Hat man den **Zoll** passiert, gelangt man in die **Bahnhofshalle**, wo einen entweder die Vertreter der Reiseagenturen abholen bzw. man die entsprechenden Hinweisschilder für die Taxistände, Maxicabs und öffentlichen Busse findet.

Der kostenlose **KCRC-Shuttle-Bus Nr.16** fährt (außer So und Feiertage) tägl. 7.00-10.00 h und 16.00-20.00 h etwa alle 15 Minuten zur Middle Rd in Tsim Sha Tsui, und von dort auch zurück.

Andere **wichtige Busverbindungen von Kowloon Station** nach:
- Tsim Sha Tsui Nr. 1K, 2K, 8; Preis: HK$ 2.70
- Mong Kok / Yau Ma Tei / Ho Man Tin Nr. 1K, 2K, 8A; Preis: HK$ 2.50
- Hung Hom Nr. 8A; Preis: HK$ 2.50
- Kwun Tong Nr. 5K; Preis: HK$ 3.30
- Central / Wan Chai Nr. 103; Preis: HK$ 6.20
- Western Nr. 104, 105; Preis: HK$ 6.20
- Quarry Bay / North Point Nr. 102, 112; Preis: 6.20
- Sha Tin Nr. 170; Preis: HK$ 8

➻ EXKURSIONEN

s. Kapitel 3.7

F FÄHREN

● Star Ferry

Die **12 grün-weißen Fähren** (Hotline: Tel. 23662576) sind neben der Tram die Lieblinge der Einheimischen und Touristen. Seit 1898 bieten sie bei jeder Hafenüberfahrt erneut das einmalige Schauspiel, bei dem sich die Skyline von Hong Kong dem Fahrgast zelebriert.

Die **rund achtminütige Überfahrt zwischen Central und Tsim Sha Tsui** ist die wohl billigste Hafenrundfahrt der Welt, kostet sie im Oberdeck, der First Class, gerade einmal HK$

1.70, im Unterdeck sogar nur HK$ 1.40 pro Person und Fahrt. Alle Schiffe tragen Namen mit dem Zusatz 'Star', was der Flotte ihren Namen gab. **Bezahlt wird beim Einsteigen**, indem man den Fahrpreis passend in die Säule des Drehkreuzes am Eingang wirft und nach dem Aufleuchten des grünen Lämpchens hindurchgeht. **Es gibt kein Ticket**. In der First Class gibt es einen Schalter, an dem man wechseln kann. Die Star Ferry Company bedient **drei Linien**:

- Die wichtigste ist diejenige **zwischen Central auf Hong Kong Island und Tsim Sha Tsui in Kowloon**; die Fähren fahren hier von 6.30 h bis 23.30 h. Preis: HK$ 1.40 bzw. HK$ 1.70 (First Class).
- **Von Central nach Hung Hom, Kowloon** (in der Nähe von Whampoa Gardens); von 7 h bis 19.20 h. Preis: HK$ 1.70, HK$ 1.80 (First Class).
- Schließlich **von Tsim Sha Tsui nach Wan Chai, Hong Kong Island** (neben dem Convention & Exhibition Centre); von 7.30 h bis 23 h. Preis: HK$ 1.70.

Hinweis: Das Unterdeck ist viel amüsanter als das Oberdeck, und für alle Fotografen und Filmer wärmstens zu empfehlen. Während der Rushhour ist allerdings verstärkt auf Taschendiebe zu achten.

Tip: Wer möchte, kann sich eine der Fähren auch stundenweise mieten – Anfragen unter Tel. 23113509.

• Hafenfähren

Neben der Star Ferry gibt es noch einige andere Fährverbindungen innerhalb des Hafens, die ebenfalls den ganzen Tag über in etwa 15-Minuten-Abständen bedient werden. Infos bei der Hong Kong Ferry (Holdings) Co., Tel. 25423081.

Die wichtigsten Fährverbindungen sind:

- **Von Wan Chai (Hong Kong Island) nach Hung Hom (Kowloon)**; Erwachsene HK$ 3.80, Kinder und Behinderte HK$ 1.90.
- **Von Hung Hom nach North Point (Hong Kong Island)**; Erwachsene HK$ 3.80, Kinder und Behinderte HK$ 1.90.
- **Von den Outlying Districts Ferry Services Piers in Central zur Jordan Road in Yau Ma Tei (Kowloon)**; Erwachsene HK$ 3.80, Kinder HK$ 1.90.
- **Von Sai Wan Ho (Hong Kong Island) nach Lei Yue Mun (Kowloon)**; Erwachsene HK$ 3.00, Kinder HK$ 1.50. (Etwa alle 25 Minuten.)

• Fähren zu den Outlying Islands

Die Fähren nach **Lantau Island, Lamma Island, Peng Chau** und **Cheung Chau** fahren von den **Outlying Districts Ferry Services Pier** in Central, Hong Kong Island. (Abfahrtsorte und -zeiten der Fähren zu anderen Inseln, wie z.B. Ping Chau, werden bei der jeweiligen Ortsbeschreibung angeführt.) Die Fähren verfügen über mehrere Decks, das Oberdeck (Deluxe Class) ist klimatisiert, außerdem gibt es Getränke und Snacks an Bord zu kaufen.

Die Fahrten zu den oben genannten Inseln dauern jeweils etwa eine Stunde. Tickets gibt es am Ferry Pier bei den jeweiligen Fährenzugängen zu kaufen. Hier kann man sich auch kostenlos die aktuellen Fahrpläne und -preise (derzeit zwischen HK$ 7.50 und HK$ 14 für die einfache Fahrt) besorgen, ebenso bei der HKTA und bei der Hong Kong & Yau Ma Tei Ferry Company (HYF), Central Harbour Services Pier, 1st Floor, Pier Rd, Central, Hong Kong Island, Tel. 25423081.

Tip: Auf dem offenen Hinterdeck der Deluxe Class einen Platz zu ergattern versuchen, insbesondere Fotografen und Filmer. Die Wochenenden meiden, denn dann sind die Fähren proppenvoll und auch ein Gutstück teurer.

Die wichtigsten Fährverbindungen sind:

- **Central - Lantau Island (Mui Wo/Silvermine Bay): ab Pier 7**; etwa jede Stunde 7.00-0.20 h ab Central, 6.10-23.10 h ab Silvermine Bay. An Sa, So und Feiertagen fahren Schiffe auch von Silvermine Bay nach Tsim Sha Tsui, Kowloon.
- **Central - Lamma Island: ab Pier 6**; nach und von Sok Kwu Wan etwa alle zwei Stunden; Mo-Sa 8.00-23.00 h ab Central, 6.50-22.00 h ab Sok Kwu Wan; So und Feiertag 7.30-23.00 h ab Central, 8.20-22.00 h ab Sok Kwu Wan. Nach und von Yung Shue Wan etwa alle 1½ Stunden; Mo-Sa 6.45-00.30 h ab Central, 6.30-22.35 h ab Yung Shue Wan; So und Feiertag 8.15-00.30 h ab Central, 6.50-22.35 h ab Yung Shue Wan.
- **Central - Peng Chau: ab Pier 7**; ab Central gleiche Fahrzeiten wie nach Lantau Island (nur ein paar Fähren weniger), da es dieselbe Fähre ist, ab Peng Chau jeweils 20 Minuten nach der Abfahrt der Fähre in Silvermine Bay.
- **Central - Cheung Chau: ab Pier 7**; etwa jede Stunde 6.25-00.30 h ab Central, 5.35-23.30 h ab Cheung Chau.

Zusätzlich verkehren noch **Fähren zwischen den Inseln**, so z.B. zwischen Lantau Island, Cheung Chau und Peng Chau. Fahrpläne hierfür gibt es an den oben genannten Stellen. Alle Fahrpläne findet man auch im **'Hong Kong Guide Book'** (s. unter Stichwort "Information").

• Hoverferry

Kleine schnelle Boote für rund 100 Passagiere, aber nichts für Leute, die leicht seekrank werden. Die Hoverferries haben in Central, Hong Kong Island, **drei Anlegepiers**: zum einen die **Piers 5 und 6 der Outlying Districts Ferry Services Piers**, zum anderen **rechts neben dem Star Ferry Pier**. Sie sind teurer als die normalen Fähren, dafür aber auch wesentlich schneller.

- **Ab Pier 5 nach**:

Tuen Mun – Mo-Sa 6.45-20.30 h und So und Feiertage 7.00-20.30 h alle 15...Erwachsene HK$ 17, Kinder HK$ 9.

- **Ab Pier 6 nach**:

Mui Wo/Silvermine Bay (Lantau Island) via Peng Chau – tägl. 9.40, 11.20, 14.25 und 16.25 h ab Central und 10.20, 12.10, 15.10 und 17.10 h ab Mui Wo sowie 10.30, 12.20, 15.20 und 17.20 h ab Peng Chau; Preis: HK$ 16.

Cheung Chau – tägl. 9.00, 10.15, 12.15, 14.15 und 16.05 h ab Central und 9.40, 19.50, 12.50, 14.50 und

16.50 h ab Cheung Chau; Preis: Erwachsene HK$ 19, Kinder HK$ 10.

Tsuen Wan via Tsing Yi – etwa alle 30 Minuten, Mo-Sa 7.00-17.30 h, So und Feiertage 7.30-17.30 h; Preis: Erwachsene HK$ 9, Kinder HK$ 5.

- **Ab Star Ferry Pier nach**:

Discovery Bay (Lantau Island) – ganztägig, tagsüber alle 20 Minuten, nachts etwas größere Intervalle; Preis: Erwachsene HK$ 20, Kinder HK$ 10.

Tsim Sha Tsui East (beim Hotel Shangri-La) – von 8 bis 20 h, alle 20 Minuten; Preis: HK$ 4.

• Macau-Fähren

Die Vielzahl an Fähren, die Hong Kong mit dem 65 km entfernten Macau verbinden, dienen zwar auch dem Transport der Touristen, zunächst aber einmal, um die Spielleidenschaft der Hong Kong-Chinesen zu befriedigen, denn dort ist erlaubt, was in der Metropole nur im Rahmen von Pferderennen gestattet ist. Die Fährenflotte ist im Besitz der **Sociedade de Turismo e Diversoes** (Gesellschaft für Tourismus und Unterhaltung), die seit 1961 auch die Spielcasinos Macaus kontrolliert. Man kann wählen zwischen **Jetfoils**, **Hoverferries**, **Jetcats**, **TurboCats**, **High-speed Ferries** und **normalen Fähren**.

Am schnellsten gelangt man per Jetfoil ins Spielerparadies, sie benötigen etwa 55 Minuten. Die Preise fallen mit der Geschwindigkeit der einzelnen Typen. Wer nicht viel Zeit hat, sollte auf jeden Fall die Jetfoils benutzen; diese fahren rund um die Uhr.

• Jetfoils

Fahren von 7.00-1.30 h alle 15 bzw. 30 Minuten, danach um 2.30, 4.00 und 6.00 h, und zwar in beide Richtungen. Nur 10 kg Handgepäck sind erlaubt. An Bord gibt es Getränke und Snacks zu kaufen, Telefon ist auch vorhanden.
Preise: First Class – Mo-Fr HK$ 136, Sa, So und Feiertag HK$ 146; Economy – Mo-Fr HK$ 123, Sa, So und Feiertage HK$ 134. Nachtservice (17.00-6.00 h): First Class – Mo-Fr HK$ 156, Sa, So und Feiertage HK$ 166, Mo-Fr HK$ 141, Sa, So und Feiertage HK$ 152. (Macau - Hong Kong jeweils HK$ 4 weniger.)
Die Boote fahren ab dem **Hong Kong-Macau Ferry Terminal im Shun Tak Centre**, 200 Connaught Rd, Sheung Wan, Hong Kong Island. Direkter Zugang von der MTR-Station Sheung Wan. Wer mit Kreditkarte zahlt, kann sein Ticket auch per Telefon unter der Nummer 28595696 vorbestellen.
Hotline: Tel. 28593333.

• TurboCats und Jetcats

Diese fahren ebenfalls ab dem **Hong Kong-Macau Ferry Terminal** und benötigen für die Strecke rund 90 bzw. 70 Minuten und sind etwas günstiger als die Jetfoils. An Bord der Jumbocats gibt es Getränke und Snacks zu kaufen.
Telefonische Buchung für beide unter 25599255.

• Hoverferries und High-speed Ferries

Sie alle fahren ab dem **China-Hong Kong Ferry Terminal in Tsim Sha Tsui** (beim Kowloon Park). Die Hoverferries benötigen etwas mehr als eine Stunde, die High-speed Ferries 100 Minuten. Letztere verfügen neben einem Kiosk auch über ein Mini-Casino und ein Sonnendeck. Infotelefon für die High-speed Ferries: 28153043.

Tickets für alle Fähren können bis zu 28 Tage im voraus gebucht werden, und zwar bei den beiden Terminals sowie an Hotelrezeptionen und den Service-Schaltern der MTR im Exchange Square und in den MTR-Stationen Tsim Sha Tsui, Mong Kok, Tsuen Wan, Wan Chai und Causeway Bay. Verkaufsstellen in Macau befinden sich am Terminal, im Hotel Lisboa und bei einigen Außenstellen in der Stadt.

Tip: Mitunter bilden sich lange Schlangen vor der Paßkontrolle (vor allem am Wochenende), daher mindestens eine halbe Stunde vor der Abfahrt da sein. Die Wochenenden meiden, denn dann fährt ganz Hong Kong zum Spielen nach Macau. Am besten gleich ein Rückfahrtticket in Hong Kong mitkaufen, sonst kann es passieren, daß in Macau alles voll ist. Wer in Macau zu einer anderen als der gebuchten Zeit zurückfahren will, kann dies mit seinem Tikket via Stand-by.

• Kaido

Hierbei handelt es sich um **kleinere Fähren**, wie sie z.B. zwischen Sai Wan Ho und Lei Yue Mun oder Lamma Island und Aberdeen verkehren. Noch kleiner sind die **Walla-Wallas**, die zumeist innerhalb des Hafens Zubringerdienste durchführen (z.B. für die Seeleute, deren Schiffe im Hafen vor Anker liegen). Noch kleinere Boote, die nur noch für etwa 10 Passagiere geeignet sind, heißen **Sampan**. Mit diesen kann man beispielsweise in Aberdeen eine Hafenrundfahrt zu den Floating Restaurants unternehmen.

➻ FAHRRADFAHREN

Fahrradfahrer gelten in Hong Kong beinahe als Exoten. Die Verkehrslage macht einen Ritt auf dem Drahtesel, zumindest in den Ballungszentren, zu einem mitunter nicht ungefährlichen Abenteuer. Viele innerstädtische Bereiche sind zudem für den Fahrradverkehr gesperrt.

Wirklich Spaß machen kann Radfahren hingegen in den **New Territories** und auf **Lantau Island** oder **Cheung Chau**, wo zum Teil sogar extra Fahrradwege zum geruhsamen Dahingleiten einladen. Das gebirgige Gelände macht aber auch hier den Rückgriff auf ein Mountainbike oder ein gutes Tourenrad empfehlenswert. Es ist nicht nötig, sein Rad von zu Hause mitzubringen, diverse **Verleihstellen** gibt es vor Ort, z.B. in **Sha Tin** und **Tai Po** in den New Territories, und auf **Cheung Chau** (in der Pak She Fourth Lane, in der Nähe des Pak Tai-Tempels) und **Lantau Island** (hier unmittelbar neben dem Ferry Pier und in Mui Wo; die beste Auswahl haben der *Village Cycle Club* und *Bike China*

Tours). Die Auswahl der Räder ist unterschiedlich, auf jeden Fall sollte man die Fahrtauglichkeit überprüfen. Mieten kann man die Räder stunden- oder tageweise, wobei man für eine Stunde mit etwa HK$ 10-15, für den ganzen Tag mit HK$ 60-80 rechnen muß. Im Mietvertrag ist meistens die Klausel enthalten, daß vom Mieter ersetzt werden muß, was unterwegs kaputtgeht.

➻ FEIERTAGE UND FESTE

Insgesamt hat Hong Kong **21 öffentliche und eine Reihe nicht-öffentlicher Feiertage**, wobei es zwei Arten von Feiertagen und Festen zu unterscheiden gilt, nämlich zum einen jene, die sich nach dem **Sonnenkalender** richten und jährlich am selben Datum stattfinden, und jene, die sich nach dem **chinesischen Mondkalender** richten und daher Jahr für Jahr an verschiedenen Daten gefeiert werden. Für letztere kann daher nur der jeweilige Zeitraum angegeben werden, in den sie fallen. Da es sich bei diesen jedoch allesamt um chinesische Feste handelt, lohnt es sich vor Antritt der Reise von der HKTA das Merkblatt '***Calender for Chinese Festivals***' und die ebenfalls kostenlose Broschüre '***Sightseeing and Culture***' schicken zu lassen bzw. sich dieses unmittelbar nach Ankunft in Hong Kong bei der HKTA zu holen, denn in ihnen werden sämtliche Daten für das laufende Jahr (eventuell auch das folgende) aufgeführt. Wer es einrichten kann, sollte seine Reise so planen, daß er wenigtens eines der größeren chinesischen Feste miterleben kann, es lohnt sich. Informationen über die Festveranstaltungen des laufenden Monats sind auch dem in den Hotelzimmern ausliegenden ***'The Official Hong Kong Guide'*** zu entnehmen. Um die Reiseplanung zu erleichtern, werden die chinesischen Feste mit in Klammern gesetzten *, ** oder *** bewertet, wobei

(*) weniger interessant
(**) interessant
(***) sehr interessant

bedeutet.

Da **Geschäfte und Restaurants an den Feiertagen großenteils geöffnet** haben, wird das touristische Leben davon kaum beeinträchtigt. Etliche Museen sind hingegen an gewissen Feiertagen geschlossen (sicherheitshalber im Einzelfall telefonisch abklären). **Einzige Ausnahme ist das Chinesische Neujahrsfest**, dann macht Hong Kong für ein paar Tage dicht (der Touristen wegen haben aber in Tsim Sha Tsui doch ein paar Geschäfte auf), so daß man im großen und ganzen auf die Hotelrestaurants angewiesen ist, sich andererseits einmal eine (Zwangs-)Pause vom Einkaufen gönnen kann. Öffentliche Feiertage sind mit **(Ö)**, Feiertage, an denen Banken, Büros und öffentliche Einrichtungen geschlossen sind, mit **(B)** gekennzeichnet. An die Beschreibung jedes einzelnen Festes wird, wo dies erforderlich erscheint, eine kurze Erläuterung darüber gegeben, an welchen Orten man dieses am besten verfolgen kann und wie man dorthin gelangt.

• Feiertage mit unveränderlichem Datum

- 1. Januar – **Neujahr** (Ö,B)
- 25. Dezember – **Weihnachtstag** (Ö,B)
- 26. Dezember – **Boxing Day** (Ö,B)

• Feiertage mit veränderlichem Datum

- Der Küchengott besucht den Himmel (*)

Eine Woche vor dem chinesischen Neujahrsfest, also Mitte Januar bis Mitte Februar. Während der Woche vor Chinesisch Neujahr hält sich der Küchengott Tsao Wang zur Berichterstattung im Himmel auf. Vor seiner Abreise haben ihm die Familienangehörigen seinen Mund noch mit Leckereien beschmiert, damit er nur Gutes erzählen möge. Sein Bild wurde mit dem Gesicht zur Wand gedreht und wird erst nach seiner Rückkehr am siebten Tag wieder umgedreht, oder durch ein neues ersetzt. Mittlerweile wurde großer Hausputz gehalten. Zum Abschluß werden die Türgötter (Mun Sun) aufgestellt bzw. an die Türen neben die Feng Shui-Papiere geklebt.

- Chinesisch Neujahr (*) (Ö,B)

1. - 3. Tag des 1. Mondmonats (Ende Januar bis Ende Februar). Obwohl dies mit Abstand das wichtigste Fest für die Chinesen ist, gibt es für den Außenstehenden nicht allzu viel zu sehen, es sei denn er hat das Glück privat eingeladen zu sein. Gefeiert wird nämlich im familiären Kreis. Mit frisch geschnittenen Haaren und neu eingekleidet besucht man Familienangehörige und Freunde, tilgt seine Schulden (es gilt als schlechtes 'Joss', das neue Jahr mit Schulden anzufangen), besucht einen Tempel, gedenkt seiner Ahnen und sucht in vielen Fällen einen Weissager auf. Kinder, Unverheiratete und Dienstleute erhalten in roten Umschlägen Lai See (Lucky Money) mit den Worten 'Kung Hei Fat Choy' überreicht, was soviel wie 'Viel Glück im neuen Jahr' bedeutet. Nach dem gemeinsamen Abendmahl besucht die Familie anschließend einen der großen Blumenmärkte, die auch für den Touristen interessant sind. Dort kauft man ein Pfirsich- oder Pflaumenbäumchen, die beide 'viel Glück' symbolisieren. Beliebt ist auch Kumquat, denn die Silbe 'kum' klingt wie das chinesische Wort für 'Gold'.

Wo: Neben den Blumenmärkten (allen voran der im Victoria Park) und den übervollen Tempeln sind in diesen Tagen für den Touristen noch die nächtliche Festbeleuchtung an allen größeren Gebäuden und das am zweiten Abend stattfindende große Feuerwerk im Victoria Harbour von Interesse. Für letzteres gilt es, sich rechtzeitig einen guten Standort zu sichern (Hotelzimmer mit Hafenblick sind meist Monate im voraus ausgebucht), aus Sicherheitsgründen aber nicht unbedingt direkt an der Hafenpromenade, da es in den letzten Jahren immer wieder zu tödlichen Zwischenfällen kam, als die ganz vorne Stehenden von Nachdrängenden ins Hafenbecken gedrückt wurden. Traumhaft der Blick vom Peak, aber natürlich völlig überlaufen.

Wie kommt man hin: Der Victoria Park ist von den MTR-Stationen Causeway Bay und Tin Hau in wenigen Minuten zu Fuß erreichbar. Auf den Peak gelangt man entweder mit der Peak Tram oder den Bussen Nr. 15 (ab Exchange Square, Central) und Nr. 15B (ab Causeway Bay).

- **Laternenfest (Yuen Siu)** (**)

15. Tag des 1. Mondmonats (Anfang Februar bis Anfang März). Das Fest bildet das offizielle Ende der Neujahrsfeierlichkeiten; in traditionellen Formen gehaltene Laternen werden in den Häusern, in Restaurants, Geschäften und Tempeln angezündet, zum Teil auch durch die Straßen getragen. Der Tag gilt auch als chinesischer Valentinstag, an dem Unverheiratete auf der Suche nach einem Lebenspartner sich in Parks und an den Uferpromenaden treffen.

Wo: In den Ahnenhallen der Tempel in den New Territories.

- **Geburtstag von Kuan Yin (Kwun Yum)** (*)

19. Tag des 2. Mondmonats (März). Die Göttin der Barmherzigkeit findet man so gut wie in jedem buddhistischen und taoistischen Tempel. Sie beschützt die Menschen, bringt ihnen Wohlstand und Zufriedenheit, und jedem ist großes Glück beschieden, der ein auf einem rosa Lotusthron stehendes Abbild von ihr zu Hause hat.

Wo: In allen Tempeln.

- **Ching Ming-Fest** (***) (Ö,B)

5. Tag des 3. Mondmonats (in der Regel der 4. oder 5. April). Das Fest geht auf die Han-Dynastie (206 v. Chr. - 220 n. Chr.) zurück, als an diesem Tag die Gräber der Ahnen gereinigt und ausgebessert wurden. Diese Funktion hat es auch heute noch, außerdem bringt man Getränke und Essen mit ans Grab seiner Ahnen, denen man diese Speisen symbolisch als Wegzehrung anbietet, sie aber nach der Säuberung und Instandsetzung der Grabstelle selbst verzehrt. Die obligatorischen Räucherstäbchen werden zusammen mit Papiergeld verbrannt,

Vor dem Verbrennen wird das Totengeld kunstvoll gefaltet

die getane Arbeit zum Teil mit langen rot-weißen Papierstreifen dokumentiert, die man auf den Gräbern anbringt.

Viele nehmen zu dieser Zeit ein paar Tage frei, um die Gräber ihrer Angehörigen in der VR China aufzusuchen. Dies führt an der Grenze zu chaotischen Zuständen, die Züge sind überfüllt, was am Festtag selbst für alle Hong Konger Verkehrsmittel gilt. Dennoch sollte man einen der größeren Friedhöfe aufsuchen, denn es gibt nur wenige andere Gelegenheiten, um die Menschen besser verstehen zu lernen.

Wo: Alle Friedhöfe; besonders interessant diejenigen in Aberdeen, Happy Valley, Chai Wan, Pok Fu Lam, Wo Hop Shek und Cheung Chau.

Wie kommt man hin: Nach Aberdeen ab Exchange Square (Central) mit Bus Nr. 70; nach Happy Valley ab Central mit Bus Nr. 1 oder mit der Tram; nach Chai Wan mit der MTR; nach Pok Fu Lam ab Exchange Square mit Bus Nr. 47; nach Wo Hop Shek zunächst mit der KCR bis Fanling, von dort weiter mit Bus Nr. 70R; nach Cheung Chau mit der Fähre ab Pier 7 der Outlying Districts Ferry Services Piers.

- **Tin Hau-Fest** (***)

23. Tag des 3. Mondmonats (Mitte April bis Mitte Mai). An diesem Tage drohen die zwei Dutzend Tin Hau-Tempel im Territorium zu bersten, denn der Geburtstag der Göttin des Meeres wird von den auf und von dem Meer Lebenden mit farbenprächtigen Prozessionen zu Lande und zu Wasser gefeiert.
Tin Hau, die in Seenot geratene Seeleute auf wundersame Weise rettete, wird von den Fischern als Garant für gute Fänge und Beschützerin vor Sturm und Havarie verehrt. Mit ihren bunt geschmückten Booten durchkreuzen sie an diesem Tag die Wasserwege Hong Kongs, viele von ihnen landen bei dem der Göttin geweihten Tempel in der Joss House Bay. Löwentänze, Aufführungen chinesischer Opern und Weissager runden das Spektakel ab.

Wo: Alle Tin Hau-Tempel, besonders farbenprächtig allerdings in der Joss House Bay und in Yuen Long.

Wie kommt man hin: Nach Yuen Long entweder ab Jordan Rd (Yau Ma Tei Ferry Pier) mit Bus Nr. 68X oder mit einer von der HKTA durchgeführten Tour; nach Joss House Bay am einfachsten mit einer der nur an diesem Tag dorthin fahrenden Fähren ab Central, oder einer von Watertours durchgeführten Sondertour.

- **Geburtstag von Tam Kung** (**)

8. Tag des 4. Mondmonats (Mai). Dieser taoistische Kindergott gilt neben Tin Hau als zweiter Schutzheiliger der Seefahrer, da er dank seiner von den neun Drachen (kow loon) – nach denen die gleichnamige Halbinsel benannt ist – verliehenen Kraft das Wetter zu kontrollieren versteht. Besondere Verehrung genießt er bei den Bewohnern Shau Kei Wans, die er 1967 vor einer Cholera-Epidemie bewahrt haben soll. Gefeiert wird mit Löwen- und Drachentänzen und Kanton-Opern.

Wo: Im Tam Kung Tempel, Shau Kei Wan, Hong Kong Island. Der Tempel liegt am Ende der Shau Kei Wan Main St East. Beste Besuchszeit ist gegen Mittag, wenn der Umzug stattfindet.

Wie kommt man hin: Mit der MTR bis Station Shau Kei Wan oder mit der Tram bis zur Endstation Shau Kei Wan.

- **Geburtstag des Herrn Buddha** (**)

8. Tag des 4. Mondmonats (Mai). An diesem Tag gedenken die Buddhisten der Geburt Gautama Buddhas. Gedenkzeremonien finden in allen buddhistischen Tempeln statt,

wichtigstes Ritual ist jedoch das Waschen des Gesichtes Buddhas im Tempel der 10.000 Buddhas in Sha Tin. Dies symbolisiert die Reinwaschung von Sünden und das Streben nach Reinheit und Weisheit. Gläubigen wird Reisbrei serviert, der als 'Buddhas Badewasser' bekannt ist.

☞ **Wo**: Alle buddhistischen Tempel, am sehenswertesten im Tempel der 10.000 Buddhas in Sha Tin und im Po Lin Monastery auf Lantau Island.

Wie kommt man hin: Nach Sha Tin mit der KCR, dann die Rampe beim Busbahnhof links runter und immer den Hinweisschildern nach (rund 400 Stufen bergauf); nach Lantau mit der Fähre ab Pier 7 der Outlying Districts Ferry Services Piers, dann weiter ab Mui Wo mit Bus Nr. 2.

- **Cheung Chau Bun-Fest** (***)

Normalerweise Ende April oder Anfang Mai, das genaue Datum wird erst einen Monat vorher durch einige Dorfälteste festgelegt.

Über den Ursprung des Festes gibt es verschiedene Versionen. Eine besagt, daß es auf eine Pest zurückgeht, die die Insel zu Beginn des Jahrhunderts heimsuchte. Einer anderen zufolge soll der Hunderte von brutal ermordeten Opfer des Piraten Pak Pai gedacht werden, der die Gegend und die Insel vor Ankunft der Briten beherrschte.

Das Fest gibt es erst, seit auf Baugrundstücken menschliche Knochen gefunden wurden. Da auch nach den Beratungen mit drei taoistischen Priestern nicht klar war, um wen es sich handeln könnte, beschloß man zur Beruhigung der aufgescheuchten Geister ein Fest abzuhalten, damit diese nicht Unglück über die Insel brächten.

Das Fest dauert insgesamt eine Woche, beginnt mit dem Aufbau der rund 16 m hohen Bambustürme, an denen die Opferbrötchen aufgestapelt werden. Von eben diesen Brötchen, englisch 'bun', hat das Fest seinen Namen. Der Pak Tai-Tempel wird festlich geschmückt, eine große Bühne auf dem Vorplatz aufgebaut, wo allabendlich chinesische Opern, Löwentänze und andere traditionelle Bräuche aufgeführt werden. Mehreren Göttern, deren riesige Pappmaché-Bildnisse aufgestellt werden, wird während des Festes gehuldigt: Tin Hau, der Meeresgöttin, Pak Tai, dem Gott des Nordens, Hung Hsing, dem Gott des Südens, alle drei zuständig für den Schutz der seefahrenden Bevölkerung.

Des weiteren huldigt man Tou Tei, dem Erdgott, und Kuan Yin, der Göttin der Barmherzigkeit. Außerdem opfert man den Geistern all der Tiere und Fische, die im zurückliegenden Jahr getötet wurden, um als Nahrung zu dienen, glaubt man doch auch, daß deren Geister für Unruhe sorgen könnten. Aus diesem Grund wird während dieser Feiertage auf Cheung Chau auch kein Fisch und Fleisch gegessen.

Den Höhepunkt erreicht das Fest am letzten Tag, wenn sich eine farbenprächtige Prozession durch die Straßen der Insel bewegt. Begleitet von Fahnenträgern, die mit langen bunten Wimpeln geschmückte seidene Fahnen tragen, werden die drei Götterbildnisse im Zug mitgeführt, in dem Musikanten für Stimmung sorgen. Gegen Ende kommen die 'schwebenden Kinder'. Bei diesen handelt es sich um fünf- bis achtjährige Kinder, die – gestützt von einem unsichtbaren Metallkorsett – auf langen Stangen über den Köpfen der Menschen getragen werden, was den Eindruck vermittelt, als würden sie, Puppen gleich, schweben. Die Kostüme, die sie dabei tragen, symbolisieren die Laster und Tugenden der Menschen.

Seinen Kulminationspunkt erlebt das Fest am Abend dieses Tages, wenn mittels langer Stangen die Opferbrötchen von den drei Türmen heruntergeholt werden und sich jedermann darauf stürzt, denn je mehr man davon ergattert, desto mehr Joss wird man im kommenden Jahr haben. Ganz besonders glücksverheißend sind dabei diejenigen, die sich ganz oben an den Türmen befanden. Früher kletterte man auf die Türme, um die Brötchen herunterzuholen, als jedoch 1978 zwei Türme dabei einstürzten, verbot man dies fortan.

Wo: Auf Cheung Chau. Der Bequemlichkeit halber empfiehlt es sich, für die Dauer des Festes Quartier auf der Insel zu beziehen. Die kurzfristige Terminfestlegung macht eine langfristige Planung allerdings nicht leicht. Alle Unterkünfte sind an diesen Tagen belegt, so daß eine kurzfristige Quartiersuche vergebens sein dürfte. Aber wer auch nur einen Tag miterleben kann, sollte nicht davor zurückschrecken, eine der übervollen Fähren von Central aus zu benutzen. Der letzte Tag ist der beste. Auskunft darüber erhält man bei der HKTA (auch über eventuelle Sondertouren), im 'Hong Kong Guide', der im Hotelzimmer ausliegt, oder in den wöchentlichen Veranstaltungsblättern, die überall kostenlos verteilt werden.

Wie kommt man hin: Mit der Fähre ab Pier 7 der Outlying Districts Ferry Services Piers in Central.

- Drachenbootfest (Tuen Ng) (***) (Ö,B)

5. Tag des 5. Mondmonats (Ende Mai bis Ende Juni). Bekannt auch als 'Doppel-Fünf', erinnert das Fest an den gegen Ende des 3. Jahrhunderts in der Provinz Hunan lebenden Nationalhelden und Dichter Qu Yuen, der sich aus Protest gegen eine korrupte Regierung selbst ertränkte. Mit peitschenden Paddelschlägen seien ihm die Menschen zu Hilfe geeilt, in der Hoffnung, der Lärm der Paddelschläge würde die Dämonen von ihm fernhalten. Um die Fische anschließend davon abzuhalten seinen Leichnam zu verzehren, warfen sie in Lotusblätter gehüllte Reisklößchen ins Wasser.

Im Gedenken an dieses Ereignis ißt man noch heute in Lotusblätter eingewickelte Reisfleischbällchen, die es in den Tagen vor dem Fest vielerorts zu kaufen gibt. Eine andere Art sind die mit süßem Klebreis gefüllten Lotusblätter.

Das vergebliche Bemühen der Ruderer, den Helden zu retten, symbolisieren heutzutage die Drachenbootrennen, bei denen die zwischen 12 m und bis zu über 35 m langen Boote von zum Teil mehr als 60 Mann Besatzung gerudert werden. Die Schlagzahl bestimmt der Trommler an Bord. Bug und Heck der Boote sind verziert mit Drachenköpfen bzw. -schwänzen.

Wo: An diesen 'nationalen' Drachenbootrennen, die als Ausscheidungskämpfe für die eine Woche später stattfindenden internationalen Rennen gewertet werden, nehmen mehr als 500 Teams statt. Verfolgen kann man das Spektakel in Stanley, Aberdeen, Shau Kei Wan, Chai Wan, Yau Ma Tei, Sha Tin, Tai Po, Sai Kung, Tuen Mun und auf den Outlying Islands.

Wie kommt man hin: Nach Shau Kei Wan, Chai Wan und Yau Ma Tei mit der MTR; nach Stanley ab Exchange Square (Central) mit Bus Nr. 260; nach Aberdeen ab Exchange Square mit Bus Nr. 70; nach Sha Tin und Tai Po mit der KCR; nach Sai Kung mit der MTR bis Choi Hung, von da aus weiter mit Bus Nr. 92; nach Tuen Mun entweder mit der MTR bis Tsuen Wan, dann weiter mit Bus Nr. 60M, oder ab Jordan Rd (Yau Ma Tei Ferry Pier) direkt mit Bus. Nr. 60X; zu den Outlying Islands mit den Fähren ab den Outyling Districts Ferry Services Piers in Central.

- Internationale Drachenbootrennen (***)

Acht Tage nach den 'nationalen' Rennen (Juni). An diesem sich über zwei Tage hinziehenden sportlichen Ereignis nehmen Teams aus aller Welt teil. Die Mannschaften dürfen aus nicht mehr als 22 Mann bestehen, einschließlich eines Trommlers und eines Rudergängers. Die Startgelder kommen der Hong Konger Wohlfahrt zugute.

Wo: Entlang der Wasserfront in Tsim Sha Tsui East.

Wie kommt man hin: Wer die Rennen von Land aus verfolgen will, erkundige sich bei der HKTA nach den Kartenvorverkaufsstellen. Wer sie sich lieber vom Wasser aus ansieht, der kann dies im Rahmen einer von den großen Tourveranstaltern durchgeführten Sondertour machen. Auskünfte darüber entweder bei der HKTA oder den Veranstaltern selbst. Es lohnt sich diesbezüglich auf die Hinweise in den Tageszeitungen und Infoblättern zu achten.

- Geburtstag von Lu Pan (*)

13. Tag des 6. Mondmonats (Juli). Lu Pan wurde 507 v.Chr. im Staate Lu geboren und ist der taoistische Schutzheilige aller im Baugewerbe Beschäftigter.

Er gilt als chinesischer Leonardo da Vinci, als großartiger Architekt, ingenieur und Erfinder, so unter anderem des Hobels, des Drillbohrers, der Säge, der Schaufel, des Schlosses und der Leiter. Ihm zu Ehren veranstalten die im Baugewerbe Beschäftigten Festbanquets und erweisen ihm in seinem Tempel ihre Referenz.

Wo: Es gibt in Hong Kong nur einen Tempel, der Lu Pan geweiht ist. Dieser befindet sich auf der Li Po Lung Terrace in Kennedy Town, Hong Kong Island.

Wie kommt man hin: Ab Central (Busbahnhof bei den Outlying Districts Ferry Services Piers) mit Bus Nr. 7 bis zu den Shell- und Mobil-Tankstellen hinter der University of Hong Kong, dann den Li Po Lung Path treppabwärts.

- Fest der Sieben Schwestern (*)

7. Tag des 7. Mondmonats (Ende Juli bis Ende August). Auch zu diesem Gedenktag gibt es wiederum mehrere Le-

genden. Die beliebteste schildert, daß ein verwaister Kuhhirte von seinem Bruder und seiner Schwägerin aus dem Haus gejagt wurde, wobei sie ihm einen Karren, einen Ochsen und ein kleines Stück Land gaben. Der Ochse erzählte dem Hirten, würde er einer der sieben Jungfrauen (die Töchter des Küchengottes), die an einem bestimmten Tag die Erde besuchen, um in einem Fluß zu baden, die Kleider stehlen, so würde diese ihn heiraten.

Tatsächlich gelang es Chien Niu (dem Kuhhirten), einer von ihnen die Kleider zu entwenden, woraufhin diese sich ineinander verliebten und heirateten. Das Glück währte jedoch nur drei Jahre, dann wurde sie in den Himmel zurückbefohlen. Nach seinem Tode wurde Chien Niu unsterblich, doch die Königinmutter des Westlichen Himmels zeichnete, um die beiden voneinander getrennt zu halten, die Milchstraße an den Himmel. Nur an einem Tag, eben der 'Doppel-Sieben' ist es den beiden erlaubt, sich zu sehen, und zwar via einer von unzähligen Elstern gebildeten Brücke, die diese Vögel (sie gelten als gutes Omen) über die Milchstraße hinweg bilden.

Am Vorabend gedenken die unverheirateten Männer des Hirten, die unverheirateten Frauen gedenken der himmlischen Jungfrau am Festtag selbst. Blumen und Kosmetikgegenstände werden auf einem die Legende symbolisch darstellenden runden Brett oder Tablett dargebracht.

Wo: Am Lover's Rock in der Bowen Rd, Wan Chai Gap, Hong Kong Island.

Wie kommt man hin: Ab Exchange Square (Central) mit Bus Nr. 15, der zum Peak fährt; bei der Einmündung der Stubbs Rd in die Peak Rd aussteigen (beim Hinweisschild für das Polizei-Museum); rechter Hand die Wan Chai Gap Rd abwärts bis zur Kreuzung mit der Bowen Rd, diese rechts weiter.

- **Fest der hungrigen Geister (Yue Lan)** (**)

15. Tag des 7. Mondmonats (Mitte August bis Mitte Sept.). Am letzten Tag des sechsten Mondmonats öffnet die Hölle für einen Monat ihre Pforten und entläßt die Geister auf die Erde. Um sie davon abzuhalten bzw. um sie zu beschwichtigen, werden während dieser Wochen in Tempeln und auf den Straßen aus Papier gefertigte Gegenstände verbrannt, so z.B. Autos, Möbel, Kleidungsstücke, Häuser, und selbstverständlich jede Menge Höllengeld, die alle in den Besitz der Geister übergehen.

Am Festtag bringen die Lebenden Speiseopfer dar. Erst wenn alles zur Zufriedenheit von Yue Lan, dem Herr der Unterwelt, ausgefallen ist, schließen sich die Pforten der Hölle wieder, und Prinz Daih Su, der als riesige Papier- und Pappmachéfigur die Geschehnisse überwacht hat, fährt zum Abschluß des Festes in einer Feuersäule gen Himmel.

Viele vermeiden es während dieser Zeit, Riskantes zu unternehmen, zu reisen, zu heiraten, umzuziehen oder zu schwimmen. Am Festtagsabend finden auf vielen öffentlichen Plätzen auf Behelfsbühnen Aufführungen von Kanton- und Chiu Chow-Opern statt, die den Geistern noch einen schönen Abend bescheren sollen, ehe sie wieder in die Unterwelt zurückkehren.

Wo: Opernaufführungen auf vielen öffentlichen Plätzen, z.B. dem Sportplatz gegenüber dem Victoria Park und auf dem Vorplatz des Bahnhofs in Sha Tin. Ansonsten alle taoistischen Tempel.

Wie kommt man hin: Zum Victoria Park mit der MTR bis Station Causeway Bay oder Tin Hau, von da aus ein paar Minuten zu Fuß; nach Sha Tin mit der KCR.

- **Mondfest (Mid Autumn Festival)** (***) (Ö)

15. Tag des 8. Mondmonats (Sept.); der darauffolgende Tage ist ebenfalls öffentlicher Feiertag. Die an diesem Tag praktizierte Beobachtung des Mondes geht auf eben diese von einem Tang-Kaiser und seiner Gattin gerne ausgeübte Gewohnheit zurück. Heute versammeln sich die Menschen an hochgelegenen Orten oder in Parks, um gemeinsam den Aufgang des Mondes zu beobachten, der an diesem Tag am hellsten während des ganzen Jahres leuchten soll. Mit bunten Laternen jeglicher Gestalt (Mond, Auto, Rakete, Panzer, Fisch u.a.) und anderen möglichen und unmöglichen Lichtquellen sitzt man in familiärer oder befreundeter Runde die Nacht hindurch bei einem stimmungsvollen Picknick, bei dem man unter anderem die seit Wochen zu kaufenden Mondkuchen ißt.

Die hinter den Mondkuchen stehende Legende geht auf das 14. Jahrhundert zurück, als es durch die Verbreitung der in diesen Kuchen versteckten geheimen Botschaften gelang, sich erfolgreich gegen die Mongolen zu erheben, wodurch deren Ablösung durch die Ming-Dynastie vorbereitet wurde. Die bei Jung und Alt beliebten, mit Enteneiern zubereiteten Mondkuchen enthalten eine Kokosnuß-, Nuß-, Lotuskern-, Sesam-, Dattel- oder andere Füllung.

Wo: Im ganzen Territorium, besonders schön am Peak, im Victoria Park und Kowloon Park.

Wie kommt man hin: Zum Peak mit der Peak Tram (sehr voll) oder ab Exchange Square (Central) mit Bus Nr. 15; zum Victoria Park und Kowloon Park mit der MTR, für ersteren bis Stationen Causeway Bay oder Tin Hau, für letzteren bis Station Tsim Sha Tsui.

- **Geburtstag des Affengott** (***)

16. Tag des 8. Mondmonats (Anfang Sept. bis Anfang Okt.). An diesem Tag hat der möglicherweise farbenprächtigste Gott Geburtstag, der Affenkönig, der in dem aus dem 16. Jahrhundert stammenden chinesischen Roman 'Die Reise nach dem Westen' literarische Gestalt angenommen hat. Das ihm zu Ehren abgehaltene Spektakel zählt zum Kuriosesten, was Hong Kong zu bieten hat. Der Affengott ist so eine Art Weihnachtsmann, Charlie Chaplin und Mickey Mouse in einem, was ihn bei den Kindern besonders beliebt macht. Viele Geschichten ranken sich um ihn, z.B. daß er sich auf Erden und im Himmel derart höllisch benommen habe, daß er in die

Hölle geschickt wurde, wo er wirklich die Hölle entfesselte. Gläubige bitten ihn um Gesundheit, Frieden und Glück. Ein Medium betet so lange zu ihm, bis der Affengott in seinen Körper fährt und seine übernatürlichen Kräfte unter Beweis stellt: ohne sichtbare Verletzungen davonzutragen, taucht das Medium seine Hände in einen Topf siedenden Öls, erklimmt barfuß eine mit rasiermesserscharfen Sprossen versehene Leiter und läuft anschließend durch ein 20 m langes Holzkohlenfeuer. Als letzten Beweis seiner übernatürlichen Kraft zerbeißt das Medium ein Eßschälchen, nimmt den schärfsten Splitter und schneidet sich damit in die Zunge. Mit der blutenden Zunge leckt er über grüne Papierstücke, auf die böse Geister vertreibende Symbole gemalt sind; diese werden anschließend ebenso an die Gläubigen verteilt wie die erkaltete Holzkohle. Löwentänze, Theateraufführungen und Straßenprozessionen runden die Feierlichkeiten ab, die mit einem großen Mahl zu Ende gehen.

Wo: Im Wong Tai Sin und – vor allem – Sau Mau Ping Tempel.

Wie kommt man hin: zum Wong Tai Sin-Tempel mit der MTR; zum Sau Mau Ping-Tempel, im gleichnamigen Stadtteil, ab dem Busterminal an der Star Ferry in Tsim Sha Tsui mit Bus Nr. 1A.

- **Geburtstag des Konfuzius** (*)

27. Tag des 8. Mondmonats (Mitte Sept. bis Mitte Okt.). Ein weitgehend unbeachteter Festtag, der zu Ehren des größten chinesischen Philosophen gefeiert wird. Die Konfuzianische Gesellschaft begeht diesen Tag mit entsprechenden Zeremonien im Konfuzius-Tempel in Causeway Bay.

Wo: Im Konfuzius-Tempel in Causeway Bay.

Wie kommt man hin: Mit der MTR bis Station Causeway Bay, dann weiter mit Bus Nr. 5B bis zum Stadium Path an der Caroline Hill Rd.

- **Chung Yeung-Fest** (**) (Ö,B)

9. Tag des 9. Mondmonats (Okt.); der folgende Tag ist ebenfalls öffentlicher Feiertag. Das Fest geht auf eine in der östlichen Han-Zeit spielende Legende zurück, der zufolge ein Knabe namens Chung Yeung von seinem Lehrer gewarnt wurde, er soll mit seiner Familie einen höher gelegenen Ort aufsuchen, um so einer unmittelbar bevorstehenden Katastrophe zu entgehen. Als der Knabe mit seiner Familie am nächsten Tag in die Niederung zurückkehrte, fanden sie ihr Haus und die Umgebung tatsächlich verwüstet und ohne Leben vor. Daher suchen an diesem Tag viele Menschen höhergelegene Orte auf, gleichzeitig nutzt man den Tag zum Besuch der Gräber, an denen wie am Ching Ming-Fest nach der Säuberung gebetet und geopfert wird.

Wo: Alle Friedhöfe des Territoriums und am Victoria Peak.

➼ FERNSEHEN

Momentan strahlen Hong Kongs beide Fernsehanstalten **Television Broadcasts Ltd (TVB)** und **Asia Television Ltd (ATV)** je zwei Programme aus, je eins in englischer und kantonesischer Sprache, also insgesamt vier. Die beiden englischsprachigen sind *TVB Pearl* (Kan. 3) und *ATV World* (Kan. 4), die beiden in Kantonesisch sendenden *TVB Jade* (Kan. 1) und *ATV Home* (Kan. 2). Alle Kanäle senden wochentags von nachmittags bis spätabends, am Wochenende bereits ab dem frühen Morgen. Hinzu kommt ein öffentlicher Pay-TV-Kanal.

Alle besseren Hotels bieten noch verschiedene andere Serviceleistungen. Immer mehr Verbreitung findet der in Hong Kong beheimatete **Satellitensender** *Star TV*, der insgesamt vier Kanäle ausstrahlt, neben einem in Kantonesisch drei weitere in englischer Sprache: einen Sport-, einen Unterhaltungs- und einen Musikvideo-Kanal. Zusätzlich kann man in fast allen Hotels den amerikanischen Nachrichtensender CNN empfangen. Viele Hotels bieten auch den Service der **In-House-Movies**, bei denen es sich um Spielfilme handelt, die zu bestimmten Tageszeiten kostenlos als zusätzliches Programm angeboten werden.

Ein weiteres Serviceangebot der Hotels ist **Pay-TV**, bei dem man zwischen aktuellen Kinohits und Pornofilmen wählen kann. Pro Film werden ca. DM 16-20 berechnet (kommt automatisch auf die Zimmerrechnung). Um unnötige Kosten und Ärger zu vermeiden, sollte man die Bedienungsanleitung am Steuergerät zunächst gründlich lesen. Da diese nur englisch ist, empfiehlt es sich notfalls, den Zimmerservice zu Rate zu ziehen.

➻ FILME

An Filmmaterial, ganz gleich ob Negativ-, Dia-, Video- oder 8mm-Filme, gibt es alles, auch die ausgefallensten Wünsche können erfüllt werden. Lange suchen muß man nur bei Sonderwünschen. Bei Diamaterial (vor allem *Kodachrome*) darauf achten, ob die Rahmung im Kaufpreis eingeschlossen ist. **Fast alle Diafilme werden mit Rahmung verkauft**. Auf das **Verfalldatum** achten, auch sollte man seine Filme nicht gerade dort kaufen, wo die Sonne diese röstet. Bei allen touristischen Hauptsehenswürdigkeiten gibt es normale Negativ- und Diafilme, in der Regel jedoch zu etwas höheren Preisen als in der Stadt. Problematischer ist es mit sw-Filmen, die man meist nur in den besseren Fotogeschäften bekommt.

Wer nicht bis zu Hause warten möchte, kann seine Filme günstig in Hong Kong entwickeln lassen und sich auch gleichzeitig Abzüge von seinen Negativen machen lassen. **Photo-finishing** (Entwicklung und Abzüge) wird überall **innerhalb einer Stunde** angeboten, ein Händler bietet diesen Service sogar in 27 Minuten an. Die Qualität ist die gleiche wie bei uns, denn gearbeitet wird mit den gleichen Materialien. Kodachrome-Filme können nur in Speziallabors entwickelt werden, die man in den Gelben Seiten findet.

Allgemein gilt, wer zu Hause sein Filmmaterial (wirklich) günstig einkauft, wird in Hong Kong kaum günstigeres finden.

FLÜGE

Für einen Flug Frankfurt/M - Hong Kong und zurück zahlt man im Normaltarif in der *Economy Class* etwa DM 2.200, doch gibt es zahlreiche Sonderangebote, die einen schon für rund DM 1.400 hin und zurück bringen. In der *Business Class* wird es rund 50% teurer, in der *First Class* noch einmal soviel. Es lohnt sich nach günstigen Angeboten Ausschau zu halten, auch bei den größeren Reiseveranstaltern, die zum Teil **Pauschalarrangements** (Flug und Hotel) für z.B. eine Woche Aufenthalt zu einem Preis anbieten, den man sonst für Flug oder Hotel allein zahlt, wobei stets die Möglichkeit der Verlängerung besteht.

Flüge müssen **spätestens 72 Stunden vor dem Rückflug** bei der Fluggesellschaft **rückbestätigt** werden. Benötigt werden bei der telefonischen Rückbestätigung Name, Flugnummer, Flugdatum und Flugticketnummer.

FLUGGESELLSCHAFTEN

Nachstehend die Hong Konger Anschriften der wichtigsten Fluggesellschaften, die nach bzw. von Hong Kong aus weiter fliegen. Der ersten Rufnummer (Res), unter der man seinen Flug buchen bzw. rückbestätigen kann, folgt – wo diese vorhanden ist – eine zweite, über die man sich Fluginformationen einholen kann. Die Anschriften weiterer Fluggesellschaften erfährt man bei der HKTA, an der Hotelrezeption oder aus den Gelben Seiten.

Air France
Room 2104, Alexandra House, 7 Des Voeux Rd, Central, Hong Kong Island; Tel.: Res 25248145, Info 27696662.

Air India
10th Floor, Gloucester Tower, 11 Pedder St, Central, Hong Kong Island; Tel.: Res 25221176, Info 27698571.

Air Lanka
Room 52, 2nd Floor, Admirality Centre, Tower II, 18 Harcourt Rd, Central, Hong Kong Island; Tel.: Res 5299708 und 25210708, Info 27697183.

Air New Zealand
Suite 902, 3 Exchange Square, 8 Connaught Place, Central, Hong Kong Island; Tel.: Res 25249041, Info 27696046

Alitalia
Room 2101, Hutchison House, 10 Harcourt Rd, Central, Hong Kong Island; Tel.: Res 25436998, Info 27696448

All Nippon Airways
Room 2512, Pacific Place Two, 88 Queensway, Central, Hong Kong Island; Tel.: Res 28107100, Info 27698606

British Airways
- 30th Floor, Alexandra House, 7 Des Voeux Rd, Central, Hong Kong Island; Tel.: Res 28680303, Info 28680768.
- Room 112, Royal Garden Hotel, 69 Mody Rd, Tsim Sha Tsui East, Kowloon; Tel.: Res 23689255, Info 27698571.

China National Aviation Corp
- Ground Floor, 17 Queen's Rd, Central, Hong Kong Island.
- Ground Floor, Hankow Centre, 4 Ashley Rd, Tsim Sha Tsui, Kowloon; Tel. Res 28610322, Info 27698571.

Canadian Airlines International
Ground Floor, Swire House, 9-25 Chater Rd, Central, Hong

Kong Island; Tel.: Res 28683123, Info 27697113.

Cathay Pacific
- Ground Floor, Swire House, 9-25 Chater Rd, Central, Hong Kong Island.
- Room 1126, 11th Floor, Ocean Centre, Tsim Sha Tsui, Kowloon.
- Shop 109, 1st Floor, Royal Garden Hotel, 69 Mody Rd, Tsim Sha Tsui East, Kowloon; Tel.: Res 27471888, Info 27471234.

China Airlines (Taiwan)
- Ground Floor, St George's Bldg, 2 Ice House St, Central, Hong Kong Island; Tel. Res 28682299.
- G5-6, Tsimshatsui Centre, 66 Mody Rd, Tsim Sha Tsui East, Kowloon; Tel.: Res 23674181, Info 27698361.

Delta Airlines
29th Floor, Pacific Place, Tower 2, 88 Queensway, Central, Hong Kong Island; Tel.: Res 25265875, Info 27698452.

Dragonair
1843 Swire House, 9-25 Chater Rd, West Wing, Central, Hong Kong Island; Tel.: Res 25901188, Info 27697728.

Emirates Airlines
37th Floor, Room 3707, Gloucester Tower, The Landmark, 11 Pedder Street, Central, Hong Kong Island; Tel.: Res 25267171, Info 27698571.

Garuda Indonesia
2nd Floor, Sing Pao Centre, 8 Queen's Rd, Central, Hong Kong Island; Tel.: Res 28400000, Info 27696689.

Japan Airlines
- 20th Floor, Gloucester Tower, 11 Pedder St, Central, Hong Kong Island; Tel. 25230081.
- Holiday Inn Crowne Plaza, 70 Mody Rd, Tsim Sha Tsui East, Kowloon; Tel.: Res 23113355, Info 27696534 und 27696524.

KLM Royal Dutch Airlines
Room 701-5, Jardine House, 1 Connaught Place, Central, Hong Kong Island; Tel. Res + Info 28082111.

Korean Air
- Ground Floor, St George's Bldg, 2 Ice House St, Central, Hong Kong Island; Tel. 25235177.
- 11th Floor, South Seas Centre, Tower II, 75 Mody Rd, Tsim Sha Tsui East, Kowloon; Tel.: Res 23686221, Info 27697511.
- G12-15, Tsimshatsui Centre, 66 Mody Rd, Tsim Sha Tsui East, Kowloon; Tel. 23686221.

Lauda Air
M1, New Henry House, 10 Ice House St, Central, Hong Kong Island; Tel.: Res 25255222, Info 27697017.

Lufthansa
6th Floor, Landmark East, 12 Ice House St, Central, Hong Kong Island; Tel.: Res 28682313, Info 27696560.

Malaysian Airline System
Room 1306, Prince's Bldg, 9-25 Chater Rd, Central, Hong Kong Island; Tel.: Res 25218181, Info 27697967.

Northwest Airlines
- 29th Floor, Alexandra House, 7 Des Voeux Rd, Central, Hong Kong Island; Tel.: Res 28104288, Info 27697346.
- G34A-37A, Lock Rd, Hyatt Regency Hotel, Tsim Sha Tsui, Kowloon.

Philippine Airlines
- Room 603, West Tower, Lippo Centre, 89 Queensway, Central, Hong Kong Island; Tel. 25249216.
- Room 6, Ground Floor, East Ocean Centre, 98 Granville Rd, Tsim Sha Tsui East, Kowloon; Tel.: Res 23694521, Info 27696253.

Qantas Airways
Room 1422, Swire House, 9-25 Chater Rd, Central, Hong Kong Island; Tel.: Res 28421438, Info 28421400.

Scandinavian Airline System
Room 1401, Hartcourt House, 33 Gloucester Road, Wan Chai, Hong Kong Island; Tel.: Res 28651370, Info 27698864.

Singapore Airlines
- Ground Floor, Alexandra House, 7 Des Voeux Rd, Central, Hong Kong Island; Tel.: Res 25202233, Info 27696387.
- Ground Floor, Wing On Plaza, 62 Mody Rd, Tsim Sha Tsui East, Kowloon.

South African Airways
c/o Jardine Airways, 30th Floor, Alexandra House, 7 Des Voeux Rd, Central, Hong Kong Island; Tel.: Res 28773277, Info 28680768.

Swissair
8th Floor, Tower II, Admirality Centre, 18 Harcourt Rd, Central, Hong Kong Island; Tel.: Res 25293670, Info 27696031.

Thai Airways International
- Shop 124, 1st Floor, Worldwide Plaza, 19 Des Voeux Rd, Central, Hong Kong Island; Tel. 5295601.
- Shop 105-6, The Omni Hong Kong Hotel, 3 Canton Rd, Tsim Sha Tsui, Kowloon; Tel. 5295601.

United Airlines
- 29th Floor, Gloucester Tower, 11 Pedder St, Central, Hong Kong Island; Tel. Res 28104888, Info 27697279.
- Ground Floor, Empire Centre, 68 Mody Rd, Tsim Sha Tsui East, Kowloon; Tel. 28104888.

Virgin Atlantic Airlines
41st Floor, Room 4104, Lippo Centre, Lippo Tower, 89 Queensway, Central, Hong Kong Island; Tel.: Res und Info 25326060.

»» FOTOGRAFIEREN

Hong Kong ist ein Paradies für jeden Fotoenthusiasten, manch einer ist es hier aber auch erst geworden. Kein Wunder bei dem Überangebot an lohnenswerten Motiven. Daher empfiehlt sich bei jedem Spaziergang grundsätzlich die Mitnahme von **zwei Reservefilmen**, die wiegen kaum etwas und bewahren vor so manchem Verdruß. Auch wer sonst kaum fotographiert, sollte auf jeden seiner Ausflüge mindestens zwei 36er-Filme mitnehmen, der passionierte Amateur mindestens 4-5, wer noch tiefer eindringen will muß mit bis zu 10 Filmen und mehr am Tag rechnen.

Als **Filmmaterial** ratsam sind niedrig- bis mittelempfindliche Filme (25-160 ASA) für den Tag, mittel- bis hochempfindliche (100-400 ASA) für die Nacht.

Nicht jeder schleppt gerne an einer schweren **Fotoausrüstung**. Wer im Besitz einer Spiegelreflex- oder anderen Ausrüstung mit Wechselobjektiven ist, sollte aber lieber das ein oder andere Objektiv mehr einpacken. **Brennweiten** von 20 bis 300mm decken die meisten Fälle ab. Ein nicht zu schwaches **Blitzgerät** (ungefähr Leitzahl 30), **Batterien**, ein kleines **Stativ**, PolCircularfilter, Reinigungstücher gehören zur Grundausstattung. Die **Bedienungsanleitungen** für Kamera und Blitzgerät gehören ebenfalls ins Gepäck.

Fotografiert werden darf in Hong Kong so gut wie alles.

Ausgenommen sind lediglich wenige militärische Einrichtungen, auch in Banken und Juwelierläden sieht man es nicht gerne, wenn fotographiert wird (in der *Hong Kong and Shanghai Bank* in Central ist dies dagegen kaum ein Problem). In Tempeln und Klöstern wird mittels Symbolschildern darauf hingewiesen, wenn dies nicht erwünscht ist. Diese Hinweise gilt es ebenso zu respektieren wie den Wunsch vieler alter Menschen, nicht zum Sensationsobjekt werden zu wollen. Wer Menschen fotografieren möchte, sollte dies stets offen dartun, eine abwehrende Geste jedoch unbedingt respektieren und mit einem freundlichen verständnisvollen Kopfneigen beantworten.

Tip: Die Mittagszeit (11-15 h) für Übersichtsaufnahmen mit hohen Kontrastwerten meiden. Im Zweifelsfall, bei Nachtaufnahmen immer, ein Stativ verwenden, zu viele Aufnahmen verlieren durch Verwacklungsunschärfe ihren Wert. Besonders geeignet für Nachtaufnahmen sind Ektachrome-Filme.

➽ FREMDENVERKEHRSAMT

Hong Kongs Fremdenverkehrsamt, die **Hong Kong Tourist Association (HKTA)**, gilt als effektivstes der Welt, was angesichts der Vielzahl an Werbebroschüren, Informationsblättern, Karten und sonstigen Informationsträgern durchaus stimmen kann. Das meiste davon ist kostenlos, so auch die wöchentlich neu erscheinende Zeitung **'Hong Kong This Week'** oder der in den Hotelzimmern ausliegende **'The Official Hong Kong Guide'**, der jeden Monat neu aufgelegt wird.

Außerdem verkauft die HKTA in ihren Büros auch einige recht hübsche Souvenirs.

Die HKTA findet man an folgenden Orten:

- Hauptbüro und Verwaltung (kein Informationsbüro):
11th Floor, Citicorp Centre, 18 Whitfield Road, North Point, Hong Kong Island, Tel. 28076543, Fax 28060303.
- Informationsbüros:
Shop 8, Basement, Jardine House, 1 Connaught Place, Central, Hong Kong Island. Geöffnet: Mo-Fr 9.00-18.00, Sa 9.00-13.00 h.
Star Ferry Concourse, Tsim Sha Tsui, Kowloon. Geöffnet: Mo-Fr 8.00-18.00, Sa, So + Feiertag 9.00-17.00 h.

Telefon- und Fax-Informationsdienst:
28076177 (mehrsprachig)
Mo-Fr 8.00-18.00, sonst 9.00-17.00 h.
INFOFAX 1771128 (nur englisch); 24-Stunden-Service; 8-21 h HK$ 2 pro Minute, 21-8 h HK$ 1 pro Minute.

Wer **Fragen zum Einkaufen** allgemein hat bzw. Auskunft über Geschäfte haben will, die von der HKTA kontrolliert werden, kann unter Tel. 28017278 Rat einholen. Besetzt ist der Anschluß Mo-Fr 9.00-17.00, Sa 9.00-12.45 h.

Auslandsvertretung der HKTA in Deutschland (auch zuständig für Österreich und die Schweiz):
D-60318 Frankfurt/M, Humboldtstraße 94; Tel. (069) 9591290, Fax (069) 5978050.

G GELD / WÄHRUNG / UMTAUSCH

Fast alles dreht sich in Hong Kong ums Geld, was es dem Reisenden leicht macht, sowohl sein Geld einzutauschen, als auch an vielen Orten barlos bezahlen zu können.

Hong Kongs Währung ist der **Hong Kong-Dollar (HK$)**, der in 100 Cent unterteilt ist. Eine offizielle Notenbank gibt es nicht, die Geldscheine werden von den beiden führenden Bankhäusern 'Hong Kong and Shanghai Banking Corporation' und 'Standard Chartered Bank' ausgegeben, deren Hauptquartiere jeweils auf den Rückseiten der Banknoten abgedruckt sind. Seit Mai 1994 gibt auch die 'Bank of China' eigene Banknoten heraus, mit Ausnahme der 10-Dollar-Scheine.

Banknoten gibt es in den Werten HK$ 1000 (gelb), HK$ 500 (braun), HK$ 100 (rot), HK$ 50 (violett), HK$ 20 (blaugrün) und HK$ 10 (grün). **Achtung**: Die Scheine für HK$ 10 und HK$ 20 ähneln sich stark und können leicht verwechselt werden. **Münzen** (die in Großbritannien geprägt werden) gibt es in den Werten HK$ 10, HK$ 5, HK$ 2, HK$ 1 (alle silbern), 50 Cent, 20 Cent und 10 Cent (alle bronzefarben). Das überall ausgeschilderte Dollar-Zeichen ($) bezieht sich auf den Hong Kong-Dollar, nicht den US-Dollar.

Geld tauschen kann man in Banken (s. "Bank"), **Hotels** und bei den **Moneychangers**. Von letzteren ist dringend abzuraten, auf sie sollte man wirklich nur im Notfall zurückgreifen. Denn obwohl die von ihnen ausgeschriebenen Wechselkurse zunächst sehr verlockend sind (besser als in den Banken), bekommt man am Ende manchmal noch weniger heraus als im Hotel. Mit Unschuldsmiene wird einen der Geldwechsler auf einen kleingedruckten Satz irgendwo in seiner Wechselstube hinweisen, in dem eine Provision von durchschnittlich 6-10% erwähnt wird – Rückgängigmachung des Wechselvorganges ausgeschlossen. Lieber im Notfall einen kleineren Betrag im Hotel wechseln, denn viel Bares braucht man nicht unbedingt, fast überall akzeptiert man Kreditkarten. Bei größeren Kaufsummen werden auch die gängigsten Fremdwährungen angenommen, die man zum Tageskurs (oder etwas schlechter) umrechnet.

Die besten Wechselkurse erhält man in den Banken, die pro Wechselvorgang bei **Bargeld HK$ 30** und bei **Reiseschecks HK$ 50 Provision** berechnen, wobei die **Hang Seng Bank** die jeweils günstigsten Kurse offeriert und sich außerdem an nahezu alle Exotenwährungen, von denen andere Banken die Finger lassen, wagt. Das **Hauptquartier der Hang Seng Bank** befindet sich in der **Des Voeux Rd Central**, Central, Filialen finden sich in allen Stadtteilen. Die von dieser Bank unterhaltenen Schalter in den MTR-Stationen tauschen hingegen kein Geld um.

Ganz egal wo man tauscht, sollte man sich, ehe man sein Geld aushändigt, die zu erhaltende Endsumme schriftlich geben lassen, alle Geldwechsler sind gesetzlich dazu verpflichtet, auch die Banken und Hotels.

Banken haben an öffentlichen Feiertagen geschlossen.

Der **Umtauschkurs** des Hong Kong-Dollar **gegenüber dem US-Dollar ist festgesetzt**, und zwar erhält man für einen US-Dollar HK$ 7.70-7.80 (offizielles Fixing bei HK$ 7.79). Alle anderen Währungen schwanken je nach ihrem Wechselkursverhältnis zum US-Dollar. Ende 1995 bekam man für DM 1,00 rund HK$ 5.40.

Es könnte durchaus sein, daß in Hong Kong pro Person schon mehr **Plastikgeld** in Umlauf ist als in den USA. Für den Touristen bringt dies den Vorteil mit sich, sich ohne viel Bares durch die Stadt bewegen zu können. Alle Hotels, außer den Billigquartieren, viele Geschäfte und die größeren Restaurants akzeptieren Kreditkarten. **Bei Barzahlung erhält man allerdings in der Regel 5% Discount**, auf den man auch hinweisen sollte, wenn man kundtut, daß man die Absicht hat, bar zu bezahlen.

Folgende Kreditkarten werden vielerorts angenommen: American Express, Bank Americard (Visa), Carte Blanche, Diners Club, JCB, MasterCard und Air Travel. Besitzer von American Express-Kreditkarten haben Zugang zu den Jetco-Geldautomaten (ATM – *automated-teller machine*) und können sowohl Hong Kong-Dollar als auch Travelerschecks an der Express Cash Machine am Express Cash ATM in den Büros von American Express im New World Tower, 16-18 Queen's Rd, Central, Hong Kong Island, und Pacific Place, 88 Queensway, Central, Hong Kong Island, erhalten. Visa- und MasterCard-Besitzer können sich Hong Kong-Dollar an den 'Electronic Money'-Automaten der Hong-

Das teuerste Einzelgebäude der Welt: Hongkong and Shanghai Bank

kong and Shanghai Bank am Flughafen und acht weiteren zentral gelegenen Stellen (bei der Bank zu erfahren) holen. Besitzer der Visa-Karte benötigen dazu eine sechsstellige Geheimnummer.

Wer nicht gerne mit viel Bargeld verreist, andererseits noch nicht dem Plastikgeld verfallen ist, der findet in **Reiseschecks** (Traveler's Checks) genau das richtige. Diese gibt es zu Hause bei allen Geldinstituten (am besten American Express- oder Thomas Cook-Reiseschecks) und können vor Ort in allen Banken und Hotels umgetauscht werden. Im Falle des Verlustes oder Diebstahls aber umgehend die Zentrale oder das lokale Büro verständigen, das gilt auch für das Abhandenkommen der Kreditkarte(n), bei dem das ausgebende Geldinstitut zu verständigen ist. **Reiseschecks werden von Geschäften und Restaurants in der Regel nicht angenommen.**

Tips: Zehn-Dollar-Scheine kann man am Bahnhof in Kowloon an Automaten in Münzen wechseln. Sammeln Sie jede Menge Münzen, Sie benötigen sie für die öffentlichen Verkehrsmittel (s. dort), d.h. zahlen Sie beim Einkauf stets mit Scheinen oder allenfalls Zehn-Dollar-Münzen.

➻ GESUNDHEIT

Bei der Einreise nach Hong Kong werden **keine Impfungen** verlangt, es sei denn man hat sich während der vorhergehenden 14 Tage in einem Cholera-Gebiet aufgehalten. Malaria-Gefahr besteht in Hong Kong nicht.

Kleine Ursachen können eine große Wirkung haben, und eine kleine Verletzung kann man sich überall zuziehen. Eine **Tetanus-Impfung** oder -Auffrischung sollte daher auf jeden Fall gemacht werden. Ratsam außerdem ist eine **Typhusimpfung** und eine **Impfung gegen Tuberculose**, letztere vor allem bei kleineren Kindern, denn in Hong Kong gibt es jedes Jahr rund 7.000 Fälle.

Sollte während des Aufenthaltes in Hong Kong eine Impfung vonnöten sein, so wende man sich an eines der beiden Büros des **Port Health Office**: Room 905, Government Offices, 393 Canton Rd, Yau Ma Tei, Kowloon, Tel. 23683361; oder: 2nd Floor, Centre Point Bldg, 181-185 Gloucester Rd, Wan Chai, Hong Kong Island, Tel. 25722056.

Eine **kleine Reiseapotheke** sollte im Koffer nicht fehlen. In sie gehört ein Mittel gegen Durchfall, Pflaster, eine elastische Binde, Thermometer, ein leichtes fiebersenkendes Mittel, Antiseptikum, ein Mittel gegen Halsschmerzen und natürlich die regelmäßig zu nehmenden Medikamente. Als wahres Allheilmittel sollte man sich vor Ort ein Gläschen **Tigerbalm** kaufen, der gegen Kopfschmerzen ebenso wirksam ist wie bei Schnupfen und Insektenstichen.

Hong Kong ist ein **gesundheitlich unbedenkliches Reiseziel. Essen** kann man überall, auch in den kleinen Garküchen am Straßenrand, und auch das **Wasser** ist trinkbar. Obst und

Gemüse sollten aber gründlich gewaschen werden. **Einzige Ausnahme** von der Regel sind **in Hong Konger Gewässern gezüchtete Austern**, bei deren Verzehr es immer wieder zu Fällen von Hepatitis kommt. Bei importierten besteht kein Risiko (gute Restaurants weisen darauf hin, daß ihre Austern Importware sind.)

Obwohl immer mehr, besonders die besseren, Restaurants davon abgehen, verwenden viele noch immer **Monosodiumglutamat** (MSG), einen in der chinesischen Küche weitverbreiteten Geschmacksverstärker, der bei manchen Menschen Allergien auslöst.

Tip: Gewarnt sei vor den überall auf Kühlschranktemperatur eingestellten Klimaanlagen, die die beste Garantie für einen langanhaltenden Schnupfen darstellen. Daher die Klimaanlage im Hotelzimmer entweder ganz ausschalten oder aber auf kleinste Stufe stellen. Die Temperatur ist im Normalfall regelbar. Darauf achten, daß man nicht direkt im Gebläsezug schläft bzw. sitzt, das gilt auch für Restaurants oder in Geschäften, ganz besonders wenn man verschwitzt ist. Die als angenehm empfundene Kühlung kann einen für Tage ans Bett fesseln.

GOTTESDIENST

- **Christen**: Eine Liste aller Kirchen findet man in den Gelben Seiten. Die Gottesdienstzeiten erscheinen in der Samstagsausgabe der *'South China Morning Post'*.
- **Hindus**: Ihr Tempel befindet sich in der Wong Nai Chung Rd, Happy Valley, Hong Kong Island (neben dem Hong Kong Sanatorium & Hospital). Religiöse Zeremonien jeden Sonntagmorgen und Montagabend.
- **Juden**: Hong Kongs Synagoge befindet sich in 70 Robinson Rd, Mid-Levels, Hong Kong Island. Gottesdienste jeden Freitagabend und Samstagmorgen.
- **Muslims**: Das religiöse Zentrum der Muslims ist die Kowloon Mosque in der Nathan Rd, Tsim Sha Tsui, Kowloon (am Kowloon Park). Das Hauptgebet findet Freitagmittag statt.
- **Sikhs**: Ihr Tempel befindet sich in 371 Queen's Rd East, Wan Chai, Hong Kong Island. Gottesdienst jeden Sonntagmorgen.

H HAUSTIERE

Wer seinen vierbeinigen oder gefiederten Liebling mitnehmen möchte, der erkundige sich bei seinem Tierarzt und beim Britischen Konsulat nach den zur Zeit bestehenden Impf- und Quarantänebestimmungen.
In fast allen Hotels ist das Mitbringen von Haustieren untersagt.

I INFORMATIONEN

Wichtigste Informationsstelle ist die **Hong Kong Tourist Association** (**HKTA**; Anschrift s. u. "Fremdenverkehrsamt")

Diese hält eine Vielzahl von kostenlosen Merkblättern, Broschüren, Stadtplänen, Fahrplänen usw. bereit. Jede Woche neu erscheint ihre Zeitung **'Hong Kong This Week'**, mit den aktuellen Terminen kultureller und sportlicher Veranstaltungen. Als sehr nützlich erweist sich der in den Zimmern der Mitgliedhotels der Hong Kong Hotel Association ausliegende **'The Official Hong Kong Guide'**, der monatlich neu aufgelegt wird.

Fast jeder findet bei der HKTA etwas für seinen Geschmack, als besonders praktisch haben sich folgende **drei Broschüren** erwiesen:

- **Sightseeing and Culture**
- **The Official Shopping Guide**
- **The Official Dining and Entertainment Guide**

Gutes Buch- und Kartenmaterial findet man im: **Government Publications Centre**, Ground Floor, General Post Office Bldg, Central, Hong Kong Island, Tel. 25235377; geöffnet Mo-Fr 9.00-18.00 und Sa 9.00-13.00 h.

Weitere kostenlos erhältliche Publikationen, die in den Hotels und an touristischen Knotenpunkten ausliegen, sind *Hong Kong: The Newspaper for Visitors* und *Orient*. Die *South China Morning Post* veröffentlicht '*Hong Kong Visitor*', in dem sich ebenfalls aktuelle Informationen finden.

'Hong Kong Diary', ein weiteres wöchentlich aufgelegtes Informationsblatt gibt es gratis in der City Hall, Edinburgh Place, Central, Hong Kong Island, und bei der HKTA. Dieses enthält sehr nützliche Hinweise auf Lokalveranstaltungen.

Informationen und auch Kartenmaterial zu den Hong Konger Country Parks gibt es bei: **Country Parks Division**, 12th Floor, 393 Canton Rd, Tsim Sha Tsui, Kowloon, Tel. 27332132.

Wer über das rein Touristische hinausgehende Fragen hat, z.B. zu Geschäftsgründungen und ähnlichem, der wende sich an: **Hong Kong Services Department**, Ground, 1st, 4-6th Floor, Beaconsfield House, 4 Queen's Rd, Central, Hong Kong Island, Tel. 28428777.

Für geschäftliche Belange auch zuständig: **Hong Kong General Chamber of Commerce**, 902 Swire House, 9-25 Chater Rd, Central, Hong Kong Island, Tel. 25299229.

Bei der **Royal Asiatic Society** (RAS), GPO Box 3864, Tel. 25510300, kann man mehr über die Geschichte Hong Kongs in Erfahrung bringen, sowohl in Vorträgen, als auch bei Führungen und anhand ihrer Publikationen.

Wer **Hilfe** benötigt, der rufe den St John's Cathedral Conselling Service, Tel. 25257202, an.

J JUGENDHERBERGEN

Hong Kongs Jugendherbergsorganisation unterhält eine ganze Reihe von Häusern im Territorium, die mit Abstand die günstigsten Übernachtungsmöglichkeiten in Hong Kong sind (HK$ 25 pro Nacht). Wer noch nicht Mitglied in der Organisation ist, kann sich vor Ort einen entsprechenden Mitgliederausweis ausstellen lassen, der derzeit HK$ 60 kostet. Die

Jugendherbergen sind tagsüber 10.00-16.00 h geschlossen, Zapfenstreich ist um 23.00 h. Ansonsten gelten die Regelungen des Internationalen Jugendherbergsverbandes. Für einige der Häuser ist eine Voranmeldung erforderlich, die telefonisch, schriftlich oder direkt bei der Zentrale vorgenommen werden kann. Diese liegt etwas versteckt in einem der großen Sozialbauviertel in Shek Kip Mei: **Hong Kong Youth Hostels Association** (HKYHA), Room 225, Block 19, Shek Kip Mei Estate, Shek Kip Mei, Kowloon, Tel. 27881638.

Zu Hause wende man sich an: **Deutsches Jugendherbergswerk**, D-32756 Detmold, Bismarckstr. 8, Postfach 220, Tel. (05231)7401-0.

K KARTENMATERIAL

Kartenmaterial gibt es über Hong Kong in Hülle und Fülle, für das ganze Territorium, einzelne Stadtteile oder Inseln, die Country Parks, Wanderungen und andere Zielgruppen. **Das beste Kartenmaterial gibt es vor Ort**. Wer mehr sehen will als die touristischen Zentren, die auch in allen Broschüren und Merkblättern beinhaltet sind, sollte sich demzufolge erst mit anständigem Kartenmaterial eindecken, das einem viele neue interessante Wege offenbaren und zu ungeahnten Schätzen führen kann.

In seiner Vielfalt, Handlichkeit, Übersichtlichkeit und Aktualität nicht zu schlagen ist das **'Hong Kong Guide Book'** von *Universal Publications, Ltd.* Das jährlich neu erscheinende Taschenbuch enthält neben den Stadtplänen und Landkarten Streckenkarten der MTR, LRT und Busse in den New Territories, außerdem die Fährpläne der Fähren zu den Outlying Islands und der wichtigsten Fährenverbindungen innerhalb des Hafens und vollständige Straßen- und Gebäudeverzeichnisse. Ein Muß, für HK$ 60. Empfehlenswert ist auch der **'Hong Kong Guide – Streets & Places'**, herausgegeben vom Government Publications Centre.

Reines Kartenmaterial gibt es für Hong Kong Island, Kowloon und die New Territories. Man sollte hierbei auf Karten für jeweils eines dieser drei Gebiete zurückgreifen, da sonst viel an Details verloren geht:

- Hong Kong Island Street Map 1:7.500
- Kowloon Street Map 1:10.416
- Hong Kong Territory Touring Map 1:83.333

Die besten Karten über die New Territories und Hong Kong Island sind die in den **'Countryside Series'** erschienenen.

➽ KARTENVORVERKAUF

Für viele Veranstaltungen können Eintrittskarten bei **Urbtix** (Tel. 27349009) telefonisch vorbestellt und anschließend in einem der zahlreichen, über das ganze Stadtgebiet verstreuten Büros von Urbtix abgeholt werden.

➻ KINDER

Auch Kinder kommen in Hong Kong auf ihre Kosten, an einem der zahlreichen Strände, im Tigerbalm Garden, Hong Kong Park, Kowloon Park oder Ocean Park, um nur einige Attraktionen zu nennen. Kinder sind überall gerne gesehen.

➻ KLEIDUNG

Im Grunde genommen kann man alles zu Hause lassen; was man braucht, kann man dann in Hong Kong kaufen. So gewinnt man gleichzeitig jede Menge Platz für all die Dinge, die man sowieso kauft.

Aber Scherz beiseite: Lediglich für die Monate Dezember bis März sollte man auch einen dickeren Pullover oder eine wärmere Jacke mit einpacken, ansonsten genügt für die kühleren Abendstunden eine dünne Jacke oder Umhang und ein langärmeliges Hemd. Und sollte es wirklich kalt werden, dann kauft man eben doch schnell etwas Passendes. **Leichte Baumwollsachen** sind Kunststoffasern angesichts der hohen Luftfeuchtigkeit vorzuziehen; der Körper muß die Möglichkeit haben zu atmen.

In der Freizeit gibt sich der Hong Kong-Chinese **leger**, daran kann sich auch der Neuankömmling halten. Verpönt sind in Hotels und Restaurants lediglich Badesandalen, wohingegen normale Sandalen mit Fersenriemen keinen Grund zu Beanstandungen bieten. **Im Geschäftsleben hingegen geht es um so steifer zu**, da ist die Krawatte auch bei 35°C und 95% Luftfeuchtigkeit ein Muß. Und auch wer abends in einem der Hong Konger Nobelrestaurants essen gehen oder ein Konzert besuchen will, kommt um Abendkleid und Anzug mit Krawatte nicht herum. Die Restaurants vermerken, wenn dies erforderlich ist.

Hinweis: Auch im Hochsommer sollte man sich nicht mit entblößtem Oberkörper in ein Lokal setzen – auch nicht am Strand – oder in den Straßen umherlaufen. Und auch für die entlegenste Bucht gilt: Nacktbaden verboten!

➻ KONSULATE

Da Hong Kong kein eigenständiger Staat ist, sind alle ausländischen Vertretungen nur durch Konsulate präsent. Eine vollständige Liste findet man in den Gelben Seiten unter *Consulates*.

- **Bundesrepublik Deutschland**:
21st Floor, United Centre, 95 Queensway, Central, Hong Kong Island, Tel. 25298855.
- **Österreich**:
14th Floor, Diamond Exchange Bldg, 8-10 Duddell St, Central, Hong Kong Island, Tel. 25228086.
- **Schweiz**:
Room 3703, Gloucester Tower, 11 Pedder St, Central, Hong Kong Island, Tel. 25227147.

Konsulate Großbritanniens in Deutschland findet man in Berlin, Düsseldorf, Frankfurt/M, Hamburg, Hannover, München und Stuttgart (vgl. auch Stichwort "Botschaften").

➺ KRANKENHÄUSER

Hong Kong verfügt über eine Reihe sehr guter Krankenhäuser, staatlicher wie privater, wobei letztere auf Profitbasis arbeiten und somit auch entsprechend teuer sind. Der Notruf und Aufnahmedienst aller ist rund um die Uhr besetzt.

- **Staatliche Krankenhäuser:**
  - **Lai Chi Kok Hospital**, Castle Peak Rd, Lai Chi Kok, Kowloon, Tel. 27427111.
  - **Prince of Wales Hospital**, 30-32 Ngan Shing St, Sha Tin, New Territories, Tel. 26322211.
  - **Queen Elizabeth Hospital**, Wylie Rd, Yau Ma Tei, Kowloon, Tel. 27102111.
  - **Queen Mary Hospital**, Pok Fu Lam Rd, Pok Fu Lam, Hong Kong Island, Tel. 28554111.

- **Private Krankenhäuser:**
  - **Baptist Hospital**, 222 Waterloo Rd, Kowloon Tong, Kowloon, Tel. 23374141.
  - **Canossa Hospital**, 1 Old Peak Rd, Mid-Levels, Hong Kong Island, Tel. 25222181.
  - **Grantham Hospital**, 125 Wong Chuk Hang Rd, Deep Water Bay, Hong Kong Island, Tel. 25546471.
  - **Hong Kong Adventist Hospital**, 40 Stubbs Rd, Wan Chai, Hong Kong Island, Tel. 25746211.
  - **Hong Kong Central Hospital**, 1B Lower Albert Rd, Central, Hong Kong Island, Tel. 25223141.
  - **Matilda & War Memorial Hospital**, 41 Mount Kellett Rd, The Peak, Hong Kong Island, Tel. 28496301.
  - **St Paul's Hospital**, 2 Eastern Hospital Rd, Causeway Bay, Hong Kong Island, Tel. 26906008.
  - **St Teresa's Hospital**, 327 Prince Edward Rd, Kowloon City, Kowloon, Tel. 27119111.

➺ KULTURELLE VERANSTALTUNGEN

Hong Kong bietet eine Vielzahl kultureller Aktivitäten und Veranstaltungen, die man aus den diversen Informationsblättern erfahren kann (s. unter "Informationen".) An dieser Stelle werden nur die **regelmäßig stattfindenden** aufgeführt:

- **Hong Kong Arts Festival**: Januar/Februar – Drei Wochen voller Ausstellungen und Aufführungen von Künstlern aus ganz Asien.
- **Hong Kong Festival Fringe**: Januar/Februar – 3 Wochen lang bietet der Fringe Club vielversprechenden künstlerischen Talenten aus Hong Kong und anderen Teilen Asiens die Möglichkeit der Präsentation.
- **Hong Kong International Film Festival**: März/April – 2 Wochen lang werden Filme aus aller Welt gezeigt, Organisator ist der Urban Council.
- **International Arts Carnival**: Juli/August – 14 Tage lang Vorführungen zahlreicher Jugendgruppen.
- **Festival of Asian Arts**: Okt./Nov. – 3 Wochen lang präsentieren sich Künstler aus dem asiatischen und australischen Raum; eines der bedeutendsten asiatischen Kulturereignisse.

(Weitere kulturelle Veranstaltungen s. u. "Feiertage und Feste")

Die **wichtigsten Veranstaltungsstätten**:

- **Hong Kong Cultural Centre**, 10 Salisbury Rd, Tsim Sha Tsui, Kowloon, Tel. 27342009.
- **Hong Kong Coliseum**, 9 Cheong Wan Rd, Hung Hom, Kowloon, Tel. 27659234.
- **Ko Shan Theatre**, Ko Shan Rd, Hung Hom, Kowloon, Tel. 23342331.
- **Hong Kong Academy for the Performing Arts**, 1 Gloucester Rd, Wan Chai, Hong Kong Island, Tel. 28231505.
- **Hong Kong Arts Centre**, 2 Harbour Rd, Wan Chai, Hong Kong Island, Tel. 28230230.
- **City Hall Theatre**, Edinburgh Place, Central, Hong Kong Island, Tel. 25233800.
- **Queen Elizabeth Stadium**, 18 Oi Kwan Rd, Wan Chai, Hong Kong Island, Tel. 25756793.
- **Sha Tin Town Hall**, 1 Yuen Ho Rd, Sha Tin, New Territories, Tel. 26942503.
- **Tuen Mun Town Hall**, 3 Tuen Hi Rd, Tuen Mun, New Territories, Tel. 24527308.
- **Tsuen Wan Town Hall**, 72 Tai Ho Rd, Tsuen Wan, New Territories, Tel. 24939143.

Kostenlose kulturelle Vorführungen finden jedes Wochenende im **Einkaufszentrum Cityplaza** in Taikoo Shing, Hong Kong Island, und im **New World Centre**, Tsim Sha Tsui, statt.
(S. a. “Kartenvorverkauf”.)

M MASSEINHEITEN

- **Gewichte**

100 g	=	3,527 oz
1 kg	=	2,205 lb
1 oz	=	28,35 g
1 lb	=	453,59 g

- **Längenmaße**

1 mm	=	0,039 in
1 cm	=	0,033 ft
1 m	=	1,09 yd
1 km	=	0,62 mi
1 in (inch)	=	2,54 cm
1 ft (foot)	=	30,48 cm
1 yd (yard)	=	91,44 cm
1 mi (mile)	=	1,610 km

- **Flächenmaße**

1 cm^2	=	0,155 in^2
1 dm^2	=	0,108 ft^2
1 m^2	=	1,106 yd^2
1 ha	=	2,471 acres
1 km^2	=	0,386 mi^2
1 in^2	=	6,45 cm^2
1 ft^2	=	9,288 dm^2
1 yd^2	=	0,836 m^2
1 acre	=	0,405 ha
1 mi^2	=	2,589 km^2

- **Raummaße**

1 cm^3	=	0,051 in^3
1 dm^3	=	0,035 ft^3
1 m^3	=	1,308 yd^3
1 in^3	=	16,386 cm^3
1 ft^3	=	28,329 dm^3
1 yd^3	=	0,765 m^3

- **Kleidergrößen**

Hong Kong	*Deutschland*
Damenbekleidung	
Kleidung	
6	32
8	34
10	36
12	38
14	40
16	42
18	44
20	46
22	48
24	50
Schuhe	
5 ½	36
6	37

Hong Kong	*Deutschland*
7	38
7 ½	39
8 ½	40
9	41
9 ½	42
Herrenbekleidung	
Hemden	
14	36
14 ½	37
15	38
15 ½	39
16	40
16 ½	41
17	42
Anzüge	
36	46
38	48
40	50
42	52
44	54
46	56
Schuhe	
6 ½	39
7 ½	40
8 ½	41
9	42
10	43
10 ½	44
11	45

➽ MIETWAGEN

Mit einem Mietwagen verliert man in Hong Kong dreifach: Geld, Zeit und Spaß (s. unter "Autofahren".) Wer nicht darum herum kommt, für den halten die großen internationalen Autovermieter verschiedene Modelle parat, auch mit Chauffeur. Adressen und Rufnummern findet man in den Gelben Seiten unter **'Motorcar Renting & Leasing'**, außerdem in den Anzeigenteilen der Zeitungen. Unbegrenzte Kilometerzahl ohne Extrakosten und Rabbat bei längerer Mietfrist sind der Regelfall. Motorräder zu mieten ist nahezu ausgeschlossen, da bleibt nur die Alternative des Kaufs.

Wer selber fahren möchte, findet einen fahrbaren Untersatz bei: Avis, Ground Floor, Bonaventura House, 85 Leighton Rd, Causeway Bay, Hong Kong Island, Tel. 28906988.

Limousinen-Service mit Chauffeur bieten auch alle besseren Hotels an. Pro Tag kann dies aber sehr leicht den Preis für das Hotelzimmer übersteigen.

➽ MÜCKEN

In den städtischen Gebieten ist man vor ihnen auch während der schwülwarmen Monate ziemlich sicher, lediglich in den Parkanlagen und entlang der Hafenfront können sie, vor allem gegen Abend, lange Hose und Hemd erforderlich machen. In den New Territories hingegen muß stets mit den Angriffen der kleinen Plagegeister gerechnet werden, wenige Gebiete sind jedoch so verseucht davon, daß einem der Besuch verleidet wird. Gegen Mückenstiche hilft am besten **Tigerbalm**. Eine Malariagefahr besteht nicht.

➽ MUSEEN

Die Beschreibung der einzelnen Museen und den jeweiligen Anreiseweg findet man in den Kapiteln von Teil 4. Für Interessenten hält die HKTA die kostenlose Broschüre 'Museums' bereit. Etliche Museen sind an dem ein oder anderen Feiertag geschlossen (am besten vorher telefonisch abklären).

N NOTRUF

Der Notruf für **Polizei, Feuerwehr** und **Ambulanz** ist **999**. Nachdem sich der Operator gemeldet hat, mitteilen welchen der drei Dienste man in Anspruch nehmen möchte. Der Notruf ist gebührenfrei.
Wer ein **Verbrechen** zu melden hat, der rufe: 25277177 (*Police Crime Hotline*). Unter dieser Nummer kann man sich auch über Taxifahrer beschweren. Für allgemeine Anfragen bei der Polizei: 28666166. **Kostenloser Ambulanz-Service**: 25766555 (Hong Kong Island), 27135555 (Kowloon) und 26392555 (New Territories).

O ÖFFNUNGSSZEITEN

Büros sind Mo-Fr 9.00-17.00 h geöffnet, mit einer Mittagspause gewöhnlich von 13.00-14.00 h. Da Hong Kong kein Ladenschlußgesetz kennt, öffnen und schließen Geschäfte je nach Stadtteil unterschiedlich, richten sich dabei nicht unwesentlich nach den Touristen, die in Augen der Geschäftsinhaber alles Langschläfer zu sein scheinen, denn vor 9.00 h öffnet kein Geschäft, viele erst um 10.00 h oder noch später, dafür schließen viele aber auch erst um 22.00 h oder noch später.
Im groben gelten **folgende Richtzeiten**:
- Hong Kong Island: Central und Western 10.00-18.00 h; Causeway Bay und Wan Chai 10.00-21.30 h
- Kowloon: Tsim Sha Tsui East 10.00-19.30 h; Tsim Sha Tsui, Yau Ma Tei und Mong Kok 10.00-22.00 h

Eine Reihe von Geschäften hat aber auch länger auf, mitunter bis Mitternacht und länger, vor allem an Wochenenden, wenn die Hong Konger selbst einkaufen gehen.

Außer am chinesischen Neujahrsfest, wenn die meisten Geschäfte geschlossen haben, sind Hong Kongs Läden **sieben Tage in der Woche geöffnet**, mit Ausnahme der japanischen Department Stores Daimaru und Matsuzakaya in Causeway Bay, die Mi bzw. Do geschlossen bleiben.

Die **Öffnungszeiten der Restaurants** sind sehr unterschiedlich, daher besser im jeweiligen Fall vorher abklären.

P PASSFOTOS

Wer dringend Paßfotos benötigt, findet **in jeder MTR-Station** einen Automaten von *'Max Sight Foto'*. Vier Bilder kosten HK$ 30. Fotoautomaten finden sich aber auch in allen Einkaufszentren und an vielen anderen Plätzen.

➻ POLIZEI

Englisch-sprechende Polizisten sind an der roten Kordell zu erkennen, die sie unter ihrer Schulterklappe tragen.

➻ POST

Das **Hauptpostamt** (*General Post Office*) befindet sich 2 Connaught Place, direkt neben der Star Ferry in Central, Hong Kong Island; Tel. 29212222. Hier kann man Postsendungen aller Art abgeben, aber auch postlagernde sich hierher schicken lassen. Die Sendungen werden zwei Monate lang aufbewahrt. Anschrift in diesem Fall: c/o Poste Restante, GPO Hong Kong. Soll die Sendung nach Kowloon gehen: c/o Poste Restante, 10 Middle Rd, Tsim Sha Tsui, Kowloon. Ein **weiteres wichtiges Postamt** befindet sich 405 Nathan Rd, Yau Ma Tei, Kowloon. Die Postämter haben Mo-Fr 8.00-18.00 und Sa 8.00-14.00 h geöffnet. Gegenwärtig kosten Postkarte und Brief nach Europa und Amerika bis 10 g HK$ 2.30, je zusätzliche 10 g HK$ 1.10.

R REISEZEIT

vgl. Kapitel 2.2.3

➻ RESTAURANTS

s. Kapitel 3.3

➻ RUNDFUNK

Hong Kong verfügt über eine ganze Reihe englisch- und kantonesisch-sprachiger Rundfunksender. Nachstehend nur die wichtigsten in englischer Sprache:
RTHK (Radio 3) – auf AM 567 kHz und 1584 kHz, und auf FM 97,9 und 106,8 mHz
RTHK (Radio 4) (klassische Musik) – auf FM 97,6 mHz und 98,9 mHz
RTHK (Radio 6) mit dem BBC World Service (von 4-12.15 h) – auf AM 675 kHz
Commercial Radio (CR) (Werbung) – auf AM 864 kHz
Metro Broadcast: Metro Plus – auf AM 1044 kHz; Hit Radio – auf FM 99,7 mHz; FM Select – auf FM 104 mHz.
British Forces Broadcasting Service (BFBS) – auf FM 93,1 mHz, 96,6 mHz, 102 mHz und 104,8 mHz.

S SICHERHEIT

Nach einer kürzlich veröffentlichten Statistik ist Hong Kong die **für Touristen sicherste Großstadt der Welt**. Auf den ersten Blick mag dies angesichts der nicht wenigen Überfälle auf Juwelier- und Uhrengeschäfte, Restaurants und Geldtransporter kaum glaublich erscheinen, der Fremde wird davon aber nur dann tangiert, wenn er sich z.B. gerade in dem überfallenen Geschäft aufhält.

Überfälle auf Touristen direkt sind sehr selten, und auch dann sind es meistens Taschendiebstähle. Und wer sich nur ein bißchen an die allgemein üblichen Sicherheitsvorkehrungen hält, dem wird in Hong Kong nichts geschehen, denn **der Chinese achtet den Besitz des Nächsten**, mögen auch Welten zwischen Dieb und Bestohlenem liegen. So findet man in Hong Kong auch keine mutwillig zerkratzten Autos, die bei uns zum normalen Straßenbild gehörenden Schmierereien findet man allenfalls in den abgelegenen Vierteln der Städte.

Erhöhte Vorsicht ist geboten, wo sich viele Menschen, besonders Touristen, drängen und womöglich abgelenkt sind durch das, was sich vor ihren Augen abspielt: auf der **Star Ferry** und in der **Tram zur**

Rushhour, entlang der Nathan Rd (vor allem am Wochenende), in **Causeway Bay** und **Wan Chai auf den Straßenmärkten**.

Tip: Alle Wertgegenstände im Hotel lassen, und zwar am besten in einer Safe-Deposit-Box, die es an den Rezeptionen gibt. Geld nur soviel mitnehmen, wie man braucht, lieber noch einmal zum Geschäft zurückkommen, um einen größeren Kauf perfekt zu machen. Damenhandtaschen ebenfalls im Hotel lassen, ansonsten diagonal über die Brust hängen (ob dies elegant ist oder nicht spielt keine Rolle). **Von wichtigen Papieren** (Paß, Ausweis, Führerschein, Flugticket, Kreditkarten u.ä.) **Fotokopien anfertigen**, am besten mehrere komplette Sätze, und je einen davon in jedes Gepäckstück stecken. Falls doch etwas passiert: Tel. 25277177.

➻ SPORT

Wer nicht viel Zeit hat, kann sich im Fitness Centre seines Hotels zum Schwitzen bringen. Für Skifahrer ist Hong Kong nicht der geeignete Ort, ansonsten kommt fast jeder auf seine Kosten:

- **Bergsteigen und Wandern**

Hochalpinisten mögen schmunzeln, schöne Routen gibt es dennoch, insbesonders in den **Country Parks**. Hilfreich dabei sind die Karten der 'Countryside Series' und andere Publikationen des Hong Kong Government Publications Centre, Ground Floor, General Post Office Bldg, 2 Connaught Place, Central, Hong Kong Island.

- **Chinesischer Kampfsport**

Tai Chi Chuan (eigentlich kein Kampfsport) verfolgt man am besten frühmorgens, kurz nach Sonnenaufgang, im Victoria Park, Causeway Bay, oder in den Zoological & Botanical Gardens, Central, auf Hong Kong Island, oder im Kowloon Park in Tsim Sha Tsui, Kowloon. Wer mehr wissen will, wende sich an: Hong Kong Taichi Association, 11th Floor, 60 Argyle St, Mong Kok, Kowloon. Interessenten für **Judo**, **Karatedo** oder **Taekwondo** wenden sich an: Queen Elizabeth Stadium, 18 Oi Kwan Rd, Wan Chai, Hong Kong Island, und zwar Room 902, 1006 und 1004.

- **Fahrradfahren** (Siehe unter “Fahrradfahren”.)
- **Fischen**

Fischen ist in den **Reservoirs** zwischen Sept. und März erlaubt. Eine Erlaubnis ist erforderlich, Bewerber müssen mindestens 13 Jahre alt sein. Tel. 28245000. In der **offenen See** und im **Hafen** darf ohne Lizenz gefischt werden.

- **Golf**

Vier Plätze stehen zur Verfügung, die Wochenenden sollte man jedoch meiden:

Der **Royal Hong Kong Golf Club** (RHKGC) verfügt über zwei Plätze, auf denen Gäste während der Woche zugelassen sind. Der billigere ist in Deep Water Bay, Hong Kong Island, Tel. 28127070. 18 Löcher kosten HK$ 250, der ganze Tag HK$ 400. Geöffnet Mai-August 9.30-14.30 h, Sept.-April 9.30-13.30 h. Der zweite Platz liegt in Fanling, New Territories, Tel. 26701211. Hier bezahlt man für 18 Löcher HK$ 1.000. Geöffnet tägl. 7.00-18.00 h.

Clear Water Bay Golf & Country Club, Sai Kung, New Territories, Tel. 27191595; geöffnet Mo-Fr 7.30-18.00 h; Preis: HK$ 1.000. Die HKTA bietet am Di und Fr (außer an Feiertagen) eine 'Sports and Recreation Tour' hierhin an, die HK$ 380 (Senioren über 60 Jahre HK$ 330) ohne Platzbenutzung kostet. Die 18 Löcher kosten dann HK$ 850, außerdem stehen u.a. noch Swimmingpool, Tennisplätze, Squash, Badminton, Tischtennis und Sauna zur Verfügung (werden zum Teil extra berechnet).

Discovery Bay Golf Club, Lantau Island, Tel. 29877271; geöffnet Mo-Fr 8.00-15.15 h; Preis für 18 Löcher HK$ 600.

- **Jogging**

Interessante Laufstrecken gibt es zuhauf, die schönsten auf Hong Kong Island: rund um den **Victoria Peak**, entlang der **Bowen Rd**, Wan Chai, aber auch im **Victoria Park**, Causeway Bay. Kurz, aber auch schön: entlang der **Uferpromenade in Tsim Sha Tsui und Tsim Sha Tsui East**.

Der **Hong Kong International Marathon** findet am zweiten Tag des Chinesischen Neujahrs statt. Wer teilnehmen möchte, wende sich an: Hong Kong Amateur Athletic Association, Room 913, Queen Elizabeth Stadium, 18 Oi Kwan Rd, Wan Chai, Hong Kong Island, Tel. 25746845.

Im März findet der **Coast of China Marathon** statt. Interessenten wenden sich an: HKTA oder Athletic Promotions Ltd., Ground Floor, 16 Wood Rd, Wan Chai, Hong Kong Island, Tel. 25735292.

- **Reiten**

Die einzige Möglichkeit, in Hong Kong zu reiten, besteht bei den **Lantau Tea Gardens** neben dem Po Lin Monastery auf Lantau Island. Wer sich vorher informieren möchte: Tel. 29855718. Unterricht erteilt auch: **Tai Yuen Riding School**, Tel. 24718492; **Hong Kong Riding Union**, Tel. 24886886; **Pok Fu Lam Public Riding School**, Tel. 25501359; **Park Lodge Riding School Ltd.**, Tel. 26073131.

- **Schwimmen** (Siehe auch unter "Strände".)

Neben dem Hotel-Swimmingpool stehen 24 öffentliche Pools zur Verfügung, Olympischen Ansprüchen genügt derjenige im Kowloon Park.

- **Segeln und Bootfahren**

Kein billiges Unterfangen, doch wer Lust dazu verspürt, der richte seine Anfrage an: **Hebe Haven Yacht Club**, Hirams Highway, Pak Sha Wan, Sai Kung, New Territories, Tel. 27199682. Oder an den **Royal Hong Kong Yacht Club** (RHKYC), Kellett Island, Causeway Bay, Hong Kong Island, Tel. 28322817. Wer ein Boot oder eine Dschunke mieten will, der kann sich auch an die HKTA wenden oder in den Tageszeitungen nach den Angelboten Ausschau halten.

- **Squash**

Die Zentren sind – vor allem abends – gut besucht, es empfiehlt sich eine Vorausbuchung: **Lai Chi Kok Indoor Games Sport Hall**, Lai Chi Kok, Kowloon, Tel. 27452796 (gegenüber dem Amusement Park). **Queen Elizabeth Stadium**, 18 Oi Kwan Rd, Wan Chai, Hong Kong Island, Tel. 25911331. **Hong Kong Squash Centre**, 23 Cotton Tree Drive, Central, Hong Kong Island, Tel. 25215072. **Victoria Park**, Causeway Bay,

Hong Kong Island, Tel. 25706186. Für eine Stunde zahlt man ca. HK$ 50.

- **Tauchen**

Wer sich Hong Kongs Unterwasserwelt ansehen möchte, der wende sich an: **Bunn's Diving Equipment Corp. Ltd.**, Ground Floor, Kwong Sang Hong Bldg, 217 Sai Yee St, Mong Kok, Kowloon, Tel. 28912113; **Hong Kong Underwater Association**, GPO Box 9012, Hong Kong Island. Auch das YMCA bietet Tauchkurse an.

- **Tennis**

Plätze kosten zwischen HK$ 34 (tagsüber) und HK$ 46 (nachts) pro Stunde, Mangel daran besteht nicht. Auch einige Hotels besitzen eigene Tennisplätze. **Tennis Centre**, Wong Nai Chung Gap Rd, Hong Kong Island, Tel. 25749122; **King's Park**, Yau Ma Tei, Kowloon, Tel. 23858985; **Victoria Park**, Causeway Bay, Hong Kong Island, Tel. 25706186.

- **Windsurfen**

Wer nicht seine eigene Ausrüstung dabei hat, kann diese für HK$ 70-100 für zwei Stunden mieten, z.B. bei der **Kent Windsurfing School**, Stanley, Hong Kong Island, Tel. 28130596. Außer in Stanley können Surfbretter noch in **Sai Kung**, New Territories, und auf **Cheung Chau**, und zwar am Tung Wan Beach, gemietet werden.

➸ SPRACHE

Offizielle Sprachen, auch in Behörden und bei Gericht, sind Chinesisch, sprich **Kantonesisch**, und **Englisch**. Zwar hört man auch Mandarin und neben Kantonesisch diverse andere chinesische Dialekte, im Alltagsleben dominiert aber der Lokaldialekt. Die meisten Verkäufer sprechen aber – zumindest etwas – Englisch. Deutsch hingegen wird sehr wenig gesprochen.

➸ STRÄNDE

Hong Kong besitzt insgesamt **42 öffentliche Badestrände**, 12 auf Hong Kong Island und 30 in den New Territories. Ihre Wasserqualität wird ständig kontrolliert, die Testergebnisse in den Zeitungen veröffentlicht, ebenso wenn Strände geschlossen werden müssen. An den meisten Stränden gibt es Umkleidekabinen, Toiletten, Duschen, Erste Hilfe-Einrichtungen und Verkaufsstände für Getränke und Snacks.

Bequem erreichbar sind die Strände im Süden von **Hong Kong Island**, dafür sind sie auch meist reichlich voll, so z.B. in **Stanley**, **Repulse Bay**, **Deep Water Bay** oder um **Shek O** (Big Wave Bay). Wer mit einem Sampan von **Sai Kung** – im Osten der New Territories' – aus zu den Inseln in der Bucht fährt (Sharp Island oder Kau Sai Chau), läßt den Trubel um Sai Kung herum hinter sich. Sehr schöne Strände finden sich auch ein Stückchen weiter südlich in der **Clear Water Bay**. Die Inseln locken ebenfalls mit reizvollen Stränden, besonders **Lantau Island**, das mit dem **Cheung Sha Beach** den längsten ganz Hong Kongs aufzuweisen hat. Auch hier gilt: Was leicht zu erreichen ist, ist voll. **Bester Strand ist Cheung Sha Upper**

Beach, zu erreichen mit dem Bus Nr. 4 ab Mui Wo (Silvermine Bay); kurz hinter dem Meilenstein 4 1/2 steigt man aus.

Hinweis: Eine rote Flagge zeigt an, daß der Seegang zum Schwimmen zu rauh ist, eine blaue, daß es für Kinder und schlechte Schwimmer zu unsicher ist. Rettungsschwimmer überwachen die Strände wochentags meist von 9.00-18.30 h, am Wochenende und an größeren Stränden sind sie von 8.00-19.30 h anwesend. Während der Sommermonate sind die Strände am Wochenende vielfach überlaufen.

➻ STROM

Standard ist **220 V, 50 Hz Wechselstrom** (wie in Europa). Fast alle Hotels haben im Bad aber auch Wechselschalter für 110 V/220 V. Probleme kann es mit den Steckern geben, die in Hong Kong vielfach dreipolig sind. Adapter hierfür kann man sich entweder beim Housekeeping oder an der Rezeption leihen oder für ein paar Dollar in Supermärkten und Elektrogeschäften bekommen.

➻ SUPERMÄRKTE

Günstige Supermärkte sind **Park n'Shop** und **Wellcome**, die zu den normalen Ladenöffnungszeiten verkaufen. **Rund um die Uhr geöffnet** dagegen sind **7-eleven** und **K-mart**, die überall zu finden sind.

T TELEFONIEREN

Wie man sehr schnell feststellen wird, ist Hong Kong telefonsüchtig, überall piepsen und klingeln die Peeper und Mobiltelefone, das Geschäft bestimmt den Alltag. Das geht soweit, daß selbst das gemütlichste Essen, zu dem man seine Geliebte ausgeführt hat, bei einem Anruf stehengelassen wird – und die Geliebte dazu. Die positive Seite davon ist, daß Telefonieren in Hong Kong sehr billig ist. **Wer innerhalb Hong Kongs telefonieren will** (*Local Call*), **zahlt von Privattelefonen aus nichts.**

Oft haben Geschäfte ein Telefon am Eingang stehen, dessen man sich bedienen kann. Man sollte dem Geschäftsinhaber sein Vorhaben nur kurz mitteilen. Wer von **öffentlichen Telefonzellen** aus anruft, zahlt für **ein Ortsgespräch HK$ 1**. Kostenlose öffentliche Fernsprecher gibt es in der Ankunftshalle am Flughafen.

Am billigsten telefoniert man ins Ausland mit IDD (*International Direct Dialing*). Dies kann man von seinem Hotelzimmer aus, oder von vielen öffentlichen Telefonzellen, doch benötigt man dann einen Stapel von 5-Dollar-Münzen. Die Alternative hierzu ist die **'Phonecard'**, die es im Wert von HK$ 50, HK$ 100 und HK$ 200 in Geschäften, bei der HKTA oder bei **Hong Kong Telecom (HKT)** zu kaufen gibt. Zusätzlich im Angebot ist die Hello Phonecard für HK$ 100-300, die in Verbindung mit einem Touch-Tone-Telefon für Auslandsgespräche von und nach Hong Kong benutzt werden kann. Die Büros von HKT findet man in: Hermes House, 10 Middle Rd, Tsim Sha Tsui, Kowloon, und Room 102A, Tower One, Exchange Square, Central,

Hong Kong Island, die beide 24 Stunden, 7 Tage die Woche geöffnet haben.

Mehr und mehr Telefonzellen akzeptieren auch die gängigen **International Phone Credit Cards**. Bei einer ganzen Reihe von Apparaten (sogenannten Home Direct Phones) kann man auch den **Home Direct Service** nutzen, bei dem sich ein Operator meldet, der einem in der eigenen Landessprache antwortet und weiterhilft. Weitere Infos hierzu erhält man unter der Rufnummer **013**, **Collect Calls** kann man unter **011** führen.

Wer in eines der **HKT-Büros** geht, für den stehen drei Möglichkeiten zur Auswahl: **Mittels Operator**, mit Vorauszahlung für mindestens drei Minuten; **IDD mit Selbstwahl und vorheriger Kautionshinterlegung** (Deposit); **Collect Call** (der Angerufene zahlt), wobei eine geringe Bearbeitungsgebühr anfällt. HKT-Büros findet man in Central, am Flughafen, Tsim Sha Tsui, Wan Chai und anderen Stadtteilen.

Wichtige Telefonnummern:
- Telefonauskunft: 1081
- Vorwahl von Hong Kong: 852
- Von Hong Kong ins Ausland: 001 – Landesvorwahl (49 für Deutschland, 43 für Österreich, 41 für die Schweiz) – Ortsvorwahl (ohne 0) – Anschluß
- Zeit- und Temperaturansage: 18501
- Wetter: 1878066
- Notruf: 999
- IDD- und Cardphone-Anfrage: 013
- Polizeinotruf und Taxibeschwerde: 2527717

➻ TELEFAX, TELEX, TELEGRAMM

Praktisch alle Hotels haben Fax- und Telexgeräte, ansonsten wende man sich an ein Büro der Hong Kong Telecom. Eine DIN A4-Seite kostet bei HKT als Fax derzeit etwa HK$ 50.

➻ TRINKGELD

Trinkgelder sind im Dienstleistungsbereich die Regel. In Hotels und vielen Restaurants wird dieses als **zehnprozentige Pauschale** automatisch auf die Rechnung aufgeschlagen, und bei dieser Größenordnung liegt auch, was allgemein erwartet wird. Trotzdem sollte man, wenn der Service gut war, **noch ein wenig extra** liegen lassen (ca. 10% des Rechnungsendbetrages). Kofferträger, Türsteher, Zimmerservice und Toilettenpersonal erhalten ebenfalls ein paar Dollars (Toilettenpersonal und Türsteher HK$ 2, Kofferträger pro Gepäckstück HK$ 5, der Zimmerservice pro Tag HK$ 10). Ist das Trinkgeld eingeschlossen, so wird dieses auf der Rechnung extra aufgeführt (*'10% Service Charge included'*).

U UNTERHALTUNG

s. Kapitel 3.4 und 3.5

➻ UNTERKUNFT

s. Kapitel 3.2

V VERANSTALTUNGEN

Hong Kong bietet eine Reihe von erstklassigen Veranstaltungen rund ums Jahr. Wer die aktuellen Acts und Termine in Erfahrung bringen möchte, der wende sich an die HKTA. Nachstehend die wichtigsten Ereignisse, die alljährlich stattfinden (und nicht schon weiter oben erwähnt wurden).

- **Pferderennen** – Rennsaison ist von Mitte Sept. bis Mitte Juni, zweimal wöchentlich, in der Regel Mi oder Do in Happy Valley, Hong Kong Island, und Sa oder So in Sha Tin, New Territories. Eintritt HK$ 10 für den Grandstand. Siehe auch Kapitel 3.7.
- **Hong Kong Golf Open** – Veranstaltet vom *Royal Hong Kong Golf Club*, in der Regel im Februar in Fanling.
- **Hong Kong International Marathon** – Geht gewöhnlich im März in Sha Tin über die Bühne.
- **Hong Hong Food Festival** – Im März oder April verwandelt sich Hong Kong für ungefähr zwei Wochen in ein wahres Gourmet-Paradies. An vielen Orten, so auch in vielen Hotels, werden Küchenspezialitäten aus aller Welt präsentiert.
- **Hong Kong Bank/Cathay Pacific Invitation Sevens** – Im März oder April treffen sich 24 der besten Rugby-Teams der Welt zum Wettkampf in Hong Kong.
- **Summer Fun Festival** – Drei Wochen lang im Juli/August werden vor allem die Kleinen auf vielfältigste Art und Weise unterhalten, aber auch für die Großen ist was dabei.
- **Asian Regatta** – Gewöhnlich im Okt. geht es in Hong Kongs Gewässern hoch her.

(Vgl. auch die Stichworte “Feiertage und Feste” und “Kulturelle Veranstaltungen”.)

» VERHALTEN

Als Fremdem wird einem vieles nachgesehen, trotzdem sollte man wenigstens die Grundregeln des Umgangs mit Chinesen beherzigen, sie können einem viele Punkte im Spiel des Gesicht-Wahrens bringen.

Für jedermann gilt: Sich beim Anstellen einordnen und hinter der gelben Linie warten; dem anderen bei Geschäften nicht über die Schulter schauen.

- **Dies sollte man nicht tun**

- Laut werden; wer sich zügelt, wird eher erreichen, was er will.
- Wild gestikulieren; viele Gesten haben hier eine andere, oft obszöne Bedeutung.
- Land und Leute und schon gar nicht die Familie offen kritisieren.
- In der Öffentlichkeit Zärtlichkeiten austauschen.
- Eßstäbchen in der Schüssel stecken lassen; dies erinnert an in Asche steckende Räucherstäbchen, ein Zeichen des Todes.
- Briefe oder ähnliches mit Rot schreiben; Rot signalisiert Unfreundlichkeit.
- Beim Essen über den Tisch langen, sondern warten, bis der Drehteller weitergedreht wird.

- Geschenke in Gegenwart des Gebers öffnen, es sei denn, dieser besteht darauf.

● **Dies sollte man tun**

- Schuhe ausziehen, wenn man eine chinesische Wohnung betritt.
- Zur Begrüßung allenfalls die Hand geben, eine Verneigung tut es aber auch. Nicht dem Gegenüber auf die Schulter klopfen oder gar auf die Wange küssen.
- Den Gastgeber das Essen bestellen und auch damit anfangen lassen.
- Nur kleine Portionen nehmen und am Schluß immer etwas auf der Platte und im Eßschälchen lassen.
- Bei Einladungen ein kleines Geschenk mitbringen, z.B. etwas aus Jade oder Importwaren wie Cognac, Schokolade oder Parfüm.
- Bei Einladungen den Gastgeberkindern stets etwas 'Lucky Money' in einem roten Umschlag schenken, wenige Dollar reichen.
- Visitenkarten u.ä. überreicht man mit beiden Händen und nimmt sie auch mit beiden entgegen.

Tip: Wer sichergehen möchte, dem sei das von Rebecca S.Y. Ng & Shirley C. Ingram herausgegebene Büchlein **'Chinese Culture in Hong Kong'** ans Herz gelegt.

➻ VERKEHRSMITTEL

Hong Kongs öffentliche Verkehrsmittel sind preiswert und effizient, man erreicht fast jeden auch noch so abgelegenen Winkel des Territoriums, wodurch ein Mietwagen überflüssig wird. Da es in vielen von ihnen kein Wechselgeld, und auch keine Fahrkarte, gibt, sollte man stets eine Menge Münzen bei sich haben.

Tip: Beim Einkauf mit Scheinen zahlen und die Münzen für die öffentlichen Verkehrsmittel aufheben.

● **Taxis**

Derzeit gibt es rund 18.100 Taxis in Hong Kong, so daß praktisch immer schnell eins zur Hand ist, außer bei Regen und an Renn- und Feiertagen. Auch gegen 16 h, bei Schichtwechsel, muß man längeres Warten in Kauf nehmen. Sie zählen zu den billigsten der Welt, ihre Fahrer hingegen sind bekannt für ihre schlechte Laune. Das Schildchen 'For Hire' hinter der Windschutzscheibe ist zu sehen und bei Nacht zusätzlich das 'Taxi'-Zeichen auf dem Wagendach beleuchtet, wenn das Taxi frei ist.

An durchgezogenen gelben Linien bzw. Doppellinien darf der Taxifahrer keinen Fahrgast aufnehmen oder absetzen. Zwar kann man an sich überall dort ein Taxi anhalten, wo der Verkehr dadurch nicht behindert wird, vor einem Hotel ist dies aber oft am einfachsten. Um die Englischkenntnisse der Taxifahrer steht es nicht besonders gut. Die meisten Hotelnamen verstehen sie noch, alles andere sollte man auf Chinesisch vorzeigen können. **Alle Fahrer haben eine in Kantonesisch, Englisch und Japanisch abgefaßte Liste mit den 50 wichtigsten Zielpunkten dabei** (steckt meist über der Sonnenblende), auf der man dem Fahrer notfalls den zum Zielort nächstgelegenen Punkt angeben kann. Die Taxis auf Hong Kong Island und in Kowloon sind rot mit silbergrauem Dach. Sie verkehren theoretisch in beiden Teilen des Territoriums, die meisten Fahrer kennen sich aber nur in ihrem Gebiet gut aus, nicht jeder wechselt gerne von der Insel aufs Festland und umgekehrt. Die Taxis in den New Territories sind grün mit weißem Dach, auf Lantau Island blau.

Gebühren: Auf **Hong Kong Island und in Kowloon** zahlt man als Grundgebühr HK$ 14, für jede weiteren 200 m HK$ 1.20. Da alle Tunnels in Hong Kong Privatunternehmen gehören, müssen Benutzergebühren extra bezahlt werden. So werden auf den normalen Fahrpreis HK$ 20 für den Cross Harbour Tunnel (Hin- und Rückweg müssen bezahlt werden), HK$ 10 für die Eastern Harbour Crossing (ebenfalls für beide Wege), HK$ 5 für den Aberdeen Tunnel und HK$ 6 für den Lion Rock Tunnel aufgeschlagen. Das größere Gepäckstück kostet HK$ 5, die Wartezeit pro Minute HK$ 1.20, und das Herbeirufen per Funk HK$ 5. In den **New Territories** beträgt die Grundgebühr HK$ 11.80, alle 200 m werden weitere HK$ 1,10 fällig. Pro Minute Wartezeit zahlt man HK$ 1,10; Gepäckstücke kosten HK$ 4, die Funkbestellung HK$ 2. Auf **Lantau Island** beginnt man mit HK$ 10, zu denen alle 200 m weitere HK$ 1 hinzukommen. Die Extragebühren entsprechen denen in den New Territories.

Hinweis: Taxifahrer erwarten ein kleines Trinkgeld; man sollte den Dollarbetrag aufrunden oder noch ein oder zwei Dollar drauflegen.

• Busse

Ein dichtes Netz von Busrouten überzieht das Territorium, das (noch) von zwei großen Busunternehmen gewoben wird. Auf Hong Kong Island von der **China Motor Bus Company (CMB)** (Hotline: 25658556), die (Ende 1995) 93 Routen unterhält, in Kowloon und den New Territories von der **Kowloon Motor Bus Company (KMB)** (Hotline: 27454466), die 302 Routen bedient, hinzu kommen noch die 38 Cross Harbour-Routen, die von beiden gemeinsam unterhalten werden, sowie vier Routen, die gemeinsam mit Citybus betrieben werden plus sechs eigenständige Cross Harbour-Strecken. Die Busse der CMB sind cremefarben und blau, die der KMB cremefarben und rot. Die Tunnel-Busse sind dagegen über und über mit Reklame bedeckt.

Die **meisten Busse fahren 6.00-24 h**, die beiden Tunnel-Busse 121 und 122 auch 00.45-5.00 h alle 15 Minuten. Bus 121 fährt vom Macau Ferry Pier, Central, Hong Kong Island, zur Chatham Rd in Tsim Sha Tsui East, und weiter nach Choi Hung, Kowloon. Bus 122 startet in North Point, Hong Kong Island, und gelangt via Chatham Rd, Tsim Sha Tsui East, nach Lai Chi Kok, Kowloon.

Die Fahrpreise liegen momentan zwischen HK$ 1 und HK$ 60, die meisten allerdings bei HK$ 2 - HK$ 5. Das passende Geld wird in eine Box neben dem Fahrer eingeworfen, an der auch steht, wieviel zu bezahlen ist. **Es gibt weder Wechselgeld noch Tikket**. Um dem Fahrer den Wunsch zu signalisieren, daß man aussteigen will, drückt man auf die am Busdach angebrachte schwarze Gummileiste oder einen der Meldeknöpfe bei der Tür.

Ein komplettes Verzeichnis der Buslinien findet sich im 'Hong Kong Guide Book' (siehe "Informationen"), leider aber nur auf Chinesisch, doch sind alle Routen in den Plänen eingezeichnet. Für die wichtigsten Busrouten sollte man sich bei der HKTA die drei kostenlosen Merkblätter *'Major Bus Routes on Hong Kong Island'*, *'Major Bus Routes in Kowloon'* und *'Major Bus Routes in the New Territories'* holen, die einen fast überall hinbringen. Sehr hilfreich ist auch das in allen MTR-Stationen erhältliche *'MTR Guide Book'*, in dem alle Zubringerbusse (Feeder Services) zu und von den einzelnen Stationen aufgelistet sind. Auf Lantau Island operieren acht Buslinien.

Hinweis: Alle Busse mit einem K am Ende (z.B. 78K) halten bei einer KCR-Station. Alle Busse mit einem M am Ande bei einer MTR-Station. Alle Busse mit einem R am Ende sind Ausflugsbusse (Recreational) und fahren gewöhnlich nur am Sonntag, an Feiertagen und bei besonderen Anlässen, wie z.B. den Pferderennen in Happy Valley. Busse mit einem X sind Express-Busse.

- **Citybus**

Dieses seit August 1991 operierende Unternehmen bietet 35 Routen auf Hong Kong Island und vier Cross Harbour-Routen gemeinsam mit KMB an, davon einige Non-Stop Express-Routen zwischen zwei Orten an (Citybus Hotline: Tel. 28730818). Die z.T. klimatisierten, mit stoffbezogenen Sitzen, Mobiltelefon, Audio- und Video-Anlagen und Toiletten ausgestatteten **rot-gelben Luxusbusse** sind natürlich teurer als die normalen.

Wichtigste Route ist momentan noch diejenige **zwischen Admiralty und Ocean Park**, die HK$ 10 kostet. Der Bus fährt Mo-Sa 8.40-15.40 h und So und feiertags 9.10-15.30 h halbstündig. Das Netz wird erweitert, vor allem mit Linien zu den einzelnen Housing Estates. **Linie 757** verkehrt ab Flughafen alle 15 Minuten von 9.55-22.55 h zwischen Flughafen und den Hotels Regal Riverside und Royal Park in Sha Tin und dem in Tsuen Wan gelegenen Kowloon Panda Hotel, ohne Extragebühr für das mitgeführte Gepäck. Fahrpreis HK$ 10.

Außerdem gibt es **drei grenzüberschreitende Linien nach China**: Route 500 Hong Kong - Shenzhen; Route 501 Hong Kong - Siu Mui Sha; Route 502 Hong Kong - Dongguan. Ticketbuchung unter Tel. 27363888.

- **Minibusse**

Die cremefarbenen 14-Sitzer mit dem roten Streifen ringsherum sind eine preiswerte Alternative zu den Doppeldeckerbussen, meist aber nur für die Einheimischen. An ihren Terminals mag es noch leicht sein herauszufinden, wohin sie fahren, ansonsten fällt es schwer, den winzigen englischen Schriftzug unterhalb des in Chinesisch angegebenen Fahrtziels auszumachen.

Ein- und Aussteigen kann man überall, mit den gleichen Einschränkungen, die für Taxis gelten. Will man aussteigen, tut man dies durch lautes Rufen kund. Um die Englischkenntnisse der Fahrer ist es schlecht bestellt. **Bezahlt wird beim Aussteigen, meist kann der Fahrer herausgeben**. Der Fahrpreis steht angeschrieben, er liegt in den meisten Fällen zwischen HK$ 2 und HK$ 6. Es ist verboten in den Bussen zu stehen. Minibusse in die New Territories gehen ab dem Yau Ma Tei Ferry Pier in der Jordan Rd, Kowloon.

- **Maxicabs**

Diese cremefarbenen 14-Sitzer mit umlaufendem grünen Streifen **verkehren entlang festgelegter Strecken und stoppen**

an markierten Haltestellen. Der Zielort steht an der Stirnseite des Busses. Bezahlt wird beim Einsteigen, je nach Fahrtstrekke HK$ 1-8. **Das Geld wird in eine Box neben dem Einstieg geworfen, es gibt kein Wechselgeld.** In Kowloon fährt z.B. Nr. 1 im 5-Minuten-Takt vom Star Ferry Concourse in Tsim Sha Tsui nach Tsim Sha Tsui East. Auf Hong Kong Island fahren z.B. Maxicabs von der Star Ferry in Central zur Bowen Rd und zum Ocean Park, von der City Hall, Edinburgh Place, Central, zum Victoria Peak.

• Airport Bus (Airbus)

Die preiswerte Alternative zum Taxi um vom Airport in sein Hotel bzw. vom Hotel zum Flughafen zu kommen, ist der Airbus (Hotline: Tel. 27454466), der auf seinen **sechs Routen** insgesamt 44 Hotels ansteuert. Die Busse sind klimatisiert, jeder Fahrgast darf **zwei größere Gepäckstücke** mit in den Bus nehmen, in dem ausreichend Stauraum zur Verfügung steht. Die Stops werden in Englisch und Kantonesisch angekündigt und sind anhand des Stadtplans, der sich in jedem Bus befindet, ersichtlich.

Der **Busterminal am Airport** befindet sich links des Ausgangs der Begrüßungshalle und ist beschildert. Folgende Hotels werden angefahren:
Route A1 (Tsim Sha Tsui), Fahrpreis HK$ 12; fährt 7.00-24.00 h alle 12 min ab und zum Flughafen: Chungking Mansion, Guangdong, Holiday Inn Golden Mile, Hyatt Regency, Imperial, International, Kimberley, Kowloon, Kowloon Shangri-La, Miramar, New Astor, New World, Omni The Hong Kong, Park, The Peninsula, Ramada Hotel Kowloon, Hong Kong Renaissance, The Regent, The Salisbury YMCA of Hong Kong, Sheraton Hong Kong Hotel & Towers, Stanford Hillview, Windsor.
Route A2 (Central und Wan Chai), Fahrpreis HK$ 17; fährt 6.40-24.00 h alle 12-15 min ab und zum Flughafen: Century Hong Kong, Empire, Furama Kempinski, Grand Hyatt, Harbour View International House, Luk Kwok, Mandarin Oriental Hong Kong, New Harbour, New World Harbour View, Ritz Carlton Hong Kong, The Wesley, Wharney Hotel Hong Kong.
Route A3 (Causeway Bay), Fahrpreis HK$ 17; fährt 6.55-24.00 h alle 15 min ab und zum Flughafen: Charterhouse, Excelsior, New Cathay, Park Lane, Regal Hong Kong, South Pacific.
Route A5 fährt nach Taikoo Shing (Hong Kong Island), Fahrpreis HK$ HK$ 17; fährt 7.00-23.00 h alle 15 min ab und zum Flughafen, City Garden, Grand Plaza, Newton Hong Kong, Park Lane, South China.
Route A7 fährt zur Kowloon Tong MTR-Station, Fahrpries HK$ 6.50; fährt 8.00-23.00 h alle 10 min ab und zum Flughafen.
Route A20 fährt 6.45-23.00 h alle 15 min zum Exchange Square im Central District auf Hong Kong Island, Fahrpreis HK$ 17; unterwegs werden diverse Hotels in Wan Chai und Central angefahren
Kinder unter 12 Jahren zahlen jeweils die Hälfte.

• Tramway

Die **163 Wagen** bilden die **einzige vollständig aus Doppeldeckern bestehende Straßenbahnflotte der Welt.** Sie sind nicht nur ein Stück Hong Konger Geschichte, sondern auch ein Muß für jeden Touristen, und außerdem die wohl **günstigste Sightseeing-Tour der Welt.** 1904 in Dienst gestellt, fährt die Tram dort, wo sich damals die Hafenfront befand, man sieht

Tramway auf Hong Kong Island

also, wie viel Land dem Hafen durch Aufschüttungen abgewonnen wurde. Auf ihrer **Fahrt vom Westen (Kennedy Town) nach Osten (Shau Kei Wan)** legt sie, der Nordseite von Hong Kong Island folgend, insgesamt **13 km** zurück, die **einzige Abzweigung** führt in einem **3 km langen Kreis** um die Pferderennbahn in **Happy Valley**.

Die heute verkehrenden Wagen stammen aus den 50er und 60er Jahren, doch kann man ab und an einen Nachbau aus der Vorkriegszeit sehen. Diese werden für Sonderfahrten genutzt. In den Anfangsjahren wurden die Wagen von Pferden gezogen. Die einfache Fahrt, ganz gleich wie weit man fährt, eine Station oder die ganze Strecke, **kostet HK$ 1.20**, Kinder unter 12 Jahren zahlen die Hälfte. Eingestiegen wird hinten durch ein Drehkreuz, ausgestiegen wird vorne beim Fahrer, wobei man in die Box neben ihm den passenden Fahrpreis einwirft. **Es gibt kein Wechselgeld oder Ticket**. Wer von einer Endstation zur anderen fahren will, benötigt im Normalfall rund 1½ Stunden, während der Rushhour können auch leicht 2½ daraus werden, und das für HK$ 1.20 pro Person. Wohin der einzelne Tramwagen fährt, wird vorne, an der Seite und hinten angezeigt.

Zur Orientierung sollte man vorher den Stadtplan und die Stadtteilnamen studieren. Das westliche Ende ist Kennedy Town, das östliche Shau Kei Wan, doch **nicht alle Wagen fahren bis zu den jeweiligen Endstationen**. Die abzweigende Linie hält am anderen Ende von Happy Valley. Wer von der Endstation aus gleich weiterfahren möchte, muß trotzdem erst bezahlen, wenn Wagen davorstehen, auch umsteigen. **Die Tram fährt von 6.00-1.00 h**. Die HKTA hält ein kostenloses Merkblatt bereit, auf dem die wichtigsten Sehenswürdigkeiten entlang der Tramrouten aufgelistet sind. Hotline: Tel. 25598918.

Tip: Wer ein längeres Stück fährt, sollte das Spektakel namens Hong Kong von oben genießen. Besonders am Mittag (11.30-13.30 h) und zu Büroschluß (16.00-18.00 h) ist die Tram verstopft. Wer etwas sehen will, sollte diese Zeiten nach Möglichkeit meiden. Man kann sich auch einen Waggon stundenweise mieten – Anfragen unter Tel. 23113509.

• Peak Tram

Ein **Muß für jeden Besucher** ist die Fahrt mit der 1888 in Dienst gestellten und letztmalig 1989 modernisierten Peak Tram, die auf ihrer **spektakulären 1,4 km langen Fahrt 373 Höhenmeter** zum 397 m hoch gelegenen Peak Tower zurücklegt, wobei sie an der steilsten Stelle eine 45°-Steigung überwindet. Die einfache Fahrt von der **Talstation in der Garden Rd** auf den Victoria Peak kostet für Erwachsene HK$ 14, für Kinder 4.80, das Hin- und Rückfahrtticket HK$ 21 bzw. 7 (Rückfahrtticket aufheben). Zwischenstationen befinden sich in der Barker St, May Rd, MacDonald Rd und Kennedy Rd, von denen die einfache Fahrt HK$ 6 bzw. 3 kostet. Von 10.00-20.00 h verkehrt zwischen dem Star Ferry Concourse in Central und der Talstation alle 20 Min. ein **kostenloser Shuttle-Bus** (für die Fahrt nach Central das Ticket der Peak Tram für evtl. Kontrollen aufheben), die **Peak Tram selbst fährt** in 10-Min.-Intervallen von **7.00-24.00 h**. Hotline: 25220922.

Tip: Die beste Sicht in der Peak Tram hat man auf der Einstiegsseite, am spektakulärsten ist die Fahrt während der Abenddämmerung, wenn die Lichter angehen.

• U-Bahn (Mass Transit Railway; MTR)

Hong Kongs MTR (Hotline: Tel. 27500170, Mo-Fr 8.30-18.00, Sa 8.30-13.00 h) ist eines der modernsten U-Bahn-Systeme der Welt, vollautomatisiert, schnell, sauber, sicher, einfach, bequem und in kurzen Intervallen fahrend, und das alles zu einem ausgesprochen günstigen Preis. Das System erstreckt sich derzeit in **drei Linien** über insgesamt 43,2 km, mit 38 Haltestellen. Die **Hong Kong Island-Linie** fährt von Sheung Wan im Westen nach Chai Wan im Osten (Fahrzeit 23 Min.), eine zweite Linie fährt **von Central auf Hong Kong Island nach Tsuen Wan in den New Territories** (28 Min.), die dritte Linie schließlich von **Yau Ma Tei in Kowloon nach Quarry Bay auf Hong Kong Island** (28 Min.).

Seit 1888 verbindet die Peak Tram den Central District mit dem Victoria Park

Alle drei Linien sind miteinander verbunden. Die Züge fahren, abhängig von der Tageszeit (zur Rushhour in kürzeren Zeitabständen), in **Intervallen von 2 bis 5 Min**. In Kowloon Tong (Yau Ma Tei/Quarry Bay-Linie) kann man auf die KCR umsteigen. Die Fahrpreise variieren entsprechend der Fahrtstrecke zwischen HK$ 4 und 11 für die einfache Fahrt, Rückfahrttickets können nicht erstanden werden. **Die MTR verkehrt 6.00-1.00 h**. Alle Eingänge sind mit dem MTR-Emblem deutlich gekennzeichnet.

Der Kauf der Tickets ist vollautomatisiert. In den Stationen befinden sich Ticketautomaten, an denen man anhand des ausgeschilderten Streckennetzes leicht den zu entrichtenden Fahrpreis ablesen kann. Der eigene Standort ist durch einen frei gelassenen Kreis oder ein eben solches Oval gekennzeichnet, im Kreis bzw. Oval des Zielortes steht der zu bezahlende Betrag. Nach Ermittlung des Fahrpreises drückt man den entsprechenden Knopf am Automaten und wirft den passenden Betrag ein. Die Automaten nehmen Münzen im Wert von HK$ 10, HK$ 5, HK$ 2, HK$ 1 und 50 Cent. **Wechselgeld gibt es nicht**. Wer mehr einwirft, erhält für 20 Sekunden einen Bonus, der auf das nächste Ticket angerechnet wird. Dies macht also nur Sinn, wenn man z.B. zu zweit ist. Zwei- und Ein-Dollar-Münzen können an einem Automat neben den Ticketautomaten in 50-Cent-Stücke gewechselt werden, Scheine müssen an den Schaltern der in allen Stationen vorhandenen Schaltern der Hang Seng Bank gewechselt werden.

An diesen und den MTR Ticket Offices gibt es auch die sogenannten **'Common Stored Value Tickets'** (CSVT), die kaufen sollte, wer die MTR viel benutzt. Diese Tickets gibt es für Erwachsene im Gegenwert von HK$ 70, HK$ 100 und HK$ 200, für Kinder im Wert von HK$ 20. Die Studenten- und Senioren-Karten werden nur an Einheimische verkauft. **Einzelfahrttickets, nur am Tag des Erwerbs gültig, werden 90 Minuten nachdem man durch die Sperre gegangen ist ungültig**, *Common Stored Value Tickets* nach neun Monaten, egal ob noch ein Guthaben vorhanden ist.

Grund dafür ist der elektromagnetische Streifen auf der Rückseite, in den alle wichtigen Daten eingespeichert werden. Das Ticket sollte daher auch nicht geknickt oder verschmutzt werden. Bei dem Drehkreuz am Eingang schiebt man das Ticket mit Pfeil nach oben und voraus in den Pfeilerschlitz an der Frontseite und nimmt es wieder an sich, sobald es an der Oberseite wieder herauskommt, anschließend passiert man die Sperre. Beim Verlassen der MTR erfolgt im Prinzip der gleiche Vorgang, nur daß Einzelfahrttickets nicht zurückgegeben werden, lediglich CSVT oder **Tourist Souvenir Tickets**, die es für HK$ 25 (enthaltene Fahrgebühr HK$ 20) an allen MTR-Ticket Offices und einigen Hang Seng Bank-Schaltern zu kaufen gibt.

Wie bei den CSVT kann man mit ihnen auch bei einem verbleibenden Bonus von nur HK$ 1 noch beliebig weit fahren. Außerdem bekommt man dieses Ticket am Ende als Souvenir zurück. **CSVT sind auch für die KCR gültig, mit Ausnahme der Grenzstation Lo Wu**. Es lohnt sich nicht, als Erwachsener ein Kinder- (3-12 Jahre) oder Studententicket kaufen zu wollen, die Stationen sind alle durch zahlreiche Kameras und

Polizei in Zivil bestens überwacht. Folgende **Verbote und Regelungen** sind innerhalb der Stationen und Züge zu beachten: Rauchen, Essen und Trinken ist bei Strafe verboten, ebenso der Verkauf von irgendwelchen Waren. Gepäckstücke sind maximal bis zur Größe eines Koffers erlaubt. **Es gibt keine öffentlichen Toiletten.** Wer etwas liegen lassen sollte, kann sein Glück Mo-Sa beim **'Lost Property Office'** in der Admiralty Station von 11.00-18.45 h versuchen. Wer etwas findet, sollte es dort auch abgeben.

Hinweis: An allen MTR-Ticket Offices und bei der HKTA gibt es den kostenlosen *'MTR/KCR Tourist Guide'*, der neben den Streckennetzen und zugehörigen Informationen auch die wichtigsten Sehenswürdigkeiten entlang der Routen zeigt. Als überaus praktisch hat sich das an allen MTR-Ticket Offices ebenfalls gratis erhältliche *'MTR Guide Book'* erwiesen, das außer einer detaillierten Beschreibung der MTR alle Anschlußbusse auflistet (Feeder Services).

• Kowloon-Canton Railway (KCR)

Züge der KCR (Hotline: Tel. 26027799) verbinden Hong Kong mit verschiedenen New Towns in den New Territories und mit der VR China. Vom in Hung Hom, Kowloon, gelegenen Bahnhof fahren die meisten Züge nur bis Sheung Shui oder zur Grenzstation Lo Wu, nur die sogenannten 'Through Trains' fahren weiter bis nach Guangzhou, allerdings handelt es sich bei diesen um besondere Züge, die auch nicht in den New Territories halten.

Die silberfarbenen, der MTR ähnelnden Züge verkehren etwa alle 10 Minuten. **In Kowloon Tong besteht die Möglichkeit auf die MTR überzuwechseln. Wer mit einem Common Stored Value Ticket oder einem Tourist Souvenir Ticket fährt, kann dieses für beide Systeme verwenden**, in Lo Wu allerdings sind sie ungültig. Nach Lo Wu hat sowieso nur Zugang, wer über ein Einreisevisum für die VR China verfügt, d.h. letzte Station ist ansonsten Sheung Shui. Die einzelnen Stationen sind im MTR & KCR Streckennetzplan aufgeführt. Tickets gibt es in allen Stationen, auch hier ist alles **vollautomatisiert** wie in der MTR. Zusätzlich kann man Fahrkarten **aber auch an den Stationsschaltern** erwerben. Die Preise liegen für Erwachsene zwischen HK$ 3.50 und HK$ 8 für die einfache Fahrt, nach Lo Wu bei HK$ 27, Kinder (3-12 Jahre) zahlen jeweils die Hälfte, das Rückfahrtticket kostet jeweils das Doppelte, dies gilt auch für die 1. Klasse. Tickets für die Züge zum Racecourse kosten zwischen HK$ 12 und HK$ 23 für das Rückfahrtbillet, nach Lo Wu zahlt man HK$ 42.

Direktzüge von Kowloon Station nach Guangzhou (Through Train):

T96	ab 7.50 h	an 10.40 h
T98	ab 8.35 h	an 11.15 h
T92	ab 12.25 h	an 15.05 h
T94	ab 14.10 h	an 16.50 h
T192	ab 16.28 h	an 19.35 h (Foshan)

Direktzüge von Guangzhou nach Hong Kong (Kowloon Station):

T91	ab 8.15 h	an 10.55 h
T93	ab 10.10 h	an 13.00 h
T194	ab 11.58 h (Foshan)	an 15.06 h
T95	ab 16.13 h	an 18.53 h
T97	ab 18.00 h	an 20.40 h

Aktuelle Abfahrtzeiten dieser Züge und Tarife können an den Schaltern der Kowloon Station erfragt werden. Die KCR unterhält auch einen kostenlosen **Shuttle-Bus-Service** zwischen der Kowloon Station und Middle Rd, Tsim Sha Tsui (s. hierzu unter Stichwort "Einreise") sowie zu etlichen anderen KCR-Stationen.

Hinweis: Eine Karte der MTR/KCR-Stationen finden Sie in der hinteren Umschlagseite.

- **Light Rail Transit (LRT)**

Hierbei handelt es sich um moderne, klimatisierte **Schienenfahrzeuge, die die beiden New Towns Tuen Mun und Yuen Long in den New Territories miteinander verbinden**, mit ei-

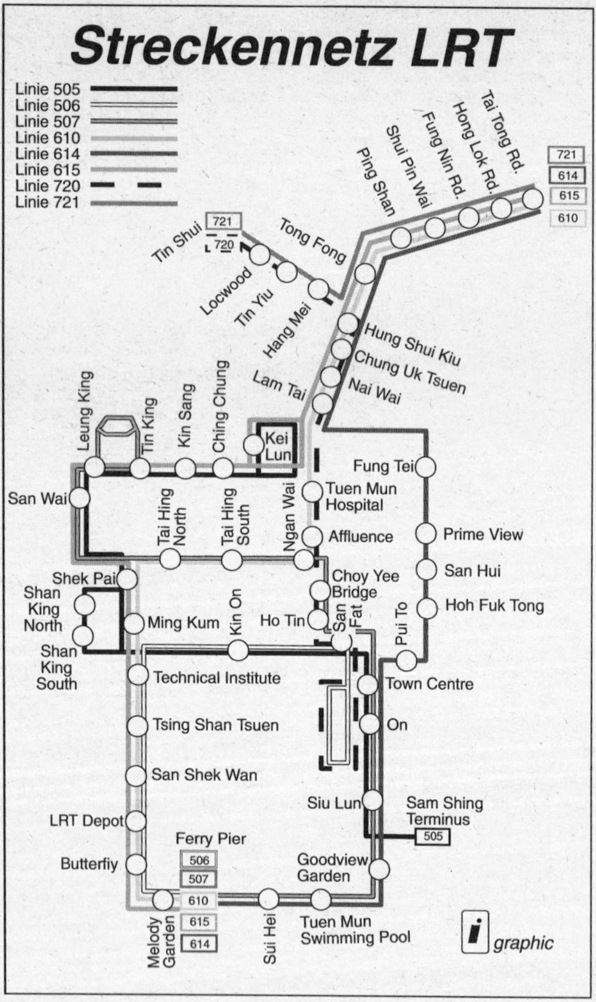

Streckennetz LRT

ner Seitenlinie nach Tin Shui Wai (Hotline: Tel. 24687788). Das System wird in den kommenden Jahren erweitert. Acht Linien erschließen die beiden Städte, die Fahrpreise liegen zwischen HK$ 3.20 und HK$ 4.70 für Erwachsene, Kinder (3-12 Jahre) zahlen HK$ 1.60 - HK$ 2.40.

Tickets werden nach einem Zonensystem an den Bahnsteigen verkauft. Die Automaten zeigen das Streckennetz und funktionieren ähnlich denjenigen der MTR, doch **gibt es an ihnen Wechselgeld**. Eine sehr reizvolle Strecke ist diejenige, die ab bzw. zum Tuen Mun Ferry Pier geht, denn von da aus hat man in 30 Minuten via Hoverferry Anschluß nach Central, Hong Kong Island (s. auch 'Hoverferry'). Die LRT verkehrt **Mo-Sa 5.30-0.30 h,** an **Sonn-** und **Feiertagen 6.00-24.00 h**.

• Helikopter

Wer sich Hong Kong von oben anschauen will oder es ganz besonders eilig hat, nach Macau zu kommen, kann einen Helikopter mieten. **Verschiedene Rundflüge über Hong Kong** bietet **Heliservices (H.K.) Ltd** an, Tel. 28020200. Interessenten müssen die ganze Maschine (max. vier Personen) für mindestens 30 Minuten mieten. Ein 30-Minuten-Flug über Hong Kong Island kostet HK$ 6.740, 45 Minuten über Lantau Island HK$ 10.110 und eine Stunde über die New Territories HK$ 13.480.
Ab dem **Shun Tak Centre** (Hong Kong-Macau Ferry Terminal) in Sheung Wan kann man von 9.30-22.30 h mit **East Asia Airlines** 17mal tägl. in rund 20 Minuten **nach Macau** fliegen. Der Spaß kostet Mo-Fr HK$ 1.206 pro Person, Sa, So und Feiertag HK$ 1.310 (ab Macau je HK$ 4 weniger). 5 kg Handgepäck dürfen mit an Bord genommen werden. Telefonische Buchung: 28593359; ansonsten direkt am Schalter im Shun Tak Centre (neben den Schaltern für die Fähren).

• Rikscha

Bis Anfang der 70er Jahre noch alltägliches Transportmittel, sind die verbliebenen paar Rikschas **am Star Ferry Terminal in Central**, Hong Kong Island, heute

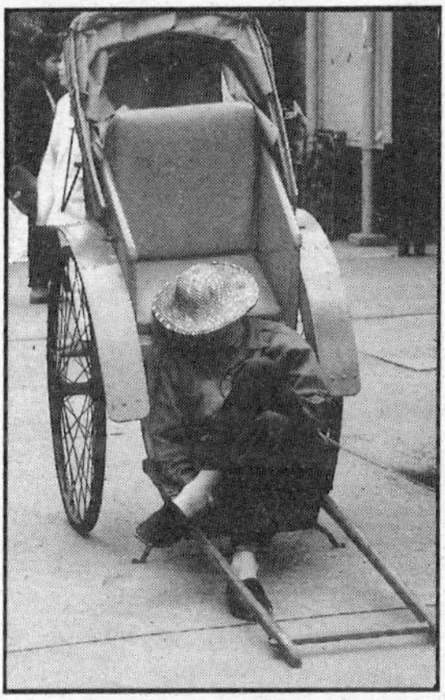

Fotografieren lassen sich die Rikschaboys meist nur gegen Bares

(fast) nur noch Fotomotiv. Die 'Rikschaboys' sind mittlerweile über 70 Jahre alt und verdammt fotoscheu, wenn man ohne entsprechenden Obulus zu einem Schnappschuß kommen will. Ganz anders sieht es aus, wenn sie Bares dafür erhalten. Ein Foto sollte nicht mehr als HK$ 20 kosten, man kann sie aber auch auf HK$ 10 herunterhandeln. Oder ganz einfach auf eine günstige Gelegenheit warten. Wer sich einmal um den Block ziehen lassen will, muß mit HK$ 100 und mehr rechnen. **Preise immer im voraus aushandeln**.

- **Hillside Escalator (Travelator)**

Hong Kongs neuestes Personenbeförderungsmittel ist Ende 1993 in Betrieb gegangen. Dahinter verbirgt sich ein **neuartiges System aus kombinierten Rolltreppen und Fußgängerüberwegen**, das den Anwohnern der Mid-Levels den Aufstieg vom Central District und von Sheung Wan aus erleichtern soll.

Der **Hillside Escalator Link**, über dem Straßenniveau gebaut, beginnt beim Central Market (gegenüber dem Headquarter der Hang Seng Bank) und folgt über 800 m der **Jubilee St**, **Cochrane St** und **Shelley St.** bis zur Conduit Rd. Bis 10.00 h laufen die Rolltreppen bergabwärts, danach für den Rest des Tages bergaufwärts. Während andere Städte das Projekt mit Interesse verfolgen, leistet Hong Kong wieder einmal Pionierarbeit.

➸ VERSICHERUNG

Vor Antritt der Reise empfiehlt sich der Abschluß einer **Reiseversicherung**, am besten in Form der von mehreren Versicherungsunternehmen angebotenen **'Versicherungspakete'** (z.B. 'Rat & Tat' oder 'Rundum Sorglos'), die die Versicherung touristischer Beistandsleistungen (z.B. Rechtsanwalt) und Rücktransportkosten, eine Reisekranken- und Unfallversicherung, eine Haftpflicht und Reisegepäckversicherung umfassen. Das Paket kostet rund DM 81. **Film- und Fotosachen** sind hierin nur zu einem Bruchteil (meist 33%) abgedeckt, so daß der Abschluß einer **Spezialversicherung** ins Auge gefaßt werden sollte, wenn es sich um wertvollere Apparate handelt.

➸ VISUM

Deutsche benötigen bei einem Aufenthalt bis zu einem Monat kein Visum, Österreicher und Schweizer können drei Monate ohne Visum bleiben. Wer länger bleiben will, muß entweder ein Visum beim Britischen Konsulat oder bei der Britischen Botschaft in seinem Heimatland beantragen (s. unter "Botschaften" und "Konsulate") oder sich ein Visum in Hong Kong besorgen bzw. sich dieses verlängern lassen, und zwar beim: **Immigration Department**, 2nd Floor, Wan Chai Tower Two, 7 Gloucester Rd, Wan Chai, Hong Kong Island, Tel. 28246111.

Wer in Hong Kong ein **Visum für die Volksrepublik China** benötigt, erhält dies beim: Visa Office of the Ministry of Foreign Affairs of the P. R. of China in Hong Kong, 5th Floor, China Resources Bldg, Lower Block, 26 Harbour Rd, Wan Chai, Hong Kong Island, Tel. 28353794; geöffnet Mo-Fr 9.00-12.30 und 14.00-17.00, Sa 9.00-12.30 h. Man bekommt das Visum gewöhnlich innerhalb eines Arbeitstages, wer es jedoch eilig hat, erhält es gegen eine erhöhte Gebühr auch innerhalb weniger Minuten. Visa für die VR China besorgen auch die Reiseagenturen vor Ort.

W WÄSCHE

So gut wie alle **Hotels** verfügen über einen Wäschedienst, bei dem man seine schmutzige Kleidung abgeben kann, und in der Regel am nächsten Tag zurückbekommt. Bessere Hotels bieten auch einen Express-Service an, bei dem man seine Sachen noch am selben Tag wiederbekommt. Darüber hinaus besteht natürlich die Möglichkeit, seine Wäsche auch in einem der zahlreichen **Waschsalons** abzugeben. Drei Kilo kosten rund HK$ 40.

Ganz gut und zentral gelegen sind:

- **Carlye Steam Laundry**, Golden Crown Court, 66-70 Nathan Rd, Tsim Sha Tsui, Kowloon; und
- **Purity Laundry**, 25 Chungking Arcade, Chungking Mansions, 30 Nathan Rd, Tsim Sha Tsui, Kowloon.

Z ZEIT

Hong Kongs Uhren gehen im Vergleich zu denen in Deutschland um sieben Stunden vor, während der Sommerzeit in Deutschland nur noch um sechs.

ZEITUNGEN UND ZEITSCHRIFTEN

Eine schier unglaubliche Fülle an Zeitungen, Zeitschriften, Magazinen und anderem Gedrucktem läßt die Verkaufsstände überquellen. Für den ausländischen Besucher ist auch einiges dabei. So z.B. die drei tägl. (auch sonntags) erscheinenden örtlichen englisch-sprachigen Zeitungen, *'South China Morning Post'*, *'The Hongkong Standard'* und *'Eastern Express'*. Außerdem die drei in Hong Kong gedruckten internationalen Ausgaben für Asien von *'The Asian Wall Street Journal'*, *'USA Today International'* und *'International Herald Tribune'*.

Die großen amerikanischen Nachrichtenmagazine *'Time'* und *'Newsweek'* erscheinen ebenfalls in einer Asien-Ausgabe, ganz auf Asien spezialisiert hat sich *'Asiaweek'*. Für Wirtschaftsfachleute noch von Interesse ist der *'Far Eastern Economic Review'*.

Wer **deutschsprachige Zeitungen oder Zeitschriften** sucht, findet diese am ehesten direkt an der Star Ferry in Tsim Sha Tsui, Kowloon, bei den Straßenverkäufern vor dem Eingang.

ZOLL

Folgende Mengen dürfen nach Hong Kong und in die EU-Staaten **zollfrei** eingeführt werden:

- ein Liter Alkohol
- 200 Zigaretten oder 50 Zigarren oder 250 g Tabak
- 60 ml Parfüm
- 250 ml Toilettenwasser.

Ansonsten gelten die international üblichen Regelungen. Wer Waffen bei sich hat, muß diese deklarieren und bis zur Ausreise abgeben. **Auf Rauschgiftschmuggel stehen schwere Strafen**, auch für Ausländer.

Bei der Ausreise aus Hong Kong sind die Einfuhrbestimmungen des Zielortes zu beachten, so dürfen z.B. Elfenbein oder Produkte anderer bedrohter Tierarten nicht nach Deutschland, Österreich oder in die Schweiz importiert werden. Im Zweifelsfall wende man sich an die Zollbehörden seines Landes, diese können einem die aktuellen Bestimmungen mitteilen.

Derzeit dürfen in die Bundesrepublik Deutschland neben den oben angegebenen Produktmengen Waren im Wert von DM 350 zollfrei eingeführt werden.

3.2 Wo man unterkommt

Hong Kong verfügt derzeit über rund **33.000 Hotelzimmer**, verteilt über alle Preiskategorien. Weitere Hotels sind im Bau, andere modernisieren, denn der Konkurrenzkampf ist groß, trotz einer durchschnittlichen Belegungsquote von 80%. Die Zimmerpreise richten sich auch nach ihrer Lage, d.h. ein Zimmer mit Hafenblick ist immer teurer als eines, das auf einen Hinterhof schaut. Es lohnt sich, ein paar Dollar mehr auszugeben, dafür eine anständige Unterkunft zu haben, vielleicht noch mit einem traumhaften Blick, und teuer sind sowieso alle Hotels, schließlich zählt Hong Kongs Hotelerie zur teuersten der Welt, dafür aber auch zur besten.

Alle Hotelzimmer der Kategorien 'Sehr teuer', 'Teuer' und 'Moderat' haben eigenes Bad oder Dusche. Viele Hotels verfügen über keine Einzelzimmer. Die erstgenannten Preise beziehen sich auf das jeweils preiswerteste Doppelzimmer, die letztgenannten auf die teuersten Suiten. **Zu den genannten Preisen kommen noch 10% Service Charge und 5% Tax (Steuer) hinzu.**

Die folgenden Abkürzungen stehen für die wichtigsten Serviceleistungen und Ausstattungsmerkmale der Hotels:

AC = Aircondition; **BC** = Business Centre; **EF** = Executive Floor; **FC** = Fitness Centre; **HA** = Hausarzt; **KR** = Konferenzräume; **LS** = Limousinen-Service; **MB** = Minibar; **NR** = Nichtraucherzimmer; **SB** = Shuttle Bus; **SN** = Sauna; **SP** = Swimmingpool; **TP** = Tennisplatz; **TV** = Fernseher; **ZS** = Zimmersafe; **ZT** = Zimmertelefon; **24** = 24-Stunden-Service.

3.2.1 Sehr teure Hotels

- **Hong Kong Island**

- *The Conrad Hong Kong.* Pacific Place, 88 Queensway, Tel. 25213838, Fax 25213888, Telex 69678 CONRA HX; 513 Zimmer, davon 46 Suiten; HK$ 2.550-20.000; AC, BC, EF, FC, HA, KR (bis 1000 Personen), LS, MB, NR, SB, SN, SP, TV, ZT, 24; Kinder unter 19 Jahren wohnen kostenlos, wenn sie im Zimmer ihrer Eltern wohnen (max. 3 Personen). Zentral gelegenes, kinderfreundliches Hotel, das auch von Geschäftsleuten sehr geschätzt wird.
- *Hotel Furama Kempinski Hong Kong.* 1 Connaught Rd, Central, Tel. 25255111, Fax 28459339, Telex 73081 HX; 516 Zimmer, davon 55 Suiten; HK$ 1.850-9.000; AC, BC, FC, HA, KR (bis 1000 Personen), LS, MB, SN, TV, ZS, ZT, 24. Berühmt ist das Hotel für sein Drehrestaurant 'La Ronda', das einen phantastischen Blick über die City und den Hafen gewährt.
- *Grand Hyatt Hong Kong.* 1 Harbour Rd, Wan Chai, Tel. 25881234, Fax 28020677, Telex 68434 GHHK HX; 572

Zimmer, davon 35 Suiten; HK$ 3.050-25.000; AC, BC, EF, FC, HA, KR, LS, MB, SB, SN, SP, TP, TV, ZS, ZT, 24; Kinder unter 18 Jahren wohnen im Zimmer ihrer Eltern kostenlos (max. 3 Personen). Atemberaubende Lobby, prunkvolle Zimmer, hervorragende Restaurants und ein erstklassiges Freizeitangebot kennzeichnen dieses Hotel, das 1991 zum beliebtesten Business-Hotel der Welt gewählt wurde. Direkt auf dem Convention & Exhibition Centre gelegen.

- *Mandarin Oriental.* 5 Connaught Rd, Central, Tel. 25220111, Fax 28106190, Telex 73653 MANDA HX; 544 Zimmer, davon 58 Suiten; HK$ 2.250-22.000; AC, BC, FC, HA, KR, LS, MB, SN, SP, TV, ZT, 24. Seit Jahren unter den Top Ten der Welt, genießt das Hotel besonders bei Geschäftsleuten und Gourmets hohes Ansehen, seine Restaurants zählen zu den besten der Stadt.
- *JW Marriott Hotel.* Pacific Place, 88 Queensway, Central, Tel. 28413000, Fax 28450737, Telex 66899 MARTT HX; 604 Zimmer, davon 29 Suiten; HK$ 2.450-15.000; AC, BC, EF, FC, HA, KR (bis 600 Personen), LS, MB, NR, SN, SP, TV, ZT, 24. Wegen seines guten Feng Shui bei Chinesen sehr beliebtes Hotel, mit direktem Zugang zu 'The Mall', dem riesigen Shopping Centre in Pacific Place.
- *New World Harbour View.* 1 Harbour Rd, Wan Chai, Tel. 28028888, Fax 28028833, Telex 68967 NWHVH HX; 822 Zimmer, davon 40 Suiten; HK$ 2.030-14.000; AC, BC, EF, FC, HA, KR (bis 360 Personen), LS, MB, SB, SN, SP, TP, TV, ZT, 24. Auf dem Convention & Exhibition Centre gelegen, ist dies der ideale Platz für Geschäftsleute, die gleichzeitig Wert auf ein weitgefächertes Freizeitangebot legen.
- *The Ritz Carlton,* 3 Connaught Road Central, Central, Tel. 28776666, Fax 28776778; 214 Zimmer, davon 27 Suiten; HK$ 2.400-15.500; AC, BC, EF, FC, HA, KR (bis zu 200 Personen), LS, MB, NR, SB, SN, SP, TV, ZT, 24; Kinder unter 12 Jahren wohnen im Zimmer ihrer Eltern kostenlos. Bei diesem zur Gruppe der *'Leading Hotels of the World'* gehörenden Haus stimmt alles, die Lage, der Service, die Restaurants, das Freizeitangebot und die Zimmerausstattung.
- *Island Shangri-La Hong Kong.* Pacific Place, Supreme Court Rd, Central, Tel. 28773838, Fax 25218742, Telex 70373 ISLPP HX; 565 Zimmer, davon 34 Suiten; HK$ 2.400-25.000; AC, BC, FC, HA, KR (bis 1.200 Personen),

Im Island Shangri-La Hong Kong

LS, MB, NR, SB, SN, SP, TV, ZS, ZT, 24. Mit 235 m Hong Kongs höchstes Hotel, verfügt es gleichzeitig über die größten Zimmer auf Hong Kong Island. Sehenswert das 14 Stockwerke hohe Wandgemälde im Atrium, das von 40 Künstlern aus Beijing auf 250 Einzelblättern während eines Jahres angefertigt wurde.

- **Kowloon**

- *The Harbour Plaza.* 20 Tak Fung St., Hung Hom, Tel. 26213188, Fax 26213311; 415 Zimmer, davon 30 Suiten; HK$ 1.800-15.000; AC, BC, EF, FC, HA, KR (bis 500 Personen), LS, MB, SB, SN, SP, TV, ZS, ZT, 24. Hong Kongs neuestes Luxushotel, Ende Juli 1995 eröffnet, mit allem, was der Geschäftsreisende und Erholungssuchende benötigt; etwa die Hälfte der Zimmer hat einen großartigen Hafenblick.
- *The Peninsula.* Salisbury Rd, Tsim Sha Tsui, Tel. 23666251, Fax 27224170, Telex 43821 PEN HX; 300 Zimmer, davon 30 Suiten; HK$ 3.100-25.000; AC, BC, FC, HA, KR (auf Anfrage), LS, MB, NR, SP, TV, ZT, 24. Hong Kongs alte Dame der Hotelerie zählt zu den Top Ten der Welt. Wer sehen und gesehen werden will, kommt zum Five-o'clock-tea hierher. Zum Hotel gehören einige der besten Restaurants Hong Kongs.
- *The Regent.* 18 Salisbury Rd, Tsim Sha Tsui, Tel. 27211211, Fax 27394546, Telex 37134; 602 Zimmer, davon 81 Suiten; HK$ 2.500-22.000; AC, BC, FC, HA, LS, MB, NR, SN, SP, TV, ZT, 24; Kinder bis 14 Jahre wohnen kostenlos mit im Zimmer ihrer Eltern. Hong Kongs Nummer Eins, weltweit meist die Nummer Zwei. Die beste Lage in Kowloon, mit einzigartigem Blick auf Hong Kong Island.
- *Kowloon Shangri-La.* 64 Mody Rd, Tsim Sha Tsui East, Tel. 27212111, Fax 27238686, Telex 36718 SHALA HX; 710 Zimmer, davon 30 Suiten; HK$ 1.600-15.000; AC, BC, EF, FC, HA, KR (bis 700 Personen), LS, MB, NR, SB, SN, SP, TV, ZS, ZT, 24; Kinder bis 12 Jahre wohnen kostenlos mit im Zimmer ihrer Eltern. Beliebt bei Geschäftsleuten und Touristen gleichermaßen. Im Herzen des Einkaufsviertels Tsim Sha Tsui East gelegen.

3.2.2 Teure Hotels

- **Hong Kong Island**

- *The Excelsior.* 281 Gloucester Rd, Causeway Bay, Tel. 28948888, Fax 28956459, Telex 74550 EXCON HX; 913 Zimmer, davon 22 Suiten; HK$ 1.150-6.500; AC, BC, EF, HA, KR, LS, MB, TP, TV, ZT, 24. 'Hong Kongs unterhaltsamstes Hotel', so die Eigenwerbung. Zur Gruppe der Mandarin Oriental Hotels gehörend, ist dies ein beliebtes Hotel bei Reisegruppen, die hier direkt im Einkaufsviertel Causeway Bay wohnen.
- *The Park Lane.* 310 Gloucester Rd, Causeway Bay, Tel. 28903355, Fax 25767853, Telex 75343 PLH HX; 815 Zimmer, davon 25 Suiten; HK$ 1.300-9.500; AC, BC, EF, FC, HA, KR, LS, MB, NR, TV, ZT, 24; Kinder bis 12 Jahre wohnen kostenlos mit im Zimmer

ihrer Eltern. Durch seine günstige Lage, nahe dem Victoria Park und inmitten des Einkaufsvlertels Causeway Bay, sehr geeignet für Urlaubsreisende.

• Kowloon

- *Grand Stanford Harbour View.* 70 Mody Rd, Tsim Sha Tsui East, Tel. 27215161, Fax 23695672, Telex HX 38670; 593 Zimmer, davon 9 Suiten; HK$ 1.360-7.000; AC, BC, EF, KR, LS, MB, NR, SN, SP, TV, ZS, ZT, 24; Kinder unter 19 Jahren wohnen kostenlos mit im Zimmer ihrer Eltern. Das Hotel bietet alles, was Geschäftsleute und Urlaubsreisende sich wünschen, mit zum Teil schönem Hafenblick.
- *Holiday Inn Golden Mile.* 50 Nathan Rd, Tsim Sha Tsui, Tel. 2369 3111, Fax 2369 8016, Telex HX 56332; 600 Zimmer, davon 8 Suiten; HK$ 1.160-6.000; AC, BC, EF, FC, KR (bis 1000 Personen), MB, NR, SN, TV, ZT, 24; Kinder unter 19 Jahren wohnen kostenlos mit im Zimmer ihrer Eltern. An Hong Kongs goldener Meile, der Nathan Rd, gelegen, ist dieses Hotel der ideale Ausgangspunkt für Einkaufs- und Besichtigungstouren.
- *Hong Kong Renaissance Hotel.* 8 Peking Rd, Tsim Sha Tsui, Tel. 23751133, Fax 23756611, Telex 45243 RRHK HX; 500 Zimmer, davon 27 Suiten; HK$ 1.450-12.000; AC, BC, EF, FC, HA, KR (bis 450 Personen), LS, MB, NR, SN, SP, TV, ZT, 24; Kinder bis 18 Jahre wohnen kostenlos mit im Zimmer ihrer Eltern. Zentral gelegenes Hotel mit einigen sehr guten Restaurants und eigenem Squash Court.
- *Hyatt Regency Hong Kong.* 67 Nathan Rd, Tsim Sha Tsui, Tel. 23111234, Fax 27398701, Telex 43127; 723 Zimmer, davon 17 Suiten; HK$ 1.400-12.000; AC, BC, EF, FC, LS, MB, NR,, TV, ZT, 24; Kinder bis 18 Jahre wohnen kostenlos mit im Zimmer ihrer Eltern (max. 3 Personen). Ideal an der Nathan Rd, Hong Kongs Haupteinkaufsstraße, gelegen, mit einigen hervorragenden Restaurants.
- *Omni The Hong Kong Hotel.* Harbour City, 3 Canton Rd, Tsim Sha Tsui, Tel. 27360088, Fax 27360011, Telex 43838 OHKHL HX; 710 Zimmer, davon 84 Suiten; HK$ 1.450 - 9.000; AC, BC, EF, HA, LS, MB, NR, SP, TV, ZT, 24; Kinder unter 14 Jahren wohnen kostenlos mit im Zimmer ihrer Eltern. Integriert in den größten Einkaufskomplex Asiens liegt das Hotel auch direkt neben dem Ocean Terminal und der Star Ferry.
- *The Royal Garden.* 69 Mody Rd, Tsim Sha Tsui East, Tel. 27215215, Fax 23699976, Telex 39539 RGHTL HX; 433 Zimmer, davon 43 Suiten; HK$ 1.400-6.000; AC, BC, EF, FC, HA, KR (bis 380 Personen), LS, MB, NR, SB, SN, SP, TP, TV, ZT, 24; Kinder unter 12 Jahren wohnen kostenlos mit im Zimmer ihrer Eltern. Die Zimmer sind um ein 110 Fuß hohes Atrium herum angelegt, in dem man gut und stilvoll zu Klavierklängen speisen kann. Das Hotel gehört zu den 'Leading Hotels of the World'.
- *Sheraton Hong Kong Hotel & Towers.* 20 Nathan Rd, Tsim Sha Tsui, Tel. 23691111, Fax 27398707, Telex HX 45813; 922 Zimmer und Sui-

ten; HK$ 1.530-6.600; AC, BC, EF, HA, KR (bis 1000 Personen), LS, MN, SN, SP, TV, ZT, 24. Seine zentrale Lage, gute Restaurants und die 50 Läden in den Shopping Arcades zeichnen dieses Haus aus. Einzigartig in Hong Kong: Video Golf.

- *Regal Airport Hotel.* 30-38 Sa Po Rd, Kowloon City, Tel. 27180333, Fax 27184111, Telex 40950 HOMRA HX; 428 Zimmer, davon 39 Suiten; HK$ 1.400-4.800; AC, BC, HA, LS, MB, SB, TV, ZT, 24; Kinder unter 12 Jahren wohnen kostenlos mit im Zimmer ihrer Eltern. Nur drei Fußminuten vom Flughafen entfernt und mit diesem mittels Fußgängerbrücke direkt verbunden. Der ideale Aufenthalt für jemanden, der nur ein oder zwei Nächte in Hong Kong verbringt oder auf seinen Weiterflug wartet.

• New Territories

- *Gold Coast Hotel*, 1 Castle Peak Road, Castle Peak Bay, Tuen Mun, Tel. 24528888, Fax 24407368, Telex 48280 GCHTL HX; 450 Zimmer und Suiten; HK$ 1.300-8.800; AC, BC, EF, FC, HA, KR (bis zu 1.200 Personen), MB, SB, SN, SP, TP, TV, ZT, 24; ein Kind schläft kostenlos mit im Zimmer seiner Eltern. Das einzige Resort-Hotel Hong Kongs, mit einem überaus umfangreichen Freizeitangebot. Für alle, die etwas abseits des Trubels wohnen möchten und doch via Hoverferry, die unweit des Hauses bis nach Tsim Sha Tsui East fährt, in 30 Minuten in der Stadt sein möchten. Gut geeignet auch für die Erkundung der New Territories.

3.2.3 Moderate Hotels

• Hong Kong Island

- *Century Hong Kong Hotel.* 238 Jaffe Rd, Wan Chai, Tel. 25988888, Fax 25988866; 506 Zimmer und Suiten; HK$ 1.000-8.000; AC, BC, EF, FC, KR (bis 180 Personen), LS, MB, SP, TV, ZS, ZT, 24. Eines der ganz neuen Hotels in Hong Kong mit den neuesten technischen Einrichtungen. Deswegen und wegen der Nähe zum Convention & Exhibition Centre für Geschäftsleute gut geeignet.
- *Eastin Valley Hotel.* 1A Wang Tak St, Happy Valley, Tel. 25749922, Fax 28381622, Telex 84323 EAHTL HX; 111 Zimmer und Suiten; HK$ 1.100-3.500; AC, BC, FC, KR, MB, TV, ZT, 24; Kinder unter 12 Jahren wohnen kostenlos mit im Zimmer ihrer Eltern (max. 4 Personen). Unweit der Pferderennbahn gelegen, zeichnet sich dieses Hotel durch seinen freundlichen Service und die großzügig bemessenen Zimmer aus.
- *Empire Hotel.* 33 Hennessy Rd, Wan Chai, Tel. 28669111, Fax 28613121, Telex 70727 EGHHK HK; 332 Zimmer, davon 36 Suiten; HK$ 850-3.500; AC, BC, FC, HA, LS, MB, SB, SN, SP, TV, ZS, ZT, 24. Das Hotel bietet ein ausgezeichnetes Preis-Leistungs-Verhältnis und offeriert alles, was selbst manche wesentlich teureren Häuser nicht bieten können.
- *The Wharney Hotel Hong Kong.* 57-73 Lockhart Rd, Wan Chai, Tel. 28611000, Fax

28656023, Telex 82590 WHARN HX; 335 Zimmer und Suiten; HK$ 1.050-2.500; AC, BC, FC, LS, MB, NR, SB, SN, SP, TV, ZT; Kinder unter 12 Jahren wohnen kostenlos mit im Zimmer ihrer Eltern. Preisgünstiges Hotel mit guten Verkehrsanbindungen; unweit des Convention & Exhibition Centre gelegen.

• Kowloon

- *Eaton Hotel.* 380 Nathan Rd, Yau Ma Tei, Tel. 27821818, Fax 27825563, Telex 42862 EATHK HX; 392 Zimmer, davon 34 Suiten; HK$ 960-1.640; AC, BC, HA KR (bis 160 Personen), LS, MB, NR, TV, ZT. Ein neues Haus, das durch sein ausgefallenes architektonisches Äußeres auffällt. Günstig gelegen.
- *The Kowloon Hotel.* 19-21 Nathan Rd, Tsim Sha Tsui, Tel. 23698698, Fax 27399811, Telex 47604 KLNHL HX; 706 Zimmer; HK$ 880-1.840; AC, BC, LS, MB, NR, TV, ZS, ZT. Sehr günstig gelegen, die Standardzimmer sind allerdings etwas eng. Zur Peninsula-Gruppe gehörend, haben Hotelgäste die Möglichkeit, Rechnungen, die sie evtl. im Peninsula Hotel, in den Peak Tower- oder den The Repulse Bay-Restaurants machen, mit auf die Hotelrechnung setzen zu lassen.
- *Hotel Miramar.* 130 Nathan Rd, Tsim Sha Tsui, Tel. 23681111, Fax 23691788, Telex 44661 MIRHO HX; 500 Zimmer, davon 18 Suiten; HK$ 1.050-9.200; AC, BC, EF, FC, LS, MB, SN, SP, TV, ZS, ZT, 24; Kinder bis 14 Jahre wohnen kostenlos mit im Zimmer ihrer Eltern. Zentral gelegenes Hotel mit allen Bequemlichkeiten für den Reisenden. Die Zimmer verfügen über eigene Videorecorder.
- *The Prudential Hotel.* 222 Nathan Rd, Tsim Sha Tsui, Tel. 23118222, Fax 23114760, Telex 46752 PRUHL HX; 434 Zimmer, davon 20 Suiten; HK$ 850-2.280; AC, BC, EF, HA, LS, MB, SN, SP, TV, ZS, ZT; Kinder unter 12 Jahren wohnen kostenlos mit im Zimmer ihrer Eltern. Das einzige Hotel mit eigenem Zugang zur MTR (Jordan) und einem 300 Fuß hohen Aussichtsturm.
- *Ramada Hotel Kowloon.* 73-75 Chatham Rd South, Tsim Sha Tsui, Tel. 23111100, Fax 23116000, Telex 44582 RIKLN HX; 206 Zimmer und Suiten; HK$ 950-2.500; AC, BC, KR, LS, MB, TV, ZT; Kinder unter 12 Jahren wohnen kostenlos mit im Zimmer ihrer Eltern. An der Schnittstelle zwischen Tsim Sha Tsui und Tsim Sha Tsui East gelegen, dadurch kurze Wege zu vielen Sehenswürdigkeiten und Einkaufsvierteln in Kowloon.
- *The Royal Pacific Hotel & Towers.* China Hong Kong City, 33 Canton Rd, Tsim Sha Tsui, Tel. 27361188, Fax 27361212, Telex 44111 ROPAC HX; 632 Zimmer und Suiten; HK$ 880-7.500; AC, BC, FC, HA, LS, MB, SN, TV, ZS, ZT; Kinder unter 14 Jahren wohnen kostenlos mit im Zimmer ihrer Eltern. Wer nach Macau oder China per Schiff will, der hat es nur ein paar Schritte, und auch der Kowloon Park, die Nathan Rd und Harbour City liegen nur wenige Minuten entfernt.

- **New Territories**

- *Kowloon Panda Hotel.* 3 Tsuen Wah St, Tsuen Wan, Tel. 24091111, Fax 24091818, Telex 47611 KPHHK HX; 1026 Zimmer, davon 52 Suiten; HK$ 800-2.400; AC, BC, EF, FC, KR, LS, MB, SB, SN, SP, TV, ZT, 24. Hong Kongs größtes Hotel liegt rund 30 Minuten (per MTR) vom Central District entfernt, zum Flughafen sind es rund 25 Minuten. (Siehe unter Verkehrsmittel – Citybus.)
- *Regal Riverside Hotel.* Tai Chung Kiu Rd, Sha Tin, Tel. 26497878, Fax 26374748, Telex 30013 RERIV HX; 830 Zimmer, davon 44 Suiten; HK$ 1.350-4.800; AC, BC, FC, KR (bis 800 Personen), MB, SB, SN, SP, TV, ZT, 24; Kinder unter 12 Jahren wohnen kostenlos mit im Zimmer ihrer Eltern (max. 4 Personen). Im Herzen von Sha Tin am Shing Mun River gelegen, sind es von hier 15 Minuten bis zum Flughafen und rund 20 Minuten bis zur Star Ferry in Tsim Sha Tsui. Wer etwas mehr Ruhe sucht und sich die New Territories vorgenommen hat, liegt mit diesem Hotel richtig.
- *Royal Park Hotel.* 8 Pak Hok Ting St, Sha Tin, Tel. 26012111, Fax 26013666, Telex 45776 RPARK HX; 442 Zimmer, davon 12 Suiten; HK 1.250-2.400; AC, BC, FC, KR, LS, MB, SB, SN, SP, TV, ZT, 24; Kinder unter 12 Jahren wohnen kostenlos mit im Zimmer ihrer Eltern (max. 3 Personen). Wenige Meter von der KCR-Station entfernt, sind alle Teile des Territoriums schnell erreichbar. Das riesige Shopping Centre New Town Plaza liegt ebenfalls vor der Haustür.

3.2.4 Preiswerte Hotels

- **Hong Kong Island**

- *Harbour View International House.* 4 Harbour Rd, Wan Chai, Tel. 28020111, Fax 28029063; 320 Zimmer (alle mit Bad); HK$ 640-980; AC, MB, SB, TV, ZT; Kinder unter 12 Jahren wohnen kostenlos mit im Zimmer ihrer Eltern. Mehr als 50% der Zimmer dieses 1986 eröffnete YMCA haben Hafenblick, wodurch es zu einem der preiswertesten Orte mit großartiger Aussicht wird.

- **Kowloon**

- *Shamrock Hotel.* 223 Nathan Rd, Yau Ma Tei, Tel. 27352271, Fax 27367354; 148 Zimmer (alle mit Bad); HK$ 600-800; AC, MB, TV, ZT, 24. Anfang der 50er Jahre gebaut, mehrmals renoviert, zählt das Hotel in seiner Kategorie zu den besseren. Sehr günstig direkt an der Nathan Rd gelegen.
- *The Salisbury YMCA of Hong Kong.* 41 Salisbury Rd, Tsim Sha Tsui, Tel. 23692211, Fax 27399315, Telex 31274 HYMCA HX; 405 Zimmor und Suiten (alle mit Bad); HK$ 625-1.095; AC, BC, FC, MB, SP, TV, ZS, ZT. Das vor kurzem umgebaute YMCA ist eine der beliebtesten Adressen Hong Kongs, mit einem ausgezeichneten Preis-Leistungs-Verhältnis, das bei längeren Aufenthalten, für die es Sonderarrangements gibt, noch deutlicher zum Ausdruck kommt. Man sollte mindestens einen Monat im voraus buchen.

3.2.5 Billige Hotels

• Hong Kong Island

Gästehäuser, Pensionen und kleine Hotels gibt es eine ganze Reihe, die Preise rangieren zwischen HK$ 30 und HK$ 400. Entsprechend unterschiedlich sind auch Örtlichkeit, Service und Freundlichkeit. Man achte u.a. auf die Hinweise in den Tageszeitungen. Eine ganze Reihe davon findet sich in Wan Chai, aber auch in Causeway Bay:

- *Leishun Court*. 116 Leighton Rd, Causeway Bay (mehrere Gästehäuser in einem Block).
- *Noble House*. Flat C1, 7th Floor, 37 Paterson St, Causeway Bay, Tel. 25766148.
- *Emerald House*. 1st Floor, 44 Leighton Rd, Tel. 25772368.

• Kowloon

Auch in Kowloon findet sich eine Vielzahl an billigen Unterkünften, die es aber, wie diejenigen auf Hong Kong Island, oftmals an Sauberkeit etwas fehlen lassen. Nicht selten haben die Zimmer auch keine Fenster, die sanitären Einrichtungen müssen gemeinsam benutzt werden, oder man schläft in Gemeinschaftsunterkünften.

Hong Kongs bekanntestes Billigquartier sind die *Chung King Mansions*, bei denen es sich um mehrere Blocks handelt, in denen eine Unzahl billiger und billigster Quartiere und Absteigen zu finden sind, mit einer weiten Bandbreite bezüglich Hygiene, Service, Zimmerausstattung und Preise. Die günstige Lage macht die Billigquartiere derart begehrt, daß trotz der Vielzahl an Etablissements mitunter nichts mehr zu bekommen ist. Einzelne Empfehlungen zu geben wäre unrealistisch, jeder muß selber sehen, was ihm zusagt. Die Preise liegen zwischen HK$ 40 und knapp HK$ 400.

- *Chung King Mansions*. 30 Nathan Rd, Tsim Sha Tsui.
- *Victoria Hostel*. 1st Floor, 33 Hankow Rd, Tsim Sha Tsui, Tel. 23120621.
- *STB Hostel*. 2nd Floor, Great Eastern Mansion, 255-261 Reclamation St, Mong Kok, Tel. 23321073, Fax 23850153.
- *Mirador Arcade*. 58 Nathan Rd, Tsim Sha Tsui. Hierbei handelt es sich wie bei den Chungking Mansions um mehrere Gästehäuser in einem Block, doch sind sie sauberer.
- *New Lucky Mansions*. 300 Nathan Rd, Yau Ma Tei.

Wer Wert auf mehr familiäre Atmosphäre legt, kann sich auch bei mehr als einem Dutzend Expatriates einmieten, die **Bed & Breakfast-Unterkünfte** anbieten (Mindestaufenthalt zwei Nächte). Für das Einzelzimmer zahlt man am Tag ab HK$ 575, für das Doppelzimmer ab HK$ 800. Interessenten wenden sich an: *Bed and Breakfast Homestays Hong Kong*, Tel. 28498485, Fax 28131059.

Länger Verweilende sollten die **Anmietung eines komplett eingerichteten Apartments** in Erwägung ziehen, das meist billiger kommt als ein wochenlanger Hotelaufenthalt. Die Preise variieren – je nach Lage und Ausstattung – zwischen HK$ 10.000 und HK$ 150.000 pro Monat, wobei bei der oberen Preiskategorie praktisch der gleiche 24-Stunden-Service geboten wird wie im Hotel. Entsprechende Adressen findet man in den englischsprachigen Tageszeitungen (s. "Zeitungen und Zeitschriften") oder sind mit Hilfe der HKTA in Erfahrung zu bringen.

3.3 Wo man gut ißt

3.3.1 Allgemeines

Über wie viele Restaurants und andere Eßplätze Hong Kong tatsächlich verfügt, dies weiß kein Mensch, es wurde aber schon behauptet, daß man ein Leben lang jeden Tag an einem anderen Ort essen könne, ohne dies zweimal am selben zu tun.

Eines aber steht fest: Hong Kong bietet für jeden Gaumen etwas, hier findet man **alle Küchen und einige der besten Restaurants der Welt**. Dies hat dann natürlich seinen Preis, denn die besten Restaurants sind in der Mehrzahl in den Hotels zu finden, aber auch *Dai Pai Dongs*, die kleinen Garküchen am Straßenrand, bieten mitunter Vorzügliches.

Gutes Essen steht für den Hong Kong-Chinesen an erster Stelle, daher sind die meisten Restaurants am Wochenende und am Abend (besonders die besseren) gut besucht, was in aller Regel eine **Tischreservierung** erforderlich macht. Essen ist für Chinesen ein soziales Ereignis, entsprechend laut geht es zu. Alleine oder zu zweit geht der Chinese nur ungern essen, je mehr Leute am Tisch sitzen, desto mehr genießt er es. Viele Westler sind über den Schmutz verwundert, den Chinesen am Tisch zurücklassen. Doch wird es als normal empfunden, daß z.B. Knochen auf den Tisch gelegt werden (allenfalls in ein separates Schälchen), daß reichlich gekleckert wird, man sich am Tischtuch die Hände abwischt. Oftmals werden mit dem Tischtuch von der Bedienung am Ende die Teller abgewischt.

Man kann getrost an allen Garküchen die angebotenen Exotika probieren, Hund, Katze oder Affe werden nicht dabei sein, denn der Verzehr dererlei 'Lekkereien' ist in Hong Kong verboten, insgeheim aber kommt dies noch ab und an vor. In den New Territories gibt es ein paar geheim gehaltene Restaurants, in denen Hund auf den Tisch kommt. Außenstehende werden sie allerdings nicht finden.

Viele ausländische und einheimische **Fast-Food-Ketten** haben ein dichtes Netz über das Territorium gesponnen. Bei den aufgelisteten Vorschlägen handelt es sich durchweg um Restaurants, die keiner Kette angehören. Die wichtigsten **Kettenrestaurants** werden im Anschluß kurz aufgelistet.

Wer sich eingehender über Hong Kongs Restaurants und Küchen informieren möchte, dem sei die bei der HKTA kostenlos erhältliche Broschüre *'The Official Dining and Entertainment Guide'* empfohlen. Hong Kongs 150 beste Restaurants listet der jährlich neu erscheinende Hong Kong Tatler *'Hong Kong's Best Restaurants'* auf.

In allen besseren Restaurants werden **10% Service Charge** auf die Rechnung aufgeschlagen, ein kleines **Trinkgeld** (etwa 5-10%) wird trotzdem zusätzlich gern gesehen.

Tip: Wer in einem der Spitzenrestaurants gut essen gehen will, ohne gleich Angst um den Inhalt seines Geldbeutels haben zu müssen, sollte mittags dorthin gehen, denn dann bieten viele ausgezeichnete Menüs zu überaus vernünftigen Preisen an.

Auf **gediegene Kleidung** wird in allen Restaurants Wert gelegt, doch gibt man sich meist lässig. Restaurants, in denen Krawatte und Anzug obligatorisch sind, sind mit einem **'A/K'** gekennzeichnet.

Die Art der Küche wird ebenfalls aufgeführt.

Die **Preiskategorien**: **$$$$** = sehr teuer (mindestens HK$ 500 pro Person, ohne Getränke); **$$$** = teuer (HK$ 350-500); **$$** = moderat (HK$ 200-350); **$** = preiswert (maximal HK$ 200).

3.3.2 Die wichtigsten Regionalküchen Chinas

• Beijing (Peking)-Küche

Viele Speisen dieser Küche stammen vom ehemaligen Kaiserhof ab, der für seine exzellente Kochkunst bekannt war. Sie verwendet ein weites Spektrum an Gewürzen, deren Aufgabe es ist, den Körper zu erwärmen. Statt Reis ißt man öfters auch Klößchen, Nudeln und gedämpftes Brot. Bekanntestes Gericht ist die *Peking-Ente*, deren einzelne Teile zu verschiedenen Speisen zubereitet werden. Der am meisten geschätzte Teil ist die knusprig gebackene Haut, die in kleinen Pfannkuchen gewickelt zusammen mit Frühlingszwiebeln und einer Pflaumensoße gegessen wird. Sehr bekannt ist auch das *Beggar's Chicken*, bei dem es sich um ein ganzes mit Pilzen, Zwiebeln, Chinakohl und Kräutern gefülltes Hühnchen handelt, das in Lotusblätter gewickelt und in Tonerde verpackt langsam gekocht wird. Der Ehrengast zerschlägt die Tonhülle am Tisch.

• Chiu Chow-Küche

Es handelt sich hierbei um eine aus der Küstenregion der Provinz Guangdong stammende Regionalküche, die besonders Fischgerichte, aber auch schmackhafte Gänsespezialitäten auf den Tisch bringt. Gemüse ist ein weiterer wichtiger Bestandteil, aber auch Haifischflossensuppe und Vogelnester gehören zu den Spezialitäten, ebenso der starke *Kwun Yum Oolong Tee*, der als Appetitanreger vor dem Essen, und als Verdauungshilfe nach dem Essen getrunken wird.

• Hunan-Küche

Wer gerne scharf ißt, der liegt hier richtig. Zu Desserts wird andererseits gerne Honigsauce serviert. Reis ist Hauptbeilage, es gibt aber auch Nudeln,

Brot und Klößchen. Anders als in den meisten Küchen Chinas gibt es eine Reihe schmackhafter Suppen.

• Kanton-Küche

'Geboren sein in Suzhou, leben in Hangzhou, essen in Guangzhou, sterben in Liuzhou'. Dieses alte chinesische Sprichwort sagt eigentlich schon alles über diese Küche. Da auch die überwiegende Mehrheit der Bewohner Hong Kongs aus der Provinz Guangdong (Kanton) stammen, ist dies die dominierende Küche der Metropole.

Sie ist bekannt für ihren frischen, delikaten Geschmack, den sie der frischen Zubereitung verdankt, wobei nur wenig Öl oder scharfe Gewürze verwendet werden, was den Bestandteilen ihren Eigengeschmack beläßt. Die Vielzahl der Gerichte ist schier unerschöpflich – Hund gibt es in Hong Kong allerdings nicht.

• Shanghai-Küche

Eigentlich besitzt Shanghai gar keine eigene Küche, doch hat sie es verstanden, diejenigen der umliegenden Provinzen zu verfeinern. Die Gerichte sind durchschnittlich etwas reicher, schwerer, süßer und öliger als die der Kanton-Küche. Besondere Spezialitäten sind die *'100jährigen Eier'* und die *'Hairy Crabs'*, die im Herbst die Münder von Hong Kongs Feinschmeckern wässrig machen. Aufgrund der Küstenlage hält diese Küche eine große Anzahl weiterer Meeresfrüchtespezialitäten bereit. Statt Reis werden öfters Klößchen, Brot oder Nudeln serviert.

• Sichuan-Küche

Die Verwendung von reichlich Gewürzen macht diese Küche neben der Hunan-Küche zur schärfsten Chinas. Am meisten werden Chili, Koriander, Sternanis, Knoblauch, Pfefferkörner und Fenchel verwendet. Geräuchertes und Gegartes findet man häufiger als Gebackenes, wodurch das volle Aroma der Gewürze erhalten bleibt. Spezialitäten sind geräucherte Ente, Hühnchen, Schwein, Flußfisch und Schalentiere, statt Reis serviert man oft Nudeln oder gedämpftes Brot.

• Dim Sum

Bei diesen kleinen Köstlichkeiten, von denen es über 2.000 verschiedene geben soll, handelt es sich um eine Spezialität aus der Kanton-Küche, die angeblich ins 10. Jhd zurückreicht.

Dim Sum bedeutet 'leichter Happen', literarisch wurde daraus 'das Herz berühren', was diesen lukullischen Verführern durchaus gerecht wird. Diese wurden und werden während der Zeremonie des Teetrinkens gereicht, denn anders als sonst in der chinesischen Küche üblich, trinkt man auch während ihres Verzehrs. Zu dieser Zeremonie gehört es auch, daß man zweimal mit seinen gestreckten Fingern auf den Tisch klopft, wenn einem jemand die Teetasse nachfüllt. *Dim Sums* werden in vielen Restaurants von frühmorgens bis zum Nachmittag serviert, vor allem in kantonesischen. Die Bedienungen schieben die Bambuskörbchen auf Wägelchen durch die Tischreihen, so daß man sich die Leckereien erst einmal anschauen kann, ehe man davon wählt. Auf einer Karte wird die Anzahl und die Art (verschiedene Preisklassen) der ausgesuchten Körbchen angestrichen, in manchen Restaurants bestellt man auch mittels der ausgefüllten Karte. Ein Körbchen, das meist vier dieser Gaumenverführer beinhaltet, kostet zwischen HK$ 15 und HK$ 40.

Jeder Hong Kong-Besucher sollte wenigstens einmal *Dim Sums* essen – die meisten werden zu Wiederholungstätern. Bei der HKTA gibt es für HK$ 5 ein kleines Buch mit dem Titel *'Guide to Dim Sum Delights in Hong Kong'*. Die wichtigsten *Dim Sums* sind darin abgebildet und namentlich benannt.

3.3.3 Ausgewählte Restaurants

Die folgende Auswahl folgt zwei Grundsätzen: zum einen werden Restaurants genannt, in denen sowohl beim Essen als auch beim Service Spitzenleistungen geboten werden, zum anderen solche, die ein ausgezeichnetes Preis-Leistungs-Verhältnis aufzuweisen haben. Bei der Fülle exzellenter Restaurants kann dies selbstverständlich nur eine kleine Auswahl bleiben.

• Chinesische Küche

- *Chinese Restaurant*. 2nd Floor, Hyatt Regency, 67 Nathan Rd, Tsim Sha Tsui, Kowloon; Tel. 23111234 ext 881; geöffnet tägl. 11.30-15.00 und 18.30-23.00, So ab 10.00 h; *Dim Sum* 11.30-15.00 h; Kanton-Küche; $$$$. Interieur und Essen wurden mehrfach ausgezeichnet.
- *City Chiu Chow*. East Ocean Centre, 98 Granville Rd, Tsim Sha Tsui East, Kowloon; Tel. 27236226; geöffnet tägl. 11.00-24.00 h, *Dim Sum* 11.00-15.00 h; Chiu Chow-Küche; $$. Hervorragendes Essen zu einem erstaunlich günstigen Preis.
- *Dynasty*, 3rd Floor, New World Harbour View, 1 Harbour Rd, Wan Chai, Hong Kong Island; Tel. 25846971; geöffnet Mo-Sa 12.00-15.00 h und 18.30-23.00 h, So 11.30-15.00 h und 18.30-23.00 h, Dim Sum Mo-Sa 12.00-15.00 h und So 11.30-15.00 h; Kanton-Küche; $$. Essen und Service sind vom besten, und dies zu einem Preis, der einem das Wiederkommen leicht macht.
- *Forum*. 485 Lockhart Rd, Wan Chai, Hong Kong Island; Tel. 28912516; geöffnet tägl. 11.00-15.00 h und 18.00-23.00 h; Kanton-Küche; $$$$. Der Besitzer ist als 'König der Seegurken' bekannt, die es nirgends besser zubereitet gibt als hier.
- *Golden Island Bird's Nest*. 2nd Floor, Star House, 3 Salisbury Rd, Tsim Sha Tsui, Kowloon; Tel. 27366228; geöffnet tägl. (außer Chinesisch Neujahr und Mid-Autumn Festival) 11.00-0.30 h; *Dim Sum* 11.00-0.30 h; Chiu Chow-Kü-

che; $$. Meist etwas laut, doch das Essen ist umso besser.

- *The Golden Leaf.* Hotel Conrad, Pacific Place, 88 Queensway, Central, Hong Kong Island; Tel. 25213838 ext 8280; geöffnet tägl. 12.00-15.00 h (So und Feiertage ab 11.00) und 18.30-23.00 h; *Dim Sum* So und Feiertage 11.00-15.00 h; Kanton-Küche; $$$. Ambiente und Essen sind gleichermaßen überwältigend.
- *Great Shanghai.* 1st Floor, 26-36 Prat Avenue, Tsim Sha Tsui, Kowloon; Tel. 23668158; geöffnet tägl. (außer Chinesisch Neujahr) 11.00-23.00 h; Shanghai-Küche; $. Beste Shanghai-Küche zu einem Preis, der staunen läßt.
- *Hei Fung Terrace.* 1st Floor, The Arcade, The Repulse Bay, 109 Repulse Bay Rd, Repulse Bay, Hong Kong Island; Tel. 28122622; geöffnet tägl. 11.30-15.00 h und 18.00-23.30 h (an Feiertagen ab 10.00 h); *Dim Sum* 11.30-15.00 h; Beijing-, Kanton- und Sichuan-Küche; $$$. Eine große Auswahl an geschmackvoll zubereiteten Gerichten der wichtigsten chinesischen Regionalküchen.
- *Hunan Garden.* 3rd Floor, The Forum, Exchange Square, 8 Connaught Place, Central, Hong Kong Island; Tel. 28682880; geöffnet tägl. 11.30-15.00 und 17.30-24.00 h; Hunan-Küche; $$$; A/K. Hunan-Küche vom feinsten, und dies zu einem noch moderaten Preis.
- *Lai Ching Heen.* Ground Floor, The Regent, 18 Salisbury Rd, Tsim Sha Tsui, Kowloon; Tel. 27211211; geöffnet tägl. 12.00-14.30 und 18.00-23.00 h; *Dim Sum* 12-14.30 h; Kanton-Küche; $$$$. Hier stimmt alles, dafür muß man aber auch tief in sein Portemonnaie greifen.
- *Luk Yu Tea House.* 24-26 Stanley St, Central, Hong Kong Island; Tel. 25235464; geöffnet tägl. 7.00-22.00 h; *Dim Sum* 7.00-18.00 h; Kanton-Küche; $$. Eine Institution in Hong Kong, die jeder einmal besucht haben sollte. Das Essen, besonders die *Dim Sums*, ist vorzüglich. Dazu wird Tee getrunken, in mannigfacher Auswahl.
- *Orchard Court.* 1st-2nd Floor, Ma's Mansion, 37 Hankow Rd, Tsim Sha Tsui, Kowloon; Tel. 23175111; geöffnet 11.00-24.00 h; *Dim Sum* 11.00-17.00 h; Kanton-Küche; $. So hoch die Qualität des Essens, so niedrig ist der Preis. Kaum wo anders bekommt man gleichwertiges für sein Geld.
- *Peking Garden.* Insgesamt zehn Restaurants, jeweils tägl. 11.30-15.00 (zum Teil am Wochenende ab 10.30) und 17.30-24.00 h geöffnet; an Wochenenden z.T. durchgehend; $$. Beste Beijing-Küche zu einem fairen Preis. Die wichtigsten sind:

Alexandra House, 7 Des Voeux Rd, Central, Hong Kong Island; Tel. 25266456.

The Mall, Pacific Place, 88 Queensway, Central, Hong Kong Island; Tel. 28458452.

1st Floor, Excelsior Hotel Shopping Arcade, 281 Gloucester Rd, Causeway Bay, Hong Kong Island; Tel. 25777231.

3rd Floor, Star House, 3 Salisbury Rd, Tsim Sha Tsui, Kowloon; Tel. 27358211.

1st Floor, Empire Centre, 68 Mody Rd, Tsim Sha Tsui East, Kowloon; Tel. 27218868.

- *Pep 'N Chili*. Shop F, Ground Floor, 12-22 Blue Pool Rd, Happy Valley, Hong Kong Island; Tel. 25738251; geöffnet tägl. 12.00-15.00 und 18.00-24.00 h; *Dim Sum* 12.00-15.00 h; Sichuan-Küche; $$$; A/K. Nuanciert gewürzte Speisen verführen den Gaumen und zum Wiederkommen.
- *Snow Garden*. Ground Floor, Block 1, 233 Electric Rd, North Point, Hong Kong Island; Tel. 25714246; geöffnet tägl. 11.30-23.00 h; Shanghai-Küche; $. Gute Küche zu einem günstigen Preis.
- *Spring Deer*. 1st Floor, 42 Mody Rd, Tsim Sha Tsui, Kowloon; Tel. 27233673; geöffnet tägl. (außer Chinesisch Neujahr) 12.00-23.00 h; *Dim Sum* 12.00-14.00 h; Beijing-Küche; $$. Haifischflossensuppe gibt es kaum wo billiger, und das Essen ist doppelt so gut, wie der Preis dies vermuten läßt.
- *Toh Lee*. Hotel Nikko, 72 Mody Rd, Tsim Sha Tsui East, Kowloon; Tel. 23134225; geöffnet tägl. 12.00-15.00 (So und Feiertage ab 11.00) und 18.00-23.00 h; *Dim Sum* 12-15 h; Kanton-Küche; $$$. Eine große Auswahl erstklassiger Gerichte, mit schönem Blick auf den Hafen.
- *Tsui Hang Village*. 1st Floor New World Tower, 16-18 Queen's Rd, Central, Hong Kong Island; Tel. 25242012; geöffnet tägl. 11.30-24.00 h (So und Feiertage ab 10.00 h); *Dim Sum* Mo-Sa 14.30-18.00 h, So und Feiertag 10.00-18.00 h; Kanton-Küche; $; A/K. Ausgezeichnetes Preis-Leistungsverhältnis, denn die Gerichte waren schon immer über jegliche Kritik erhaben.
- *Yung Kee*. Ground Floor, Yung Kee Bldg, 32-40 Wellington St, Central, Hong Kong Island; Tel. 25221624; geöffnet tägl. 11.00-23.30 h; *Dim Sum* 14.00-17.30 h; Kanton-Küche; $. Am Eingang wird man vom Mann mit dem Walkie-Talkie in die richtige der fünf Etagen dirigiert. Wo so viele Menschen hinströmen, muß es gut sein. Und ist es auch. Das Restaurant zählt zu den besten der Welt, und dies zu einem überaus günstigen Preis. Spezialität ist geröstete Gans.

• Asiatische Küche

- *Stanley's Oriental*. 90B Stanley Main St, Stanley, Hong Kong Island; Tel. 28139988; geöffnet tägl. 9.00-24.00 h; $$. Die Küchen Asiens treffen sich zu einem gelungenen Potpourri, mit der kühlen Brise von Stanley im Rücken.

• Indische Küche

- *Koh-I-Noor*. 1st Floor, 103 California Entertainment Building, 34 D'Aguilar St., Central, Hong Kong Island; Tel. 28779706; geöffnet tägl. 11.30-15.00 und 18.00-24.00 h; $. Sehr gute indische Küche zu einem überaus fairen Preis.
- *Mughal Room*. 1st Floor, Carfield Commercial Bldg, 75-77 Wyndham St, Central, Hong Kong Island; Tel. 25230107; geöffnet Mo-Sa 12.00-15.00 und 18.00-23.30 h; $. Manche Speisen sind teuer, insgesamt aber bekommt man für wenig Geld gute indische Spezialitäten.

• Japanische Küche

- *Benkay.* 1st Basement, Gloucester Tower, The Landmark, 11 Pedder St, Central, Hong Kong Island; Tel. 25213344; geöffnet tägl. 11.30-15.00 (So ab 12.00) und 18.00-22.30 h; $$$; A/K. Stilvolles Ambiente und ausgezeichnete japanische Küche.
- *Sagano.* 1st Floor, Hotel Nikko, 72 Mody Rd, Tsim Sha Tsui East, Kowloon; Tel. 23134215; geöffnet tägl. 7.00-9.30, 12.00-14.30 und 18.00-22.30 h; $$$$. Die kleinen kulinarischen Kunstwerke haben zwar ihren Preis, doch ißt man ja nicht jeden Tag hier.

• Koreanische Küche

- *Koreana.* Ground Floor, Vienna Mansion, 55 Paterson St, Causeway Bay, Hong Kong Island; Tel. 25775145; geöffnet tägl. 12.00-23.30 h; $. Sehr gutes Preis-Leistungs-Verhältnis, Vegetarier kommen voll auf ihre Kosten.

• Mongolische Küche

- *Kublai's.* 1st Floor, 151 Lockhart Rd, Wan Chai, Hong Kong Island; Tel. 25112287; geöffnet tägl. 12.30-15.00 und 18.30-23.00 h (So nur abends geöffnet), $. Ausgezeichnetes Buffet zu einem erstaunlich günstigen Preis.

• Thailändische Küche

- *Chili Club.* 1st Floor, 88 Lockhart Rd, Wan Chai, Hong Kong Island; Tel. 25272872; geöffnet tägl. 12.00-15.00 und 18.00-22.30 h; $. Pikante Thai-Küche zu einem erfreulich niedrigen Preis.
- *Her Thai.* Shop 1, Promenade Level, Tower 1, China Hong Kong City, Tsim Sha Tsui, Kowloon; Tel. 27358898; geöffnet tägl. 12.00-15.00 und 18.00-23.00 h; $$. Eines der teureren Thai-Restaurants, die liebevolle Zubereitung und Präsentation der Speisen ersticken dererlei Gedanken aber schon im Ansatz.
- *Supatra's.* Ground Floor, 50 D'Aguilar St, Lan Kwai Fong, Central, Hong Kong Island; Tel. 25225073; geöffnet tägl. 12.00-24.00 h; $. Ausgezeichnetes Essen zu einem noch günstigen Preis.
- *Thai Kitchen.* 6th Floor, Goldmark, 1-3 Jardine's Bazaar, Causeway Bay, Hong Kong Island; Tel. 25770018; geöffnet tägl. 11.30-15.00 und 18.00-23.30 h; $. Eines der ältesten Thai-Restaurants und noch immer eines der besten, zu fairen Preisen.

• Vietnamesische Küche

- *Golden Bull.* 101 Ocean Centre, Harbour City, Tsim Sha Tsui, Kowloon; Tel. 27304866; geöffnet tägl. 12.00-23.30 h; L1, 17, New World Centre, 18 Salisbury Rd, Tsim Sha Tsui, Kowloon; Tel. 23694167; geöffnet tägl. 12.00-23.30 h; $. Gutes Essen, riesige Portionen, und das alles zu vernünftigen Preisen.

• Westliche Küche

- *Amigo.* Amigo Mansion, 79A Wong Nei Chung Rd, Happy Valley, Hong Kong Island; Tel. 25772202; geöffnet tägl. 12.00-15.00 und 18.00-24.00 h; Französische Küche; $$$$, A/K. Vom Essen bis hin zum Service stimmt hier alles.

- *Belvedere.* 1st Floor, Grand Stanford Harbour View, 70 Mody Rd, Tsim Sha Tsui East, Kowloon; Tel. 27215161 ext 2738; geöffnet Mo-Sa 12.00-14.30 und 19.00-24.00 h, So 12.00-15.00 h; Französische Küche; $$$. Mit schönem Blick auf den Hafen genießt man die nicht übertrieben teuren Gaumenfreuden.
- *Café de Paris.* Underground Floor & 1st Floor, California Tower, 30-32 D'Aguilar St, Central, Hong Kong Island; Tel. 25247521; geöffnet Mo-Sa 11.30-15.00 h und 19.00-24.00 h; Französische Küche; $$$. Die nicht gerade niedrigen Preise werden durch die dargebotenen Speisen allemal wettgemacht.
- *Capriccio.* 2nd Floor, hong Kong Renaissance Hotel, 8 Peking Rd, Tsim Sha Tsui, Kowloon; Tel. 23751133; geöffnet Mo-Sa 12.00-15.00 und 18.00-24.00 h; Italienische Küche; $$$$. Die Preise sind hoch, Kochkunst und Service aber auch.
- *The Chalet.* 9th Floor, Tower Wing, Royal Pacific Hotel and Towers, China Hong Kong City, 33 Canton Rd, Tsim Sha Tsui, Kowloon; Tel. 27382388; geöffnet tägl. 07.00-23.00 h; Schweizerische Küche; $$. Feinstes aus dem Alpenland zu vernünftigen Preisen.
- *Chesa.* 1st Floor, The Peninsula, Salisbury Rd, Tsim Sha Tsui, Kowloon; Tel. 23666251 ext. 3169; geöffnet tägl. 12.00-14.30 und 18.30-22.30 h; Schweizerische Küche; $$$, A/K. Für die Örtlichkeit erstaunlich moderate Preise für Spitzenqualität.
- *Excelsior Grill.* 3rd Floor, The Excelsior, 281 Gloucester Rd, Causeway Bay, Hong Kong Island; Tel. 28948888; geöffnet Mo-Fr 12.00-14.30 und 19.00-23.00 h, Sa 19.00-23.00, So 11.00-15.00 und 19.00-23.00 h; Kontinentale Küche; $$$. Hervorragendes Essen zu trotzdem noch vernünftigen Preisen.
- *Felix.* 28th Floor, The Peninsula, Salisbury Rd, Tsim Sha Tsui, Kowloon; Tel. 23666251; geöffnet tägl. 11.30-02.00 h; Europäische und pazifische Küche; $$$$. Derzeit **das** In-Restaurant der Stadt, mit atemberaubendem Blick auf den Victoria Harbour, einer Kaviarbar, einer Weinbar, einer amerikanischen Bar und einer kleinen Disco. Schon der futuristisch gestaltete Eingang versetzt einen ins 21. Jahrhundert.
- *Gaddi's.* 1st Floor, The Peninsula, Salisbury Rd, Tsim Sha Tsui, Kowloon; Tel. 23666251; geöffnet tägl. 12.00-15.00 und 19.00-23.00 h; Französische Küche; $$$$, A/K. Unter DM 300 kommt man zu zweit kaum davon, doch dafür wird einem dieses Essen unvergeßlich bleiben.
- *Grissini.* 2nd Floor, Grand Hyatt, 1 Harbour Rd, Wan Chai, Hong Kong Island; Tel. 25881234; geöffnet tägl. 12.00-14.30 und 19.00-22.30 h; Italienische Küche; $$$. Speisen, Ambiente und Service stimmen auf den Punkt, und die Preise bleiben unter den Erwartungen.
- *Hugo's.* 2nd Floor, Hyatt Regency, 67 Nathan Rd, Tsim Sha Tsui, Kowloon; Tel.

23111234 ext. 877; geöffnet Mo-Sa 12.00-15.00 und 19.00-23.00 h, So 11.30-15.00 und 19.00-23.00 h; Kontinentale Küche; $$$$; A/K. Beliebt wegen seines günstigen Mittagessens, am Abend wird es dagegen teuer – aber auch romantischer.

- *Joyce Cafe.* 1st Floor, The Galleria, 9 Queen's Rd, Central, Hong Kong Island; Tel. 28101335; geöffnet Mo-Sa 8.00-20.00 h; Östliche und westliche Küche; $$. Hier bekommt man viel zu angemessenen Preisen. Wein wird nicht ausgeschenkt.
- *Mandarin Grill.* 1st Floor, Mandarin Oriental, 5 Connaught Rd, Central, Hong Kong Island; Tel. 25220111; geöffnet tägl. 7.00-11.00, 12.00-15.00 und 18.30-23.00 h, So Brunch 11.00-15.00 h; Kontinentale Küche; $$$$; A/K. Der Preis spielt bei solch einem Abend keine Rolle.
- *Margaux.* Mezzanine Floor, Kowloon Shangri-La, 64 Mody Rd, Tsim Sha Tsui East, Kowloon; Tel. 27212111 ext 8901; geöffnet Mo-Sa 12.00-15.00 und 19.00-23.30 h, So 11.00-14.30 und 19.00-23.30 h; Kontinentale Küche; $$$$; A/K. Teuer, aber erlesen, besonders auch die Weine.
- *Parc 27.* 27th Floor, Park Lane Hotel, 310 Gloucester Rd, Causeway Bay, Hong Kong Island; Tel. 28903355 ext 3344; geöffnet tägl. 12.00-15.00 und 18.00-24.00 h; Kontinentale Küche; $$$. Die Preise sind gemessen an der Qualität des Essens durchaus akzeptabel, und die phantastische Sicht gibt es gratis dazu.
- *Petrus.* 56th Floor, Hong Kong Island Shangri-La, Pacific Place, Supreme Court Rd, Central, Hong Kong Island; Tel. 28208590; geöffnet Mo-Sa 12.00-15.00 und 19.00-23.00, So 19.00-23.00 h; Französische Küche; $$$$. Höher hinaus kann man in Hong Kong kaum, auch was die Qualität der Speisen anbelangt.
- *Pierrot.* 25th Floor, Mandarin Oriental, 5 Connaught Rd, Central, Hong Kong Island; Tel. 25220111; geöffnet Mo-Fr 12.00-15.00 und 19.00-23.00, Sa, So und Feiertage 19.00-23.00 h; Französische Küche; $$$$; A/K. Der hohe Standard des Essens schlägt sich auch im Preis nieder.
- *Plume.* The Regent, 18 Salisbury Rd, Tsim Sha Tsui, Kowloon; Tel. 27211211; geöffnet 19.00-24.00 h; Europäische Küche; $$$$; A/K. Das Non-Plus-Ultra, leider auch im Preis. Doch wer Hong Kong einmal richtig genießen will, der liegt hier trotzdem richtig, mit herrlichem Blick auf den Hafen.
- *Revolving 66.* 62th Floor, Hopewell Centre, 183 Queen's Rd East, Wan Chai, Hong Kong Island; Tel. 28626166; geöffnet tägl. 11.00-24.00 h; Französische Küche; $$$. Das Essen ist nicht überragend, man bezahlt für den grandiosen Ausblick über ganz Hong Kong. Höher hinaus kann man in Hong Kong zum Essen nicht, und dazu noch im Drehrestaurant.
- *La Rose Noire.* 1st Floor, 8-13 Wo On Lane, Central, Hong Kong Island; Tel. 25265965; geöffnet Mo-Sa 12.00-24.00 h; Französische Küche; $$$. Für das Gebotene noch vernünftige Preise.
- *Stanley's French.* 86-88 Stanley Main Rd, Stanley,

Hong Kong Island; Tel. 28138873; geöffnet tägl. 9.00-24.00 h; Französische Küche; $$. Gutes Preis-Leistungs-Verhältnis, in schöner Umgebung.

- *The Verandah.* 1st Floor, The Arcade, The Repulse Bay, 109 Repulse Bay Rd, Repulse Bay, Hong Kong Island; Tel. 28122722; geöffnet tägl. 12.00-14.30, 15.00-17.30 und 19.00-22.30 h, So Brunch 11.00-14.30 h; Französische und kontinentale Küche; $$$$; A/K. Ein Restaurant für ganz besondere Gelegenheiten, entsprechend sind auch die Preise.

● Fast Food und Kettenrestaurants

- *Burgerking* – Ähnliches Angebot wie McDonalds.
- *Café de Coral* – Chinesische und westliche Gerichte, die Sandwiches sind recht ordentlich. Gut für das schnelle Frühstück.
- *Domino's Pizza* – Ganz ordentliche Pizzas.
- *Fairwood Fast Food* – Eine Mischung aus chinesischen und westlichen Gerichten. Kennzeichen ist der große lachende Clown.
- *Francedeli* – Gutes Frühstück und Gebäck, aber auch Salate und kleine Gerichte.
- *Ka Ka Lok Fast Food Shop* – Einfache Gerichte zum Mitnehmen.
- *Kentucky Fried Chicken* – Hühnchen in verschiedenen Variationen.
- *Maxim's* – Chinesische Gerichte mit unterschiedlicher Qualität.
- *McDonalds* – Das riesige gelbe M ist alle paar hundert Meter zu finden, im ganzen Territorium. Hamburger, Pommes Frites und Shakes.
- *Oliver's Super Sandwiches* – Frische, nach individuellen Wünschen zubereitete Riesensandwiches. Ein guter Platz auch für das Frühstück.
- *Pizza Hut* – Natürlich Pizzas, aber auch andere italienische Gerichte.
- *Spaghetti House* – Recht gute Pizzas, Spaghetti und andere italienische Gerichte. Cartoons an den Wänden verkürzen die Wartezeit.

3.4 Bars, Lounges, Pubs & Discos

Die Auswahl ist riesig, alle Hotels bieten eigene Bars oder Discos, zum Teil mit großartigem Blick auf den Hafen. Die Masse der Etablissements konzentriert sich auf Central, Wan Chai und Causeway Bay auf Hong Kong Island, und Tsim Sha Tsui, Tsim Sha Tsui East und Yau Ma Tei in Kowloon. Weitere Empfehlungen finden sich in der Broschüre *'The Official Dining and Entertainment Guide'* der HKTA.

- *Bar City*. Shop B2-22B, Basement 2, New World Centre, 18 Salisbury Rd, Tsim Sha Tsui, Kowloon; Tel. 23698571; geöffnet tägl. 21.00-2.30 h. Drei verschiedene Unterhaltungsmöglichkeiten stehen zur Verfügung: Disco, Live Bands oder Cabaret.
- *The Blacksmith's Arms*. Ground Floor, 16 Minden Avenue, Tsim Sha Tsui, Kowloon; Tel. 23696696; geöffnet tägl. 12.00-1.00 h. Typisch englisches Pub, mit Dart und allem was dazugehört.
- *The Bull and Bear*. Ground Floor, Hutchison House, 10 Harcourt Rd, Central, Hong Kong Island; Tel. 25257436; geöffnet Mo-Fr 8.00-2.00 h, Sa, So und Feiertage 12.00-24.00 h. Seit Jahren einer der beliebtesten Pubs der Einheimischen.
- *Café Deco*. Peak Galleria, 118 Peak Rd, The Peak, Hong Kong Island; Tel. 28495111; geöffnet tägl. 10.00-24.00 h. Vom Victoria Peak aus bietet sich eine der spektakulärsten Aussichten Hong Kongs.
- *Club Bottoms Up*. Basement, 14-16 Hankow Rd, Tsim Sha Tsui, Kowloon; Tel. 27214509; geöffnet Mo-Sa 16.30-3.30 und So 17.00-3.00 h. Bekannt aus dem James Bond Film 'Der Mann mit dem goldenen Colt'.
- *Cyrano*. 56th Floor, Hong Kong Island Shangri-La, Pacific Place, 88 Queensway, Supreme Court Rd, Central, Hong Kong Island; Tel. 28208591; geöffnet So-Do 18.00-1.30 h, Fr, Sa und Feiertage 18.00-2.30 h. Fantastischer Blick auf den Hafen, untermalt von Livemusik.
- *DD II*. Basement, 38-44 D'Aguilar St, Central, Hong Kong Island; Tel. 25248809; geöffnet So-Do 21.30-3.30, Fr, Sa und Feiertage 21.30-4.30 h. Seit Jahren einer der Trendsetter unter den Discos Hong Kongs.
- *Hard Rock Café*. Ground/3rd Floor, 100 Canton Rd, Tsim Sha Tsui, Kowloon; Tel. 23778118; geöffnet tägl. 11.30-4.00 h; Basement/Ground Floor, 11 Chater Rd, Swire House, Central, Hong Kong Island; Tel. 23778168; geöffnet tägl. 11.00-3.00 h. Zu Steaks, Burgers und Drinks gibt es gute Musik, in der Kowlooner Filiale sogar von 22.30-3.00 h live.
- *Joe Bananas*. Ground Floor, Shiu Lam Bldg, 23 Luard Rd, Wan Chai, Hong Kong Island: Tel. 25291811; geöffnet Mo-Do 11.00-5.00 h, Fr-Sa 11.00-6.00 h und So 18.00-4.00 h. Der Andrang ist groß, wer spät kommt, muß eventu-

ell warten, bis er eingelassen wird.

- *La Ronda*. 30th Floor, Furama Kempinski Hotel, 1 Connaught Rd, Central, Hong Kong Island; Tel. 25255111; geöffnet Do 11.00-5.00 h, Fr-Sa 11.00-6.00 h und So 18.00-4.00 h. Herrliche Sicht aus dem Drehrestaurant im 30. Stock über Central, Hafen und Kowloon.
- *Ned Kelly's Last Stand*. 11A Ashley Rd, Tsim Sha Tsui, Kowloon; Tel. 23760562; geöffnet tägl. 11.30-2.00 h. Australisches Pub mit Live-Jazz. Steaks und Sandwiches sorgen für das leibliche Wohl.
- *Nineteen 97*. Underground Floor, Cosmos Bldg, 8-11 Lan Kwai Fong, Central, Hong Kong Island; Tel. 28109333; geöffnet Mo-Do 9.00-2.00 h, Fr-So rund um die Uhr. Essen, trinken oder einfach nur reden, jeder findet hier seinen Part.
- *Planet Hollywood*, 3 Canton Road, Tsim Sha Tsui, Kowloon; Tel. 23777888; geöffnet tägl. 11.30-2.00 h. Der *Terminator* begrüßt einen persönlich zu heißer Musik und fetzigen Filmclips, dazu gibt es jede Menge Accessoires diverser Leinwandgrößen.
- *Rick's Café*. Basement, Enterprise Centre, 4 Hart Avenue, Tsim Sha Tsui, Kowloon; Tel. 23672939; geöffnet tägl. 15.00-3.00 h. Ein Hauch von 'Casablanca' liegt über diesem Pub.
- *Schnurrbart*. 6 Prat Avenue, Tsim Sha Tsui, Kowloon; Tel. 23662986, und 29 D'Aguilar Street, Central, Hong Kong Island, Tel. 25234700; geöffnet tägl. 12.00-3.00 h. Angeblich die größte Auswahl an Bieren in Hong Kong.
- *Sky Lounge*. 18th Floor, Sheraton Hong Kong Hotel and Towers, 20 Nathan Rd, Tsim Sha Tsui, Kowloon; Tel. 23691111 ext 3342; geöffnet So-Do 16.00-1.00, Fr, Sa und Feiertag 11.00-2.00 h. Beliebt bei Pärchen und Grüppchen, die einen schönen Abend unter freiem Himmel verbringen wollen.
- *Talk of the Town*. 34th Floor, The Excelsior, 281 Gloucester Rd, Causeway Bay, Hong Kong Island; Tel. 28948888; geöffnet So-Do 17.00-1.00, Fr, Sa und Feiertag 17.00-2.00 h. Bei Livemusik den wunderschönen Blick auf Victoria Harbour genießen.

3.5 Hostessen-Clubs

Hong Kongs Nachtleben ist im Vergleich zu den 70er Jahren, als die GIs die Stadt unsicher machten, gut bürgerlich geworden. Zwar werben viele Nachtclubs mit dem Hinweis '*Topless*', doch mehr ist in den allermeisten Fällen auch nicht drin. Es geht sehr gesittet zu, die Rechnungen sind dafür umso gesalzener. Angesprochen wird vor allem das japanische Publikum, das für wenig viel hinlegt. Wer trotz allem sein Glück versuchen möchte – Aids grassiert auch in Hong Kong! –, wird unter DM 500 kaum davonkommen. Vorsicht ist geboten, denn der fünfminütige Plausch mit einem

der Mädchen kann leicht DM 100 und mehr kosten, ohne daß man das Mädchen möglicherweise an seinen Tisch bestellt hat. Und die Getränkepreise lassen einen jeden Tropfen einzeln genießen. Wie teuer das jeweilige Etablissement ist, läßt sich an den Edelkarossen abschätzen, die in der Regel davor stehen.
Die meisten Clubs findet man in Wan Chai (Suzie Wong ist lange tot!) und in Tsim Sha Tsui und Tsim Sha Tsui East.

- *China City Night Club.* 4th Floor, Peninsula Centre, 67 Mody Rd, Tsim Sha Tsui East, Kowloon; Tel. 27233278; geöffnet tägl. 12.00-4.00 h.
- *Club Celebrity.* 1st Floor, 175-191 Lockhart Rd, Wan Chai, Hong Kong Island; Tel. 25757161; geöffnet tägl. 20.00-3.00 h.
- *Club Deluxe.* L301, New World Centre Office Bldg, 18 Salisbury Rd, Tsim Sha Tsui, Kowloon; Tel. 27210277; geöffnet Mo-Sa 20.00-3.00 h.
- *Club Volvo.* New Mandarin Plaza, 14 Science Museum Rd, Tsim Sha Tsui East, Kowloon; Tel. 23692883; geöffnet tägl. 15.00-4.00 h.
- *Metropolitan.* Chinachem Golden Plaza, 77 Mody Rd, Tsim Sha Tsui East, Kowloon; Tel. 23111111; geöffnet tägl. 15.00-3.00 h.
- *New Tonnochy Nightclub.* 1-5 Tonnochy Rd, Wan Chai, Hong Kong Island; Tel. 25754376; geöffnet tägl. 13.00-4.00 h.

3.6 Wo man gut einkauft

3.6.1 Allgemeines

Den meisten Touristen kommt Hong Kong vor wie ein einziges großes Einkaufszentrum, was in den typischen Touristenvierteln zum Teil auch stimmt. Bei der Fülle an Geschäften, die fast alle das gleiche zu verkaufen scheinen, fällt es daher oft schwer herauszufinden, wo man kaufen sollte.

Zwei Fragen stehen dabei im Vordergrund, zum einen die Vertrauenswürdigkeit der Händler, zum anderen die Preise.

In vielen Geschäften Tsim Sha Tsuis hat man den Eindruck, daß man gar nicht so recht daran interessiert ist etwas zu verkaufen, anders läßt sich der ruppige Ton nicht erklären, mit dem einem auf Fragen geantwortet wird.

Um einigermaßen sicherzugehen, daß man auch bekommt, was man möchte, sollte man sich folgende Hinweise zu Herzen nehmen:
- **Niemals sofort im ersten Geschäft kaufen**, stets die Preise in verschiedenen Geschäften miteinander vergleichen, besonders wenn es sich um eine größere Ausgabe handelt. Sich-Umschauen lohnt sich meistens und hilft Geld sparen.
- Am sichersten kauft man in Geschäften, die das **Zeichen der HKTA** an ihrer Ge-

Shanghai Street in Mong Kok

schäftstür oder in ihrem Fenster kleben haben (rote Dschunke auf weißem Grund). Dann kann man sich im Falle einer Beschwerde an die HKTA wenden, und zwar mit Aussicht auf Erfolg, was sonst in der Regel nicht der Fall ist.

- Alle Artikel vor der Bezahlung dahingehend **gründlich in Augenschein nehmen**, ob sie fehlerfrei oder komplett sind.
- Vorsicht, sich **beim Kauf nicht ablenken lassen**, manche Händler versuchen die Waren unter dem Ladentisch umzutauschen (z.B. ein Originalobjektiv gegen das eines Billiganbieters).
- Sich bei größeren oder wertvolleren Gegenständen eine **ordentliche Rechnung** ausstellen lassen, auf der Fabrikat, Gerätenummer, Seriennummer oder eine genaue Beschreibung des Schmuckstükkes vermerkt sind.
- Sich bei **Bezahlung mit Kreditkarte** den Abzug zeigen lassen. Die Karte zudem niemals aus den Augen lassen.
- Bei **Maß- oder Spezialanfertigungen** werden in der Regel etwa 50% Anzahlung verlangt.
- Preise für das gleiche Produkt können weit variieren, dies hängt unter anderem davon ab, ob man das Gerät z.B. **ohne Garantie**, mit **Hong Kong-Garantie** oder mit **weltweiter Garantie** ersteht. Im eigenen Interesse sollte man lieber ein paar Mark mehr bezahlen, dafür aber die Sicherheit einer weltweiten Garantie mit nach Hause nehmen. In diesem Fall muß der Name des verkaufenden Geschäfts auf der Garantiekarte erscheinen, außerdem wieder eine vollständige Beschreibung des Gegenstandes.
- Man kann sich alles auch **per Flugzeug oder Schiff nachschicken lassen**, diesen Service bieten die meisten Geschäfte. Im Zweifelsfall die Zollbestimmungen des Bestimmungslandes abklären.
- **Handeln ist ein Muß**, auch wenn viele Verkäufer zunächst abwinken. Doch wer

nicht handelt, ist selber schuld. (Ein T-Shirt für HK$ 7 am Nachtmarkt sollte man allerdings nicht mehr herunterzuhandeln versuchen.)

- **Zwischen Weihnachten und dem chinesischen Neujahrsfest halten viele Geschäfte großen Ausverkauf**; eine besonders gute Zeit zum Einkaufen.
- Nicht alles ist billig in Hong Kong, **besonders lohnenswert** sind Kleidung, vor allem auch **Maßgeschneidertes**, **Schmuck** und **chinesische Handarbeiten**. Bei Elektronikprodukten sollte man den Preis von daheim im Kopf haben.
- **Copy-Watches** und andere Markenplagiate sind **offiziell verboten**, werden den Touristen jedoch vielerorts angeboten, z.B. an der Nathan Rd oder am Nachtmarkt in der Temple St. Doch Achtung, sich nicht erwischen lassen!
- Was auf Straßenmärkten und in der Fabrik als **Überschuß** (Outlet) gekauft wurde, ist nicht umtauschbar.
- Vorsicht vor den **CDs auf Straßenmärkten und bei den fliegenden Händlern**: Es handelt sich nicht um Originalaufnahmen.

Wer sich einen Überblick über die von der HKTA überwachten Geschäfte verschaffen will, dem sein die kostenlose Broschüre *'The Official Shopping Guide'* der HKTA empfohlen. Als allgemeine Regel kann man mit auf den Weg nehmen, daß man außerhalb der Touristviertel günstiger einkauft, doch erfordert dies mitunter eine etwas längere Anreise, die sich aber lohnt. Wo nötig, finden sich Angaben über die Anreise.

3.6.2 Einkaufszentren (*Shopping Centres*)

Hong Kong besitzt eine Vielzahl an Einkaufszentren, die den Vorteil bieten, ein breites Warenangebot unter einem Dach zu vereinen, so daß man mitunter viel Zeit beim Einkaufen sparen kann.

Die Palette reicht, wie in allen Belangen in Hong Kong, von exklusiv bis durchschnittlich.

• Hong Kong Island

- *Western Market.* 323 Des Voeux Rd Central, Sheung Wan. Viel Handgemachtes und Stoffe, im altehrwürdigen Rahmen der alten Markthalle.
- *The Landmark.* 12-16 Des Voeux Rd Central, Central. Designerboutiquen und anderes Nobles. Sehr teuer.
- *The Galleria.* 9 Queen's Rd Central, Central. Außer dem Nobelkaufhaus 'Joyce' noch eine Reihe weiterer Edelboutiquen.
- *Admirality Centre.* 18 Harcourt Rd, Central. Alles für den alltäglichen Gebrauch.
- *Queensway Plaza.* 93 Queensway, Central. Mit dem Admirality Centre zu einem großen Komplex zusammengewachsen, mit der gleichen Angebotspalette.
- *Pacific Place.* 88 Queensway, Central. Eines der größten Einkaufszentren Hong Kongs. Zentral gelegen, breite Angebots- und Preispalette, umrahmt von lichter und weiträumiger Architektur. Das Preisniveau steigt mit der

Stockwerkzahl. Hier kann man einen ganzen Tag verbringen.

- *Island Shopping Centre.* 1 Great George St, Causeway Bay. Kleidung, Parfüm und Schmuck überwiegen.
- *Cityplaza.* 1111 King's Rd, Taikoo Shing, Quarry Bay. Über 230 Geschäfte, Schlittschuhbahn, Rollschuhbahn, Vergnügungspark, kostenlose kulturelle Vorführungen am Wochenende, Bowlingbahnen. Hier findet man alles unter einem Dach, und das zu angenehmen Preisen. **Der Tip auf der Insel**. Zu erreichen mit der MTR, Station Tai Koo, von da Direktzugang zum Einkaufszentrum.

• Kowloon

- *Harbour City.* Salisbury Rd/Canton Rd, Tsim Sha Tsui (gleich bei der Star Ferry.) Dieser Komplex umfaßt Ocean Terminal, Ocean Centre und Ocean Galleries, eines der größten Einkaufszentren Asiens mit über 600 Geschäften der oberen und obersten Preiskategorie.
- *Starhouse Plaza.* 3 Salisbury Rd, Tsim Sha Tsui. (Direkt bei der Star Ferry.) Meist teuere Läden, doch die Auswahl bei 'Chinese Arts & Crafts' ist überdurchschnittlich gut.
- *Park Lane Shopper's Boulevard.* 143-161 Nathan Rd, Tsim Sha Tsui. Außer dem Department Store 'Yue Hwa Chinese Products Emporium' noch Juweliere, Uhrengeschäfte und Kleidung.
- *New World Centre.* 18 Salisbury Rd, Tsim Sha Tsui. Rund 250 Geschäfte und Restaurants, gleich daneben die Shopping Arcade des Regent Hotels, damit man weiß, wie man sein Geld auch ausgeben kann.
- *Tsim Sha Tsui Centre.* 66 Mody Rd, Tsim Sha Tsui East. Es ist dies das größte Einkaufszentrum in diesem Touristenviertel und steht stellvertretend für alle anderen. Zu kaufen gibt es hier alles.
- *Whampoa Garden.* Shung King St und Tak Hong St, Whampoa Garden, Hung Hom. Wie kommt man hin: In Kowloon entweder mit Bus Nr. 8A ab der Salisbury Rd, Tsim Sha Tsui, oder mit Minibus Nr. 6 ab der Star Ferry; von Hong Kong Island mit der Star Ferry ab Central und der Fähre ab Wan Chai und North Point. Neben dem Einkaufszentrum Hong Kong Place (fünf Mal am Tag Vorführung des Musikspringbrunnens) schwimmt ein aus Beton gegossener Luxusliner zwischen den Hochhäusern, in seinem Inneren ebenfalls gefüllt mit Läden und Restaurants.

• New Territories

- *New Town Plaza.* 18 Sha Tin Centre St, Sha Tin. Zu erreichen mit der KCR, Station Sha Tin, von da aus Direktzugang zum Einkaufszentrum. Im Atrium des riesigen Einkaufszentrums mit mehreren hundert Geschäften kann man während der Woche zweimal, am Wochenende viermal am Tag die Vorführungen des Musikspringbrunnens genießen. Ein Tag ist hier schnell verbracht, denn hier findet man alles, und dies zu günstigen Preisen. **Der Tip** zusammen mit 'Cityplaza'.

- *Tuen Mun Town Plaza.* Tuen Fat Rd, Tuen Mun. Zu erreichen mit der Hoverferry ab dem Blake Pier in Central bis Tuen Mun, dann weiter mit der LRT (Linie 507 oder 614) bis Station Town Centre. Hong Kongs größtes Einkaufszentrum. Ein weiterer Tip.

3.6.3 Department Stores

Die meisten der aufgeführten Department Stores haben mehrere Filialen in Hong Kong, genannt werden nur die wichtigsten.

- *China Products Co. (HK) Ltd.* 488 Hennessy Rd, Causeway Bay, Hong Kong Island. Große Auswahl zu günstigen Preisen.
- *The Chinese Merchandise Emporium Ltd.* Tower I, Argyle Centre, 65 Argyle St, Mong Kok, Kowloon. Alltägliches zu fairen Preisen.
- *Chung Kiu Chinese Products Emporium Ltd.* 528-532 Nathan Rd, Yau Ma Tei, Kowloon. Sehr gutes Angebot an Kunstgewerblichem aus China.
- *Daimaru.* Great George St, Causeway Bay, Hong Kong Island. Mi geschlossen. Japanisches Großkaufhaus, in dem es alles gibt.
- *Lane Crawford.* Level 1,2 & 3, The Mall, One Pacific Place, 88 Queensway, Central, Hong Kong Island. Ground Floor, Mansion House, 74 Nathan Rd, Tsim Sha Tsui, Kowloon. Die Preise dieser lokalen Geschäftskette sind weiter oben als die der anderen Department Stores angesiedelt.
- *Marks & Spencer (HK) Ltd.*. U.a. Shops 313-316 und 418-421, Times Square, 1 Matheson St., Causeway Bay, Hong Kong Island. Exklusives Kaufhaus, das besonders für seine gut sortierte Bekleidungsabteilung bekannt ist.
- *Matsuzakaya.* Queensway Plaza, 93 Queensway, Central, Hong Kong Island. Kleidung, Schuhe, Haushaltswaren und jede Menge Kosmetika.
- *Mitsukoshi Enterprises Co.* Hennessy Centre, 500 Hennessy Rd, Causeway Bay, Hong Kong Island. Hier findet man auch noble Namen der Bekleidungsbranche.
- *Sincere Co. Ltd.* Sincere House, 83 Argyle St, Mong Kok, Kowloon. War eines der ersten Kaufhäuser Hong Kongs, mit weitgefächertem Angebot.
- *Sogo.* East Point Centre, 555 Hennessy Rd, Causeway Bay, Hong Kong Island. Japanisches Großkaufhaus mit niedrigeren Preisen als die anderen japanischen Häuser. Interessante Kaffeemaschinen im Restaurant (im Untergeschoß), und das Essen ist recht gut.
- *Wing On.* 211 Des Voeux Rd, Central, Hong Kong Island. 361 Nathan Rd, Yau Ma Tei, Kowloon. Ebenfalls in Hong Kong beheimatet, mit einer großen Auswahl an Kleidung, Schmuck und Haushaltswaren.
- *Yaohan.* Basement + Ground Floor, Site 5&6, Whampoa Garden, Hung Hom, Kowloon. Riesiges japanisches

Kaufhaus, in dem es alles zu moderaten Preisen gibt.

- *Yue Hwa Chinese Products Emporium Ltd.* 301-309 Nathan Rd, Yau Ma Tei, Kowloon. Riesige Auswahl an alltäglichen Gebrauchsgütern, aber auch Exotika wie Kräutermedizin.

3.6.4 Märkte

Einen wichtigen Teil seines Charmes verdankt Hong Kong seinen zahlreichen Straßenmärkten, auf denen so ziemlich alles verkauft wird, was man für den Alltag braucht – oder auch nicht. *Lebensmittel- und Haushaltswarenmärkte* gibt es in fast allen Stadtteilen, besonders interessant sind auf Hong Kong Island diejenigen in *Wan Chai* (Wan Chai Rd/Cross St und Umgebung), *North Point* (rund um die Chun Yeung St; bei der Tram-Wendestelle), *Shau Kei Wan* (Kam Wa St; bei der Tram-Endstation) und der *Fischmarkt in Aberdeen*, vor allem am frühen Morgen (zu erreichen mit Bus Nr. 70 ab Exchange Square, Central, Hong Kong Island).

In Kowloon sind es die in den Stadtteilen *Yau Ma Tei* und *Mong Kok* westlich der Nathan Rd stattfindenden und derjenige in *Sham Shui Po* (mit der MTR erreichbar). Bester Markt dieser Art in den New Territories ist *Luen Wo Market* in Fanling (mit der KCR bis Fanling, dann Minibus Nr. 53K oder Bus Nr. 78K, oder ab der Jorden Rd, Yau Ma Tei, Kowloon, mit Bus Nr. 70).

● Weitere Märkte auf **Hong Kong Island**

- *Upper und Lower Lascar Row* (Sheung Wan): Auch als *'Cat Street'* bekannt; hier gibt es neben Antiquitäten auch jede Menge Trödel.
- *Li Yuen St East und West* (Central): Zwei enge Gassen ('The Lanes'), vollgestopft mit Kleidung, Stoffen, Lederwaren, billigem Schmuck, Kinderkleidung, Spielzeug, Schirmen, Uhren und Make-up. Beliebt bei Einheimischen und Touristen gleichermaßen.
- *Pottinger St* (Central): Typischer chinesischer Straßenmarkt, auf dem es von jedem etwas gibt.
- *Jardine's Bazaar und Jardine's Crescent* (Causeway Bay): Bekleidung, Schuhe, Handtaschen, Haushaltswaren und chinesische Kräuter, Gewürze und getrocknete Produkte bestimmen das Bild.
- *Stanley Market* (Stanley; zu erreichen mit Bus Nr. 6 oder 260 ab Exchange Square, Central, Hong Kong Island; tägl. 10.00-19.00 h): Vor allem Kleidung, besonders Outlets, aber auch Kunstgewerbliches. Von Touristen ziemlich überlaufen, daher am besten während der Woche am späten Nachmittag kommen, dann sind die Rundfahrtbusse fort. Unbedingt handeln.

● Weitere Märkte in **Kowloon**

- *Tung Choi St* (Mong Kok; zu erreichen mit der MTR, Station Prince Edward, dann zwei Blocks östlich der Nathan Rd; tägl. 12.00-22.30 h): Am 'Ladies Market' kaufen vor allem die Einheimischen, wie der Name schon sagt besonders Damenbekleidung, -schuhe und Haushaltswaren.

- *Jade Market* (Kansu St, Yau Ma Tei; zu erreichen mit der MTR, Station Yau Ma Tei, dann zu Fuß 300 m südwärts; geöffnet tägl. 10.00-15.30 h): Vorsicht beim Kaufen, das meiste, was die 450 Händler anbieten, ist gar nicht Jade, oder nur sehr minderwertige, für kleine Mitbringsel für einige Hong Kong-Dollars aber kein schlechter Platz. Durchbummeln allein ist auch sehr reizvoll.
- *Bird Market* (Hong Lok St, Mong Kok; zu erreichen mit der MTR, Station Mong Kok, Nelson St Westausgang, dann zwei Blocks westlich der Nathan Rd; tägl. 10.00-18.00 h): Hier kaufen viele Einheimische ihre gefiederten Hausgenossen und alles für deren Wohlergehen.
- *Temple St Nachtmarkt* (Temple St, Yau Ma Tei; zu erreichen mit der MTR, Station Jordan, bei Yue Hwa Emporium in die Jordan Rd einbiegen, dann dritte Straße rechts; tägl. 18.00-24.00 h, am besten nach 19.00 h): Trotz vieler Touristen noch immer Hong Kongs bester Markt, wo man außer gut kaufen auch noch in einem der Straßenrestaurants gut essen und das Gewusel rundherum inhalieren kann. **Ein Muß**.

3.6.5 Spezialläden

• Antiquitäten

Einige der chinesischen *Department Stores* (s.o.) führen auch Antiquitäten, jeder ernsthafte Sammler landet allerdings in dem Viertel entlang der *Hollywood Rd/Upper Lascar Row*, letztere auch bekannt als 'Cat St'. Hier reihen sich die Antiquitätengeschäfte aneinander, und wenn auch die meisten seriös sind, gewisse Vorsichtsmaßnahmen sollte man dennoch nicht aus dem Auge verlieren.

So muß bei jedem Stück vermerkt sein: was es darstellt, wo es herstammt, sein Alter, ob es repariert oder restauriert wurde, und natürlich der Preis. Man sollte beim Kauf auf der Ausstellung eines **Zertifikates** bestehen.

Wer beim Kauf Hilfe benötigt, der kann sich sachkundigen Beistand mieten, z.B.: *Yim Tom*, Oriental Art Consultants, P-207, Cat St Galleries, 38 Lok Ku Rd, Tel. 25439611, Fax 25451943. Der halbe Tag wird mit etwa HK$ 600 verrechnet, ein ganzer mit HK$ 1.000. Hollywood Rd erreicht man von Central aus leicht zu Fuß, ansonsten nehme man die Tram oder die MTR (Station Sheung Wan), und wende sich dann bergwärts.

Erlesenes zu eben solchen Preisen findet man bei: *Horstmann & Gerald Godfrey Ltd*, 104 Ocean Terminal, Harbour City, 3 Canton Rd, Tsim Sha Tsui, Kowloon.

• Bekleidung

Ob einfache Jeans oder Designermode, Hong Kong bietet alles, oft zu erstaunlich günstigen Preisen. Es lohnt sich darauf zu achten, ob gerade *'Sale'*, d.h. Schlußverkauf ist, den jedes Geschäft nach Belieben halten kann. Leicht spart man so 50% und mehr.
Wer einen **Pelz** ersteht, sollte sich ein Zertifikat geben lassen, auf dem Art und Herkunft des verarbeiteten Felles vermerkt sind. **Designer-Mode** findet man in Central in: *The Landmark*, *Swire House*, *Prince's Bldg*; in Kowloon in den Shopping-Arkaden der Hotels *The Peninsula* und *Regent*, und in *Harbour City*.
Meterware: gute Qualität und große Auswahl bei den Händlern im *Western Market*, 323 Des Voeux Rd Central, Sheung Wan, Hong Kong Island.
Factory Outlets (Überschuß bzw. zweite Wahl): *Kaiser Estates*, Man Yue St, Hung Hom, Kowloon. Zu erreichen mit Bus Nr. 5C ab der Star Ferry in Tsim Sha Tsui. Hier bekommt man viele Designersachen zum Einkaufspreis. Der Tip. Man sollte die Preise aber vorher erkunden, denn manche Geschäfte schreiben, um Kunden zu locken, zwar 'Outlet' an, verkaufen aber zu normalen Preisen. Bei der HKTA gibt es das kostenlose Informationsblatt '*Factory Outlets*'.

• Computer

Computerfreaks können sich in Hong Kong günstig eindekken. Beim Kauf ist darauf zu achten, daß die Geräte mit denen zu Hause **kompatibel** sind, alle Teile mitgeliefert werden und die Rechnung alle gekauften Teile genau beschreibt.
Eine riesige Auswahl und gute Preise bieten:
- *Golden Shopping Centre*, Basement, 146-152 Fuk Wah St, Sham Shui Po, Kowloon. Mit der MTR bis Sham Shui Po, danach den Hinweisschildern folgen; das Zentrum liegt an der Ecke Kweilin St.
- *Asia Computer Plaza*, Lower Ground Floor, Silvercord Shopping Centre, 30 Canton Rd, Tsim Sha Tsui, Kowloon. Gut sind hier vor allem PC People, Shop No LG-16 & 17, und Reptron Computer Ltd, Shop No LG-47.

• Foto, Video, Hifi

Vieles bekommt man mittlerweile auch bei uns zum gleichen Preis, daher sollte man die Preise im Kopf haben. Überwältigend ist allerdings das Sortimentangebot. Da neue Typen in rascher Folge auf den Markt kommen, kann man immer dann erfolgreich zuschlagen, wenn die älteren Typen manchmal zu Schleuderpreisen abgestoßen werden. Doch gerade hier gilt es Vorsicht walten zu lassen, üble Tricks kennen viele der in dieser Branche Beschäftigten. **Alle wichtigen Daten des gekauften Gerätes auf der Rechnung vermerken lassen, und darauf achten, daß die Kompatibilität gewährleistet ist**. Recht hilfreich ist die kostenlos bei der HKTA erhältliche Broschüre '*Shopping Guide to Video Products*'.
Am besten kauft man dererlei Apparate und Geräte in **Mong**

Kok, und zwar in den Parallelstraßen zur Nathan Rd, in einigen Läden in **Sham Shui Po** und in den großen Einkaufszentren *Cityplaza* und *New Town Plaza* (s.o. unter 3.6.2).

Tip: Guten, fachkundigen Service und faire Preise bietet *David Chan Company*, Shop 15, Champagne Court, 16 Kimberley Rd, Tsim Sha Tsui, Kowloon, Tel. 27233886, Fax 23112025. Nicht nur alle aktuellen Kameras einschließlich Zubehör sind vorrätig bzw. können kurzfristig besorgt werden, sondern hier gibt es auch gebrauchte und antike Stücke bzw. Raritäten: eine Fundgrube für Sammler. Der Laden führt nur Fotoequipment.

• Kunstgewerbe

Dererlei findet man besonders in den chinesischen *Department Stores* (s.o.), in der Hollywood Rd/Upper Lascar Row, in Harbour City und im Central District.

• Lederwaren

Einfache und preiswerte Lederwaren gibt es am *Nachtmarkt* in der Temple St. Wer nach Maß angefertigt haben will, sollte für ein Paar Schuhe mit mindestens vier Tagen und zwei bis drei Anproben rechnen. Schuster, die nach Maß anfertigen, findet man in Wan Chai und Tsim Sha Tsui. Outlets findet man in *Kaiser Estates* (s. unter 'Bekleidung').

• Maßgeschneidertes

Noch immer lohnenswert ist der Kauf eines maßgeschneiderten Anzugs oder Abendkleides. Rund **2.500 Schneider** gibt es in Hong Kong, so daß jeder finden sollte, was er sucht. Manche halten eine schier unüberschaubare Auswahl an Stoffen parat.
Alle verstehen es, einen fertigen Anzug nachzuschneidern. Zeit sollte man ihnen aber schon geben, sonst kann es passieren, daß das gute Stück daheim nach wenigen Malen des Tragens auseinanderfällt.
Drei Anproben sind in der Regel gerade richtig, d.h. mit zwei bis drei Tage sollte man rechnen. In der Regel werden nach In-Auftrag-Gabe **50% Anzahlung** fällig, die – außer in berechtigten Fällen der Beanstandung – nicht wieder zurückbezahlt werden. Daher sollte man bei der Auswahl des Schneiders nicht unbedingt auf das billigste Angebot zurückgreifen, stattdessen lieber auf Seriosität achten.
Die besseren Schneider bewahren die Schnitte ihrer Kunden im Durchschnitt drei Jahre auf, man hat also auch später die Möglichkeit, von zu Hause aus etwas nachzubestellen.
Die kostenlose Broschüre *'Shopping'* nennt alle mit der HKTA zusammenarbeitenden Geschäfte. Gut ist: *New Fashion Ltd*, 3rd Floor, Lee Kar Bldg, 4-4A Carnarvon Rd, Tsim Sha Tsui, Kowloon, Tel. 3678167.

• Optiker

Wer sich Brillengläser fertigen lassen will, ob auf Rezept oder nach seiner Brille als Ersatzgläser, sollte nicht in den ersten besten Laden gehen, sondern wirklich auf das HKTA-Zeichen achten. Für normale Gläser muß man mit **drei bis fünf Tagen** rechnen, bei Sonderanfertigungen und -gläsern kann es auch eine Woche oder länger dauern. Gute Fotogeschäfte führen zum Teil ebenfalls japanische und europäische Brillen zu günstigen Preisen.

• Porzellan

Chinesisches Porzellan kann man sich auch nach eigenem Dekorvorschlag anfertigen lassen. Gute Adressen sind:

- *Mei Ping (Far East) Ltd*, Ground Floor, 55 Wellington St., Central, Hong Kong Island, Tel. 25213566
- *Overjoy Porcelain Factory*, Block B, 1st Floor, Kwai Hing Industrial Bldg, 10-18 Chun Pin St, Kwai Chung, New Territories, Tel. 24870615. Mit der MTR fährt man bis Kwai Hing, von dort am besten weiter mit dem Taxi.

• Schmuck und Uhren

Hong Kong ist der **weltweit drittgrößte Diamanten-Umschlagplatz** und besitzt **pro Quadratkilometer mehr Juweliere als jede andere Stadt der Welt**. Angesichts der Fülle an entsprechenden Geschäften stellt sich die Frage, ob sie denn alle existieren können. Sie können, denn nicht nur für die Touristen ist dies einer der besten Deals, vor allem die Einheimischen selbst legen ihr Geld vielfach lieber in Preziosen dieser Art an.
Wer sich mit dem edlen Geschmeide nicht so gut auskennt, der sollte wiederum nur Geschäfte mit dem HKTA-Zeichen aufsuchen und sich zusätzlich die kostenlose Broschüre der HKTA *'Shopping Guide to Jewellery'* besorgen. Besonders wenn man **Jade** zu kaufen beabsichtigt, sollte man dies nur in seriösen Läden tun, denn Jade ist eine Wissenschaft für sich und für Europäer in der Regel wertmäßig nicht richtig einzuschätzen. Die Preise sind im Normalfall **Verhandlungspreise**, 10-20% lassen sich oft herunterhandeln, wer Stehvermögen zeigt, schafft mitunter auch mehr. Auch hier gilt: Die typischen Touristenviertel sind nicht unbedingt die beste Wahl, auch hier gibt es 'Outlets', die der Broschüre der HKTA zu entnehmen sind, z.B. auch in den *Kaiser Estates* (s. unter 'Bekleidung').
Sowohl beim Kauf eines Schmuckstückes wie auch bei dem einer wertvollen Uhr unbedingt einen **Garantieschein** und die **genaue Beschreibung des Gegenstandes** geben lassen, mit Feingoldgehalt, Art, Karatangabe und Schnitt des Steines, bzw. Seriennummern bei Uhren, wobei bei diesen noch darauf zu achten ist, daß das Armband original ist.

• Teppiche

Importteppiche findet man in der Hollywood Rd und der Wyndham St in Sheung Wan, Hong Kong Island, oder in Harbour City, Canton Rd, Tsim Sha Tsui, Kowloon. Hong Kong besitzt jedoch eine eigene berühmte Teppichfabrik in Tai Po Market, in der man auch nach eigenen Vorgaben und Design fertigen lassen kann: *Tai Ping Carpet Factory*, Lot no. 1687, Tai Ping Industrial Park, Ting Kok Rd, Tai Po Market, New Territories, Tel. 26565161; Besuch nach vorheriger Anmeldung möglich Mo-Do 14.00-16.00 h.

3.7 Organisierte Touren

Wie bei allem in Hong Kong ist auch das Angebot an organisierten Touren unüberschaubar, die Veranstalter decken den Reisenden überall mit Informationsmaterial ein. Diese Touren verfolgen im großen und ganzen zwei Zwecke: zum einen sollen sie dem nur kurz Weilenden helfen, wenigstens einen groben Eindruck von Hong Kong zu bekommen, zum anderen den länger Bleibenden als Starthilfe dienen. Dazu sind sie auch ganz gut geeignet. Wer jedoch tiefer in die Materie eindringen möchte, muß auf Spezialtouren zurückgreifen, wie sie die HKTA im Programm hat, oder noch besser: sich selbst auf den Weg machen. Die Preise der einzelnen Tourveranstalter sind in etwa alle gleich, nur sollte man sich versichern, daß die Reiseleitung auch Deutsch spricht, falls man des Englischen nicht so mächtig ist.

Angeboten werden u.a. folgende Touren:

- *Hong Kong Island Rundfahrt*: Victoria Peak, Repulse Bay, Deep Water Bay, oder Stanley, und Aberdeen (fakultativ mit Sampan-Fahrt durch die Dschunkenstadt).
- *Kowloon Rundfahrt*: Wong Tai Sin Tempel, Jade Market, Bird Market und Food Market.
- *Kowloon & New Territories Rundfahrt*: Wong Tai Sin Tempel, Lok Ma Chau und Luen Wo Market, oder Kam Tin Walled City und Tai Mo Shan.
- *Ocean Park & Middle Kingdom*
- *Sung Dynasty Village*
- *Shopping Tour*
- *Open Top Tram Tour*: Mit oder ohne *Dim Sum*-Essen, oder als Cocktail-Tour.

Die HKTA bietet (außer an Feiertagen) folgende **Sondertouren**:

- *Heritage Tour* (Mo, Mi, Fr und Sa). Ein Blick in Hong Kongs Vergangenheit; auf dem Programm stehen Lei Cheng Uk, Sam Tung Uk, Tai Fu Tai und Man Shek Tong.
- *The Land Between Tour* (Mo-Sa). Eine Exkursion durch die New Territories, mit den Besichtigungspunkten Chuk Lam Sim Yuen, Tai Mo Shan, Shek Kong, Fanling, Luen Wo, Luk Keng, Sam Mun Tsai, Tolo Harbour und Sha Tin.
- *Family Insight Tour* (Do). Hautnah die Lebensbedingungen und Lebensgewohnheiten der Menschen spüren. Besucht werden ältere und neuere Wohnviertel und dort lebende Familien und dazugehörige Sozialeinrichtungen, außerdem der Wong Tai Sin Tempel.
- *Come Horseracing*: An Renntagen, für jeden ab 18 Jahre, der sich noch nicht länger als 21 Tage im Territorium aufhält. Nach dem Essen kann man von den Logen des Royal Hong Kong Jockey Clubs aus die Rennen verfolgen.
- *Sports and Recreation Tour* (Di und Fr). Besuch des Clearwater Bay Golf and Country Club auf der Halbinsel bei Sai Kung. Wer etwas für seine Fitness tun oder ganz einfach in wunderschöner Um-

gebung ausspannen möchte, liegt hier richtig.

Außerdem gibt es ein breites Angebot an **Hafenrundfahrten**, von der einstündigen Hafenrundfahrt bis hin zur rund siebenstündigen Lantau Island Tour. Besonders romantisch sind viele dieser Touren am Spätnachmittag und am Abend.

Wer Lust hat, wende sich an die HKTA oder an *Watertours of Hong Kong Ltd* (Info + Reservierung: Tel. 27306171, 27242856, 27393302 und 23671970). Hafenrundfahrten mit der *Star Ferry* bucht man am besten direkt am *'Star Ferry Tours Booking Counter'* jeweils an den Piers in Central und Tsim Sha Tsui.

3.8 Programmvorschläge

Die im folgenden gemachten Programmvorschläge versuchen, dem Besucher dabei zu helfen, Besichtigungen und Gelegenheiten zum Einkaufen möglichst optimal zu vereinigen, wobei bei längeren Aufenthalten die einzelnen Tagesprogramme selbstverständlich in anderer Reihenfolge absolviert werden können. Die Programme sind so zusammengestellt, daß ein möglichst weitgesteckter Eindruck mit nach Hause genommen wird. Wer Spezialinteressen hat, kann sie dennoch als groben Rahmen benutzen und sie seinen Interessen gemäß abändern. Aufgeführt werden nur die Besichtigungspunkte selbst und – wo nötig – noch die entsprechenden Verkehrsverbindungen. Die Beschreibungen der einzelnen Stationen findet man unter den entsprechenden Stadtteil- bzw. Territorialbeschreibungen, auf die in Klammern hingewiesen wird.
Hong Kong bietet viel, vieles müßte man machen, **an drei Dingen allerdings kommt keiner vorbei**: 1) eine Fahrt mit der **Star Ferry**; 2) eine Fahrt mit der **Tramway**; 3) mit der **Peak Tram** auf den Victoria Peak fahren.

Die folgenden **Abkürzungen** für die einzelnen Stadtteile werden bei den Programmvorschlägen benutzt: CD = Central District; MK = Mong Kok; NT = New Territories; QB = Quarry Bay; TST = Tsim Sha Tsui; YMT = Yau Ma Tei; TP = The Peak; WC = Wan Chai; WD = Western District; WTS = Wong Tai Sin.

3.8.1 Programmvorschlag für einen eintägigen Aufenthalt

Statue Square (CD); Hongkong and Shanghai Bank (CD); Tsui Museum of Art (CD); Man Mo Tempel (WD); Tramfahrt bis Cityplaza Shopping Centre

(QB); mit MTR bis Tsim Sha Tsui; Nathan Rd (TST); Kaffee im Regent Hotel oder im Peninsula Hotel (TST); Hong Kong Museum of Art (TST); Hong Kong Cultural Centre (TST); Clock Tower (TST); Fahrt mit der Star Ferry nach Hong Kong Island; zu Fuß bis Pacific Place (CD); Hong Kong Park (CD); mit der Peak Tram zum Victoria Peak (TP) und wieder zurück; mit der MTR ab Admirality bis Jordan; Temple Street Night Market (YMT).

3.8.2 Programmvorschlag für einen zweitägigen Aufenthalt

1. Tag: Falls man in Kowloon wohnt, mit der Star Ferry nach Hong Kong Island; Stanley; Repulse Bay; Aberdeen; mit Bus Nr. 77 bis Endstation (WD - Kennedy Town); mit der Tram bis Statue Square (CD); Hongkong and Shanghai Bank (CD); Tsui Museum of Art (CD); mit der Tram bis zum Cityplaza Shopping Centre (QB); mit der MTR bis Wan Chai; Kaffee im Grand Hyatt Hotel (WC); Pacific Place (CD); Wandgemälde im Hong Kong Island Shangri-La (CD); Hong Kong Park (CD); mit der Peak Tram hoch zum Victoria Peak (TP).

2. Tag: Falls man auf Hong Kong Island wohnt, mit der Star Ferry nach Kowloon; Morning Harbour Tour (Beginn 9 h, Dauer 2 Stunden, Veranstalter *Watertours*) oder Pre-Dinner Cocktail Cruise (Beginn 6.30 h, Dauer 1½ Stunden, Veranstalter *Watertours*); mit der MTR zum Wong Tai Sin Tempel (WTS); mit der MTR bis Yau Ma Tei; Jade Market (YMT); Shanghai St und Reclamation St (YMT); Bird Market (MK); mit der MTR bis Tsim Sha Tsui: Kaffee im Regent Hotel oder Peninsula Hotel (TST); Tsim Sha Tsui Promenade; Hong Kong Museum of Art (TST); Hong Kong Cultural Centre (TST); Clock Tower (TST); Nathan Rd (TST); Kowloon Park mit Moschee (TST); Temple St Night Market (YMT).

3.8.3 Programmvorschlag für einen dreitägigen Aufenthalt

1. Tag: Falls man in Kowloon wohnt, mit der Star Ferry nach Hong Kong Island; Statue Square (CD); Hongkong and Shanghai Bank (CD); Tsui Museum of Art (CD); Stanley; Repulse Bay; Aberdeen; mit Bus Nr. 77 bis Endstation (WD - Kennedy Town); Tramfahrt bis Wan Chai; Bummel in Wan Chai; Kaffee im Grand Hyatt Hotel (WC); mit der Tram bis zum Cityplaza Shopping Centre (QB); mit der MTR bis Admirality; Pacific Place (CD); Wandgemälde im Hong Kong Island Shangri-La (CD); Hong Kong Park (CD); mit der Peak Tram auf den Peak (TP).

2. Tag: Eventuell wieder Star Ferry; Luk Yu Tea House (CD); Hollywood Rd (WD); Man Mo Tempel (WD); Lascar Row (WD); Ladder St (WD); Ausflug mit der Fähre nach Lantau Island: Besichtigung von Tai O und Ngong Ping; mit der Star Ferry von Hong Kong Island nach Kowloon; Clock Tower (TST); Hong Kong Cultural Centre (TST); Nathan Rd (TST); Kowloon Park mit Moschee (TST); Temple St Night Market (YMT).

3. Tag: Kam Tin Walled Villages (NT) (mit der MTR bis Tsuen Wan, von dort Bus Nr. 51); Tuen Mun - Ching Chung Koon Tempel (NT) (mit Bus Nr. 77K bis Yuen Long, dann weiter mit der LRT); [als Alternative zu Kam Tin und Tuen Mun: Sha Tin - Ten Thousand Buddhas Monastery und New Town Plaza) (NT), zu erreichen mit der KCR]; ab Tuen Mun weiter mit Bus Nr. 66M bis MTR Tsuen Wan, von dort weiter mit MTR bis Jordan (ab Sha Tin weiter mit KCR und MTR bis Jordan); Jade Market (YMT); Tin Hau Tempel in der Public Square St (YMT); Shanghai St und Reclamation St (YMT); Bird Market (MK); mit der MTR bis Tsim Sha Tsui; Kaffee im Regent Hotel oder Peninsula Hotel (TST); Harbour City (TST); Harbour Night Tour (Beginn 21.15 h, Dauer 1½ Stunden, Veranstalter *Watertours*); Abschiedsdrink im Hopewell Centre - Revolving 66 (WC).

3.8.4 Programmvorschlag für einen viertägigen Aufenthalt

1. Tag: Statue Square (CD); Hong Kong and Shanghai Bank (CD); Tsui Museum of Art (CD); mit der MTR bis zum Cityplaza Shopping Centre (QB); mit der Tram bis Happy Valley; Bummel in Causeway Bay und Wan Chai; Kaffee im Grand Hyatt Hotel (WC); mit der Star Ferry nach Kowloon; Clock Tower (TST); Hong Kong Cultural Centre (TST); Nathan Rd (TST); Kowloon Park mit Moschee (TST); Temple St Night Market (YMT).

2. Tag: Stanley; Repulse Bay; Aberdeen, mit Friedhof; mit Bus Nr. 77 bis Endstation (WD - Kennedy Town); mit Tram bis Sheung Wan; Man Mo Tempel (WD); Ladder St (WD); Upper Lascar Row (WD); Hollywood Rd (WD); Lok Yu Tea House (CD); The Landmark (CD); Pacific Place (CD); Wandgemälde im Hong Kong Island Shangri-La (CD); Hong Kong Park (CD); mit der Peak Tram hoch zum Victoria Peak (TP).

3. Tag: Ausflug mit der Fähre nach Lantau Island: Besichtigung von Tai O und Ngong Ping; mit der Fähre nach Cheung Chau; zurück nach Hong Kong Island; nächtliche Tramfahrt; Drink im Hopewell Centre - Revolving 66 (WC).

4. Tag: Shanghai St und Reclamation St (YMT); Jade Market (YMT); Bird Market (MK); mit der MTR nach Tsuen Wan und mit dem Bus Nrr. 66M weiter bis Tuen Mun (NT); Ching Chung Koon Tempel (Tuen Mun); mit der LRT bis Yuen Long, weiter mit Bus Nr. 77K bis Kam Tin Walled Villages (NT); mit Bus Nr. 51 bis Tsuen Wan, weiter mit der MTR und der KCR bis Sha Tin (NT); Ten Thousand Buddhas Monastery (Sha Tin); New Town Plaza (Sha Tin); mit KCR bis Kowloon; Abendessen im Regent Hotel (TST); Uferpromenade von Tsim Sha Tsui; Harbour City (TST).

Wer **mehr Zeit** hat, kann sich glücklich schätzen und für die vorgeschlagenen Programme mehr Zeit lassen, sich z.B. zwei Tage auf Hong Kong Island konzentrieren, einen Tag auf Kowloon, einen oder zwei auf die New Territories, einen oder zwei auf die Outlying Islands, und – wenn noch Zeit ist – nach Macau fahren.

Wenn man mit **Kindern** unterwegs ist, sollte man einen Tag im *Ocean Park/Middle Kingdom* (nahe Aberdeen) einplanen; wer gerne läuft, sollte unbedingt den Spaziergang entlang der *Bowen Rd* machen (von Wan Chai Gap bis Central District) und denjenigen rund um den Victoria Peak (The Peak).

Das kostet Sie Hong Kong

Beförderung

- **Flug**

Frankfurt – Hong Kong und zurück in der Economy Class ab ca. DM 1.350 (Sondertarif).

- **Taxi**

- Vom Flughafen nach Kowloon: HK$ 30-40.
- Vom Flughafen nach Hong Kong Island: HK$ 80-100.

- **Airbus**

- Nach und von Kowloon: HK$ 12.
- Nach und von Hong Kong Island: HK$ 17.

- **Bus**

Je nach Route HK$ 1 bis HK$ 30.60, meistens jedoch zwischen HK$ 2 und HK$ 5.

- **Tramway**

Erwachsene HK$ 1.20, Kinder HK$ 0.60.

- **Peak Tram**

Return-Ticket: Erwachsene HK$ 21, Kinder HK$ 7.

- **Star Ferry**

Zwischen Central District, Hong Kong Island, und Tsim Sha Tsui, Kowloon: First Class HK$ 1.70, Second Class HK$ 1.40.

- **Fähren zu den Outlying Islands**

Erwachsene zahlen wochentags für die einfache Fahrt zwischen HK$ 7.50 und HK$ 14, am Wochenende rund das Doppelte; Kinder die Hälfte. (Preiserhöhungen sind angekündigt.)

- **Fähren nach Macau**

Jetfoils zwischen HK$ 123 und HK$ 166, andere Fährentypen etwas billiger.

- **Mass Transit Railway (MTR)**

Einfache Fahrt zwischen HK$ 4 und HK$ 11, Kinder die Hälfte.

- **Light Rail Transit (LRT)**

Von HK$ 3.20 bis HK$ 4.70, Kinder die Hälfte.

- **Kowloon-Canton Railway**

Erwachsen zahlen für die einfache Fahrt HK$ 3.50 bis HK$ 8, Kinder die Hälfte.

- **Helikopterrundflüge**

Für 30 Minuten zahlt man HK$ 6.740, für 45 Minuten HK$ 10.110, für eine Stunde HK$ 13.480 – jeweils für den ganzen Helikopter.

Pauschalangebot

Acht Tage Hong Kong (Flug Frankfurt-Hong Kong und zurück und sechs Übernachtungen im First Class Hotel) bekommt man bereits ab etwa DM 2.000.

Hotels

Die Preise beziehen sich jeweils auf ein Doppelzimmer.
DeLuxe: ab HK$ 2.000
First Class: ab HK$ 1.500
Gehobene Mittelklasse: ab HK$ 1.000
Mittelklasse: ab HK$ 700

Essen

Die nachstehenden Preisangaben beziehen sich jeweils auf eine vollständige Mahlzeit für eine Person, ohne Wein.
Chinesisches Straßenlokal: ab HK$ 20
Fast Food: ab HK$ 25
Kontinentales Frühstück: ab HK$ 50
Brunch: ab HK$ 90
Mittag- oder Abendessen in einem Lokal mittlerer Preislage: ab HK$ 140
Mittag- oder Abendessen in einem Spitzenlokal: ab HK$ 500

Museen

Hong Kongs Museen sind preiswert. Die Eintrittspreise liegen in der Regel bei HK$ 5 oder HK$ 10 für Erwachsene, Kinder zahlen die Hälfte. Einige Museen oder z.B. auch das Gewächshaus im Hong Kong Park sind sogar kostenlos.

Telefonieren

Ein Dreiminutengespräch nach Deutschland kostet etwa HK$ 80.

Maßgeschneidertes

Ein Anzug aus einem Stoff besserer Qualität kostet rund DM 500-600. Ein entsprechendes Abendkleid liegt bei etwa DM 500-1.000.

Organisierte Touren

- **Zu See oder zu See & Land**

- Cheung Chau Island Tour: Erwachsene HK$ 220, Kinder HK$ 135
- Morning Lantau Island Monastery Tour: Erwachsene HK$ 465, Kinder HK$ 290
- Afternoon Lantau Island Monastery Tour: Erwachsene HK$ 400, Kinder HK$ 250
- Morning Harbour Tour: Erwachsene HK$ 170, Kinder HK$ 120
- Afternoon Harbour Tour: Erwachsene HK$ 170, Kinder HK$ 120
- Harbour Junk and Sung Dynasty Tour: Erwachsene HK$ 440, Kinder HK$ 330
- Sea & Land Combined Tour: Erwachsene HK$ 460, Kinder HK$ 360
- Aberdeen & Islands Lunch Cruise: Erwachsene HK$ 360, Kinder HK$ 260
- One Hour Harbour Tour: Erwachsene HK$ 130. Kinder HK$ 100
- Sunset Cruise: mit Abendessen – Erwachsene HK$ 500, Kinder HK$ 385; ohne Abendessen – Erwachsene HK$ 305, Kinder HK$ 190
- The China Sea Happy Hour Cruise: Erwachsene HK$ 290, Kinder HK$ 180
- Aberdeen & Harbour Night Cruise: Erwachsene HK$ 575, Kinder HK$ 450
- Top of the Town & Night Cruise: Erwachsene HK$ 570, Kinder HK$ 520
- Pre-Dinner Cocktail Cruise: Erwachsene HK$ 240, Kinder HK$ 155
- Lei Yue Mun Dinner Cruise: Erwachsene HK$ 480, Kinder HK$ 410
- Harbour Night Tour: Erwachsene HK$ 270, Kinder HK$ 165

- Aberdeen Sampam Tour: Erwachsene HK$ 40, Kinder HK$ 30
- Pearl of the Orient: Erwachsene HK$ 450, Kinder HK$ 370
- Open-Top Bus Tour & Pearl of the Orient Cruise: Erwachsene HK$ 560, Kinder HK$ 470.

- **Zu Land**

- The Land Between Tour: Erwachsene HK$ 335, Kinder HK$ 285
- Heritage Tour: Erwachsene HK$ 295, Senioren HK$ 245
- Family Insight Tour: Erwachsene HK$ 240, Kinder HK$ 200
- Come Horseracing: HK$ 490 (nur Erwachsene)
- Sports and Recreation Tour: Erwachsene ab HK$ 380, Senioren ab HK$ 330
- Hong Kong Island Tour: Erwachsene HK$ 185-220, Kinder HK$ 100-160
- New Territories: Erwachsene HK$ 180, Kinder HK$ 100
- Hong Kong Evening: Erwachsene HK$ 400, Kinder HK$ 300
- Kowloon & New Territories: Erwachsene HK$ 185-220, Kinder HK$ 100-160
- Tram Dim Sum: Erwachsene HK$ 115, Kinder HK$ 80

- **Macau**

- Macau Excursion: Erwachsene ab HK$ 660, Kinder ab HK$ 590
- Macau by Night: Erwachsene ab HK$ 1.290

- **China**

- Guangzhou & Shekou (1 Tag): Erwachsene HK$ 1.130, Kinder HK$ 895
- Guangzhou & Foshan (2 Tage): Erwachsene HK$ 2.050, Kinder HK$ 1.464
- Guilin & Guangzhou (4 Tage): Erwachsene ab HK$ 4.620, Kinder ab HK$ 3.125

Hong Kong-Neuigkeiten

Stand: November 1995

Inhalt:

Korrekturen *1*
Ergänzungen *4*

Korrekturen

- Alle Hong Konger Telefonnummern sind seit dem Frühjahr 1995 achtstellig und haben als erstes eine '2'. Wo dies im Text noch nicht der Fall ist, berücksichtigen Sie dies bitte bei Ihrem Telefonat.
- Durch die Aufschüttungen und die damit verbundenen Bauarbeiten im Central District fahren einzelne Busse nunmehr nicht mehr ab dem Exchange Square oder dem Vehicular Ferry Pier, sondern ab den dahinter auf dem neu aufgeschütteten Gelände gelegenen Outlying Districts Ferry Services Piers, z.B. Bus Nr 7.
- Die Hoverferries nach Tuen Mun verkehren nicht mehr ab dem Blake Pier, sondern ab den Outlying Districts Ferry Services Piers. Siehe die Seiten 247, 248 und 250.
- Durch die Aufschüttungen und Bauarbeiten im Central District finden derzeit gewaltige Veränderungen statt, so daß die einzelnen Routen mitunter nicht mehr ganz genau so wie beschrieben abgegangen werden können. Die raschen Änderungen machen es indes bedauerlicherweise unmöglich, daß die Beschreibungen ständig auf dem allerneuesten Stand sind, allerdings wird versucht, daß diese so aktuell und genau wie möglich sind.
- Auf Lantau verkehrt nunmehr ein direkter Bus zwischen Ngong Ping (Po Lin Tze) und Tai O, und zwar Nr. 21, wodurch das lästige Umsteigen entfällt. Siehe die Seiten 282 und 285.

S. 7:

r. Sp.:	4. Absatz:	Mittlerweile nur noch das <u>sechsthöchste</u> statt vierthöchste.

S. 21:

r. Sp.:	1. Absatz:	Die Zahl der ständigen Ex-officio-Mitglieder hat sich mittlerweile auf drei reduziert, außerdem müssen die zehn vom Gouverneur ernannten Mitglieder von der britischen Regierung bestätigt werden.
	3. Absatz:	Das Wahlalter wurde zwischenzeitlich auf 18 Jahre gesenkt.

S. 24:

l. Sp.:	1. Absatz:	Sir Lawrence Kadoorie verstarb 1993.

S. 25:

l. Sp.:	1. Absatz:	Die Stückzahl der umgeschlagenen Containereinheiten hat sich 1994 auf über 11 Mio Stück erhöht.

S. 26:
l. Sp.: 1. Absatz: Das Jahresdurchschnittseinkommen stieg bis 1994 auf US$ 18.000.
r. Sp.: 4. Absatz: Durch Aufschüttungen vergrößerte sich die Landfläche auf 1.091 km².

S. 29:
l. Sp.: 3. Absatz: Die Bevölkerung wuchs bis Ende 1994 auf 6.149.100 an, was 5.630 Ew/km² bedeutete.

S. 38:
l. Sp.: 2. Absatz: Das teuerste Nummernschild ist seit April 1994 die '9', für das umgerechnet 3,2 Mio DM hingelegt worden sind, gefolgt von der Nummer '2', für die im März 1993 2,7 Mio DM bezahlt wurde.

S. 157:
r. Sp.: 1. Absatz: 15. Zeile: Die HKTA hat ihr Hauptbüro verlegt. (s. Kapitel 3.1 'Fremdenverkehrsamt')

S. 158:
l. Sp.: 2. Absatz muß nun lauten: Den überdachten Korridor entlang gelangt man nach einem kurzen Zickzackschwenk auf dem Fußgängerhochweg auf eine großzügig angelegte Plaza, wobei man die Blikke unwillkürlich auf die aus Glas, Stahl und rosafarbigem Granit bestehenden drei Türme des Exchange Square fixiert, in dessen Rundbau, der die 183 m hohen Doppeltürme miteinander verbindet, seit dem 2. April 1986 die Warenbörse Hong Kongs untergebracht ist.

S. 159:
l. Sp.: 3. Absatz: Die Wing Sing St. ist mittlerweile abgerissen worden.
r. Sp.: 1. Absatz: letzte Zeile: Es muß Wochen statt Monate heißen.

S. 163:
l. Sp.: 1. Absatz: Bedauerlicherweise wurde das offene Atrium aufgelöst, so daß man nunmehr ab dem 39. Stock mit den Shuttle-Liften bis zum 56. Stockwerk hoch- und anschließend wieder zurückfahren muß.

S. 164:
r. Sp., 3. Absatz:
und S. 168,
l. Sp., 3. Absatz: Das Hong Kong Hilton ist mittlerweile abgerissen worden.

S. 176:
l. Sp.: 3. Absatz: Neue Tel.-Nr. des Police Museum: 28497019; geöffnet ist das Museum jetzt bis 17.00 h,...

S. 179:	Zur Karte:	Das Evergreen Plaza Hotel heißt jetzt Empire Hotel.
S. 182:		
r. Sp.:	1. Absatz:	Das Central Plaza ist mittlerweile nur noch das sechsthöchste Gebäude der Welt, das dritthöchste außerhalb der USA.
S. 183:		
l. Sp.:	3. Absatz:	Die neue Tel.-Nr. des Hong Kong Arts Centre Pao Galleries ist 25820256.
S. 193:		Die korrekte Bildunterschrift lautet: Feuer in Happy Valley.
S. 194:	Zur Karte:	Nr. 1 und 2 wurden vertauscht: Nr. 1 ist Kornhill Plaza, Nr. 2 Cityplaza.
S. 203:		
r. Sp.:	4. Absatz:	Neue Tel.-Nr. des Ocean Park: 25553554. Der Park ist nunmehr tägl. 10.00-18.00 Uhr geöffnet, der Eintritt für Erwachsene beträgt HK$ 130, für Kinder HK$ 65, die Hin- und Rückfahrt mit dem Citybus eins. Eintritt HK$ 150.
S. 207:		
l. Sp.:	4. Absatz:	Ma Hang Village wurde zwischenzeitlich abgerissen.
S. 212:	Zur Karte:	Das Holiday Inn Harbour View trägt nun den Namen Grand Stanford Harbour View.
S. 217:		
l. Sp.:	3. Absatz:	6. Zeile: Der Eintritt für Kinder beträgt beim Hong Kong Science Museum nur noch HK$ 12.50.
S. 218:		
l. Sp.:	2. Absatz:	4. Zeile: Grand Stanford Harbour View statt Holiday Inn Crowne Plaza
r. Sp.:	1. Absatz:	Das Maxim's gibt es nicht mehr.
S. 220:		
r. Sp.:	2. Absatz:	Statt '*Hawaii*' wird gegenwärtig '*Africa – The Serengeti*' gezeigt.
	3. Absatz:	Der Eintritt in die Shows kostet jetzt HK$ 28 bzw. HK$ 14.
S. 233:		
l. Sp.:	3. Absatz:	Statt 21.00 h muß es 19.00 h heißen.
S. 236:		
r. Sp.:	2. Absatz:	Einzelreisende werden nur im Sung Dynasty Village noch bis 20.00 h eingelassen.

S. 245:
l. Sp.: 3. Absatz: Der Eintritt ins Sam Tung Uk Museum ist frei.

S. 260: Zur Karte: Die beiden Hotels 'Royal Park Hotel' und 'Regal Riverside Hotel' wurden versehentlich miteinander vertauscht.

S. 280:
l. Sp.: 1. Absatz: Die Fähren nach Discovery Bay fahren nunmehr ab dem Star Ferry Pier in Central.

S. 287:
r. Sp.: 5. Absatz: Infos zur Fähre nach Ping Chau gibt es jetzt bei der Polly Ferry Company, Tel. 27711639 (bei schlechtem Wetter fährt die Fähre nicht); Preis für Hin- und Rückfahrt HK$ 70. Tickets sind im voraus bei den MTR Travel Centres erhältlich.

S. 294:
r. Sp.: 1. Absatz: Die aktuellen Zahlen müssen nach den jüngsten massiven Aufschüttungen lauten: 9. Zeile: 19,3 km², 10. Zeile: 7 km², 11. Zeile: 8,3 km², 12. Zeile: 5 km².

S. 295:
l. Sp.: 4. Absatz: Infos bekommt man in Deutschland nunmehr bei: Fremdenverkehrsbüro Macau, 60313 Frankfurt/M, Schäfergasse 17, Tel. (069) 234094 und (069) 2977170, Fax (069) 231433.
6. Absatz: Die neue Tel.-Nr. des Macau Government Tourist Office ist 315566, Fax 510104, und am Jetfoil-Pier, Tel. 726416.
r. Sp.: 1. Absatz: Einen fahrbaren Untersatz bekommt man nunmehr bei: *Avis*: in Macau Tel. 336789, in Hong Kong Tel. 25412011; oder bei *Happy Mokes*: in Macau Tel. 831212, in Hong Kong Tel. 25408180.

Ergänzungen

S. 182:
r. Sp.: Fahren Sie im Central Plaza einmal zum 46. Stockwerk hoch, wohin man ab dem First Floor mit Expressaufzügen gelangt. Von oben hat man eine phantastische Aussicht auf die Stadt und den Hafen.

S. 219:
r. Sp.: 1. Absatz: Der Blackhead Signal Tower ist tägl. 9.00-11.00 h und 16.00-18.00 h geöffnet.

S. 247
r. Sp.: 1. Absatz: Diesem Mönch werden legendäre Heldentaten, u.a. der Raub eines goldenen Buddha-Bildnisses und die Flucht über einen Fluß auf einer hölzernen Schale nachgesagt, woher auch sein Name rührt, der übersetzt 'Tassenfähre' bedeutet.

nach 3. Absatz:

Die drei hölzernen Buddhas in der Haupthalle sollen mehrere hundert Jahre alt sein.

S. 252:
l. Sp.: 1. Absatz: Organisierte Touren zu den Mai Po Marshes führt der WWF durch: 1 Tramway Path, Central, Hong Kong Island, Tel. 25261011.

S. 259:
l. Sp.: nach 3. Absatz:

Via **Bride's Pool Nature Path** erreicht man sodann den 35 m hohen **Mirror Pool Waterfall**.

r. Sp.: nach 2. Absatz:

• Kadoorie Farm

In einem tief eingeschnittenen Tal am Nordhang des Tai Mo Shan legten 1951 die Brüder Horace und Lawrence Kadoorie diese Farm an, um der damals hungernden Bevölkerung Hong Kongs und den Flüchtlingen aus der VR China zu helfen. Während im Tal Viehherden gehalten werden, gliedern kleine Felder und Obstgärten das 150 bis 600 m hoch gelegene Gelände, wobei die Ökologie und der Naturschutz heute im Vordergrund stehen. So stößt man nicht nur auf seltene Orchideen, sondern kann sich entlang der angelegten Lehrpfade in der naturnahen Schutzzone hügelan ergehen oder die verletzten Greifvögel anschauen, die in Volieren versorgt werden.

Hauptattraktion der Expermentierfarm ist indes der 546 m hohe **Kwun Yam Shan**, der der Göttin der Barmherzigkeit geweiht ist und mit einem erfrischend schönen Wasserfall samt Aussichtspavillon zum Verweilen einlädt.

Kadoorie Farm, Lam Kam Rd, Tai Po, New Territories, Tel. 24881317; geöffnet tägl. (außer an einigen Feiertagen), Eintritt frei. An Sonn- und Feiertagen sollte man sich zuvor schriftlich anmelden, ansonsten am besten telefonisch zwei Tage im voraus. Man erreicht die Farm mit Bus Nr. 64K oder 65K ab KCR-Station Tai Po Market.

• Ng Tung Chai

Rund einen Kilometer östlich der *Kadoorie Farm* liegt diese sehr abgeschiedene, bewaldete Schlucht mit ihren drei attraktiven Wasserfäl-

len. Der Weg zu den Wasserfällen ist steil und mit groben Stufen befestigt, was den Anmarsch vor allem nach Regen nicht ungefährlich macht, allerdings präsentieren sich die Wasserkaskaden gerade dann von ihrer Schokoladenseite. Bis zum obersten Fall benötigt man etwa eine Stunde, entschädigt wird man mit himmlischer Ruhe und grandiosen Ausblicken.
Ng Tung Chai, zu erreichen ab KCR-Station Tai Po Market mit Minibus Nr. 25K, mit dem man bis zum Dorf Ng Tung Chai fährt, von wo aus es zu Fuß weiter geht.

S. 265:
r. Sp.: nach 1. Absatz:

● **Yim Tin Tsai**

Für Abenteuerlustige empfiehlt sich ein Ausflug zu der Sai Kung vorgelagerten **Insel Yim Tin Tsai**, die man mit Hilfe eines Kaido erreicht.
Hat man es geschafft, ein Boot zu chartern, passiert man auf der Hinfahrt die drei kleinen Inseln **Yeung Chau** (links), **Pak Sha Chau** (rechts) und **Cham Tai Chau** (wieder links), ehe rechts die wesentlich größere Insel **Kiu Tsui Chau** liegengelassen wird.
Auf Yim Tin Tsai angelangt, folge man von der Mole aus dem zementierten Fußpfad, auf dem man nach etwa zwei Minuten via einiger Treppen zur **Tsing Boor School** gelangt, in der einige Kinder der Boat People unterrichtet werden, die in den Gewässern ringsum leben.
Etwas höher hügelaufwärts erhebt sich die **St Joseph's Chapel**, ein römisch-katholisches Gotteshaus. Da die hier Lebenden alle der Familie Chan angehören und allesamt katholisch sind, gibt es auf der Insel auch keinen chinesischen Tempel. Gemäß der Legende wurde die Siedlung von einer Chan-Familie gegründet, die ihren Lebensunterhalt mit dem Fischfang und dem Einsalzen der Fische bestritt, woher auch der Name der Insel rührt, der übersetzt 'Salzpfanne' bedeutet.
Zunächst führten die Menschen hier ein beschauliches und friedliches Leben, bis Piraten das Eiland heimsuchten. Diese wurden jedoch durch eine Erscheinung des Heiligen Petrus in die Flucht geschlagen, was wiederum die Ansässigen bewog, zum Katholizismus zu konvertieren.
Das 1890 errichtete Gotteshaus gibt sich außen wie innen äußerst schlicht. Zum Betreten der Kapelle benötigt man die Erlaubnis des Schulbüros, das während der Woche bis etwa 14.00 h besetzt ist.

Folgt man sodann dem links bergaufwärts führenden Pfad, so gelangt man nach **Yim Tin Tsai Village**, das nur noch von vier Familien bewohnt wird; das Gros hat seine Häuser schon seit längerem verlassen. Und es scheint nur eine Frage der Zeit, wann auch die letzten Bewohner des Inselchens ihre Siebensachen packen.
Wieder zurück am Pier, kann man seine Bootsfahrt rund um Kiu Tsui Chau fortsetzen, **Kam Sai Chau** zur Linken.
Nach etwa 2½-3 Stunden ist man wieder zurück in Sai Kung.
Wie kommt man hin: Da es keine regelmäßigen Fährverbindungen mit Yim Tin Tsai gibt, muß man in Sai Kung ein Kaido mieten. Die Fährfrauen sprechen allerdings selten etwas Englisch, so daß es auf jeden Fall empfehlenswert ist, sich zuvor den *'Sai Kung Explorer's Guide'* zu besorgen, in dem die für die Anmietung notwendigen Sprachhilfen auf Chinesisch abgedruckt sind. Diese Broschüre erhält man bei der HKTA und in so gut wie allen Buchläden. Für die ganze Tour ist mit HK$ 150-200 zu rechnen, bezahlt wird am Ende der Fahrt.

• Hoi Ha

Das kleine Dorf liegt am Ende eines Meeresarms, der sich zum Tolo Channel hin öffnet. Auf der westlichen Seite des Meeresarms findet man Hong Kongs schönste Korallenriffe, um deren Unterschutzstellung sich der WWF seit Jahren bemüht. Man sollte versuchen, unter der Woche hierher zu kommen, dann hat man die Gegend nahezu für sich allein.
Wie kommt man hin: *Hoi Ha* ist die Endstation von Bus Nr. 94, der ab Sai Kung fährt; an Sonn- und Feiertagen verkehrt zusätzlich Bus Nr. 96R.

• Tai Long Wan

Wer völlige Ruhe sucht und bereit ist, dafür auch einige Mühen auf sich zu nehmen, sollte sich auf den Weg zu dieser Bucht machen, die zu den schönsten Küstenlandschaften Hong Kongs zählt. Der Weg lohnt sich!
Wie kommt man hin: Nach *Tai Long Wan* führt (noch) keine Straße, so daß man entweder die Tolo-Harbour-Fähre ab Ma Liu Shui (nur So um 8.30 h) bis Chek Keng nimmt und von dort aus etwa drei Kilometer weiter über die Hügelkette bis zu der Bucht wandert, oder man fährt ab Sai Kung mit Bus Nr. 94 bis Pak Tam Au und hält sich dann entlang des MacLehose Trail bis Tai Long Wan.

S. 282
r. Sp.: nach 3. Absatz:

● **Kwun Yam Tempel**

Rund 1 ½ km vor Tai O stößt man auf den kleinen sehenswerten **Tempel Kwun Yam**, in dessen Haupthalle eine große vergoldete Buddhastatue den Besucher empfängt, die zu beiden Seiten von einer Reihe farbenprächtiger Götter- und Dämonsfiguren flankiert wird. Man sollte es nicht versäumen, ins obere Stockwerk zu steigen, wo Tausende von kleinen goldenen Buddhafiguren in den Aussparungen der Kuppel plaziert sind. In der Hallenmitte stößt man wiederum auf eine große vergoldete Buddhafigur.
Von der Tempelanlage aus, in der man auch eine Kleinigkeit essen kann, hat man einen wunderbaren Blick über das Tal von Tai O.
Wie kommt man hin: Zu erreichen mit Bus Nr. 1 ab Mui Wo oder Bus Nr. 21 ab Ngong Ping. Der Tempel liegt ein Stückchen östlich der Straße.

S. 283:
l. Sp.: 4. Absatz: Vor dem Klostereingang wurde eine verkleinerte Nachbildung des Himmelsaltars im Himmelstempel in Beijing errichtet.

S. 285:
l. Sp.: 2. Absatz: Die Buddha-Statue ist tägl. 10.00-16.00 h geöffnet, die Übernachtung im Kloster in schlichten Räumen für 2-8 Personen kostet ab HK$ 170.

S. 286:
r. Sp.: nach 2. Absatz:

Das *'Frog and Toad'* (Tel. 29892300) hat täglich 12.30-17.00 h geöffnet (zumindest offiziell), an Sommerwochenenden und Feiertagen auch länger.

S. 295:
l. Sp.: nach 6. Absatz:

Einreise: Deutsche, Österreicher und Schweizer erhalten bei der Einreise ein kostenloses, 20 Tage gültiges Visum.

S. 298:
r. Sp.: 3. Absatz: In der Haupthalle des Kun Iam-Tempel ist auch eine vergoldete Statue Marco Polos zu sehen. Geöffnet tägl. 7.00-18.00 h, Eintritt frei.

S. 299:
l. Sp.: 4. Absatz: Die dreistöckige Haupthalle des Pou Tai Un-Tempels birgt im Untergeschoß ein vielarmiges Standbild Kwun Yums und im Obergeschoß eine gut acht Meter hohe Buddha-Statue.

4. Hong Kong sehen und erleben

4.1 Hong Kong Island

Hier begann alles, vollzog sich jener nicht für möglich gehaltene Wandel vom nackten, malariaverseuchten Eiland hin zum kraftstrotzenden, selbstbewußten Musterknaben kapitalistischen Unternehmertums. Himmelwärts stürmende Wolkenkratzer in der Hauptstadt Victoria, schäbige Bretterbuden in den versteckten Winkeln der Insel, milliardenschwere Großunternehmer in plüschigen Büros, armselige Habenichtse inmitten der von Hektik geplagten Menschenmassen, Futuristisches neben Althergebrachtem, chinesische Tradition im Spannungsfeld mit westlichem Gedankengut und westlicher Lebensweise.

Wer Hong Kong verstehen will, muß sich Zoit nehmen, um all die Gegensätze auszuloten, die vielen Gesichter dieser Insel kennenzulernen. Wo man anfängt, ist letztendlich gleich, die vorgenommene Reihenfolge im Anschluß entspricht rein geographischen Gegebenheiten.

4.1.1 Western District

Unter diesem Oberbegriff werden die Stadtteile westlich des Central Districts zusammengefaßt, nämlich **Pok Fu Lam**, **Kennedy Town**, **Sai Ying Pun** und **Sheung Wan**. Hier spürt man noch etwas vom alten Hong Kong, obwohl die Hochhäuser auch in diesen Vierteln immer mehr Breschen in die alten Straßenzüge und Wohn-

Hong Kongs Hafen im Jahre 1861

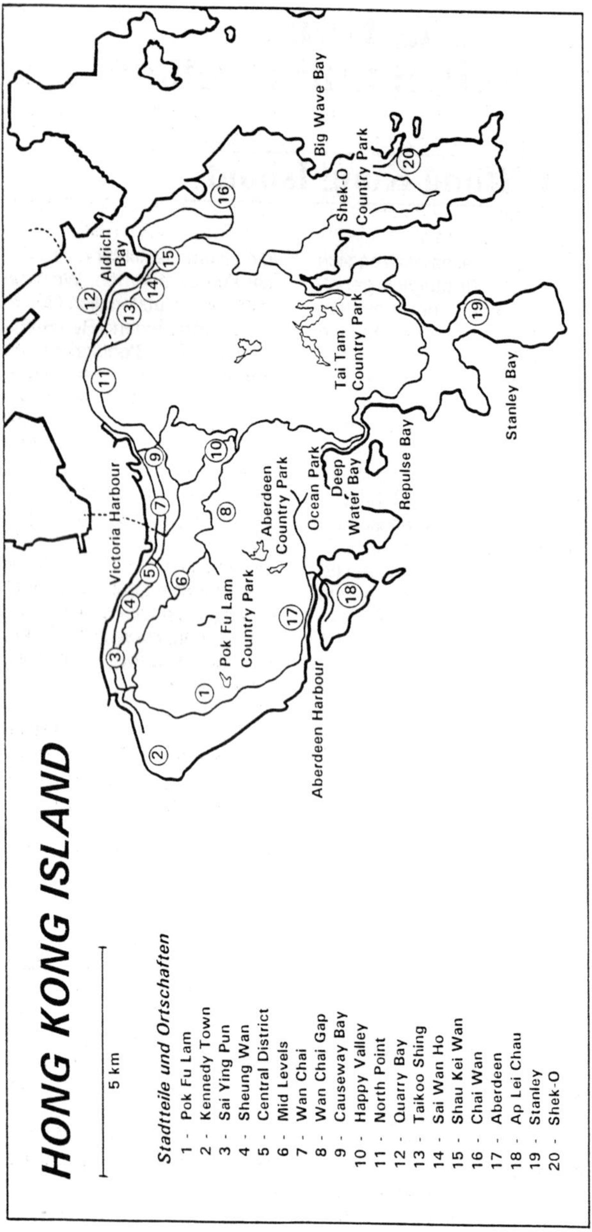
HONG KONG ISLAND
5 km
Stadtteile und Ortschaften
1 - Pok Fu Lam
2 - Kennedy Town
3 - Sai Ying Pun
4 - Sheung Wan
5 - Central District
6 - Mid Levels
7 - Wan Chai
8 - Wan Chai Gap
9 - Causeway Bay
10 - Happy Valley
11 - North Point
12 - Quarry Bay
13 - Taikoo Shing
14 - Sai Wan Ho
15 - Shau Kei Wan
16 - Chai Wan
17 - Aberdeen
18 - Ap Lei Chau
19 - Stanley
20 - Shek-O
Victoria Harbour
Aldrich Bay
Pok Fu Lam Country Park
Aberdeen Country Park
Aberdeen Harbour
Ocean Park
Deep Water Bay
Repulse Bay
Tai Tam Country Park
Stanley Bay
Shek-O Country Park
Big Wave Bay

viertel schlagen. Es kann durchaus passieren, daß man aus ebenso verwunderten Augen angestarrt wird, mit denen man selbst in diese so andersgeartete Welt einzudringen versucht, denn Fremde lassen sich hier nicht allzu häufig sehen. Bergauf, bergab steigend sollte man sich mindestens einen Tag Zeit nehmen, um diese andere Seite von Hong Kong kennenzulernen, das Leben der Leute, die sich für diese Stadt krummlegen. Eine Mahlzeit in einem der kleinen unscheinbaren Lokale wird, trotz sprachlicher Barrieren, weit mehr Einblick in Leben und Mentalität der Menschen verschaffen, als dies in den touristischen Zentren je der Fall sein könnte.

Zu erreichen entweder mit Bus Nr. 7 ab dem Vehicular Ferry Pier bis Pok Fu Lam, oder mit der Tram bis Kennedy Town (Endstation).

Wer geht schon gerne auf den Friedhof, und doch, in Hong Kong sollte man es tun. Einer der größten und schönsten ist der **Chinesisch-christliche Friedhof** an der *Pok Fu Lam Rd* in Pok Fu Lam. (Bus Nr. 7 ab dem Vehicular Ferry Pier.) Er ist ein sehr schönes Beispiel für die den Regeln des *Feng Shui* folgende Anlage chinesischer Friedhöfe: in Hanglage der offenen See zugewandt, mit Bergen im Rükken. Bei der herrschenden Platznot und den immensen Preisen, die für eine Grabstelle zu bezahlen sind (nicht unter HK$ 200.000 für fünf Jahre), geht man mehr und mehr dazu über, die Verstorbenen zu verbrennen und ihre Urnen in Urnenhallen bzw. Urnenwänden aufzubewahren. Besonders interessant ist der Besuch am Ching Ming-Fest und Chung Yeung-Fest (s. Kapitel 3.1 unter “Feiertage und Feste”).

Wo die Tramway im Westen ihre Tour beendet, stößt man auf den **Kennedy Town Wholesale Market**, auf dem besonders während der frühen Morgenstunden reges Treiben herrscht. Obst, Gemüse, Geflügel und vieles mehr wechseln den Besitzer, umhüllt von tausend Gerüchen. Das Viertel ist nach Sir Arthur F. Kennedy benannt, von 1872-77 Gouverneur Hong Kongs, und ist weitestgehend auf aufgeschüttetem Land entstanden. Hier siedelten die chinesischen Lohnarbeiter, denn ihnen war es lange Zeit verwehrt, sich in den Wohngebieten der Gweilos, der ‘fremden Teufel’, niederzulassen.

Am besten folgt man sodann der ***Belcher’s St***, die ihren Namen Captain Sir Edward Belcher verdankt, der die Küstenlinien der Insel vermaß und die Höhen ihrer Berge abschätzte, wobei er viele von ihnen auch benannte. Nach etwa 300 m gelangt man zum *Li Po Lung Path*, der rechterhand die Stufen auf eine Terrasse hochführt, umgoben von einem der ältesten Wohnviertel Hong Kongs. Ein kleiner, unscheinbarer Tempel taucht auf der Terrasse auf, die **Ching Lin** (= Grüner Lotus) benannt ist. Der **Tempel** wurde ca. 1885 errichtet und ist *Lu Pan* geweiht, dem Gott aller am Bau Beschäftigten. Er

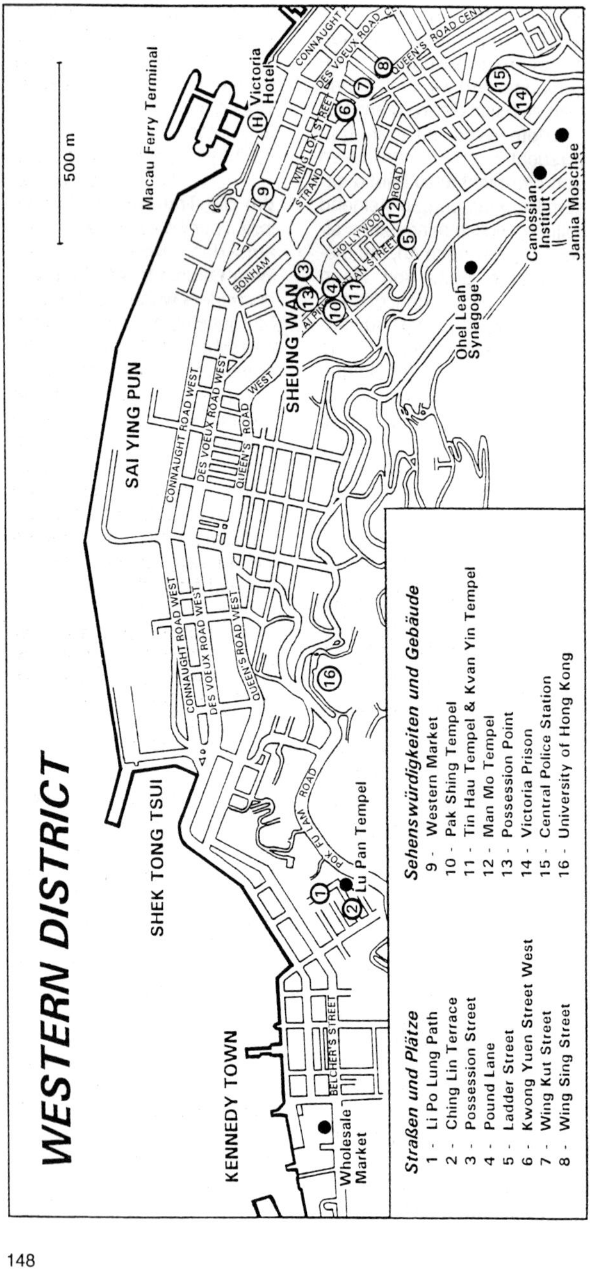
WESTERN DISTRICT
500 m
Macau Ferry Terminal
Victoria Hotel
SAI YING PUN
SHEUNG WAN
SHEK TONG TSUI
KENNEDY TOWN
Wholesale Market
Lu Pan Tempel
Ohel Leah Synagoge
Canossian Institut
Jamia Moschee
CONNAUGHT ROAD WEST
DES VOEUX ROAD WEST
QUEEN'S ROAD WEST
POK FU LAM ROAD
BELCHER'S STREET
BONHAM
STRAND
WING LOK STREET
HOLLYWOOD ROAD
DES VOEUX ROAD
QUEEN'S ROAD CEN
CONNAUGHT
Straßen und Plätze
1 - Li Po Lung Path
2 - Ching Lin Terrace
3 - Possession Street
4 - Pound Lane
5 - Ladder Street
6 - Kwong Yuen Street West
7 - Wing Kut Street
8 - Wing Sing Street
Sehenswürdigkeiten und Gebäude
9 - Western Market
10 - Pak Shing Tempel
11 - Tin Hau Tempel & Kvan Yin Tempel
12 - Man Mo Tempel
13 - Posssession Point
14 - Victoria Prison
15 - Central Police Station
16 - University of Hong Kong

ist der einzige seiner Art im Territorium und weist schöne *Shih-wan*-Töpfereien am Dachfirst und dreidimensionale Schnitzereien beiderseits des Haupteingangs und im Innenraum auf.

Die Stufen führen nun weiter steil bergauf, bis man auf die *Pok Fu Lam Rd* stößt, der man nach links folgt. Nach etwa 1 km sieht man vor sich den Komplex der **University of Hong Kong**, der ältesten Universität im Territorium, die sich im Stadtteil **Sai Ying Pun** be-

University of Hong Kong

findet. Sie wurde 1912 eröffnet, mit damals weniger als 100 eingeschriebenen Studenten. Heute sind es rund 8.000 in neun Fakultäten. Einer ihrer berühmtesten Studenten war Dr. Sun Yat-sen, der Gründer der Republik China. Das Hauptgebäude (*Loke Yew Hall*) ist Sitz der Medizinischen Fakultät. Im Renaissancestil erbaut, wird seine Fassade von den über die beiden oberen Stockwerke reichenden Säulen dominiert. Gekrönt wird der Bau von einem Glockenturm, während vier Innenhöfe dem Baukörper seine Schwere nehmen.

Zur Universität gehört auch das **Fung Ping Shan Museum**, das die weltweit größte Sammlung an bronzenen Nestorianerkreuzen aus der Yuan-Dynastie (1279-1368) besitzt, insgesamt 467 Stück. Außerdem befinden sich in der Sammlung Stücke aus der Epoche der Streitenden Reiche (480-221), der Tang-Dynastie (618-907) und der Qing-Dynastie (1644-1911) sowie buddhistische Skulpturen aus Indien. Das Gebäude wurde 1932 mit Spendengeldern eines Geschäftsmannes gebaut und beherbergte bis 1964 die Universitätsbücherei.

☞ *Fung Ping Shan Museum*, 94 Bonham Rd, Sai Ying Pun; Tel. 8592114; geöffnet Mo-Sa 9.30-18.00 h; geschlossen an Feiertagen und am 16. März; Eintritt frei (Bus Nr. 23 ab North Point über Central).

Beim Verlassen des Museums lohnt sich noch ein Blick auf die andere Straßenseite, wo rechts ein **altes gelbfarbenes Haus**, umrahmt von Banyanbäumen, steht. So in etwa hat man sich das Aussehen der Bonham Rd in ihren Anfangstagen vorzustellen.

Die Straße links dieses Hauses führt hinunter zur *Queen's Rd West* und weiter bis zur *Des Voeux Rd West*, die auch ohne Straßenschild zu erkennen ist, und zwar an ihrem Geruch, der all den Geschäften entströmt, die eine Unzahl an getrockneten Meeresfrüchten, Gewürzen, Gemüse und Aphrodisiaka feilbieten. Während ratternd die Tram an einem vorbeirumpelt, orientiert man sich in Richtung Sheung Wan, bis man rechts in die *Ko Shing St* einbiegt, wo man am Eck *Li Sing St* noch einige Straßenfriseure am Werke sieht. Den modisch letzten Schnitt darf man nicht erwarten, dafür sind sie mit ca. HK$ 40 für Rasur, Schneiden und Shampoonieren überaus preiswert. Am anderen Ende der Straße werden in einem Laden hunderte Singvögel zum Verkauf angeboten.

Mittlerweile in **Sheung Wan** angekommen, stößt man, der *Queen's Rd West* folgend, nach wenigen Metern auf die *Hollywood Rd.* Von besonderem Interesse sind die Geschäfte, in denen entweder chinesische Brautkleidung oder aber Papier aller Art für die Beerdigungszeremonien und Totenfeiern verkauft werden. Daraus fertigt man dann alles, was dem Toten ein angenehmes Leben im Jenseits bereiten soll, ein Auto, ein Haus, einen Fernseher usw., und natürlich darf jede Menge Totengeld nicht fehlen.

Kaum ist man in die *Hollywood Rd* eingebogen, markiert das Straßenschild *'Possession St'* etwa jenen Punkt, an dem Captain Charles Elliot am 25. Januar 1841 den Union Jack hissen ließ und damit die Insel für Großbritannien in Besitz nahm.

Ehe man weiter geradeaus geht, lohnt sich noch ein kleiner Umweg nach rechts in die *Pound Lane*, an der nach wenigen Metern beiderseits kleine Tempel auftauchen. Dieses Viertel, **Tai Ping Shan** (= Friedlicher Berg), ist eines der drei ältesten Viertel Hong Kongs, in das sich Fremde lange Zeit nicht wagten. Denn hier herrschten die **Triaden**, jene Geheimorganisationen, die ursprünglich politischen und religiösen Charakter besaßen, heutzutage jedoch meist Verbrechersyndikate sind. *'Triad'* leitet sich vom Englischen ab und bezeichnet das Emblem der Gesellschaften: ein von einem Dreieck umgebenes chinesisches Schriftzeichen, das die Einheit von Himmel, Erde und Mensch symbolisiert, der drei sich durchdringenden Mikrokosmen des Universums.

An der Ecke *Tai Ping Shan St/ Pound Lane* befindet sich ein kleiner **Schrein des lokalen Erdgottes**. Der Tempel zur Rechten, **Kwong Fuk Yee Chee** oder **Pak Shing**, stammt aus dem Jahre 1851 und dient seither der Ahnenverehrung. Viele brachten aus ihren Heimatdörfern im Mutterland ihre Ahnentäfelchen hierher, von denen noch immer rund 3.000 vom schummrigen Kerzenlicht erleuchtet werden.

Auf der anderen Straßenseite sieht man den 1894 erbauten Doppeltempel für **Sui Tsing Paak** und **Tin Hau** (vgl. Kapitel 2.4). Das Bildnis *Sui Tsing Paaks*, des 'friedenstiftenden Generals', wurde von den Einwohnern 1894 aus China herbeigeholt, da man mittels seiner Fähigkeit, Krankheiten und Seuchen besiegen zu können, die grassierende Pest auszutreiben hoffte. Ursprünglich ein Adelsmann, verdankt er seine nachträgliche Vergöttlichung – wie viele chinesische Heilige – seinen außergewöhnlichen Fähigkeiten. 60 *Tai Suis* zieren das Innere des Tempels. Bei diesen handelt es sich um Kombinationen aus den 12 Tierkreiszeichen und den fünf Elementen (Holz, Feuer, Erde, Metall und Wasser), die das Leben eines Menschen in einem 60-jährigen Zyklus schützen. (Jeder dieser Götter steht für ein Jahr, und man betet zu demjenigen, in dessen 'Schutzjahr' man geboren wurde. Nach Abschluß eines 60-Jahre-Zyklus beginnt man von vorne).

Im Tempel nebenan, Nr. 36, beten vor allem Frauen am 19. Tag des zweiten, sechsten und neunten Mondmonats um Nachkommenschaft (besonders männliche), Wohlstand und Schutz gegen Unglück. Verehrt wird *Kuan Yin* (auch *Kwun Yum* genannt), die Göttin der Barmherzigkeit. Der **Kuan Yin-Tempel** wurde 1894 von der Wasserfront hierher verlegt. Von der Decke hängend glimmen viele Räucherspiralen als Danksagung und Bittstellung an die Götter. Die Statue der Kuan Yin soll aus einem Stück Holz geschnitzt sein, das einer der Tempelgründer in den 40er Jahren des 19. Jhds in der See fand.

Für den weiteren Weg bieten sich zwei Möglichkeiten an: entweder kehrt man zurück zur *Hollywood Rd*, die für ihre Antiquitäten-Geschäfte bekannt ist. Hölzerne Druckstöcke, Porzellan, Buddhafiguren, Ikebanakörbe aus Japan, Riechfläschchen, Rosenholzmöbel und vieles mehr sind dort zu sehen. Das Herz eines Sammlers schlägt höher angesichts all dieser Dinge, doch nicht alles ist echt; das Gros sind (mitunter nicht weniger schöne) Reproduktionen.

Als Alternative bietet sich ein Bummel entlang der *Tai Ping Shan St* bis zur *Ladder St* an, deren Stufen man links hinuntergeht. Gleich einer Leiter erklimmen die Stufen des Sträßchens den Hang, daher auch der Name. Angelegt wurde die Straße wenige Jahre nach der Inbesitznahme Hong Kongs durch die Briten. Sie diente als Transportweg für die Sänften, mittels derer sich die in den Mid-Levels wohnenden *Gweilos* vom Hafen zu ihren Residenzen trugen ließen. An den Seiten kann man noch einige alte Häuser mit Balkonen und Fensterläden entdecken.

Wo man wieder auf die *Hollywood Rd* stößt – so man ihr nicht gefolgt ist – , duckt sich rechts einer der ältesten und bedeutendsten Tempel Hong Kongs, der **Man Mo-Tempel** zwischen die Hochhäuser. Er ist *Man*, dem Gott der Literaten, und *Mo*, dem Kriegsgott geweiht. 1842 erbaut, wurden viele seiner Altäre, Zinn- und Messinggefäße vor über 100 Jahren aus China importiert.

Betritt man den Tempel, vor dem stets einige ältere Frauen um ein Almosen betteln, verwehrt einem ein roter *Dong Chung* den Blick ins Innere. Diese Schutzwand, die sich in den meisten chinesischen Tempeln und älteren Hofhäusern findet, dient der Abwehr böser Geister und Dämonen, die bekanntlich nur geradeaus gehen können; denselben Zweck verfolgen die Türschwellen. Links befinden sich zwei gläserne Kästen, die drei antike 'Götterthrone' aus den Jahren 1847 bis 1885 enthalten. Auf ihnen wurden die Statuen der beiden Göttergestalten bei Prozessionen durch die Straßen getragen. Gegenüber sieht man eine Trommel und Tempelglocke, die 1847 in Guangzhou gegossen wurde. Beide werden geschlagen, um Opferdarreichungen und Zeremonien anzukündigen. Auf der anderen Seite der Schutzwand füllen zahlreiche Räucherspiralen die Decke, ihr Rauch steigt durch den Rauchturm – Bestandteil jedes chinesischen Tempels – gen Himmel, die Götter um Gesundheit, Glück und geschäftlichen Erfolg bittend. Das kleine Namensschild, das an jeder Spirale hängt, dient den Göttern als Hinweis auf den Bittsteller. Beiderseits personifizieren mächtige Pfosten mit Messingsymbolen die Acht Unsterblichen. Die beiden Hirsche auf dem marmorgedeckten Tisch vor der Haupthalle versinnbildlichen langes Leben. Fünf zinnerne Ritualgefäße reihen sich auf einem Tisch direkt vor dem Altar.

Hauptaltar und Nebenaltäre sind jeweils rund 4½ m hoch und wurden während der Qing-Dynastie geschnitzt. Rechts auf dem Hauptaltar *Man*, der einen Schreibpinsel in der Hand hält und als Schutzgott der Beamten und Schriftkundigen gilt. Links die ein Schwert haltende, rotgesichtige Figur *Mos*, der von Hong Kongs Polizisten ebenso verehrt wird wie von Dieben (!), Pfandleihern und Antiquitätenhändlern. Scharfrichter beteten zu ihm, damit der Geist des Hingerichteten sie nicht heimsuche. Ein ihm geweihter Schrein ist in jeder Polizeistation zu finden.

Der linke Altar ist *Pao Kung* geweiht, dem Gott des Rechts, dessen Gesicht stets schwarz ist. Der rechte Seitenaltar ist *Shing Wong* gewidmet, dem Stadtgott, der jedem Menschen, ob zu Lebzeiten oder nach seinem Tode, die ihm gebührende Bestrafung oder Belohnung zumißt.

Wer sich seine Zukunft voraussagen lassen möchte, hat in der Nebenhalle bei einem der Wahrsager die Gelegenheit dazu, oder man schüttelt den *Chim*, notiert sich die Nummern der herausgefallenen Stäbchen und kauft sich die englische Version des Büchleins '*Man Mo Temple*', in dem man die Antworten findet.

☞ *Man Mo-Tempel*, Hollywood Rd, geöffnet tägl. 7.00-17.00 h; zu erreichen mit Bus Nr. 26 ab der Hong Kong and Shanghai Bank, Central.

Verläßt man den Tempel, so steige man (falls man nicht auf der Jagd nach Altertümern oder deren Reproduktionen ist und daher lieber der *Hollywood Rd* folgt) noch ein paar Stufen die *Ladder St* hinab und biege sodann links in die *Up-*

per Lascar Row ein, besser bekannt als *Cat St*, in der allerlei Trödel feilgeboten wird. Von all diesen brauchbaren und unnützen Dingen rührt auch der Name der Straße her, denn im Chinesischen nennt man dererlei 'Mäusegüter', und jene, die sie kaufen und weiterverkaufen, 'Katzen'. Etwas Zeit zum Stöbern sollte man mitbringen, dann kann man mitunter das ein oder andere kuriose Stück aus der Flut des Plunders herausfischen.

Am Ende rechts in die *Lok Ku Rd* einschwenkend, folgt man dieser bis in Höhe der Kreuzung mit der *Tank Lane*. Unübersehbar locken die über vier Stockwerke reichenden **Cat Street Galleries** mit ihrem Angebot aus Antiquitäten und Kunsthandwerklichem.

Ein kurzes Stück geradeaus, dann links, schon ist man auf der *Queen's Rd Central*, entlang derer sich wiederum viele interessante Geschäfte reihen, so z.B. Nr. 290 ein **Teeladen**, an dessen Eingang eine Kuan Yin-Figur steht, nach der auch ein in Chiu Chow sehr beliebter Tee benannt ist. Nr. 274 bietet Künstlerbedarf und schöne Fächer an.

Nach rund 200 m mündet *Bonham Strand* ein, berühmt für die während der Wintermonate hier verkauften **Schlangen**, die in diesen Monaten meist als Suppeningredienz als vorbeugendes Mittel gegen Krankheiten verzehrt werden. Aber auch heilende Wirkung bei Rheuma wird ihnen nachgesagt.

Kaum ist man in die Straße eingebogen, sollte man einen kurzen Abstecher nach rechts in die *Kwong Yuen St West* machen, um sich in dem **Buchladen**, in dessen Schaufenster ein Geomantenkompaß ausgestellt ist, einen Überblick über die Wissenschaft des

Die Queen's Road in den 1860ern, zeitgenöss. Darstellung

Feng Shui zu verschaffen. Hier kann man das älteste Buch kaufen, das seit seiner Entstehung ununterbrochen neu aufgelegt wurde, nämlich den '*Chinesischen Almanach*', der ins Jahr 2254 v.Chr. zurückreicht. Er enthält die größte Anzahl an Weissagungen der verschiedensten Methoden.

Auch bei der nächsten Kreuzung lohnt es sich, kurz rechts abzubiegen, denn hier in der *Man Wa Lane* kann man die **Stempelschnitzer** bei der Arbeit beobachten, oder bei ihnen seinen eigenen Stempel in Auftrag geben. Die meisten Stempel weisen 2-4 Zeichen auf, den Namen des Besitzers oder des Büros. Teure Stücke aus Jade, Bernstein, Horn oder Bergkristall sind mittlerweile selten, heute verwendet man Holz, Speckstein, Porzellan, Bambus oder sogar Plastik. Nach der Auswahl des Stempels – am besten mit Tierkreiszeichen – läßt man sich den gewünschten Namen übersetzen und kann dann entweder beim Entstehen dieses Souvenirs zuschauen, oder aber man kehrt später zurück, denn mit einer Stunde muß man mindestens rechnen. Den fertigen Stempel erhält man am Ende mit einem Döschen roter Stempelfarbe.

Welchen Weg man nunmehr nimmt, bleibt jedem selbst überlassen, doch sollte man nicht an dem an der *Morrison St* gelegenen **Western Market** vorbeigehen, denn das nach Umbau und gründlicher Renovierung 1991 wiedereröffnete Gebäude ist nicht nur ein architektonisches Juwel geworden, sondern allmählich auch zu einem beliebten Einkaufs- und kulinarischen Treffpunkt. Viele der ehemals in der *Cloth Alley* beheimateten Stoffläden haben hier einen neuen Standort gefunden. Der südliche, aus dem Jahre 1858 stammende Teil der Hallen wurde 1980 abgerissen, der noch existierende nördliche wurde 1906 errichtet und diente als Großmarkthalle, vor allem für Geflügel- und Fischhändler.

Auf der anderen Seite der *Connaught Rd West* erheben sich zwei 41 Stockwerke hohe blaue Glastürme mit je zwei roten Banderolen, das **Shun Tak Centre** mit dem **Macau Ferry Terminal**. 1985 fertiggestellt, können hier jährlich 15 Mio Passagiere abgefertigt werden, die Tagesmaximalkapazität beträgt sogar 250.000 Abzufertigende. Insgesamt 13 Anlegestege stehen dafür zur Verfügung.

Die *Morrison St* zurückgehend gelangt man wieder an den Bonham Strand. Wer unterwegs an einem **Kräutertee-Ausschank** vorbeikommt – zu erkennen an den mächtigen Messinggefäßen, neben denen zahlreiche kleine Tassen stehen –, kann für ein paar Dollars einmal probieren. Die Einheimischen tun dies wortlos, im Glauben, dadurch das innere Gleichgewicht wiederherzustellen und aufkommendes Fieber abzuwehren. Würziger, bisweilen scharfer Geruch sticht einem in die Nase. *Bonham Strand East und West* sind die Zentren des hiesigen **Ginseng- und medizinischen Kräuterhandels**. Von den über 30 verschiedenen Sorten Ginseng werden die besten zu schwindelerregenden Preisen gehandelt. Wilder Ginseng ist so selten und teuer, daß er nur in dringenden Notfällen verwendet wird, denn angeblich verlängert er das Leben eines Kranken um drei Tage, ganz gleich, wie schlimm es um diesen steht. Roter Ginseng hingegen wird unter anderem als Potenzmittel gehandelt. Damit die Damen nicht zu kurz kommen, sollten sie es vielleicht einmal mit gemahlenen Perlen versuchen, denen man nachsagt, sie würden für ewig junge Haut und funkelnde Augen sorgen.

All die dargebotenen Kräuter, Wurzeln, getrockneten Früchte, Gräser, Blüten, Insekten und Seepferdchen, oder aber Tigerpenisse, Hörner vom Nashorn, Hirschgeweihe und anderlei Exotisches dienen der Wiederherstellung bzw. Erhaltung der beiden kosmischen Prinzipien *Yin* und *Yang*, die auch über den menschlichen Körper bestimmen. Oder als Potenzmittel, denn kein Chinese wird sich seine nachlassende Manneskraft eingestehen, geschweige denn offen zugeben.

Am Ende der Straße stößt man wiederum auf die *Des Voeux Rd West*, von wo aus man sich entweder noch weiter durch die Straßen dieses quicklebendigen und facettenreichen Viertels treiben läßt, oder aber eine Tram besteigt, die einen in wenigen Minuten nach Central schaukelt.

4.1.2 Central District

Die meisten Touristen beginnen die Erkundung Hong Kongs in diesem Viertel, das geprägt ist von einer Reihe ultramoderner Hochhäuser und Einkaufszentren der Extraklasse. Central ist das Banken- und Büroviertel Hong Kongs, entsprechend sind die Grundstückspreise, die zu den höchsten der Welt zählen – in besseren Lagen sogar Weltrekord darstellen – und nur eine Wahl lassen, Wachstum nach oben. Und dies geschah in den letzten zehn Jahren in atemberaubendem Tempo.

Entsprechend teuer auch die Geschäftsmieten, die sich fast nur international bekannte Modeschöpfer und Großunternehmen leisten können. Dazu gesellen sich einige Hotels der Spitzenklasse und einige wenige noch erhaltene Kolonialstilgebäude, die der Abrißglokke wie durch ein Wunder entronnen sind. Denn in Hong Kong gelten andere Gesetze, neu bauen gilt als preiswerter und effektiver als renovieren.

Und doch, ab und an duckt sich eines der altehrwürdigen Gemäuer zwischen den Glaspalästen und Betongiganten. Angesichts der immensen Summen, die hier Tag für Tag an den verschiedenen Börsen und in den vielen Bankfilialen umgesetzt werden, ist es nicht verwunderlich, daß immer mehr der emporschießenden Türme mit Spiegelglas verkleidet werden, denn dieses wehrt

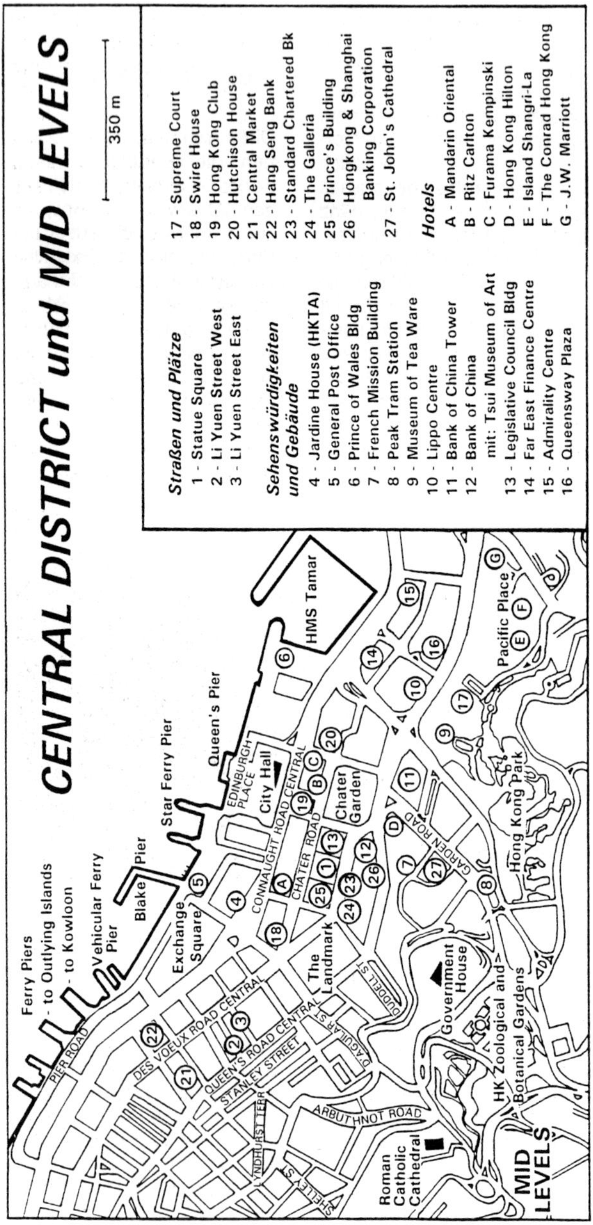
CENTRAL DISTRICT und MID LEVELS
350 m
Straßen und Plätze
1 - Statue Square
2 - Li Yuen Street West
3 - Li Yuen Street East
Sehenswürdigkeiten und Gebäude
4 - Jardine House (HKTA)
5 - General Post Office
6 - Prince of Wales Bldg
7 - French Mission Building
8 - Peak Tram Station
9 - Museum of Tea Ware
10 - Lippo Centre
11 - Bank of China Tower
12 - Bank of China
mit: Tsui Museum of Art
13 - Legislative Council Bldg
14 - Far East Finance Centre
15 - Admirality Centre
16 - Queensway Plaza
17 - Supreme Court
18 - Swire House
19 - Hong Kong Club
20 - Hutchison House
21 - Central Market
22 - Hang Seng Bank
23 - Standard Chartered Bk
24 - The Galleria
25 - Prince's Building
26 - Hongkong & Shanghai Banking Corporation
27 - St. John's Cathedral
Hotels
A - Mandarin Oriental
B - Ritz Carlton
C - Furama Kempinski
D - Hong Kong Hilton
E - Island Shangri-La
F - The Conrad Hong Kong
G - J.W. Marriott
Ferry Piers
- to Outlying Islands
- to Kowloon
Vehicular Ferry Pier
Blake Pier
Star Ferry Pier
Queen's Pier
Exchange Square
EDINBURGH PLACE
City Hall
HMS Tamar
Chater Garden
The Landmark
CONNAUGHT ROAD CENTRAL
CHATER ROAD
DES VOEUX ROAD CENTRAL
QUEEN'S ROAD CENTRAL
STANLEY STREET
PIER ROAD
D'AGUILAR ST
DUDDELL ST
ARBUTHNOT ROAD
LYNDHURST TERR
SHELLEY ST
GARDEN ROAD
Government House
HK Zoological and Botanical Gardens
Hong Kong Park
Pacific Place
Roman Catholic Cathedral
MID LEVELS

böse Geister ab, und die kann man in Hong Kongs Geschäftswelt nun am allerwenigsten gebrauchen, die vermeintlich jenseits der Grenze lauernde Gefahr ist bedrohlich genug.

Nach **Central** kommt man am schnellsten mit der MTR, wer von Kowloon anreist, sollte es sich jedoch nicht nehmen lassen, mit der Star Ferry hierher überzusetzen.

Das erste, womit nahezu jeder ankommende Tourist am **Star Ferry Pier** konfrontiert wird, ist das Anerbieten der **Rikscha-Boys**, für ein Erinnerungsfoto Pose zu stehen.

Eines der charakteristischsten Gebäude Hong Kongs ist das rechts aufragende **Jardine House**, das ehemalige Connaught Centre, aufgrund seiner 1748 runden Fenster im Volksmund das '*Haus der tausend Münder*' genannt. Von 1973 bis 1980 mit 50 Stockwerken das höchste Gebäude Hong Kongs, war es bis Ende der 80er Jahre Hauptsitz von *Jardine Matheson*, der größten Handelsgesellschaft (chinesisch 'Hong') am Ort. Im 35. Stock befindet sich das **Hauptbüro der HKTA**, im Kellergeschoß (Eingang an der *Connaught Rd*) ihr **Informationsbüro**. Im Film '*Noblehouse*' befand sich hier auch der Firmensitz von Struant.

Bank-, Büro- und Hotelgebäude prägen das Erscheinungsbild des Central District

Tritt man unter der Überdachung hervor, fällt links der Blick auf den **City Hall**-Komplex, der 1962 eingeweiht wurde und u.a. Theater, Konzertsaal, Verlesungsraum, Ausstellungshalle, Kunstgalerie, öffentliche Bibliothek, Standesamt und Restaurants unter seinem Dach beherbergt. Von hier startet der **kostenlose Shuttle-Bus zur Peak Tram**.

Daneben das **General Post Office**, in dessen Erdgeschoß man sich gutes Buch-, Karten- und anderes Informationsmaterial im **Hong Kong Publications Centre** besorgen kann. Wer sich nicht noch mit Infomaterial eindecken muß, sollte seinen Rundgang durch Central direkt am Ausgang der Star Ferry beginnen, wo rechts eine blaue Eisentreppe hochführt. Von oben gewinnt man einen ersten Überblick über das wirkliche Zentrum Victorias und genießt das sich vor den Augen ausbreitende Hafenpanorama. Gemächlich ziehen die Schiffe der Star Ferry ihre Bahnen zwischen dem Festland und der Insel, so wie sie es seit Jahrzehnten tun.

Den überdachten Korridor entlang, in dessen Schutz einige derjenigen hausen, die nichts mehr zu verlieren haben außer ihren Pappkartonburgen, gelangt man zum **Blake Pier**, an dessen Ende man von 11.00-23.00 h einen preiswerten Snack mit grandioser Aussicht im *'Blake Pier Top Garden Restaurant'* zu sich nehmen kann. Nach einem kurzen Zickzackschwenk tritt man auf die großzügig angelegte Uferpromenade, die Blicke unwillkürlich auf die aus Glas, Stahl und roséfarbigem Granit bestehenden drei Türme des **Exchange Square** fixierend, in dessen Rundbau, der die 183 m hohen Doppeltürme miteinander verbindet, seit dem 2. April 1986 die Warenbörse Hong Kongs untergebracht ist.

Einschließlich des Grundstücks kostete das Gesamtprojekt HK$ 6,7 Milliarden, Grundstein für den Aufschwung des Territoriums zu einem der führenden Finanz- und Handelszentren der Welt. Ein Blick in das Herz von Hong Kongs Wirtschaftsleben lohnt. 2.340 m² mit 887 Sitzen stehen den rund 700 zugelassenen Mitgliedern der Börse zur Verfügung, die auf ihren Terminals jede Transaktion eines Tages verfolgen bzw. abrufen können.

Hong Kongs Börse: Exchange Square

Exchange Square, Connaught Place, Central. Die Börse ist wochentags geöffnet 10.00-12.30 und 14.30-15.30 h. Da auf der Besuchergalerie nur begrenzt Raum zur Verfügung steht, empfiehlt sich eine vorherige Terminvereinbarung für einen Besuch; Tel. 5221122.

Unter dem Exchange Square ist einer der größten Busbahnhöfe Hong Kongs, von dem aus man zu fast allen Teilen der Insel gelangen kann.

Am Ende der Uferpromenade gelangt man nach einer weiteren Zickzackwende auf den Fußgängerhochweg, den man bis zum Macau Ferry Terminal weitergehen kann. Entlang der Uferlinie reihen sich die **Piers der verschiedenen Fähren** zu den Outlying Islands, nach Yau Ma Tei, Tuen

Mun usw. Ein Fußgängerüberweg führt quer über die *Connaught Rd Central* in die neue Zentrale der **Hang Seng Bank**. Mit der Rolltreppe fährt man in das grün-silberne Gebäude hinunter.

Wer Geld tauschen möchte, sollte dies hier tun, ansonsten verläßt man die Bank auf der anderen Seite, überquert die *Des Voeux Rd Central* und findet sich direkt vor dem cremefarbenen **Central Market** wieder. Auf der rechten Seite des Marktes, in der *Jubilee St*, trifft man auf Hong Kongs neuestes öffentliches Beförderungsmittel, den **Hillside Escalator**. 20 Rolltreppen und drei Travelators verbinden Central mit den Mid-Levels. Diese 800 m lange erhöhte Transportschiene verläuft anschließend entlang der *Cochrane St*, der *Shelley St*, bis hoch zur *Conduit Rd*. Rund 19 Minuten dauert der kostenlose Trip.

Der *Des Voeux Rd Central* in Richtung Sheung Wan folgend, bieten in den Seitenstraßen Dai Pai Dongs preiswerte Mahlzeiten an, in der **Wing Kut St** locken Juweliere mit günstigen Offerten. Wie ein Keil spaltet der Golden Tower die Straße. Kaum daß man links in die *Wing Lok St East* eingebogen ist, lenkt man seine Schritte fast unwillkürlich in die *Wing Sing St*, die auch als '*Eierstraße*' bekannt ist, denn hier werden täglich mehrere Tonnen Eier der unterschiedlichsten Art verkauft, zu fast 100% importiert aus der VR China. Ihre Frische kontrolliert man, indem man sie gegen das Licht einer nackten Glühbirne hält, wodurch ihr Inneres schemenhaft sichtbar wird. Eine hier zu findende Spezialität sind die **'hundertjährigen Eier'**, die im Höchstfall allerdings sechs Monate alt sind.

Die dafür verwendeten Enteneier werden zunächst in einem Gemisch aus ungelöschtem Kalk, Spreu und feuchter Tonerde eingepackt. Aus dem ungelöschten Kalk wird gelöschter, wobei durch den entstehenden Wärmeprozeß das Eiweiß in eine gallertartige Maße umschlägt und das Eigelb sich dunkelgrün bis schwarz verfärbt. Dieser Prozeß dauert vier bis sechs Wochen, das Ergebnis ist – gut gemacht – eine Delikatesse. (Die *Wing Sing St* soll abgerissen werden, was bei Drucklegung schon passiert sein könnte.)

Via *Queen's Rd Central* geht es nunmehr wieder zurück Richtung Central. Die vierte und fünfte Seitenstraße links nach der Unterquerung des Hillside Escalators sind *'The Lanes': Li Yuen St West und East*. Nur wenige Meter von den Nobelboutiquen Centrals entfernt, kann man in den beiden engen und verstopften Gäßchen überaus günstig Kleidungsartikel, Lederwaren, Schuhe und andererlei erstehen.

Die gute alte Tram, die an einem vorbeiratttert, deutet an, daß man auf die *Des Voeux Rd Central* zurückgekehrt ist. Wendet man sich nach rechts, so steht man kaum hundert Meter weiter vor einer anderen Welt, in der zum Verkauf steht, was weltweit Rang und Namen hat – und eben den entsprechenden Preis. **Swire House** auf der anderen Seite der Straße, **The Landmark** auf der hiesigen sind es, die mit dem Glamour verführerischer Namen locken.

The Landmark wurde 1980 auf dem Gelände des ehemaligen *Old Gloucester Hotels* eröffnet. Nicht einmal einen richtigen Namen gab man diesem Einkaufszentrum, in dessen Atrium ein vom Geräuschpegel ringsum regulierter Springbrunnen plätschert, wenn er nicht gerade wegen irgendeiner Werbeausstellung oder künstlerischen Darbietung abgedeckt ist. An hohen chinesischen Feiertagen wird das Innere kunstvoll dekoriert.

Zwischen The Landmark und dem Central Building (1-3 *Pedder St*) ist eine **rötlich-braune ovale Plakette** angebracht, die die Küstenlinie von Hong Kong Island im Jahre 1841 markiert. Rund 350 m sind es bislang, die in diesem Bezirk dem Hafenbecken durch Aufschüttungen abgerungen wurden, und es sollen noch mehr werden.

An der *Queen's Rd Central* wendet man sich kurz nach rechts und dann links in die *D'Aguilar St*, wo man nach wenigen Metern von rechts die *Stanley St* einmünden sieht. Nr. 24-26 ist das für seine exzellenten Dim Sums und seine urtümliche Atmosphäre bekannte **Luk Yu Tea House**. Für eine Tasse Tee sollte hier immer Zeit sein, und ein paar dieser kleinen Gaumenverführer können für den weiteren Weg stärken.

Zurück auf der *D'Aguilar St* gelangt man direkt in das kopfsteingepflasterte Gäßchen *Lan Kwai Fong*, das in den letzten Jahren mit seinen Restaurants, Bars und Nachtlokalen für Schlagzeilen gesorgt hat. Dank ihres guten Feng Shui fungierte die Gasse in den 20er und 30er Jahren als 'Ehevermittlerin', hier trafen sich Unverheiratete zum Kennenlernen.

Am Ende links ab, empfängt einen nach wenigen Schritten der tosende Lärm einer seesterngleichen Kreuzung. Das aus den Jahren 1913 und 1917 stammende umbra- und cremefarben gestrichene Kolonialstilgebäude auf der gegenüberliegenden Seite diente bis 1981 der Firma *Dairy Farm* als Eis- und Lagerhaus, und wurde dann vom *Foreign Correspondents' Club* und dem *Fringe Club* übernommen und restauriert.

Auf der anderen Seite des Gebäudes weist die *Ice House St* noch auf seine ehemalige Funktion hin. Ein Stück über der Strape gelegen, thront rechts das **Bishop's House**, das der erste Kaplan Hong Kongs, Reverend Vincent Stanton, als Ausbildungsstätte für chinesische Priesterstudenten in Auftrag gab, und das seit 1848 über 100 Jahre lang als Bischofsresidenz und Lehranstalt gleichermaßen diente. Knapp 150 m weiter zweigt links die *Duddell St* ab, deren Treppenbalustraden an beiden Enden von Hong Kongs einzig verbliebenen vier **Gasstraßenlaternen** bekrönt werden. Gemäß alten Stadtplänen stammen Treppe und Laternen aus den Jahren 1875 bis 1889. Wo die *Ice House St* in die *Queen's Rd Central* mündet, taucht rechts der *Battery Path* unter üppiges Grün ein. Die Gebäude ringsum sind großenteils Verwaltungsgebäude der Regierung. Das neoklassizistische Gebäude aus Granit und roten Ziegeln, das vor einem auftaucht, ist das **French Mission Building**. Das erste an dieser Stelle errichtete Haus gab Hong

French Mission Building

Kongs erster Gouverneur, Sir Henry Pottinger, 1842/43 in Auftrag, noch vor 1860 wurde der mittlerweile entstandene Neubau seinerseits vergrößert und gehörte, so die Quellen, 1879 Emmanuel Belilios, dem Direktor der Hongkong and Shanghai Bank. 1915 ging es in den Besitz der Französischen Mission über, die eine Kapelle in der nordwestlichen Ecke einrichtete, bekrönt von der noch sichtbaren Kuppel. 1953 verkauften die Missionare das Gebäude an die Regierung. Bedauerlicherweise wurden die offenen Veranden im zweiten und dritten Stock durch Fenster geschlossen.

Schon sieht man rechts vorne **St John's Cathedral**, deren Grundsteinlegung 1847 durch Gouverneur Sir John Davis erfolgte, der erste Gottesdienst wurde zwei Jahre später abgehalten. Sie gilt als **älteste anglikanische Kirche in Fernost**. Im Stil englischer Kirchen des 13. Jhds gehalten, dekoriert mit gotischen und normannischen Stilelementen, wurde die kreuzförmige Kirche, deren Glockenturm im Westen erst einige Jahre nach dem Langschiff fertiggestellt wurde, im Zweiten Weltkrieg von den Japanern als Privatklub mißbraucht und schwer zerstört. Verloren gingen dabei u.a. die bunten Glasfenster, der Altar und die Chorstühle. Was heute zu sehen ist, sind Repliken. Auf der anderen Seite der *Garden Rd* erhebt sich **Citycorp Plaza**. Nachdem man die Straße mittels Fußgängerbrücke überquert hat, steigt man die *Garden Rd* bis zur **Peak Tram Station** hoch, die leicht an dem treppenartigen Springbrunnen und dem großen grünen Schriftzug '*Peak Tram*' zu erkennen ist.

Doch für dieses Mal geht man daran vorbei und sucht im gegenüberliegenden **Hong Kong Park** etwas Ruhe. HK$ 390 Mio kostete die Anlage des mit zehn Hektar größten Erholungsparks von Hong Kong, maßgeblich finanziert vom *Royal Hong Kong Jockey Club*. Im Mai 1991 eröffnet, wurde er in kürzester Zeit zu einem der beliebtesten Ausflugsziele und Fotospots für Neuvermählte – und solche, die es werden wollen. Neben Teichen, Springbrunnen, einem Aussichtsturm, Wasserfällen und einem Restaurant – in dem man sich für neue Taten stärken kann – besitzt der Park noch ein 3.000 m² großes **begehbares Aviarium** mit rund 150 verschiedenen Vogelarten, und ein **Treibhaus**, das in einen Teil mit Wüstenfauna und -klima und einen tropischen Teil gegliedert ist.

Hong Kong Park, tägl. geöffnet 7.00-23.00 h; Eintritt frei, auch für das Treibhaus. Vom **Observation Tower** guter Rundumblick. Im '*Park Inn*' läßt sich bei schönem Wetter auch gut zu Mittag essen, doch sollte man kurz vor 12 h da sein, weil dann der große Anstrum der Angestellten einsetzt.

Innerhalb des Parkgeländes befindet sich auch das **Flagstaff House**, das das **Museum of Tea Ware** beherbergt. Flagstaff House ist Hong Kongs ältestes Kolonialgebäude, fertiggestellt 1846. Bis 1978 war es der Wohnsitz des Oberbefehlshabers der britischen Streitkräfte in Hong Kong und ging dann an die Regierung, die es 1984 als Teewaren-Museum für die Öffentlichkeit zugänglich machte. Die hohen Räume und tiefen Veranden erinnern an die Zeit, als es noch keine Aircondition gab. Einen Blick wenigstens sollte der Museumsbesucher auch für die feinen Holzböden und Kamine übrig haben. Die repräsentative Ausstellung chinesischer Teewaren ist der großzügigen Gabe des Sammlers Dr. K.S. Lo zu verdanken, der sein Hobby mit allen an der Geschichte des Teetrinkens Interessierten teilen wollte. Gut 500 Exponate, begleitet von Fotos und textlichen Erklärungen vermitteln einen anschaulichen Überblick über die 2.000-jährige Geschichte des Teetrinkens in China.

Flagstaff House Museum of Tea Ware, Hong Kong Park, Central; Tel. 8690690; geöffnet tägl. außer Mi und Feiertage, 10.00-17.00 h; Eintritt frei (mit der MTR bis Admirality, dann durch Pacific Place den Schildern zum Hong Kong Park nach).

Vom Museum aus lenke man seine Schritte in Richtung **Pacific Place**, auch von weitem an seinen beiden konvexen Hoteltürmen leicht zu erkennen. Links läßt man den **Supreme Court** liegen, ein grauer, ästhetisch wenig ansprechender Bau, dafür umso funktionaler.

An den herumstehenden Nobelkarosssen und livrierten Portiers auf der anderen Seite der *Supreme Court Rd* erkennt man unschwer den Eingang zum *Hotel The Island Shangri-La Hong Kong*. Beim Eintritt verschlägt es einem erst einmal fast den Atem angesichts des Prunks, der den Gästen geboten wird. Mehr als 700 Kronleuchter, plüschige Teppiche, kunstvolle Blumenarrangements und über 500 Gemälde und andere Kunstobjekte verwandeln das Hotel in ein bewohntes Museum. Bei der Rezeption geht es rechts zu den Fahrstühlen, mit denen man zum 39. Stockwerk gelangt, wo die Gästezimmer erst anfangen; die unteren Stockwerke sind mit Büros belegt. Was man denn hier will, mag man fragen. Die Antwort bekommt man, sobald man im 39. Stock aussteigt und um die Fahrstuhlschächte herumgeht. Das **größte chinesische Landschaftsbild der Welt** empfängt den staunenden Besucher, 51 m hoch, 14 m breit bedeckt es die Stirnwand des Atriums, geschaffen von 40 Künstlern aus Beijing während eines Jahres, zusammengesetzt aus 250 seidenen Einzelbahnen.

Wieder auf den Boden der Realität, in diesem Fall den fünften Stock, zurückgekehrt, orientiere man sich in Richtung **Hotel Conrad**, das mittels eines Korridores mit dem Shangri-La verbunden ist. Vom Korridor aus bringt einen der Fahrstuhl entweder zum vierten Stock, wo man sich den großzügigst angelegten Gesamtkomplex mit Namen **Pacific Place** von außen anschauen kann, oder aber man fährt weiter runter in die Stockwerke 1-3, um sich in Hong Kong Islands flächenmäßig größtem Einkaufszentrum wiederzufinden, **The Mall**.

Der Komplex, eine Stadt in der Stadt, wurde zwischen 1985 und 1989 hochgezogen und ist das **viertgrößte innerstädtische Gesamtbauvorhaben der Welt**, mit einer Grundfläche von über 74.000 m² und insgesamt 464.500 m² an Wohn-, Geschäfts- und Bürofläche. Landschaftsarchitektonische Elemente spielten eine wichtige Rolle, nur 35% der Gesamtgrundfläche benötigen die vier Türme, in denen drei Fünf-Sterne-Hotels (Shangri-La, Conrad und J.W. Marriott), zwei Apartmentblöcke und zwei Bürokomplexe untergebracht sind.

Die dreietagige Shopping Mall mit ihren mehr als 160 Geschäften und Restaurants durchfluten an Spitzentagen weit über 100.000 Menschen, die kommen, um hier einzukaufen, sich zu vergnügen oder eine der Ausstellungen und Veranstaltungen zu besuchen, die hier regelmäßig geboten werden. Und wer nach Geschäftsschluß noch nicht genug hat, kann sich in einem der Kinos von *U.A. Queensway Cinema* die halbe Nacht um die Ohren schlagen.

☞ *Pacific Place*, 88 Queensway, Central. Zu erreichen mit der MTR, Station Admirality, von da aus direkter unterirdischer oder oberirdischer Zugang zu 'The Mall' (Hinweisschildern folgen).

Auf den *Queensway* tretend orientiert man sich links. Jenseits der Straße gibt es weitere Einkaufszentren, **Queensway Plaza** und **Admirality Centre**, daneben die mit blauem Spiegelglas verkleideten, skulptierten Türme des **Lippo Centre**, das noch vor seiner Fertigstellung 1987 vom australischen Unternehmer Alan Bond für HK$ 1.900 Mio erstanden, zwei Jahre später aber für HK$ 3.250 Mio an ein japanisches Unternehmen weiterverkauft wurde. Es ist eines der herausragendsten Beispiele moderner Architektur in Hong Kong, entworfen vom amerikanischen Stararchitekten Paul Rudolph.

Der goldfarbene Wolkenkratzer dahinter ist das **Far East Finance Centre**, in dem Hong Kongs **Diamantenbörse** untergebracht ist. Und während man noch nach rechts schaut, steht man mit einem Mal vor dem **Bank of China Tower**, mit 70 Stockwerken und 315 m (mit Antennen 367,4 m) Hong Kongs zweithöchstes Gebäude.

Sein Architekt, Ieoh Ming Pei (er entwarf u.a. auch die Glaspyramide des Louvres in Paris), begann 1982 mit den Planungen. Man überließ das 8.500 m² große Grundstück der *Bank of China* – der größten rotchinesischen Bank – zum 'Freundschaftspreis' von HK$ 1.100 Mio, denn zum einen wird das Gebäude auf drei Seiten von vielbefahrenen Straßen umtost, zum anderen hatten die japanischen Besatzer hier ein Lager der Militärpolizei eingerichtet, in dem viele Gefangene mißhandelt wurden, was schlechtes *Feng Shui* bedeutet. Zudem wollte man ein partnerschaftliches Zeichen im Hinblick auf das Jahr 1997 setzen.

Wie schlecht das von diesem Platz ausgehende *Feng Shui* ist, verdeutlicht die Tatsache, daß man nach Hinzuziehung eines *Feng Shui*-Meisters die bereits hochgezogenen untersten sechs Stockwerke noch einmal abriß, da durch den Winkel, in dem das Gebäude errichtet werden sollte, schlechte Einflüsse auf den Gouverneurspalast geworfen würden. Viele sehen in dem aus prismengleichen dreieckigen Baukörpern zusammengesetzten Hochhaus schlechtes *Feng Shui* an sich, wirke es doch wie ein von China in das Herz der Stadt getriebenes Messer, quasi das böse Omen der näherrückenden ungewissen Zukunft. Eigentlich war die Einweihung für den 8.8.1988 vorgesehen, den Tag, der gemäß chinesischer Zahlenphilosophie der glücklichste und erfolgverheißendste des Jahrzehntes, wenn nicht gar des Jahrhunderts gewesen wäre, doch durch die Verzögerung der Bauarbeiten konnte an diesem Tag nur das Richtfest gefeiert werden, die endgültige Einweihung fand erst am 17. Mai 1990 statt.

Langes Hin und Her gab es auch bezüglich der 'X'-förmigen Fassadengliederung, gleiche dies doch u.a. den Namensschildern Verurteilter, für die das Durchstreichen ihres Namens (eben in Form eines 'X') den Tod bedeutete.

Überquert man die *Garden Rd* und passiert das *Hong Kong Hilton*, so taucht schon der nächste Blickfang vor einem auf, das ultramoderne Hauptquartier der **Hongkong and Shanghai Banking Corporation**, ein architektonischer Meilenstein, vergleichbar allenfalls mit dem Centre Pompidou, und doch auch ganz anders – eben einzigartig. Dieses Gebäude ist es wert, von außen und innen genauer inspiziert zu werden, daher sollte man auf jeden Fall auch in die Bank hineinfahren, und zwar mittels der Rolltreppe, die von der Plaza – die sich unter dem Gebäude erstreckt und nur bei Taifun oder größeren örtlichen Veranstaltungen geschlossen wird – hochführt in das Atrium. Der Bau ist das Werk des britischen Stararchitekten Norman Foster, der zusammen mit rund 100 Mitarbeitern dieses Monument schuf. Anders als bei der *Bank of China*, spielten von Anbeginn an die Ratschläge des hinzugezogenen *Feng Shui*-Meisters eine entscheidende Rolle bei der Konzeption. Dieser empfahl beispielsweise, den Haupteingang nach Nordwesten auszurichten, und zwar 15 m hoch, um auch dem hinter der Bank hausenden Drachen den Zugang zu dieser zu ermöglichen. Um bösen Geistern das Betreten der Bank zu verwehren, riet er andererseits zu einer Blindzone in der Fassade.

Getragen wird der gesamte Gebäudekomplex, gegliedert in drei Scheiben, von acht riesigen Stahlmasten. Die insgesamt 52 Stockwerke, meist als Doppeletagen angelegt, sind eingehängt. Für die Ausführung dieser kühnen Konstruktion bediente sich Foster Anleihen aus der Brückenbautechnik.

Was dieses Bauwerk weiterhin einzigartig macht, ist seine Entstehungsweise: anders als sonst üblich wurden alle Einzelteile vorgefertigt angeliefert, von über 100 Zulieferern aus Amerika, Asien und Europa, d.h. der Bau entstand 'trocken'. Dadurch ist es im Prinzip möglich, das Gebäude abzubauen und an irgendeinem anderen Ort der Erde wieder aufzubauen. Allein das war schon eine planerische Meisterleistung, die nur noch von dem Produkt selbst überboten wird. Dies wird einem erst so richtig bewußt, wenn man im Inneren der Bank steht, nämlich im 52 m hohen Atrium, um das herum insgesamt gut 3.500 Menschen ihrer Arbeit nachgehen, ohne daß man davon lärmmäßig etwas spüren würde, genauso wie man den Straßenlärm hinter sich läßt, sobald man mit der Rolltreppe die Glasverdachung passiert, die das Innere gegen die Passage darunter abschirmt. Die leichte Wölbung dieses gläsernen Schutzschildes dient ebenso der Lärmdämmung wie die wellenartige Anlage der Passage, die gleichzeitig bewirkt, daß auch in der drükkendsten Sommerschwüle eine erfrischende Brise über sie hinwegstreicht – auch dies ist positives *Feng Shui*.

Und steht man dann staunend im Inneren, so beachte man die ausgeklügelte Beleuchtungskonstruktion an der Dekke des Atriums. Dort wurden u.a. 120 Richtscheinwerfer zur taghellen Ausleuchtung installiert, der wahre Clou ist jedoch die riesige Lichtschaufel an der Rückfassade des Gebäudes (*Queen's Rd Central*), die computergesteuert der Sonne nachgeführt wird und das eingefangene Licht auf die überdimensionalen Spiegel zwischen den Richtstrahlern wirft, wodurch schon an einigermaßen sonnigen Tagen das ganze Atrium taghell erleuchtet wird. Trotz alledem ist nicht der leiseste Anflug von Protzerei an dem 178,8 m hohen Bauwerk zu spüren, auch wenn es mit fast zwei Milliarden Mark

Baukosten (ohne Grundstück, das befand sich im Besitz der Bank) das teuerste Einzelgebäude der Welt ist.

Was sich nach nüchterner Zweckarchitektur anhört oder auf den ersten Blick als solche erscheinen mag, sollte unvoreingenommen als das gewürdigt werden, als was es auch von allen Angestellten gesehen wird: als ein an den Bedürfnissen des arbeitenden Menschen ausgerichtetes revolutionäres Gesamtkonzept, das von Fosters Kollegen neidlos als effektivstes Bürogebäude der Welt gepriesen wird.

Der Haupteingang der Bank wird flankiert von zwei **Bronzelöwen**, die seit 1935 schon das alte Bankgebäude bewachten. Auch um den genauen Standort für diese beiden

Typische Nebengasse in den 1860ern, zeitgenöss. Darstellung

Bronzefiguren herauszufinden, konsultierte man den *Feng Shui*-Meister, sind sie doch für die Bank von essentieller Bedeutung: alle Angestellten, und nicht nur diese, glauben daran, daß Hong Kong eine prosperierende Stadt bleibt, solange *Stitt* und *Stephen*, so heißen die beiden, den Eingang der Bank bewachen.

Hongkong and Shanghai Bank, 4 Des Voeux Rd Central, Central; geöffnet Mo-Fr 9.00-16.30 und Sa 9.00-12.30 h. Zu erreichen mit der MTR, Station Central.

Wer sich für chinesische Antiquitäten interessiert, sollte seine Schritte nach rechts lenken, um dem **Tsui Museum of Art** einen Besuch abzustatten, das im alten Gebäude der *Bank of China* untergebracht ist. Es handelt sich bei diesem um das erste Privatmuseum Hong Kongs, das sich neben der Präsentation seiner über 2.000 erlesenen Kunstobjekte auch um die Erforschung und das Studium der chinesischen Kunst und entsprechende Publikationen bemüht.

Wichtigster Teil der sehenswerten Sammlung sind die chinesischen Keramiken aus fünf Jahrtausenden, von der neolithischen Periode bis zur Qing-Dynastie. Außerdem zu sehen sind Bronzewaren, Bambus-, Holz- und Elfenbeinschnitzereien, Emaillearbeiten, Glas- und Jadegegenstände sowie Möbel.

The Tsui Museum of Art, 11th Floor, Bank of China Building, 2A Des Voeux Rd Central, Central; Tel. 8682688, Fax 8682663; geöffnet Mo-Fr 10.00-18.00, Sa 10.00-14.00 h; Eintritt: Erwachsene HK$ 20, Kinder HK$ 10. Zu erreichen mit der MTR, Station Central.

Das inoffizielle Zentrum Victorias ist der auf der anderen Seite der Des Voeux Central liegende **Statue Square**, so genannt wegen der Bronzestatue Königin Victorias, die am 28. Mai 1886 hier enthüllt wurde, dem offiziellen Geburtstag der Monarchin.

Das Denkmal wurde nach der Besatzung durch die Japaner zum Victoria Park in Causeway Bay geschafft, wo sie heute noch steht. Heute füllt die **Statue von Thomas Jackson** diese Vakanz, im vergangenen Jahrhundert einmal für 30 Tage Leiter der Hongkong and Shanghai Bank.

Der Platz ist wochentags beliebter Mittagstreffpunkt der in den umliegenden Büros und Geschäften Arbeitenden, am Wochenende hingegen verwandelt er sich, zusammen mit den umliegenden Straßen und Parks, in einen einzigen großen Jahrmarkt. Schließt man die Augen, so hat man an diesen Tagen den Eindruck, in eine Entenfarm geraten zu sein, denn das liebenswerte und Lebensfreude ausstrahlende 'Geschnatter' der zusammongeströmten philippinischen Hausmadchon, die ihren freien Tag haben, füllt das Viertel. Nur wenige der insgesamt über 90.000 scheinen an diesen Tagen daheim zu bleiben.

Status Square bietet sich an, um sich von hier aus einen Überblick über den Kern der

Stadt zu verschaffen. Rechts neben der Hongkong and Shanghai Bank ragt der 1990 eröffnete Hauptsitz der **Standard Chartered Bank** auf, erbaut nach Plänen von Remo Riva. Als Grundrißelemente dienten u.a. Oktagone. Die '8' steht für Reichtum, gleichzeitig wehren achteckige Spiegel böse Geister ab!

Ende der 70er Jahre befanden sich an der Stelle, wo heute die beiden Neubauten und der alte Granitbau der *Bank of China* stehen, drei etwa gleichgeartete Bauwerke im Stil des einzig verbliebenen alten, der damals der größte von allen war. Und heute ...

Ein Stück weiter rechts, neben *The Landmark*, Hong Kongs neuestes Luxuseinkaufszentrum, **The Galleria**. Viel Geld lassen kann man auch in den Shopping-Arkaden des **Prince's Building**, das den Platz zum Westen hin abgrenzt. Dahinter, auf der anderen Seite der Chater Rd, eines von Hong Kongs Spitzenhotels, das seit Jahren unter den Top Ten der Welt rangierende **Mandarin Oriental**, neben dem Hilton die große alte Dame auf der Insel.

Läßt man seine Blicke weiter nach rechts schweifen, so bleiben sie zunächst an einem klotzigen Denkmal hängen, dem **Cenotaph**, gewidmet dem Gedenken an die Toten der beiden Weltkriege.

Unkonventionelle Kurven kennzeichnen den **Hong Kong Club**, dem der Unterhalt seines alten Kolonialstilgebäudes zu teuer geworden war und sich zu diesem Neubau entschloß, dessen erste paar Geschosse er in Anspruch nimmt. Er ist einer jener prestigeträchtigen Clubs der Reichen und Bekannten Hong Kongs, in die aufgenommen zu werden oberstes Wunschziel der meisten ist.

Daneben die beiden Hotels **Ritz Carlton** und **Furama Kempinski**, das eines der drei Drehrestaurants in Hong Kong besitzt. Im **Hutchison House** gehen die Vertreter der Weltpresse ihrer Arbeit nach, und der davorliegende **Chater Garden** dient wie der Status Square als Ruhepol und Treffpunkt hier im Herzen der City.

Markantestes Gebäude neben der Hong Kong and Shanghai Bank ist jedoch der ehemalige Supreme Court, das heutige **Legislative Council Building**, dessen Grundstein 1903 gelegt wurde, während die Einweihungsfeierlichkeiten 1912 stattfanden, geleitet vom 14. Gouverneur Hong Kongs, Sir Frederick Lugard. Als Architekten zeichnen Aston Webb und E. Ingress Bell verantwortlich, die u.a. auch die Fassade des Buckingham Palace in London entwarfen.

Der neoklassizistische Granitbau ist umgebenden von ionischen Säulen, Arkadengängen und Balustraden. Am Giebel über dem Haupteingang die königlichen Wappen und die Statuen der 'Gnade' und 'Wahrheit', darüber diejenige der Themis, der griechischen Göttin der Gerechtigkeit. Bekrönt wird der Bau von einer

Legislative Council Building mit Cenotaph (links)

Kuppel und vier Spitztürmchen. Ein Jahr, nachdem der Oberste Gerichtshof 1983 in den Neubau am Queensway umgezogen war, wurde das Gebäude zum historischen Monument erklärt und dient, nach gründlichen Renovierungsarbeiten, seit 1985 als Sitz des Legislative Council.

Überquert man *Chater Rd* und *Connaught Rd Central* in Richtung Star Ferry, fällt hinter dem City Hall-Komplex noch ein auf einem kopfstehenden Pyramidenstumpf ruhender quadratischer Block auf. Dies ist das 1979 eingeweihte **Prince of Wales Building** in **HMS Tamar**, das ehemalige Hauptquartier der britischen Streitkräfte in Hong Kong. Die Marinebasis, benannt nach dem ehemals als Hauptquartier dienenden Schiff, das hier vor Anker lag, wurde Mitte 1993 nach Stonecutter Island verlegt.

4.1.3 Mid-Levels

In die Mid-Levels verschlägt es nur wenige Touristen, abgesehen einmal von einem Besuch im *Zoologischen & Botanischen Garten*, der an der Schnittstelle zwischen diesem Stadtteil und Central liegt. Und doch gibt es auch hier oben, wo einst nur Ausländer residieren durften, das ein oder andere Kleinod zu entdecken.

Wer sich die – lohnenswerte – Mühe sparen will und nicht von Sheung Wan aus hochsteigt, der kann entweder ein Taxi oder Bus Nr. 12 ab Exchange Square, Central, nehmen und aussteigen, wo die Seymour Rd (sie führt relativ steil nach oben) in die Robinson Rd mündet.

Der erste interessante Ort hier oben ist die **Ohel Leah Synagogue**, 70 Robinson Rd. Wer mit dem Bus gekommen ist, muß etwa 300 m rechts die Robinson Rd entlanggehen, ehe sie auf der rechten Seite zu sehen ist. Bereits in den

50er Jahren des 19. Jhds formierte sich die Jüdische Gemeinde, doch verstrichen einige Jahre, ehe man das Grundstück, auf dem die Synagoge heute steht, erwarb. Sir Jacob E. Sassoon und seine Brüder waren es, die schließlich die finanziellen Mittel für den Bau zur Verfügung stellten, im Gedenken an ihre Mutter Leah Elias Sassoon. Am 1. Mai 1878 wurde mit den Arbeiten begonnen, doch erst 1902 wurde das Gotteshaus fertiggestellt. Das dazugehörige Clubheim wurde von einem weiteren prominenten jüdischen Kaufmann gespendet, Sir F. Kadoorie.

Die Synagoge ist eine von zwei noch existierenden im Fernen Osten, die im sephardischen Stil ausgeführt wurden, zudem ist sie **die einzig erhaltene in ganz China und Hong Kong**. Einziger Gouverneur der Kronkolonie jüdischen Glaubens war Sir Matthew Nathan, nach dem Hong Kongs Hauptgeschäftsstraße benannt ist.

Von hier aus geht man das kurze Stück die *Robinson Rd* entlang zurück, folgt ihr noch um die nächste Kurve und steigt sodann links die Treppen hinunter (oder benutzt den *Hillside Escalator*), bis man zur *Mosque Junction*, Ecke *Shelley St* gelangt. Es sind nur ein paar Schritte bis zu Nr. 30, Nummer jenes Grundstückes, auf dem die **Jamia Mosque** zu finden ist.

Die ersten Muslims, die nach Hong Kong kamen, waren Seeleute aus Lascar in den südlichen Philippinen, die sich im Viertel der heutigen Lower Lascar Row niederließen. Ihnen folgten Punjabis aus Indien, die in der Polizei, der Armee und als Gefängnispersonal ihren Dienst versahen, oder auch als Wachmänner und Bankangestellte.

1890 wurde auf diesem Grundstück die erste Moschee errichtet, dank der großzügigen Spende des indischen Geschäftsmanns und Philanthro-

Wellington Street und Lyndhurst Terrace im späten 19. Jahrhundert

pen H.M.H. Essack Elias konnte sie 1915 durch den weitaus größeren grün-weißen Bau der heutigen Moschee ersetzt werden. Das Gebäude gegenüber dem Eingang zur Moschee ist ein muslimisches Gästehaus, das durchreisenden Glaubensbrüdern kostenlose Unterkunft gewährt. Die Moschee ist nur freitags für die Gläubigen geöffnet.

Weiter die *Shelley St* hinunter, biegt man an der *Caine Rd* rechts ab, um die **Canossian Missions** zu besuchen, 1860-61 unter dem Namen 'Sacred Heart Canossian College' erbaut. Am Eingang, Nr. 26, muß man um Einlaß und die Besuchserlaubnis der aus dem Jahre 1907 stammenden Kapelle nachfragen. Kaum hat man den Hof betreten, glaubt man Hong Kong weit hinter sich gelassen zu haben, so still wird es ringsum.

Von hier aus geht man ein kurzes Stück zurück, bis man rechts in die *Elgin St* und sich dann noch einmal rechts haltend in die *Peel St* einbiegt. In diesem Viertel stößt man auf zahlreiche Druckereien und Porzellanexporteure. Nach dem Passieren der *Staunton St* sollte man rechter Hand den kleinen Schrein beachten, der dem **Stadtgott** geweiht ist, der jedem Einwohner die ihm zustehende Strafe oder Belohnung zukommen läßt, jetzt oder im Jenseits.

Die Treppen geht es hinunter bis zur *Hollywood Rd*, ein Schwenk rechts, und nach wenigen Metern sieht man auf der linken Seite *Lyndhurst Terrace* abzweigen, dereinst einer von Hong Kongs Rotlichtbezirken. Wenige hundert Meter die *Hollywood Rd* weiter baut sich vor einem auf der rechten Straßenseite der mächtige, trutzige viktorianische Gebäudekomplex der **Central Police Station, Victoria Prison und Central Magistracy** auf (wer innerhalb des Komplexes fotografieren möchte, muß vorher im Verwaltungsbüro nachfragen).

Die ältesten Gebäudeteile gehen bis auf das Jahr 1864 zurück, Um- und Erweiterungsbauten fanden allerdings bis 1925 statt. Zwar wurde das Hauptquartier der Polizei nach dem Zweiten Weltkrieg verlegt, doch üben die Gebäude – mit Ausnahme des Magistrats – noch immer ihre urprüngliche Funktion aus.

Hat man den Komplex hinter sich, biege man scharf rechts in die *Arbuthnot Rd* ein, der man folgt, bis man die Einmündung der *Caine Rd* in die *Upper Albert Rd* passiert hat und nach wenigen Metern rechts die **Roman Catholic Cathedral** zwischen zwei umliegenden Gebäuden zum Vorschein kommt. Die Kathedrale wurde 1888 mit Unterstützung der Katholiken aus Macau fertiggestellt, die kamen, um in Hong Kong zu leben. Die Westfenster stammen aus den Anfangsjahren dieses Jahrhunderts und wurden von dem bekannten Buntglaskünstler Gesta in Toulouse gefertigt. Beiderseits des Nordeingangs kann man je einen Altar sehen, die aus dem Altar der ersten römisch-katholischen Kathedrale in Hong Kong gefertigt wurden, die zweimal an ihrem Standort in der *Wellington St* abbrannte. In den Fußboden beim Nordeingang ist eine Gedenktafel an den Besuch des ersten päpstlichen Gesandten eingelassen.

Die Zufahrtsstraße zur Kathedrale zurück und dann ein kurzes Wegstück rechts, so kommt man zum Hintereingang der **Hong Kong Zoological and Botanical Gardens**. Bereits 1848 wurden die ersten Überlegungen für die Anlage eines Botanischen Gartens angestellt, ab 1861 wurden aus Europa und Australien herbeigeschaffte Bäume angepflanzt, so daß der Garten 1864 für das Volk geöffnet werden konnte. Die Begrünung ganz Hong Kongs wurde in den Folgejahren intensiv vorangetrieben, vor allem mit Gehölz aus Australien und China; insgesamt rund 25 Millionen Bäume, so daß gegen 1882 rund 10% des Territoriums begrünt waren.

Der Garten weist alles auf, was man von einem viktorianischen erwartet, sogar einen schmiedeeisernen Musikpavillon. Praktisch das ganze Jahr über stehen Teile der Parkanlage in Blüte, schaffen so einen erholsamen Ruhepol und beliebten Treffpunkt für Liebende, Flaneure und jene, die der alten chinesischen Kunst des **Tai Chi Chuan** nachgehen.

Bei uns zumeist als 'Schattenboxen' bekannt, hat diese Form der Körperertüchtigung nicht die geringste Spur von Aggressivität oder kämpferischer Ertüchtigung an sich, sie dient vielmehr der Wiederherstellung bzw. Erhaltung der körperlichen Balance. Mehr als 200 Einzelübungen sind es, die in fließenden Bewegungen ineinander übergehend jeden Körpermuskel trainieren, mit dem Ziele der Harmonie von Körper und Geist. Wer die Übenden sehen möchte, oder besser noch selbst mitmachen möchte, der sollte nicht später als 8.00 h hierherkommen.

1975 wurde der Botanische Garten durch einen Zoo erweitert und dahingehend umbenannt. Das **Aviarium** beherbergt rund 1.400 Vögel, die etwa 350 Arten angehören, so z.B. Paradiesvogel, Palawanpfau, Flamingos, Ibise und viele mehr. Die züchterischen Erfolge können sich sehen lassen, wovon viele andere Zoos rund um den Globus profitieren. Wenn auch nicht besonders groß, sehenswert ist auch die Säugetierabteilung, in der u.a. Orang Utans, Berglöwen, Jaguare und Affen untergebracht sind.

☞ *Hong Kong Zoological & Botanical Gardens*, Upper Albert Rd, Mid-Levels; geöffnet tägl. 6.00-22.00 h (Bot. Garten) bzw. 6.00-19.00 h (Zoo); Eintritt frei; zu erreichen mit Bus Nr. 3 oder 12 ab Jardine House, Central; oder mit dem Peak Tram Shuttle-Bus ab der Star Ferry, vom Peak Tram Terminus dann noch rund 200 m die Garden Rd hoch.

Verläßt man den Garten durch den Haupteingang und folgt der *Upper Albert Rd* nach links, so taucht nach wenigen Metern bereits rechts das in einer schönen Parkanlage gelegene **Government House**

Government House

auf, in das der Gouverneur einmal im Jahr, im Frühling, das Volk zum Besuch einlädt, und zwar immer dann, wenn die Azaleen, für die der Wohnsitz des ersten Mannes Hong Kongs berühmt ist, in voller Blüte stehen.

1851 wurde mit dem Bau des Gouverneurssitzes begonnen, vier Jahre später konnte Sir John Bowring, vierter Gouverneur, einziehen. Anläßlich des vierzigsten Jahrestag der Grundsteinlegung wurde angebaut, große Teile des Gebäudes wurden jedoch während der japanischen Okkupation verändert, außerdem wurde der Turm ergänzt.

Knapp 300 m sind es von hier die *Garden Rd* hinunter bis zum **Peak Tram Terminus**, dem schlanken grauen Turm auf der rechten Seite, von wo aus man entweder auf den Peak hinauffahren oder aber mit dem kostenlosen Shuttle-Bus nach Central zurückkehren kann.

4.1.4 The Peak

Den Victoria Peak erreicht man am besten mit der Peak Tram ab der Garden Rd; zwischen Star Ferry/City Hall und Peak Tram Terminus verkehrt ein kostenloser Shuttle-Bus. Weitere Möglichkeiten: Bus Nr. 15 ab Exchange Square, Central, Bus Nr. 15B ab Paterson St, Causeway Bay, oder Minibus Nr. 1 ab HMS Tamar, Connaught Rd Central, Central.

Jede Annäherung an Hong Kong Islands höchste Erhebung ist in Hinblick auf die optischen Eindrücke voller staunenswerter Überraschungen, die spektakulärste ist zweifelsohne jedoch die Fahrt mit der seit dem 30. Mai 1888 operierenden **Peak Tram**.

Vorher gelangte man nur per Pedes oder mit Tragsesseln in die höheren Regionen der Insel, die in zunehmendem Maße von den Ausländern und begüterten Chinesen gegenüber den schwülwarmen, krankheitsverseuchten Niederungen bevorzugt wurden. Als einer der ansässigen Geschäftsmänner den Plan faßte, ein Hotel auf dem Victoria Peak zu eröffnen, mußte natürlich auch ein adäquates Transportmittel für die Gäste her, das auch den Interessen der hier Residierenden zugute kam. So wurde die Peak Tram zum einzigen regelmäßig verkehrenden Transportmittel auf den Peak, bis 1924 die erste Straße fertiggestellt war.

Die originalen Stationsgebäude am Fuße und am Gipfel waren aus Holz, wurden jedoch dreimal bzw. zweimal neu errichtet, um den gewachsenen Anforderungen gerecht zu werden. Und auch die Waggons selbst wurden mehrfach modernisiert, letztmalig 1989. Außerdem stellte man im Laufe der Zeit von Dampf- auf Elektroantrieb um.

1.370 m ziehen sich die beiden Doppelwaggons, die einander das Gleichgewicht halten, mittels starker Stahltrossen abwechselnd hoch. Am besten setzt man sich auf die rechte, d.h. die Einstiegsseite, um das atemberaubende Schauspiel voll auszukosten. Alle Häuser stehen mit einem Male schräg, die Gesetze der Gravitation scheinen außer Kraft gesetzt, mit jedem Meter, den man höher emporklettert, verdreht man den Kopf mehr und mehr, um das sich entfaltende Panorama in seiner ganzen Großartigkeit ausschöpfen zu können.

Bleibt zu hoffen, daß einigermaßen klare Sicht ist, ansonsten kann es passieren, daß man rein gar nichts sieht, man im wahrsten Sinne des Wortes im Nebel steht. Als Faustregel gilt: sieht man den Peak Tower vom unteren Terminus, so ist auch oben mit einigermaßen anständigen Sichtverhältnissen zu rechnen.

Von zwei Aussichtsplattformen aus kann man sich einen Überblick über Victoria, den Hafen und Kowloon verschaffen. Zum einen von der im **Peak Tower** direkt, oder aber von jener, zu der man gelangt,

Blick vom Victoria Peak

indem man den Tower verläßt und sich dann nach links wendet (die Geschäfte hier oben sind viel zu teuer, daher besser nichts kaufen).

Die Chinesen nennen den 554 m hohen Victoria Peak '*Tai Ping Shan*', den 'Berg des großen Friedens'. Die Masse kommt herauf, um die phantastische Aussicht zu genießen, doch lassen sich von hier aus einige sehr schöne **Wanderungen** unternehmen, von denen wiederum diejenige **rund um den Peak** die beliebteste ist.

Gestartet wird links des Peak Tower, wenn man vor diesem steht, nämlich in der *Lugard Rd*, die viel später in die *Harlech Rd* einmünden wird. Während dieses rund einstündigen Marsches zieht Hong Kong wie auf einem überdimensionalen Schaubild an einem vorbei, Szenerie folgt auf Szenerie, dem Auge wird kaum einen Moment lang Ruhe gegönnt, um sich von der Flut optischer Eindrücke zu erholen.

Zunächst das Hochhausmeer von Victoria, das quirlige Hin und Her großer, kleiner und kleinster Wasserfahrzeuge, die den Hafen durchkämmen, zum Teil mit klar erkennbarem Ziel, zum Teil scheinbar ziellos umherirrend, dahinter die Halbinsel Kowloon, gegen die New Territories abgeschirmt durch eine Bergkette, gegen die sich die von Westen her anfliegenden Jets abheben, die mitten über Kowloon in der Häuserflut versinken, ehe sie nach ihrer Landung auf der in das Hafenbecken gebauten Runway winzig klein wieder auftauchen.

Später dann der sich weitende Blick hinaus auf die offene See, in der die Outlying Islands vor sich hindümpeln, unberührt vom Trubel der Metropole.

Und gegen Ende der Süden von Hong Kong Island, mit Aberdeen und seiner immer kleiner werdenden Dschunkenstadt und den Schwimmenden Restaurants, ganz in der Ferne Stanley, irgendwo dazwischen Repulse Bay und Deep Water Bay.

Wer noch mehr sehen möchte, kann am Ende des Rundgangs gleich scharf links in die *Mount Austin Rd* abbiegen, die ihn zu den **Victoria Peak Gardens** bringt, jener Stelle, an der sich früher die **Mountain Lodge**, die Sommerresidenz der ersten Hong Konger Gouverneure befand, die 1946 abgerissen wurde. Die Gärten sind der ideale Ort für eine verdiente Pause.

Mehrere Möglichkeiten stehen nun offen, zum einen kann man gegenüber dem Ausgang des Peak Towers der *Pok Fu Lam Reservoir Rd* folgen, die einen zum Osten der Insel bringt, oder man steigt via *Old Peak Rd* (biegt links neben dem Peak Tower rechts ab) hinab zu den *Zoological and Botanical Gardens*, oder aber man wählt die *Peak Rd* für den Abstieg, was angesichts des dichten Verkehrs und der engen Straße und bei teilweise fehlenden Bürgersteigen nicht ungefährlich ist. Bleibt noch eine weitere Alternative, bei der man zunächst auch die *Old Peak Rd* einschlägt, bei der ersten Wegkreuzung dann allerdings in die *Barker Rd* überwechselt und dieser folgt, bis sie in die *Peak Rd* mündet. Unterwegs kommt man an einigen Villen vorbei, deren atemberaubender Blick teuer bezahlt werden mußte.

Wieder auf der *Peak Rd*, kommt man links nach 200 m an eine Kreuzung, bei der man entweder weiter geradeaus geht oder aber rechts in die *Coombe Rd* abbiegt. An beiden stößt man auf Hinweisschilder zum **Police Museum**. Vier Ausstellungsräume zeigen die Geschichte der *Royal Hong Kong Police Force* und klären über Betäubungsmittel und die Triaden-Gesellschaften auf.

Police Museum, 27 Coombe Rd, The Peak; Tel. 8496018; geöffnet Mi-So 9.00-15.00, Di 14.00-17.00 h; Eintritt frei. Zu erreichen mit Bus Nr. 15 ab Exchange Square, Central, oder 15B ab Paterson St, Causeway Bay; aussteigen an der Kreuzung Stubbs Rd/Peak Rd.

4.1.5 Wan Chai Gap

In diesem Teil Hong Kongs trifft man selten auf einen Fremden, bedauerlicherweise. Vielleicht liegt es daran, daß man ihn sich nur zu Fuß erschließen kann. Als Startpunkt gibt es mehrere Möglichkeiten. So kann man direkt vom Polizeimuseum (s.o.) aus zur Kreuzung *Stubbs Rd/Peak Rd* gehen, diese überqueren und die *Wan Chai Gap Rd* bis zur *Bowen Rd* hinuntersteigen, doch steht man dann vor der Frage, ob man sich nach rechts oder links wenden soll. Daher ist es besser, wenn man mit dem Bus (Nr. 15 oder 15B – siehe oben) die *Stubbs Rd* so weit hoch- bzw. hinunterfährt, bis auf der hangabgewandten Seite eine in altchinesischem Stil gehaltene **Villa mit grünen Dächern** auftaucht. Beim nächsten Stop steigt man aus.

Diese prächtige Villa mit roten Ziegelsteinmauern und grünem Ziegeldach ist **The Ultamia** (Nr. 45 Stubbs Rd), gebaut in den 30er Jahren von einem Überseechinesen aus Australien, Mr. Sum Yat-choi. 1979 wurde sie für HK$ 24 Mio an einen chinesischen Geschäftsmann, Mr. Yow Che-man, verkauft. Die Farben sind nicht zufällig gewählt: Rot steht für Glück, grüne Ziegeldächer sind traditionsgemäß Symbol des Wohlstandes. Doch Vorsicht: ein grüner Hut bedeutet, daß der Ehemann fremdgegangen ist. Da Mr. Yow Cheman mit vier Frauen verheiratet war (nach den alten Gesetzen durfte er dies, heute ist dies verboten), traf er, um Erbstreitigkeiten aus dem Weg zu gehen, die weise Entscheidung, das Haus nach seinem Tode (1991) der Regierung zu überlassen, die darin ein Museum einrichtet.

Von hier aus sind es etwa 300 m bergabwärts, bis links – gegenüber Nr. 42 – eine enge Treppe zur *Bowen Rd* hinunterführt. Noch ehe man unten ankommt, steigt einem der Geruch von Räucherstäbchen in die Nase, der aus dem **kleinen Schrein** aufsteigt, den man sodann an den Hang geduckt liegen sieht. Er ist dem Erdgott (*Tu Ti*) geweiht, der in China seit Jahrtausenden verehrt wird, in Verbindung mit animistischen Bräuchen des Neolithikums. Er wacht, wie die anderen Erdgötter, über die Geschehnisse in der näheren Umgebung, Geburt, Heirat, Tod und Krankheiten.

Bowen Rd war ursprünglich ein schmaler Fußpfad, der entlang eines fünf Kilometer langen Aquäduktes verlief, das vom **Tai Tam Reservoir** bis nach Central reichte. Der Weg ist für Kraftfahrzeuge gesperrt, was ihn zu einem der schönsten und gleichzeitig bequemsten Spazierwege auf der Insel macht. Von dem kleinen Schrein aus geht es links weiter. Vor allem Jogger sind es, denen man hier begegnet. Sie haben meist wenig Interesse an den sich immer wieder auftuenden spektakulären Panoramen. Zunächst dominiert die Pferderennbahn von Happy Valley die Szene, dann in zunehmendem Maße der Häuserwald von Wan Chai, überragt vom höchsten Gebäude Hong Kongs, Central Plaza.

Nach beinahe 1,5 km taucht unvermutet linker Hand ein kleiner Pfad auf, der einen via einer Zickzacktreppe zu 'Yan Yeun Shek' führt, zum **Lover's Rock**, der innerhalb des **Bowen Road Lover's Stone Garden** aufragt. Die genaue Übersetzung dieses 9 m hohen Felsen lautet 'Felsen des vorherbestimmten Heiratsschicksals', was seine 'Funktion' deutlich zum Ausdruck bringt, denn zu ihm kommen – meist unverheiratete – Mädchen und Frauen mit der Bitte um Heirat und Liebe. Neben den üblichen Opfergaben kleben sie eigenhändig geschriebene Zettel an den Felsen, auf denen sie ihre Wünsche äußern (vgl. auch Kapitel 3.1 "Feiertage und Feste": das *Seven Sisters' Festival*). Niemand weiß, seit wann der Fels als Schrein genutzt wird, Vermutungen deuten jedoch auf die Wende zum 19. Jhd hin. Besonders interessant ist der Besuch am siebten Tag des siebten Mondmonats und am sechsten, 16. und 26. eines jeden Mondmonats, denn an diesen Tagen reihen sich zahlreiche Talisman- und Devotionalienverkäufer und Wahrsager entlang des Weges.

Die *Bowen Rd* schlängelt sich von hier aus weiter gen Westen und kreuzt nach etwa 700 m die *Wan Chai Gap Rd*. Gut zwei Kilometer noch kann man dem Weg folgen, bis er schließlich in die *Magazine Gap Rd* mündet, die ihrerseits im Süden der *Zoological* and *Botanical Gardens* in die *Garden Rd* übergeht, auf der man in wenigen Minuten in Central anlangt. Wer nicht so viel Zeit hat, sollte die *Wan Chai Gap Rd* in Richtung Wan Chai hinuntersteigen, um sich in einem der Viertel Victorias umzuschauen, in dem Alt und Neu, Tradition und Moderne oft unvermittelt, und doch weitestgehend konfliktlos aufeinanderprallen.

4.1.6 Wan Chai

Zu erreichen mit der MTR, Station Wan Chai, oder mit der Tram.

In der MTR-Station orientiert man sich in Richtung *Johnston Rd*, oben dann nach links, begleitet vom Gebimmel der Tram, das kreuz und quer über die Straße Hastende von den Geleisen scheucht.

Wo die *Johnston Rd* nach knapp 200 m halblinks abknickt, überquert man die Straße und stürzt sich rechts in das Marktgewühl der *Wan Chai Rd*. Den ganzen Tag über herrscht in den Straßen ringsum reges **Marktleben**, kauft die Hausfrau dreimal am Tag frisch ihr Gemüse, Fleisch, Obst oder was sie sonst für die Zubereitung ihrer Speisen benötigt. Dazwischen wird chinesische Medizin jeglicher Art angeboten, Haushaltswaren verschiedenster Art baumeln von den Vordächern herab, und fürs leibliche Wohl ist auch gesorgt. In der *Cross St* drohen die windschiefen Verkaufsstände unter den aufgetürmten Gemüsebergen zusammenzubrechen, in Körben frisch angelieferte Fische zappeln nach Luft schnappend ein letztes Mal, ehe ihnen mit wieselflinken Griffen der Garaus gemacht wird und sie in Plastiktüten verpackt in den Einkaufstaschen der alten *Amahs* (chinesisch für 'Großmutter, Ziehmutter') verschwinden. In diesem Viertel sind die Sozialstrukturen noch weitestgehend intakt, viele der älteren Menschen verlassen nur selten oder gar nicht ihre vertraute Welt, die sich über wenige Straßen erstreckt, denn hier finden sie alles, was sie zum Leben benötigen. Ein Blick nach oben läßt die Wohnverhältnisse dieser Menschen erkennen, die in der Regel zu fünft oder sechst auf 40 m² hausen, und dafür dennoch gut DM 1.500 - 2.000 Monatsmiete zahlen. Das Leben in der City muß teuer erkauft werden.

Straßenmarkt in Wan Chai

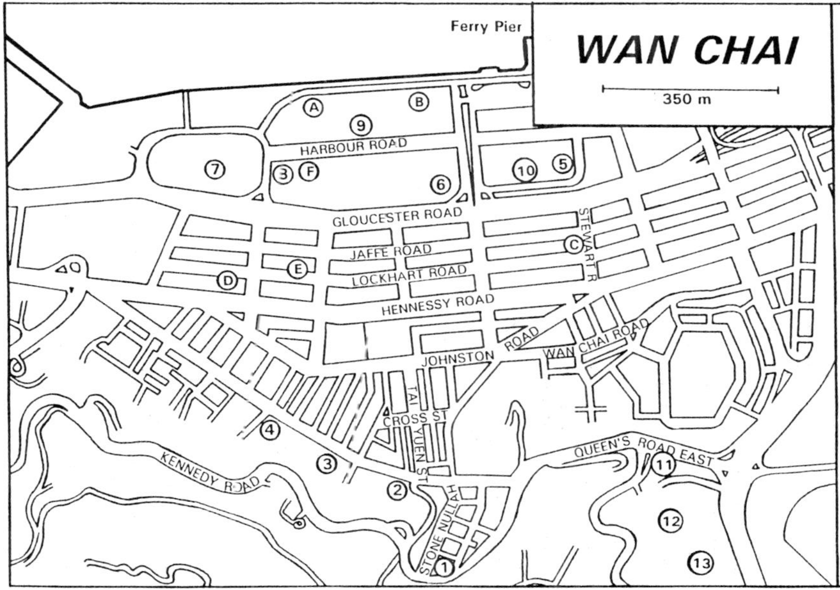

Sehenswürdigkeiten und Gebäude

1 - Pak Tai Tempel
2 - Wan Chai Post Office
3 - Hopewell Centre
4 - Hung Shing Tempel
5 - Causeway Centre
mit: Museum of Chinese Historical Relics
6 - Central Plaza
7 - Hong Kong Academy for Performing Arts
8 - Hong Kong Arts Centre
mit: Pao Galleries
9 - Hong Kong Convention and Exhibition Centre
10 - China Resources Building
11 - Sikh Tempel
12 - Muslim Cemetry
13 - Roman Catholic Cemetry

Hotels

A - Grand Hyatt
B - New World Harbour View
C - Century Hong Kong Hotel
D - Evergreen Plaza Hotel
E - The Wharney
F - YMCA

Verpassen Sie im Gewühl nicht die Abzweigung nach links in die *Tai Yuen St.* Diese bummle man entlang bis der tosende Verkehr der *Queen's Rd East* einen stoppt. Auf der anderen Seite der Straße, ein Stück links (Nr. 237), findet man den **Cheong On Pawn Shop**, eine Pfandleihe. Bis in die 40er Jahre brachten die Leute vor allem ihre alte, nicht mehr getragene Kleidung aus Platzmangel in ihren eigenen Wohnungen in die Pfandleihen, heute hingegen überwiegend Schmuck – allerdings aus einem ganz anderen Grund.

Man vergegenwärtige sich noch einmal: *Queen's Rd* ist die einstige Küstenstraße. Bis zur Hafenfront sind es mittlerweile rund 1.000 Meter!

Rechts geht es sodann in die *Stone Nullah Lane*, wo nach wenigen Metern links der 1863 fertiggestellte **Pak Tai-Tempel** auftaucht. Die Haupthalle dominiert die 1604 gegossene 3,3 m hohe Kupferstatue Pak Tais, Beherrscher des Nordens, der ein während der Zhou-Dynastie (1122-770 v.Chr.) lebender Prinz gewesen sein soll und militärischer Würdenträger sowie 'Erster General der himmlischen Armeen' ist, verantwortlich für die Wiederherstellung irdischer Harmonie. Dahinter sieht man vier lebensgroße Figuren, Beschützer Pak Tais. An der linken Tempelwand reihen sich die 60 *Tai Suis*, die chinesischen Jahresgötter. Kleinere Schreine befinden sich beiderseits des Hauptaltars. Verläßt man die Haupthalle, sieht man links die *Dragon Mother Hall*, die einer in der Provinz Guangdong lebenden Frau gewidmet ist, die nach ihrem Tod vergöttlicht wurde, da sie zu Lebzeiten für jedermann ein Ohr hatte. In der Halle werden Brandopfer aus Bambus und Papier gefertigt. Anschließend gelangt man zu einem Innenhof, in dem der **Palast des Glücksgottes** zu sehen ist, auf der anderen Seite u.a. die **Halle für die Ahnentäfelchen** und am Ende des Hofes der **Tai Zau Stove Schrein**, der gegen bösartige Verleumdung schützt. Um sich gegen solche zu schützen, muß man ein Stück Papier, in das mit Räucherstäbchen Löcher gebrannt wurden, auf den Boden schlagen und dabei beten, anschließend wirft man es in das Verbrennungsgefäß. Beim Verlassen des Hofes sollte man noch einen Blick auf die schönen Shih-wan-Keramiken auf dem Dach werfen

Ein paar Treppen führen zur *Kennedy Rd*, die rechts nach wenigen Metern von der *Wan Chai Gap Rd* gekreuzt wird, in die man einbiegt. Gleich links, an der *Queen's Rd East*, das **Wan Chai Post Office**, Hong Kongs ältestes, gebaut 1912-13, eröffnet 1915, ein Stückchen Kontinuität in dieser Stadt des ständigen Wechsels.

Nicht weit entfernt schweifen die Blicke den zigarrenförmigen Baukörper des 66stöckigen **Hopewell Centre** empor, bis zur Erbauung des *Bank of China Towers* Hong Kongs höchstes Bauwerk. Derzeit ist es das dritthöchste, aber nicht mehr lange: bald schon wird sich in der Nähe ein neuer architektonischer Meilenstein in den Himmel über der Stadt aufschwingen: ein Hotel mit 2.400 Zimmern (!), 91 Stockwerke hoch! Zunächst fährt man mit einem der Fahrstühle bis zur 17. Etage hoch und wechselt dann über in einen der beiden außen am Gebäude hochfahrenden Lifts, die das **Drehrestaurant** *Revolving 66* bedienen. Sobald sie aus der Ummauerung tauchen, genießt man von ihnen freien Blick über die Stadt, wünschend, die Fahrt möge ewig dauern. Doch nach knapp einer Minute ist der Traum vorbei, fortsetzen kann man ihn jedoch im Restaurant, das für eine 360°-Drehung etwa 1,5 Std. benötigt. Eigentlich müßte man zweimal hierher kommen, am Tage und bei Nacht. Wem nicht genügend Zeit zur Verfügung steht, wähle letztere Möglichkeit.

Noch ein Stückchen weiter die *Queen's Rd East* hinunter stößt man linkerhand (Nr. 129-131) auf einen der eigenwilligsten Tempel Hong Kongs, den **Hung Shing Temple**, der in die Felsen und um einige große Findlinge herum gebaut ist. Um die Felsen schlingen sich dio Wurzeln eines mächtigen Banyanbaumes, der hinter dem Tempel seine schattenspendenden Äste ausbreitet. Schon in den 40er Jahren des 19. Jhds soll sich ein Tempel an dieser Stelle befunden haben, der jetzige entstand allerdings in den 60ern. Fischern war dieser Ort – damals noch an der Küste gelegen – heilig, denn sie kamen, ehe sie hinaus auf die See fuhren, hierher, um zu Hung Shing zu beten, einem während der Tang-Dynastie (618-907) lebenden Lehrer, der wegen seiner Fähigkeit der Wettervorhersage zum Schutzheiligen der Fischer geworden war. Eine Legende besagt, er wäre eine Reinkarnation des 'Seedrachens des Südlichen Meeres', eine andere gibt ihn als Bruder Tin Haus aus, der Göttin des Meeres. Zur Linken des Hauptgottes erkennt man die Statue des Goldblumen-Buddhas, Schutzgott der Kinder, der über ihr Wachstum wacht. Rechts sieht man 30 Jahresgötter (*Tai Suis*), von denen in diesem Fall jeder für zwei Jahre steht. In dem Raum rechts hinten gehen die Weissager ihrem Geschäft nach.

Zurück auf der *Queen's Rd East* überquert man diese und taucht in eine der engen Straßen ein, in denen man noch einmal eine tüchtige Portion Lokalkolorit einatmet, ehe man wieder auf der *Johnston Rd* steht und sich in Richtung *Luard Rd* orientiert. Bei einer Tasse Tee in dem Ausschank an der Ecke *Johnston Rd/Lugard Rd* tankt man für die nächste Etappe auf, die einen via *Lugard Rd* zur *Lockhart Rd* bringt, der Heimat der Suzie Wong. Doch allzu viel ist nicht mehr geblieben von Hong Kongs sündiger Meile während des Vietnam-Krieges, denn die meisten der hiesigen Topless-Bars sind biedere Etablissements, in denen für viel Geld wenig geboten wird. Viele Seeleute – aber auch andere – kommen dennoch hierher, um sich hier und in der *Jaffe Rd* die Objekte ihrer Träume und

Phantasien für immer auf nackte Haut zeichnen zu lassen. Wer sich seinen Körper künstlerisch verschönern (?) lassen möchte, kann sich hier tätowieren lassen.

An der *Stewart Rd* biegt man links ab und kommt via Fußgängerüberweg (über die *Gloucester Rd*) direkt zum **Causeway Centre**, in dem das **Museum of Chinese Historical Relics** untergebracht ist. In diesem Museum finden Wechselausstellungen chinesischer Malerei und chinesischen Kunsthandwerks statt.

Museum of Chinese Historical Relics, 1st Floor, Causeway Centre, 28 Harbour Rd, Wan Chai; Tel. 8274692; geöffnet Mo-Sa 10.00-18.00, So und Feiertag 13.00-18.00 h; Eintritt frei. Zu erreichen mit Bus Nr. 10A oder 20 ab Statue Square (Chater Rd).

Fußgängerbrücken verbinden in diesem Teil Wan Chais die großen Gebäude miteinander, was einen das mitunter mühsame Straßeüberqueren erspart. Folgt man der *Gloucester Rd*, bleibt einem das Überqueren der *Fleming Rd* aber nicht erspart, um zu Hong Kongs momentan höchstem Gebäude zu gelangen, dem 374,5 m hohen **Central Plaza**, das mit Antenne sogar 400 m mißt. 78 Stockwerke ragt der dreieckige Wolkenkratzer raketengleich in den Himmel, von einem Hong Konger Konsortium nur gebaut, um den *Bank of China Tower* zu überbieten (es konnte schließlich nicht angehen, daß die VR China das höchste Gebäude in der Stadt unterhielt!). Die Höhe von 1.228 Fuß wurde nicht beliebig gewählt – wie könnte sie auch; gemäß chinesischer Zahlenphilosophie bedeutet sie: 'Immer leichter, leichter Reichtum'. Gegenwärtig ist Central Plaza das vierthöchste Gebäude der Welt, das höchste außerhalb der USA.

Weiter die *Gloucester Rd* entlang erblickt man schon bald vor einem einen grauen, wie aus überdimensionalen Bauklötzen zusammengesetzten

Wan Chai, überragt von Central Plaza, Hong Kongs höchstem Gebäude

Betonbau, die **Hong Kong Academy for Performing Arts**. Der unkonventionelle und mit einem Preis ausgezeichnete Bau konnte dank einer großzügigen Spende des *Royal Hong Kong Jockey Clubs* realisiert werden, die mehr als HK$ 300 Mio der Gesamtkosten von HK$ 378 Mio abdeckte. Das Grundstück stellte die Regierung zur Verfügung. In vier Disziplinen – Tanz, Drama, Musik und technischen Künsten – werden junge Künstler in morgenländischen und abendländischen Traditionen ausgebildet.

Gleich um die Ecke steht rechts ein weiterer den Künsten vorbehaltener Bau, das **Hong Kong Arts Centre**, das ein Theater, ein Kino, eine Bücherei, Vortrags- und Übungsräume für die hier Übenden unter seinem Dach vereint. Im 14. Stock ist zudem das **Goethe Institut** untergebracht, und vom **Gallery Café** im 3. und 4. Stock hat man einen schönen Blick auf den Hafen. Während man sich im 2. Stock im Bookshop nach interessanter Kunstliteratur umschauen kann, gibt es zwei Stockwerke höher Anschauungsmaterial pur. Die **Hong Kong Arts Centre Pao Galleries** zeigen Ausstellungen internationaler und lokaler Künstler, Schwerpunkt Gegenwartskunst. Malerei und Kunsthandwerkliches wird ebenso gezeigt wie Fotographie und Design.

☞ *Hong Kong Arts Centre Pao Galleries*, Hong Kong Arts Centre, 2 Harbour Rd, Wan Chai; Tel. 5820200; geöffnet tägl. 10.00-20.00 h; Eintritt frei. Zu erreichen mit der MTR, Station Wan Chai.

Ehe man sich eine Verschnaufpause gönnt, sollte man noch einem anderen, ganz in der Nähe gelegenen Museum einen Besuch abstatten. Dafür überquert man die *Harbour Rd* und steigt beim **Hong Kong Convention and Exhibition Centre** die Anfahrtsrampe hoch. Dieses *Centre* wurde am 25. November 1988 eröffnet und beherbergt auf zwei Ebenen insgesamt 18.000 m² Ausstellungsfläche, eine Multifunktionskonferenzhalle für rund 1.000 Personen sowie 26 kleinere Tagungsräume. Auf dieses 55 m hohe Podium aufgesetzt sind vier Türme, zwei Luxushotels, ein Büro- und Handelszentrum, sowie ein Appartmentblock. Dank dieses hochmodernen, HK$ 2.250 Mio teuren Komplexes konnte Hong Kong seine Position als eines der führenden Ausstellungszentren Asiens weiter ausbauen.

Hinter der Rampe sieht man rechterhand sogleich die Monitore, die einem den Weg zur **TDC Design Gallery** weisen, in der für ihr Design preisgekrönte Produkte ausgestellt sind, die zum Teil niemals in die Großserienfertigung gingen, die man aber trotzdem hier – und dies macht die Sache erst so richtig interessant – kaufen kann. Spielzeug, Kameras, Radios, Telefone, Geschirr und anderes stehen zur Auswahl, und dies durchaus nicht zu Phantasiepreisen.

☞ *TDC Design Gallery*, Level 1, Hong Kong Convention and Exhibition Centre, 1 Harbour Rd, Wan Chai; Tel. 5844146/9; geöffnet Mo-Fr 10.00-18.30 h und Sa 10.00-18.00 h.

Nach dem Verlassen des Design-Museums lohnt es sich, noch einmal ein kurzes Stück zurückzugehen, um rechts ins **Grand Hyatt Hotel** zu gelangen, wo im *Grand Café* Kaffee und Kuchen auf einen warten. Warum gerade hier? Die Antwort auf diese Frage wird gleich beim Eintritt in die **Lobby** beantwortet. Anschauen und genießen sind besser als viele Worte.

Der späte Nachmittag bietet sich sodann zu einem **Bummel auf der Uferpromenade** entlang der *Convention Avenue* an. Am **Wan Chai Ferry Pier** steigt man die Rampe zum Fußgängerüberweg hoch und gelangt, sich in Richtung *Gloucester Rd* orientierend, zum **China Resources Building**, wobei man einen Blick auf den unten liegenden **chinesischen Garten** werfen sollte. Vom *Causeway Centre* aus überquert man die *Gloucester Rd*, marschiert gerade aus weiter und stößt wenig später auf die *Hennessy Rd*. Entweder fährt man von hier aus mit der Tram weiter oder man schlägt sich durch die dichter werdenden Menschenmassen durch nach Causeway Bay und Happy Valley.

4.1.7 Causeway Bay

Zu erreichen mit der MTR bis Station Causeway Bay oder mit der Tram.

Reist man mit der MTR an, so orientiere man sich in Richtung *Hennessy Rd* (**Hotel Excelsior**), wer mit der Tram hierher kommt, steige beim Kaufhaus **Sogo** aus. Wer diesen Stadtteil während der Woche besucht, hat noch leichtes Vorwärtskommen, am Wochenende hingegen verwandelt sich Causeway Bay in einen Hexenkessel, in dem man mehr geschoben wird als daß man

Blick von Causeway Bay nach Nordwesten, Lithographie von 1846

CAUSEWAY BAY und HAPPY VALLEY

500 m

Straßen

1 - Jardine's Crescent
2 - Jardine's Bazaar

Sehenswürdigkeiten und Gebäude

3 - Sogo
4 - World Trade Centre
5 - Noonday Gun
6 - Aw Boon Haw Gardens (früher: Tiger Balm Gardens)
7 - Hennessy Centre
8 - Craigengower Cricket Club
9 - HK Football Club Stadium
10 - Hong Kong Friedhof
11 - Röm.-katholischer Friedhof
12 - Muslimischer Friedhof

Hotels

A - The Excelsior
B - The Park Lane
C - Eastin Valley Hotel

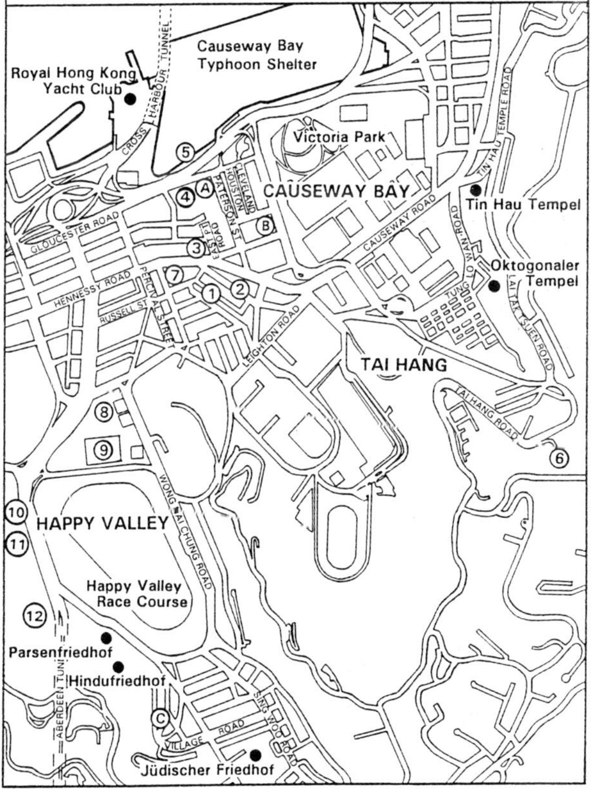

selbst seine Route bestimmt. Denn an diesen Tagen gehen die Hong Konger ihrer Lieblingsbeschäftigung – außer dem Pferderennen – nach, dem Einkaufen, das hier in Reinform praktiziert und offeriert wird. Was in Kowloon Tsim Sha Tsui ist, ist auf Hong Kong Island Causeway Bay. Viele der Angereisten vergessen dabei ganz, daß auch dieser Stadtteil mehr zu bieten hat.

An der turbulentesten Ecke, zwischen dem japanischen Department Store **Sogo** und dem **Island Centre**, biegt man in die *East Point Rd*, läßt das **Excelsior Shopping Centre** rechts liegen und gelangt so schließlich zum Seiteneingang des **Hotels Excelsior**. Links befindet sich die Zufahrt zur Tiefgarage des **World Trade Centre**, an deren Schlagbaum man sich vorbeidrückt und die Abfahrtsrampe hinuntergeht. Unten gelangt man durch eine Stahltür links hinten in einen Gang, durch den zwei dicke Rohre laufen (die aus dem Hafen Brauchwasser zum Hotel Excelsior transportieren, das wie viele der besseren Hotels über zwei getrennte Wasserkreisläufe verfügt).

Der Gang führt unter der *Gloucester Rd* und *Victoria Park Rd* hindurch zum **Causeway Bay Typhoon Shelter**. Ähnliche Schutzhäfen gibt es noch mehrere in Hong Kong, in ihnen suchen die Fischer und Jachtbesitzer während der Taifune ihre Boote in Sicherheit zu bringen. Und so finden sich auch in diesem hier viele Segel- und Motorjachten, die dem **Royal Hong Kong Yacht Club** gehören, der größte seiner Art in Hong Kong. Sein Clubhaus befindet sich linker Hand, auf der ehemaligen Insel **Kellett Island**, die durch Aufschüttungen ans Festland angebunden wurde. Eben dort verschwindet auch der **Cross Harbour Tunnel** unter der Wasseroberfläche, um nach 2 km auf der anderen Seite des Hafenbekkens in Tsim Sha Tsui East wieder aufzutauchen. Der Tunnel war nach rund drei Jahren Bauzeit 1972 fertig. HK$ 320 Mio hatte das privat finanzierte Projekt gekostet, aufgrund der zu bezahlenden Maut waren die Kosten jedoch bereits nach wenigen Jahren wieder eingefahren, so daß der Tunnel heutzutage eines der profitträchtigsten Unternehmen Hong Kongs ist. Speziell angefertigte Doppelröhrensegmente wurden in eine vorher präparierte Rinne auf dem Grund des Hafens abgelassen und dort zusammengeschweißt. An seiner tiefsten Stelle verläuft der Straßentunnel, der – mit rund 130.000 Kraftfahrzeugen pro Tag – eine der meistbefahrendsten vierspurigen Straßen der Welt ist, 24 m unter der Wasseroberfläche.

Wer am Abend an den Taifunschutzhafen kommt, kann sich ein *Sampan* mieten und damit eine **Rundfahrt** durch die vor Anker liegenden Boote und Schiffe unternehmen, wobei die Möglichkeit besteht, auf diesem auch zu essen. Denn von anderen Sampans, die Essen verkaufen, kann man sich etwas herüberreichen lassen, auf Wunsch noch begleitet von Lifemusik, die von einer Band auf einem anderen Sampan beigesteuert wird. Wer gegen Mittag hierher gefunden hat, sollte sich ein seit mehr als hundert Jahren praktiziertes Ritual nicht entgehen lassen, das so gar nicht mehr in unsere Tage zu passen scheint, andererseits wiederum den Beweis für die Kontinuität im Alltagsleben liefert, die hinter den aufgesetzten Fassaden präsent ist. Jeden Tag gegen 11.40 h erscheint ein Uniformierter und macht sich mit routinierter Gelassenheit an einer der drei hier aufgestellten **Kanonen** zu schaffen, lädt sie, nachdem er sie blankgeputzt hat, mit einer Kartusche – und schaut dann abwartend auf die Uhr. Sekunden bevor die Zeiger auf der 12 zur Deckung kommen, tritt er an die auf einem Podest stehende Kanone heran, ergreift deren Reißleine, die er mit einem kurzen Ruck nach hinten zieht, sobald sich die Uhrzeiger oben auf dem Ziffernblatt übereinanderschieben. Ein Knall schallt über den Hafen, eine dünne Rauchfahne entweicht der Mündung. Der Uniformierte verpackt die Kanone sachgerecht und verläßt die Bühne des Geschehens, in der Gewißheit, morgen wieder zu kommen. **Noonday Gun** nennt sich dieses Spektakel, das von Noel Coward in dessen Song 'Mad Dogs and Englishmen' verewigt wurde: "*In Hong Kong they strike a gong and fire off a noonday gun, to reprimand each inmate who's in late.*" Die Kanonen gehören dem Handelshaus *Jardine Matheson*, das in den Anfangsjahren der Kronkolonie die Ankunft oder Abreise eines seiner Tai Pans mit einem Salutschuß verkündete. Da dies aber nur militärischen Würdenträgern zustand und sich diese darüber verärgert zeigten, bestrafte der Gouverneur die Gesellschaft dazu, jeden Tag um 12 Uhr einen Schuß abzufeuern, quasi als Zeitzeichen. Wer die Kanone gerne selbst einmal abfeuern möchte, kann sich – gegen eine geringe Gebühr – beim *Community Chest* dafür

Noonday Gun in Causeway Bay

eintragen lassen. Die Gelder kommen hilfsbedürftigen Menschen zugute. Seinen Namen findet man dann in den Sockel eingraviert wieder. Der Spaß kostet übrigens 'nur' HK$ 25.000.

Die Boote zur Linken, den Verkehr zur Rechten, gelangt man zu einer Fußgängerbrücke über die *Victoria Park Rd*, die direkt zum **Victoria Park** führt. Diese grüne Lunge inmitten der Stadt ist Hong Kongs **größter Park**, mit Tenniscourt, Schwimmbad mit Olympiamaßen, Fußballplätzen und anderen Freizeiteinrichtungen, vor allem aber jeder Menge Grün. Hier treffen sich am frühen Morgen viele Chinesen zum *Tai Chi Chuan*, zu dem manch einer der älteren Herren seinen gefiederten Hausfreund mitbringt, der ein kleines Liedchen in die erwachende Stadt hinausschmettert. Das Parkgelände ist einer kleinen Bucht abgerungen und nach Königin Victoria benannt, deren Denkmal – es stand einstmals auf dem *Statue Square* – sich hier befindet. Hong Kongs größter Blumenmarkt findet in den Tagen vor und an Chinesisch Neujahr hier statt, und Abertausende strömen hier zum *Mid-Autumn-Festival* zusammen, um gemeinsam den Mond zu betrachten. Der Park ist rund um die Uhr geöffnet.

Auf der *Causeway Rd* hält man sich links, um bei der MTR-Station Tin Hau die Straße zu überqueren, denn das nächste Ziel ist der **Tin Hau-Tempel** in der *Tin Hau Temple Rd*, die rechts von der *Causeway Rd* abzweigt. Der Tempel liegt wenige Meter die Straße aufwärts rechts in einer winzigen Parkanlage. Sein Entstehungsdatum ist unbekannt, doch besitzt er eine im Jahr 1747 gegossene Glocke. Die Inschrift auf einer Steintafel besagt, daß ansässige Händler und Bewohner 1868 spendeten, um notwendige Reparaturen zu bezahlen. Er ist ein sehr schönes Beispiel für die Tempelarchitektur dieser Zeitperiode.

Wieder zurück an der *Causeway Rd* biegt man nunmehr links in die *Tung Lo Wan Rd* ein, die man nach etwa 300 m verläßt, um der *Lin Fa Kung St West* bis zum Ende zu folgen. Ein kleiner, **achteckiger Tempel**, den man von links betritt, lenkt das Interesse auf sich. Nicht nur durch seine äußere Form unterscheidet sich dieser Tempel von den anderen, auch das Innere weist **einige Besonderheiten** auf, für die es sich lohnt, hierher zu kommen. Arkaden umrunden die vordere Hälfte des Innenraumes und schließen diese auch diagonal gegen die hintere ab, wo seitlich Treppen zu einer Empore hochführen, auf der sich neben dem Hauptschrein rechts in vier Reihen übereinander gereiht *Tai Suis* finden. Die Enge verleiht ihm eine heimelige Atmosphäre, unterstrichen durch die dichten Schwaden der zahlreich geopferten Räucherstäbchen und -spiralen.

An dem Spielplatz neben dem Tempel vorbei führen Stufen zur *Lai Tak Tsuen Rd*, die man bis zur Einmündung in die *Tai Hang Rd* hochsteigt, von wo aus es weiter bergauf geht. Schließlich erreicht man linkerhand den Eingang zu den **Aw Boon Haw Gardens**, vormals bekannt als **Tiger Balm Gardens**, die genau genommen bereits im Stadtteil **Tai Hang** liegen. Der 3,2 ha große Park ist eine Mischung aus chinesischem Disneyland und Madame Tussauds Schreckenskabinett, kreiert auf Geheiß und bezahlt mit Geldern von Aw Boon Haw, einem der beiden Aw-Brüder, die mit der Mentholsalbe **Tiger Balm** zu Reichtum gelangten. HK$ 15 Mio kostete er bereits 1935 und beherbergte außer dem Wahrzeichen der siebenstökkigen weißen Pagode künstliche Grotten und Höhlen, Pavillons, ein herrschaftliches Wohnhaus, und jede Menge skurriler und furchteinflößender Gestalten aus der chinesischen Mythologie, alles in schrillen Farben, die das Entsetzen der in den dargestellten Szenen Gepeinigten noch unterstreichen.

Aw Boon Haw Gardens, Tai Hang Rd, Tai Hang; geöffnet tägl. 9.30-16.00 h; Eintritt frei. Zu erreichen mit Bus Nr. 11 ab Exchange Square, Central.

An den Hängen östlich der *Aw Boon Haw Gardens* sieht man noch immer zahlreiche Elendshütten, Restbestände jener **Squatter Villages**, die in den 50er und 60er Jahren wie Krebsgeschwüre das ganze Territorium durchwucherten. Dank der immensen Bemühungen der *Housing Authority* ist es jedoch mittlerweile gelungen, diese Elendsviertel zumindest im unmittelbaren Stadtbereich fast vollständig aufzulösen, indem man den Bewohnern zu menschenwürdigen Unterkünften verhalf.

Die *Tai Hang Rd* abwärts geht es anschließend zurück nach Causeway Bay; aufgrund des Verkehrs vielleicht nicht besonders attraktiv, doch dafür geht es bergab. Unten angekommen, biegt man links in die *Leighton Rd* ab und folgt dieser, bis sie – nach einer Rechtskurve – in die *Percival St* mündet, leicht zu erkennen an der auf ihrem Weg nach Happy Valley befindlichen Tram. In dem kleinen **Teeausschank**, der sich hinter den riesigen Messinggefäßen verbirgt, kann man sehr guten Tee, bestehend aus 24 Kräutern, bekommen, der ebenso zuträglich für die Haut und das Verdauungssystem sein soll, wie der gallertartige Schildkrötenextrakt, der ebenfalls verkauft wird. Die in der Straße ansässige *Tung Fong Hung Medicine Company* hält ein Merkblatt auf Englisch parat, in dem die Wirkungen der einzelnen chinesischen Arzneien – vom Vogelnest bis zum Hirschgeweih – erläutert werden.

Auf halbem Weg die *Percival St* runter kann man in der *Russell St* links in einem der *Dai Pai Dongs* (Garküchen) einen kleinen Imbiß zu sich nehmen, oder man biegt rechts zunächst in die *Kai Chiu Rd* und sodann in **Jardine's Crescent** ab. Hier und in der parallel verlaufenden Straße **Jardine's Bazaar** werden neben günstiger Bekleidung, Spielsachen und Kosmetika auch jene Dinge des chinesischen Alltagslebens angeboten, die sowohl zu Lebzeiten als auch nach dem Tode von Bedeutung sind.

Nach Vollendung des langgezogenen U gelangt man wieder auf die *Hennessy Rd.* Mehrere japanische Department Stores verlocken in den Straßen ringsum zum Schauen und Kaufen. Wie wäre es z.B. mit dem **Fook Ming Tong House of Ten Thousand Teas** im Kellergeschoß des Kaufhauses **Mitsukoshi** (im Hennessy Centre, 500 Hennessy Rd), in dem man aus einer Riesenauswahl feinster Teesorten wählen kann. Im **Daimaru Household Square** (*Cleveland St*) hingegen gibt es vermutlich das leckerste französische Brot der Stadt.

Wer jetzt Appetit bekommen hat, sollte seine Schritte in Richtung *Houston St* lenken, jener schmalen Gasse, die sich zwischen *Paterson St* und *Cleveland St* befindet. Bekannter, und auch so ausgeschildert, ist sie als **Food St**, in der mehr als zwanzig Restaurants rund 2.000 verschiedene Gerichte aus den verschiedensten Küchen dieser Welt anbieten, so daß eigentlich fast jeder etwas Geeignetes finden müßte. Ansonsten stehen ihm die zahllosen anderen Restaurants in diesem Stadtteil zur Verfügung, denn hier findet man eine sonst kaum anzutreffende Vielfalt internationaler Kochkünste, die für jeden Geldbeutel das Passende bereithält. Oder vielleicht doch ein romantischer Abend auf einem der *Sampans* im Taifunschutzhafen?

4.1.8 Happy Valley

Zu erreichen mit der Tram, oder mit Bus Nr. 1 ab dem Jardine House, Central.

Hört man Happy Valley, denkt man an Pferderennen. Vollkommen richtig, und doch ist das 'glückliche Tal' noch ein klein wenig mehr. Sicherlich kann man einmal gemütlich mit der Tram um die Pferderennbahn herumfahren (diese hält am Südende, wo man bezahlen und neu einsteigen muß), doch läßt sich zu Fuß, wie an sich überall, ganz besonders aber in Hong Kong, mehr entdecken und erleben.

Von Causeway Bay kommend biegt man von der *Leighton Rd* links in die *Wong Nai Chung Rd* ein. Während die Tram an einem vorbeizieht, passiert man rechts den **Craigengower Cricket Club** und das **Hong Kong Football Club Stadium**, die beide zur Disposition stehen, da der *Royal Hong Kong Jockey Club (RHKJC)* liebend gern seinen Racecourse erweitern möchte, wofür nur dieses Gelände in Frage käme. Vor allem einige der Schuhgeschäfte entlang des Weges sind es, die diesen Stadtteil bei den Einheimischen zu einem beliebten Einkaufsviertel machen.

Gegenüber dem Postamt, bei der Tram-Endstation, biegt man links in die *Sing Woo Rd* ein und folgt dieser bis von rechts die *Tsui Man St* einmündet, an deren Ende man die

Shang Kwong Rd 100 m hochgeht. Dort zweigt nach links ein schmaler Weg ab, der einen zum **Jüdischen Friedhof** *(Jewish Cemetery)* bringt, der aus dem Jahre 1855 stammt.

Während für die Toten in Hong Kong kaum Platz vorhanden ist, steht jedem einzelnen der Vierbeiner des *RHKJCs* nebenan mitunter mehr Raum zur Verfügung als vielen Lebenden in der Stadt. In mehreren Stockwerken übereinander werden die Rennpferde von fürsorglichen Händen betreut und zum Auslauf per Fahrstuhl auf das Dach des Gebäudes hochgebracht, denn am nötigen Gelände mangelt es auch hier, und nicht jeden Tag führt man die edlen Geschöpfe zur nahen Rennbahn.

Die Straße zurück gelangt man wieder zur *Wong Nai Chung Rd*, wer möchte, kann dabei noch einen Bogen links entlang der *Village Rd* schlagen. Hinter dem Hong Kong Sanatorium & Hospital reihen sich sodann linkerhand die **Friedhöfe** verschiedener Glaubensgemeinschaften aneinander, zunächst diejenigen der **Hindus** und **Parsen** (seit 1852), gefolgt vom **Hong Kong Cemetery** (Kolonialfriedhof, seit 1845, und damit ältester) und **römisch-katholischen Friedhof** (seit 1847), und ganz am nördlichen Ende von demjenigen der **Muslims**.

Auf dem Kolonialfriedhof ruhen viele Soldaten, Seeleute, Missionare und Staatsdiener, die während ihres Aufenthaltes in Hong Kong oder der Umgebung starben, so auch Lord Napier, Großbritanniens erster Handelsbevollmächtigter in China, gestorben 1834.

Oben auf der Hochstraße donnern die Fahrzeuge in den **Aberdeen Tunnel**. Böse Zungen meinen, daß manch einer, der rechts zu viel verspielt habe, gleich links – aller Sorgen ledig – untergekommen sei.

Wo heute **eine der technisch ausgefeiltesten und modernsten Pferderennbahnen der Welt** während der Rennsaison, die von Mitte September bis Anfang Juni dauert, jede Woche Zehntausende magisch anlockt, befand sich bei Inbesitznahme der Insel durch die Briten Sumpfgelände, das schon bald trockengelegt wurde, um einem zunächst kleinen rennbesessenen Zirkel einmal im Jahr die Möglichkeit zu geben, seiner Passion nachzugehen. Dieses Ereignis, das während der Chinesischen Neujahrstage über die Bühne ging, wurde jedoch alsbald zum wichtigsten sozialen Ereignis des Jahres. Eine Wende brachte die Gründung des *Royal Hong Kong Jockey Clubs* im Jahre 1884 mit sich, denn nunmehr fanden Rennen vom Herbst bis in den Frühling hinein statt, was die Einnahmen dieses elitären Clubs enorm anwachsen ließ, die gestiegenen Gewinnchancen andererseits aber auch immer mehr auf die Pferderennbahn lockte bzw. wetten ließ.

Glücksspiel ist in Hong Kong bis auf zwei Ausnahmen verboten: Wetten beim Pferderennen und die *Mark Six Lottery* (entspricht unserem Lotto), beide veranstaltet vom *RH-KJC*. Kein Wunder, daß die spielbesessenen Chinesen immer mehr Geld auf dem Hippodrom ließen, **der Club seinerseits zur heimlichen 'Regierung' Hong Kongs aufstieg**, denn in seinen Logen wurden bis in jüngere Zeit, und mitunter auch heute noch, alle wirklich entscheidenden Fragen und Projekte geplant bzw. gelöst.

Wer einen Namen und/oder Geld besaß bzw. besitzt, ist Mitglied im *RHKJC*, der mit rund DM 200.000 Aufnahmegebühr bei weitem nicht der teuerste ist, der *Country Club* bringt es mittlerweile auf rund eine halbe Million Mark. Und das Geld eventuell beim Austritt zurückzufordern, was ginge, gilt als ehrenrührig – und ist auch noch nicht vorgekommen.

Seit den 80er Jahren verfügt der Club noch über eine **zweite Rennbahn in Sha Tin**, so daß während der Rennsaison normalerweise die Mittwochabendrennen in Happy Valley, die Wochenendrennen (samstags oder sonntags) hingegen in Sha Tin abgehalten werden. **66 Renntage mit etwa 450 Rennen sind es pro Saison**, wobei die Ränge jedes Mal bis auf den letzten Platz gefüllt sind.

Gut 35.000 haben in Happy Valley Platz, die Eintrittsgebühr von HK$ 10 bringt jeder auf, und Kleiderordnung gibt es keine, so daß man sich zwischen modisch gekleideten Bankiers und Geschäftsleuten und gerade von der Baustelle herbeigeeilten Arbeitern wiederfinden kann, ein jeder in den diversen Fachblättern dem absoluten Geheimtip auf der Spur und anschließend lauthals seinen Favoriten nach vorne schreiend.

Damit aber alle daran teilhaben können, unterhält der *RH-KJC* über das ganze Territorium verstreut rund **130 Wettbüros**, in die die Rennen per Fernsehen live übertragen werden, so daß ein jeder die gleichen Wettmöglichkeiten hat wie diejenigen auf der Rennbahn selbst. Fast **jeder zweite Bürger Hong Kongs** wettet an einem Renntag, der Club hat für die telefonische Wettannahme per Computer direkten Zugriff auf weit über eine Million Konten.

Alles wird getan, um den Menschen das Geld aus der Tasche zu locken. Und diese geben viel – freiwillig. **Pro Renntag durchschnittlich knapp US$ 90 Mio**, wobei der **Tagesspitzenumsatz bei derzeit US$ 132 Mio** liegt. Und die momentan rund 1.100 Pferde des Clubs, betreut von 500 *Mafoos* (so die chinesische Bezeichnung), sind noch für weitere Rekorde gut.

Auf der anderen Seite betätigt sich der *RHKJC* als größter **sozialer Wohltäter** Hong Kongs, dem nicht nur die Mitfinanzierung von Krankenhäusern und Altenheimen zu verdanken ist, sondern auch der Bau des *Ocean Parks*, des *Kowloon Parks*, des *Hong Kong Parks*, der *Hong Kong Academy for Performing Arts* und der *University of Science and Tech-*

nology, um nur die wichtigsten Projekte zu nennen, die er ganz oder teilweise finanziert hat. Ein schwerer Schlag traf den Club im Februar 1918, als die Tribünen während eines Rennens ein Raub der Flammen wurden und mehr als 600 Menschen dabei ums Leben kamen.

Der von links einmündenden *Queen's Rd East* sollte man noch bis zur Abzweigung der *Stubbs Rd* folgen, um noch den kleinen, aus dem 19. Jhd stammenden **Sikh-Tempel** in Augenschein zu nehmen. Von hier aus kann man entweder weiter in Richtung Wan Chai gehen oder via *Wong Nai Chung Rd* nach Causeway Bay gelangen.

Feuer in Harry Valley (zeitgenössisches Foto)

4.1.9 Der Osten

Zu orreichen mit der MTR oder der Tram.

Am besten erschließt sich einem der östliche Teil Victorias mit Hilfe der Tramway, die einen bis nach Shau Kei Wan bringt, von wo aus man per MTR weiter bis Chai Wan fahren kann. Jedes Mal, wenn einem etwas Interessantes ins Auge fällt, steigt man aus der Tram aus, schaut sich um und steigt anschließend wieder ein, um ein Stückchen weiterzufahren. Oder man fährt bis zum Ende durch, merkt sich die Punkte, die man näher inspizieren möchte und arbeitet sie bei der Rückfahrt auf. Wie auch immer, ein paar Sachen gibt es nämlich auch in diesem Teil der Stadt, die lohnenswert genug sind, um angeschaut zu werden.

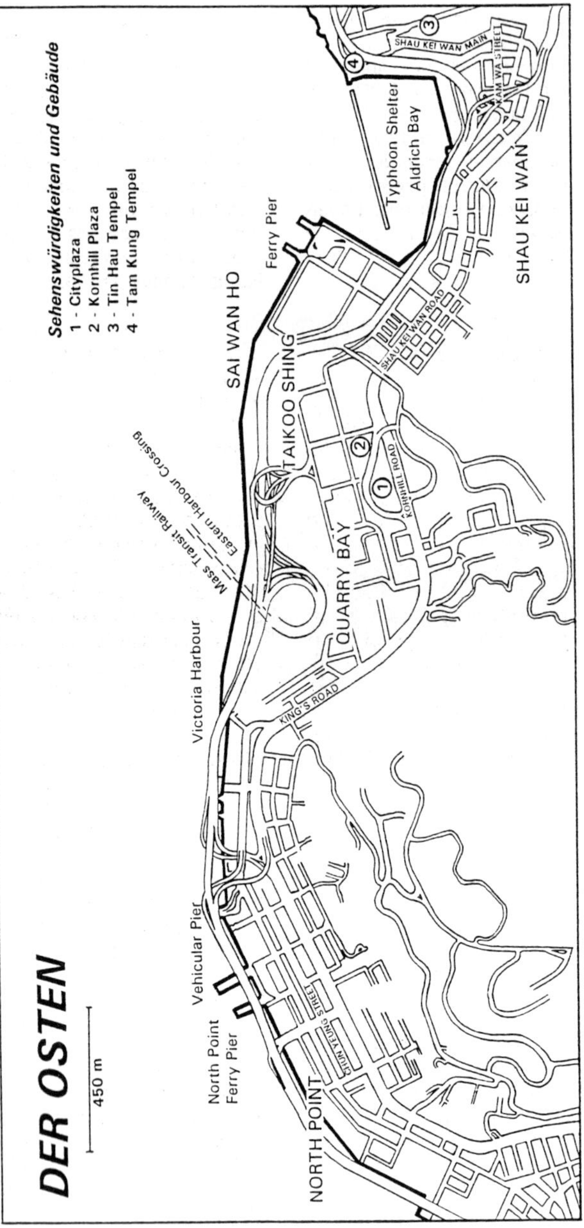
DER OSTEN
450 m
Sehenswürdigkeiten und Gebäude
1 - Cityplaza
2 - Kornhill Plaza
3 - Tin Hau Tempel
4 - Tam Kung Tempel
North Point
Ferry Pier
Vehicular Pier
Victoria Harbour
Mass Transit Railway
Eastern Harbour Crossing
SAI WAN HO
Ferry Pier
Typhoon Shelter
Aldrich Bay
SHAU KEI WAN
SHAU KEI WAN MAIN
KAM WA STREET
SHAU KEI WAN ROAD
TAIKOO SHING
QUARRY BAY
KORNHILL ROAD
KING'S ROAD
CHUN YEUNG STREET
NORTH POINT

Der Osten ist **Industrie- und Wohngebiet**, und anders als bei uns üblich, sind Industriegebäude nicht flächenfressende Monster, sondern aufgrund des zu kostbaren Bodens himmelwärts stürmende Blöcke mit 20, 30 oder gar 40 Stockwerken. Es erstaunt immer wieder, welche Ungetüme an Maschinen teilweise 100 m oder 150 m über dem Erdboden anzutreffen sind.

Erste Station auf der Fahrt in Richtung Osten ist **North Point**, dereinst ein karges, spärlich besiedeltes Fleckchen Erde, das vor 50 Jahren für 10-20 Cent pro Quadratfuß verkauft wurde. Heute wohnt hier die obere Mittelklasse. Die Entwicklung beschleunigte sich ab 1949 rapide, als zahlreiche wohlhabende Flüchtlihge aus Festlandchina sich hier niederließen, angelockt von den komfortablen Wohnungen. Viele von ihnen kamen aus Shanghai, so daß das Stadtviertel sehr bald schon den Beinamen **'Klein Shanghai'** erhielt. Dank des mitgebrachten Kapitals entstanden verschiedene Industriebetriebe, die ihrerseits wiederum mehr Menschen hierher lockten. Nachtklubs, Ballsäle und Vergnügungsparks schossen aus dem Boden, verliehen dem Viertel für einige Jahre Glanz, der aber schon bald dahinschwand, so daß ab den 70er Jahren mehr und mehr Wohnungen für die Mittelklasse hochgezogen wurden. So ist der Stadtteil heute mehr geprägt von 30-stöckigen Wohnblöcken denn von vier- oder fünfstöckigen alten chinesischen Wohnhäusern.

Rund um die *Chun Yeung St* (Endstation für die Trams, die nur bis North Point fahren) findet ein farbenfroher **Markt** statt, der Ausgangspunkt für weitere Exkursionen in diesem Stadtteil sein kann. Zwei Blökke weiter östlich findet man den **North Point Ferry Pier**, von wo aus man unter anderem nach Hung Hom, Kowloon, gelangen kann.

Via *King's Rd* gelangt man sodann nach **Quarry Bay**, in den Anfangsjahren der Kronkolonie ein isoliertes Fischernest. Die Anzahl der hier lebenden Europäer war allerdings erstaunlich hoch; sie arbeiteten auf dem **Taikoo Dockyard**. 1882 erwarb die *Swire Company* – bis heute eines der führenden Handelshäuser Hong Kongs, dem auch die lokale Luftfahrtgesellschaft *Cathay Pacific* mehrheitlich gehört – hier Land von der Regierung und errichtete die *Quarry Bay Taikoo Sugar Refinery*.

1898 wurde neben der Zuckerraffinerie mit dem Bau des *Taikoo Dockyards* begonnen, das sich schon bald bis nach Sai Wan Ho ausdehnte. 1972 wurde die Raffinerie geschlossen, Gebäude und Straßenname (*Tong Chong St* = Zuckerfabrikstraße) hingegen blieben erhalten. 1978 schloß auch das Dock und wurde komplett nach Tsing Yi Island verlegt. Auf dem ehemaligen Dockgelände wurde eines der ehrgeizigsten Wohnungsbauprojekte aus dem Boden gestampft – **Taikoo Shing**. Ungefähr 45.000 Menschen leben hier in 52 Wohnblöcken, quasi eine Stadt in der Stadt.

Längst ist Quarry Bay aus seiner einstigen Isolation herausgeholt und zu einem regen Wohn- und Produktionsviertel geworden, in dem im Zuge des U-Bahn-Baus ein weiteres gigantisches Siedlungsprojekt realisiert wurde – Kornhill, wo in 44 Wohnblöcken unter anderem mehr als 40.000 Menschen untergebracht sind.

Nach Quarry Bay kommen Besucher meist nur, um sich im hiesigen riesigen **Einkaufszentrum** *Cityplaza* umzuschauen, denn hier findet man vieles zu weit günstigeren Preisen als in den typischen Touristenvierteln. Zum Glück bietet *Cityplaza* genügend Abwechslungsmöglichkeiten für die Kleinen (Eislaufbahn, Rollschuhring, Karussels usw.), so daß die Eltern in Ruhe ihre Besorgungen erledigen können. Und wer noch nicht genug hat, kann im nebenan liegenden *Kornhill Plaza* weitersuchen.

Wer zum Fischessen (oder zum Bummeln) nach **Lei Yue Mun** (im Osten Kowloons; siehe unter 'Kowloon') möchte, kann ab **Sai Wan Ho** etwa jede halbe Stunde übersetzen. Der **Sai Wan Ho Ferry Pier** liegt am Ende der *Tai On St.*

Auf ihrem letzten Teilstück läßt die Tram die **Aldrich Bay** seitlich liegen und erreicht endlich **Shau Kei Wan**, ihre östliche Endstation. 'Shau Kei' heißen die aus Bambus geflochtenen Tragkörbe der Kulis, in denen diese Steine tragen, 'Wan' bedeutet 'Bucht'. Ein alter Name für das Viertel war 'Die Bucht der Hungrigen Männer', was zum einen auf die Armut der einst hier ansässigen Menschen hinweist, zum anderen darauf, daß dies ein beliebter Piratenschlupfwinkel war.

Cityplaza, Hong Kong Islands größtes Einkaufszentrum

1841 hausten etwa 1.200 Menschen hier, die Bay bot *Sampans* und Dschunken natürlichen Schutz, woraufhin die Bevölkerung in den folgenden Jahren rasch anwuchs und Shau Kei Wan bis zu den 40er Jahren des 20. Jhds zur zweitgrößten Dschunkenstadt nach Aberdeen wurde. Rund 70.000 Boat People zählte man damals in Hong Kongs Gewässern, heute sind es noch annähernd 15.000. Mit der Fertigstellung der Tramway im Jahre 1903 verwandelte sich das **ehemalige Fischerdorf** allmählich in ein dichtbevölkertes **Wohn- und Geschäftsviertel**, das derzeit durch neue Wohnungsbauprojekte große Veränderungen erfährt. So wird z.B. der Aldrich Bay-Taifunschutzhafen zugeschüttet und weiter nach Osten verlegt, das neu gewonnene Land wird bis zum Jahrtausendende zum Bau neuer Siedlungskomplexe genutzt.

In und um die *Kam Wa St* herum, also gleich an der Tramstation links, findet jeden Tag einer jener **Straßenmärkte** statt, auf denen es alles Notwendige für den Alltag gibt. Kulturinteressierte folgen jedoch der *Shau Kei Wan Main St East*, die sie mit der Tram gekommen sind, weiter geradeaus, bis sie zum auf der rechten Seite liegenden **Tin Hau-Tempel** kommen, der 1873 erbaut wurde und einer der wichtigsten Anlaufstationen der seefahrenden Leute während des Tin Hau-Festes am 23. Tag des 3. Mondkalendermonats ist.

Am Ende der Straße liegt der graue, mit grünen Ziegeln gedeckte **Tam Kung-Tempel**, der populärste dieses Stadtteils. Tam Kung ist einer der Schutzpatrone der Seeleute, der ihm geweihte Tempel wurde 1905 auf den Mauern eines älteren errichtet. Während des Tam Kung-Festes, am 8. Tag des 4. Mondmonats, kommen viele Boat People mit ihren bunt geschmückten Booten in die nahegelegene Bucht, die große dreieckige Innungsbanner aufgezogen haben. Aufführungen chinesischer Opern und Löwentänze sorgen für die Unterhaltung der herbeigeströmten Gläubigen.

Am einfachsten geht es von Shau Kei Wan nach Chai Wan mit der MTR weiter, deren Station man erreicht, wenn man vom Tam Kung-Tempel aus die Straße zurückgeht und ein Stück hinter dem Tin Hau-Tempel rechts auf einen kleinen Platz einbiegt, auf dem sich der Eingang befindet.

Warum eigentlich nach **Chai Wan** fahren, fragt man sich, wenn man die MTR verläßt: nichts als ziemlich trostlose Produktions- und Wohnblöcke ringsum. Zwischen diese duckt sich jedoch **eines der ältesten noch erhaltenen Wohnhäuser Hong Kongs**, das als Museum hergerichtet wurde. In der MTR-Station folgt man den Hinweisschildern Richtung *Chai Wan Rd* und hält sich, sobald man diese erreicht hat, rechts, um gleich wieder links in die *Kut Shing St* abzubiegen.

Das **Law Uk Folk Museum** besteht aus einem **200 Jahre alten Hakka-Dorfhaus**, das einzige intakt gebliebene seiner Art in Chai Wan.In ihm sind originale Möbel und Wohngegenstände sowie Gartengeräte und -maschinen ausgestellt, die einen guten Einblick in das Leben früherer Tage gewähren. Ergänzt wird die Ausstellung durch begleitendes Text- und Bildmaterial im Verwaltungsgebäude nebenan, in dem auch Reproduktionen von Gebrauchsgegenständen der damaligen Zeit zu sehen sind.

Law Uk Folk Museum, 14 Kut Shing St, Chai Wan; Tel. 8967006; geöffnet Di-Sa 10.00-13.00 und 14.00-18.00 , So und Feiertag 13.00-18.00 h; Eintritt frei. Zu erreichen mit der MTR, Station Chai Wan.

Mit der MTR ist man in 25 Minuten zurück in Central.

4.1.10 Der Süden

Anders als der Norden der Insel, dessen Küstenlinie durch die Landaufschüttungen erheblich verändert worden ist, blieb der Süden – mit Ausnahme von Aberdeen – weitestgehend unberührt. So bietet sich dem Besucher eine Mischung aus Country Parks, Stränden, felsigen Regionen und Wohnsiedlungen der Upper-Class dar, zu der sich einige der touristischen Hauptsehenswürdigkeiten Hong Kongs gesellen. Von den im folgenden beschriebenen Attraktionen sollte man sich pro Tag nicht unbedingt mehr als zwei oder drei herausgreifen.

• Aberdeen

Zu erreichen mit Bus Nr. 70 ab Exchange Square, Central, oder mit Bus Nr. 72 ab Moreton Terrace, Causeway Bay (beim Sports Ground gegenüber dem Victoria Park).

Nach Aberdeen sollte man möglichst früh am Morgen kommen, denn dann ist der **Fischmarkt** am Hafen im vollen Gang, zu sehen gibt es aber auch während der Vormittagsstunden noch reichlich (festes Schuhwerk ist empfehlenswert). **Aberdeen** wurde nach Lord Aberdeen benannt, Sekretär im Außenministerium, der über die Geburt der Kronkolonie wachte. Offiziell hieß das Fischerdorf mit der dazugehörigen Dschunkenstadt **Shek Pai Wan**, 'Felsenbucht', ein anderer Name lautete **Heung Kong Jai**, was soviel wie 'Klein Hong Kong' bedeutet. Manche gaben ihm auch den Namen 'Räucherstäbchenbucht' wegen der ansässigen Fabriken, in denen die bei allen religiösen Ritualen benutzten Räucherstäbchen gefertigt wurden. Diese Industrie gibt es in Hong Kong schon geraume Zeit nicht mehr.

An dieser Stelle warfen die Briten zum ersten Mal im Gebiet des heutigen Hong Kongs Anker. Ob es der Geruch der hier gefertigten Räucherstäbchen, der damals ringsum blühenden Blumen oder – wie böse Zungen behaupten – derjenige der reichlich sich im Umlauf und Gebrauch befindlichen Opiumpfeifen war, möge dahingestellt bleiben, jedenfalls gaben die Neuankömmlinge ihrem neuen Refugium die Bezeichnung 'Hong Kong', 'Duftender Hafen'.

Von der Bushaltestelle aus sollte man sich als erstes in Richtung Fußgängerbrücke orientieren, um die *Aberdeen*

Praya Rd zu überqueren. Dies ist der einfachste Weg, um zum **Aberdeen Wholesale Fish Market** zu gelangen, dessen – wenn auch feuchtes – Treiben einen mitunter für Stunden bannen kann. Was da alles angelandet und zum Weiterverkauf in großen und kleinen Tanks und Becken zwischengelagert wird, ringt einem immer wieder staunende Bewunderung für die Schöpferkraft der Natur ab.

Auf der anderen Seite der Straße sieht man den **chinesischen Friedhof**, der sich über die Hänge ausbreitet. Durch ein in chinesischem Stil gehaltenes Eingangstor steigt man die Straße zum Friedhof empor, dessen Besuch besonders am Ching Ming-Fest lohnt.

Der nächste Weg führt einen entlang der Hafenfront vorbei an den hier vor Anker liegenden Anlegestellen für die Zubringerboote zu den Floating Restaurants (Schwimmende Restaurants) und die *Sampans*, mit denen man eine Rundfahrt durch die – leider immer kleiner werdende – Dschunkenstadt und zu den Schwimmenden Restaurants unternehmen kann. Von hier aus kann man auch mehrmals täglich nach **Lamma Island** übersetzen.

Daneben dümpeln kleine, äußerlich etwas schmuddelig wirkende schwimmende Restaurants, die mit den weltberühmten, weiter draußen im Hafen verankerten, nichts gemeinsam haben, denn sie sind wesentlich billiger und gemütlicher, auf ihnen kann man noch ein echtes Stück Hong Konger Geschichte erleben, denn hier sind die Einheimischen weitestgehend unter sich, zumeist jene, die auf den Booten ringsum leben. Und schlechter ist das Essen meist auch nicht, doch ist das bei dem Ambiente eigentlich vollkommen Nebensache.

Wer nicht allzu viel Zeit hat, sollte die Sampanfahrt jetzt unternehmen, wer sich mehr Zeit lassen kann, sollte jedoch erst einmal die *Aberdeen Praya Rd* wieder überqueren, das **Aberdeen Centre** durchqueren, um auf die *Aberdeen Main Rd* zu gelangen. An der Ecke *Aberdeen Reservoir Rd* stößt man auf den kleinen **Tin Hau-Tempel**, der 1851 erbaut wurde. Umgeben vom geschäftigen Treiben wirkt dieser ein klein wenig fehl am Platze, genauso wie der **Hung Shing-Schrein** an der Ecke Aberdeen *Old Main St/Aberdeen Main Rd*, den man erreicht, wenn man die *Aberdeen Main Rd* in Richtung Hafen hinuntergeht.

Hung Shing lebte vor mehr als 1000 Jahren und genießt bis heute bei den Fischern hohes Ansehen wegen seiner Fähigkeit, das Wetter vorherzusagen. Viele mißtrauen der amtlichen Wettervorhersage und wenden sich, wenn sie eine exakte Auskunft benötigen, lieber an die Boat People, von denen manch einer angeblich das Wetter für eine Woche vorhersagen kann.

Noch einmal muß man die vielbefahrene Uferstraße überqueren, um rechts zur **Ap Lei Chau Bridge** zu gelangen, von der aus man einen schönen Blick auf die Hausboote, Schwimmenden Restaurants und Bootswerften hat. Wie eh und je werden die Dschunken auf den hiesigen **Werften** ohne Blaupause gebaut, aus der bloßen Erfahrung heraus. Etwa drei Monate dauert es von der Kiellegung bis zur Fertigstellung einer 80-Fuß-Dschunke, die umgerechnet gut DM 100.000 kostet.

Noch immer geben die seit Jahrhunderten auf und von den Booten lebenden **Tanka** und **Hoklo** neue Schiffe in Auftrag, trotz des immensen Drucks, der auf sie ausgeübt wird. Angeblich ist es die Regierung, die sie alle in den Wohnblocks ringsum untergebracht sehen möchte, um sie so leichter zu regulären Steuerzahlern zu machen, doch dürfte der Hauptinteressent an ihrer Umsiedlung der **Aberdeen Marina Club** sein, der aufgrund seiner erschöpften Liegeplatzzahl seit Jahren keine neuen Mitglieder aufnehmen kann und sein Terrain gerne erweitern möchte, eben auf Kosten der Boat People.

Die Tanka haben auch den Beinamen **'Eierleute'**, da sie ihre Steuern früher mit Eiern statt mit Geld bezahlten. Viele Ältere tragen ihren Reichtum im Mund mit sich herum, denn traditionellerweise legen sie ihr Vermögen in Schmuck oder eben Goldzähnen an, Banken und anderen Geldanlageinstituten mißtrauen sie. Die Jüngeren allerdings suchen oftmals anderweitig ihr Einkommen, wodurch sich auch ihr ganzes Verhalten ändert.

Am Ende der Brücke gelangt man, sich rechts haltend, zur *Ap Lei Chau Main St*, von der die *Hung Shing St* rechts abzweigt.

Am Ufer stößt man dort auf einen weiteren **Hung Shing geweihten Tempel**, erbaut 1888. Vor dem Bau der Brücke (1980) waren es ausschließlich die *Sampans*, die die Verbindung mit der Insel aufrecht hielten, wodurch **Ap Lei Chau** lange Zeit verträumt und vergessen dahindämmerte. Doch dann wurde es abrupt aus seinem Dornröschenschlaf gerissen, gewaltige Wohnblocks türmen sich heute auf der **'Entenzungeninsel'**, wie ihr Name übersetzt lautet.

Beim Tempel kann man sich ein *Sampan* herbeiwinken, mit der Bootsfrau (nur Frauen kutschieren die Wassertaxis) den Preis aushandeln (für etwa 25 Minuten HK$ 40-50 pro Person) – der erst am Ende der Fahrt zu bezahlen ist, ansonsten ist die Tour nach zehn Minuten bereits beendet – und sich anschließend durch die Reste der einstmals 3.000 Boote zählenden Dschunkenstadt fahren lassen. Während auf dem Oberdeck Fisch zum Trocknen aufgehängt ist, plärrt im Schiffsinneren der Fernseher, Kinder tollen auf den Booten umher, die kleinsten sind mit einer Leine angebunden, um nicht herunterzufallen – doch nur die Knaben, Mädchen zählen auch heute noch nicht viel. Ein schwimmender Laden verkauft Lebensmittel an die Schiffsleute, ein anderes Boot beliefert eine der Dschunken mit Sprit.

Wer von den hier vor Anker liegenden Fischern wohl noch im Schmuggelgeschäft tätig ist, fragt man sich. Seit der Öffnung der Volksrepublik hat dieses Gewerbe allerdings weitestgehend an Attraktivität verloren, gefragt sind dort derzeit vor allem Luxuskarossen, und die werden mit Speedboats hinübergebracht.

Zum Abschluß der Rundfahrt sollte man sich zu den **Floating Restaurants (schwimmende Restaurants)** bringen lassen, nicht um dort zu essen, das kann man sich sparen, sondern um einmal außen herum zu fahren, damit man nicht nur die eindrucksvolle Fassade, sondern auch die Küchen sieht, die dahinter festgemacht sind. Ein Besuch der Restaurants lohnt sich eigentlich nur der Einrichtung wegen, bei der ein bißchen weniger mehr gewesen wäre. Fotographisch dagegen geben sie jede Menge her, ganz besonders in der Dämmerung und in der Nacht. 2.500 Menschen können gleichzeitig auf dem größten der drei, dem *'Jumbo'*, verköstigt werden. Lohnenswert ist der Besuch der drei, *'Jumbo'*, *'Sea Palace'* und *'Tai Pak'*, während des *Hong Kong Food Festivals*, wenn hier einige der besten Meeresfrüchtegerichte Hong Kongs serviert werden. Bedauerlicherweise ist dies das restliche Jahr über nicht unbedingt der Fall.

Ehe man beim **Aberdeen Marina Club** wieder an Land geht, kommt man an den Jachten und Motorbooten des Clubs vorbei, als Prestigeobjekte selten zu Ausfahrten, allenfalls zu Bordparties genutzt. Gegenüber der Anlegestelle führt eine überdachte Treppe zu einem Parkhaus hoch; von ihr hat man einen schönen Blick auf die Marina und die Schwimmenden Restaurants, besonders bei Nacht.

'Jumbo', größtes der drei Floating Restaurants in Aberdeen

Floating Restaurants, Aberdeen. Zu erreichen mit Bus Nr. 75 ab Exchange Square, Central.

● Ocean Park, Middle Kingdom und Water World

☞ Zu erreichen halbstündig ab 8.45 h mit dem Citybus ab Admirality MTR-Station; mit Bus Nr. 70 ab Exchange Square, Central, und Bus Nr. 72 ab Causeway Bay (jeweils erster Stop nach dem Aberdeen Tunnel); oder mit Minibus Nr. 6 ab der Star Ferry, Central (außer So und Feiertag). Ab Aberdeen mit Bus Nr. 48, ab Repulse Bay und Stanley mit Bus Nr. 73.

Diese vom *Royal Hong Kong Jockey Club* finanzierten Vergnügungsparks (heute von einer Gesellschaft gemanagt) sind bei Einheimischen und Touristen gleichermaßen beliebt. Wer mit Kindern unterwegs ist, sollte ihnen diesen Spaß nicht vorenthalten, doch auch Erwachsene kommen voll auf ihre Kosten. Die Wochenenden sollte man jedoch tunlichst meiden, sonst steht man vor den Attraktionen mehr an als man diese genießen kann.

Während die Eintrittskarte des *Ocean Park* auch für das *Middle Kingdom* gilt, muß für *Water World* extra bezahlt werden. **Water World** befindet sich direkt neben dem Haupteingang (Lowland) zum Ocean Park. Er bietet verschiedenste Möglichkeiten zum Naß-Werden: diverse Pools, unter anderem mit Wellenmaschine, riesige Wasserrutschen, Sprungturm, einen Fluß, den man hinunterrutschen kann, usw.

☞ *Water World*: Tel. 5556055; geöffnet Juni-Oktober, tägl. 10.00-18.00 h; Eintritt Erwachsene HK$ 60, Kinder HK$ 30.

Der **Ocean Park** ist mit 73 ha Südostasiens größter Freizeitpark, eröffnet im Januar 1977, besucht von über zwei Millionen Menschen im Jahr. Der Park teilt sich in zwei Sektionen, *Lowland* und *Headland*, die mittels einer 1,5 km langen Standseilbahn miteinander verbunden sind. Die Bahn kann 5.000 Passagiere pro Stunde befördern, die 10minütige Fahrt mit ihr bietet eine spektakuläre Aussicht auf Aberdeen und die Deep Water Bay. Parkpläne gibt es kostenlos an den Eingängen.

Links vom Eingang und dem Terminal der Standseilbahn kommen die Kleinen in der *Kids World* zu ihrem Vergnügen. Klettermöglichkeiten, ein Theater für Tiervorführungen, Turmspringen, Karussel und Hängebrücke sorgen für Kurzweil. In den *Lowland Gardens* nebenan sollten Botaniker etwas nach ihrem Geschmack finden.

Neben einer schönen Gartenanlage mit Wasserfall und chinesischen Pavillons sind die Goldfischpagode, ein Steingarten, das Schmetterlingshaus (mit 1.000 Exemplaren von 50 verschiedenen Arten aus Australien, Taiwan, Singapur und Malaysia) und die drei pyramidenförmigen Gewächshäuser zu sehen, in denen mehr als 1.500 tropische Pflanzen, 150 Orchideenarten und 1.000 Kakteen und Sukkulenten wachsen.

Nachdem einen die Standseilbahn vorbei an dem auf den Hang gepflanzten Seepferdchen (das Symbol des Parks) hoch zum *Headland* gebracht hat, zieht zunächst das *Marine Land* das Interesse auf sich. Auf vier Ebenen kann man im riesigen Wassertank des *Atoll Reefs* mehr als 5.000 Fische von 400 verschiedenen Arten beobachten. Einer der Höhepunkte ist der Gang durch den Glastunnel im *Haiaquarium*, wo einem die rund 50 Tiere von 20 verschiedenen Arten zum Anfassen nahe vor der Nase schwimmen.

Gleich daneben ein **Japanischer Garten**. Hauptattraktion des ganzen Parks ist allerdings das **Ocean Theatre**, in dem mehrmals täglich Vorführungen mit Seelöwen, Delphinen und dem Killerwal stattfinden. Am westlichen Ende befindet sich die *Wave Cove*, wo man Seehunde, Seelöwen und verschiedene Arten Pinguine studieren kann. Wer Lust hat – und lang genug warten will – kann auf den 70 m hohen **Ocean Park Tower** hochfahren, von dem aus man eine phantastische Fernsicht hat, doch der Spaß ist kurz und die Warteschlangen sind lang.

Nervenkitzel gibt es bei den *Headland Rides*, deren wichtigster Bestandteil eine der schnellsten und längsten Achterbahnen der Welt ist. Auf der anderen Seite geht es mit der **längsten Freiluftrolltreppe der Welt** bergabwärts. 225 m mißt diese insgesamt, unterteilt in vier Abschnitte. Unterwegs hat man die Möglichkeit, im *Adventure Land* richtig naß zu werden. Der *Raging River*, eine Bootsfahrt auf einer Bergwasserstraße endet mit einem feuchtfröhlichen Juchzen. Unten angekommen, lohnt rechts noch ein Gang in das **Bird Paradise**, in dem dressierte Papageien ihre Kunststücke zum besten geben, Flamingos umherstolzieren und man durch eines der größten Aviarien der Welt spazieren kann, in dem 3.000 Vögel von 250 verschiedenen Arten zu Hause sind.

Bleibt als letzte Attraktion **Middle Kingdom**, das am 27. Januar 1990, am Chinesischen Neujahrstag, eröffnet wurde. Es ist das ehrgeizigste Projekt dieser Art in Hong Kong, und stellt 5.000 Jahre chinesischer Geschichte dar.

Der Besucher geht durch eine Aneinanderreihung nachgebildeter Tempel, Pagoden, Paläste, Straßen und Plätze, die aus 13 Dynastien stammen. Kunsthandwerker demonstrieren die Herstellung von Kalligraphien, Lackarbeiten, Holz- und Jadeschnitzereien. Verschiedene Tanz-, Akrobatik- und Kampfsportvorführungen runden das Programm ab.

Ocean Park und *Middle Kingdom*: Tel. 5520291; geöffnet Mo-Sa 10.00-18.00, So und Feiertag 9.30-18.00 h; Eintritt Erwachsene HK$ 140, Kinder (3-11 Jahre) HK$ 70 (für ein Kind, das von einem zahlenden Erwachsenen begleitet wird, ist der Eintritt frei). Im Eintrittspreis ist die Benutzung aller Attraktionen beinhaltet. Wer mit dem Citybus anreist, kann für HK$ 156 Hin- und Rückfahrt und Eintritt zusammen buchen und außerdem auch ab dem Hintereingang beim Middle Kingdom nach Central zurückfahren.

● Deep Water Bay

Zu erreichen mit Bus Nr. 260 ab Exchange Square, Central; mit Bus Nr. 73 ab Aberdeen, Stanley und Repulse Bay.

Östlich von Aberdeen beginnt eine der schönsten Ecken des Territoriums, vom Oberdeck eines Busses besonders gut zu genießen. **Deep Water Bay** (chinesisch 'Shum Shui Wan'), östlich von Aberdeen, ist einer der am leichtesten zu erreichenden **Strände** Hong Kongs. Direkt an der Straße gelegen, ist er während der Sommermonate, ganz besonders an Wochenenden, dermaßen überfüllt, daß er auch den Beinamen *'Excuse-me-beach'* trägt, da man, um ans Wasser zu gelangen, über zahllose in der Sonne dösende Menschen hinwegsteigen muß, bei denen man sich jedes Mal höflich entschuldigt. Trotzdem: während der Woche ein netter Platz.

Auf der anderen Seite der Straße liegt einer der **Golfplätze** des *Royal Hong Kong Golf Clubs*. Nicht-Mitglieder sind bis 14.30 h (Winter 15.30 h) herzlich willkommen, um die neun Löcher zu spielen, und anschließend ist noch Zeit genug für ein kühlendes Bad.

● Repulse Bay

Zu erreichen mit Bus Nr. 6, 61 oder 260 ab Exchange Square, Central; mit Bus Nr. 63 (Mo-Sa) ab North Point Ferry Pier, via Tung Lo Wan Rd, Causeway Bay, oder mit Bus Nr. 65 (So und Feiertag) ab North Point Ferry Pier, via Hennessy Rd, Causeway Bay; mit Bus Nr. 73 ab Aberdeen, Ocean Park, Deep Water Bay und Stanley.

Der populärste Badestrand Hong Kongs ist **Repulse Bay**, für den gleiches gilt wie für Deep Water Bay: Die Wochenenden sollte man tunlichst meiden.

Der Strand hat jedoch mehr zu bieten als nur seine herrliche Lage, und zwar den **Tempelkomplex**, der um die beiden

Tin Hau-Tempel in Repulse Bay

gewaltigen Statuen von **Tin Hau** und **Kwun Yum** (Kuan Yin) herum entstanden ist.

So kitschig das Sammelsurium grellbunter Gestalten, Pavillons und Schreine zunächst wirkt, die Inbrunst, mit der die Menschen sich vor den einzelnen Heiligenfiguren verneigen, wischt viel von der anfänglichen Mißachtung hinweg.

Nach dem Durchschreiten eines Tores fallen die Menschenmassen auf, die sich um zwei relativ kleine Figuren scharen. Die kleine bronzene, vom vielen Anfassen blankgeriebene ist der **Geldgott**. Wenn man ihn reibt, so sagen die Einheimischen, muß man die andere Hand in die Hosentasche stecken, dann wird man nie mehr an Geldmangel leiden. Die andere, weiße Figur links davon ist zuständig für **Nachwuchs**. Weiterhin von Bedeutung innerhalb des Komplexes ist die **'Brücke des Lebens'**: wer sie überschreitet, bekommt drei zusätzliche Tage geschenkt.

Man sollte es nicht versäumen, sich das auf der anderen Seite der *Repulse Bay Rd* liegende **Verandah Restaurant** und **The Repulse Bay** (Apartment Complex) anzuschauen. Wo beide heute stehen, hielt bis 1982 das 1920 eröffnete *Repulse Bay Hotel* die Pforten für sein erlesenes Publikum geöffnet. In seinen 32 Suiten stiegen Schauspieler und gekrönte Häupter ab, doch konnte es den immer stärker werdenden Grundstück- und Bauspekulationen schließlich nicht trotzen. Das Hotel war 1941 letzte Bastion gegen die vordringenden Japaner, viele Ausländer hatten sich hierher geflüchtet, gerieten jedoch, so sie nicht hingerichtet wurden, in Gefangenschaft, die sie im Internierungslager von Stanley verbrachten; nicht alle überlebten diese jedoch. Als Reminiszenz an alte Zeiten wurde 1986 das *Verandah Restaurant* eröffnet, das original demjenigen des *Repulse Bay Hotels* nachgebaut wurde, damals wie heute Treffpunkt der Feinschmecker.

Dahinter türmt sich **The Repulse Bay** auf, ein blaues Appartementungetüm, das aufgrund seiner architektonischen Besonderheiten allgemeines Interesse erregt. Sicherlich ist es auch der wellenförmige Grundriß, vor allem aber das mehrere Stockwerke hohe Loch inmitten des Gebäudes, das sofort Fragen nach dessen Sinn stellen läßt.

Man erhält unter Umständen verschiedene Antworten darauf, warum auf die Einnahmen von elf Luxusappartements verzichtet wurde, von denen jedes einzelne HK$ 30.000 und mehr kostet – pro Monat. Nicht weil sonst der ganze Hang verbaut wäre und so wenigstens noch ein wenig Grün zu sehen ist, oder damit der Taifun weniger Angriffsfläche hat, der einzige Grund für dieses Loch ist der hinter dem Gebäude im Berg lebende Erddrache, dem man freie Sicht auf die See gewähren muß, andernfalls ist mit seinem Groll zu rechnen. *Feng Shui* ist eben wichtiger als ein paar hunderttausend Dollar pro Monat. Bewohnt werden die Appartements von Ausländern, die von ihren Firmen, die auch die Miete zahlen, nach Hong Kong geschickt wurden. Der Name der Bucht leitet sich übrigens von dem britischen Kriegsschiff **HMS Repulse** ab, das sich in den Anfängen der Kronkolonie intensiv an der Bekämpfung der Piraten, die in der Umgebung hausten, beteiligte.

• Stanley

Zu erreichen mit Bus Nr. 6 und 260 ab Exchange Square, Central; mit Bus Nr. 63 (Mo-Sa) ab Tung Lo Wan Rd, Causeway Bay oder Bus Nr. 65 (So und Feiertag) ab Hennessy Rd, Causeway Bay; ab Aberdeen, Ocean Park, Deep Water Bay und Repulse Bay mit Bus Nr. 73.

Fast am südlichsten Zipfel von Hong Kong Island liegt **Stanley**, einst ein kleines, wenn auch nicht unbedeutendes Fischerdorf, heute beliebter Badeort und Einkaufsplatz der Touristen, die am hiesigen Markt günstig Bekleidung einzukaufen hoffen.

Bei der Übernahme Hong Kongs durch die Briten war Stanley einer der größten und wichtigsten Fischerorte auf der Insel, der im Dialekt der Hakka *'Chuck Chu'* genannt wurde und wird, was soviel wie 'Räuberlager' bedeutet – ein deutlicher Hinweis auf die ortsansässigen Piraten und Schmuggler. Eine andere Bedeutung lautet 'Roter Pfeiler', was einer Legende zufolge auf die Gewohnheit der Dorfbewohner hinweist, den zurückgekehrten Sohn eines Dorfbewohners, der bei den staatlichen Prüfungen erster geworden war, mit dem Aufstellen eines roten Pfeilers zu empfangen, da ihm eine Karriere als hoher Staatsbeamter sicher war. 1845 wurde der Ortsname zu Ehren Lord Stanleys, des damaligen Kolonialministers, geändert.

Heute leben über 6.000 Menschen in Stanley, vor allem die gehobenen Schichten zieht es hierher. Doch soll der Charakter des Ortes möglichst erhalten bleiben, was man durch Baubeschränkungen zu erreichen hofft.

Mit dem Wiederaufbau des **Murray House** im Ort, das beim Bau des Bank of China Tower Stein für Stein numeriert abgetragen wurde, soll diese Bestrebung unterstrichen werden, schließlich handelt es sich bei diesem um eines der ältesten Gebäude im europäischen Kolonialstil.

Schroffe Gegensätze prallen hier aufeinander, wie man beim Gang durch den Ort leicht feststellen kann. Die meisten sehen davon leider nicht allzu viel, denn sie beschränken sich auf das Durchwühlen der Auslagen in den verschiedenen Geschäfte, die sich entlang der *Stanley Main St* reihen, die man nach Verlassen des Busses erreicht, indem man die Straße vor dem Busterminal überquert und der *Stanley New St* immer geradeaus folgt.

Während in der *Stanley Market St* Lebensmittel und Blumen angeboten werden, man zudem in einer der Garküchen eine kleine Mahlzeit einnehmen kann, locken in der *Stanley Main St* Bekleidungsgeschäfte mit ihren aus der Überproduktion stammenden **Sonderangeboten**, dazwischen bieten Juweliere und Galerien ihre Kunstwerke feil. Außerdem günstig zu haben sind Porzellan, Haushaltswaren, Spielzeug und anderes. Handeln ist nicht immer möglich, aber einen Versuch allemal wert.

Wer etwas vom Leben der Menschen mitbekommen möchte, sollte die *Stanley Main St* bis zum nordwestlichen Ende gehen, d.h., sich vom Bus aus rechts halten. Hinter den Verkaufsbuden öffnet sich auf einmal der Blick auf die **Stanley Bay**, in der sich noch einige wenige Sampans und Fischerboote scharf gegen die Sonne abheben.

Auf der rechten Seite, an der Ecke *Stanley Market St*, die beiden Restaurants **Stanley's French** und **Stanley's Oriental**, von deren Veranden aus man einen schönen Blick auf die Bay hat.

Folgt man der Uferpromenade, sieht man halblinks riesige Parabolantennen, Bestandteile der **größten Satellitenübertragungsanlage Südostasiens**. Wie Ungetüme aus einer anderen Welt überragen sie die armseligen Hütten, die sich entlang der Wasserfront reihen, schärfer können Gegensätze kaum sein. Diese zerbrechlich anmutenden Wohnstätten gehören zu **Ma Hang Village**, in dem man noch ein Stück des alten Hong Kongs erleben kann: hier besitzt nicht jedes Haus Bad und Toilette, Schweine laufen quer über die Dorfstraße, während die Alten die kleinen Gemüsebeete bearbeiten oder in der Werkstatt hantieren, kümmern sich die älteren Geschwister um die jüngeren.

Am Dorfeingang stößt man rechts auf den **Tin Hau-Tempel**, 1767 erbaut und einer der am meisten besuchten während des Tin Hau-Festes. Stanley wurde während des Zweiten Weltkriegs von den Japanern schwer bombadiert, und viele Menschen suchten Zuflucht vor den Angriffen im Tempel. Eine Bombe fiel direkt neben den Tempel, explodierte jedoch nicht – für die Menschen ein deutliches Zeichen für die Wunderkraft der Göttin.

An einer Wand kann man das aufgehängte Fell eines Tigers sehen, der während der japanischen Okkupation in der Nähe des Tempels geschossen wurde. Hinweise auf das Alter des Tempels geben eine Glocke und eine Trommel, die beide noch benutzt werden und die Schiffe des Piraten Cheung Po Tsai warnten, der die Halbinsel damals erobert hatte und auch der Bauherr des Tempels sein soll.

In Ma Hang Village befindet sich ein weiterer interessanter Tempel, der aber nicht ganz leicht zu finden ist. Notfalls fragt man die Anwohner danach; jüngere Menschen sprechen meist etwas Englisch. Der **Kwun Yum-Tempel** beherbergt im Hinterhof eine von

Elendsviertel bei Stanley

einem Pavillon überdachte 20 Fuß hohe Statue der Göttin der Barmherzigkeit. Der Pavillon wurde errichtet, nachdem 1977 eine Frau und ihre Tochter gesehen haben wollen, wie sich die Statue bewegt habe und ein strahlendes Licht ihrer Stirn entwichen sei.

In Stanley selbst lohnt ein Blick auf die **Old Stanley Police Station**, die 1859 erbaut wurde und Hong Kongs älteste noch existierende ist. In dem zweistöckige Gebäude mit Veranden vorne und hinten befindet sich derzeit ein Restaurant. Man findet es an der *Stanley Village Rd*, wenige Meter oberhalb der Bushaltestelle.

Weiter südlich liegen das **Gefängnis**, das **Fort** und der **Militärfriedhof**, außerdem **St Stephen's Beach**, ein schöner und nicht so überfüllter Strand wie derjenige in Stanley selbst.

● Shek O

Zu erreichen mit Bus Nr. 9 ab Shau Kei Wan (Nam On St, in der Nahe der MTR-Station); mit Bus Nr. 14 ab Stanley, bei der Abzweigung der Shek O Rd nach rechts hinter dem Tai Tam Reservoir (links) aussteigen und in Bus Nr. 9 umsteigen; bis Stanley ab Aberdeen, Ocean Park, Deep Water Bay und Repulse Bay mit Bus Nr. 73.

Shek O ist ein während der Woche verträumter Ort, der nur an Wochenenden, wenn die Strandsüchtigen einfallen, zum Leben erwacht. Der Strand und die Lage sind sehr schön, wie man an den Luxusvillen im Ort ablesen kann.

Mit öffentlichen Verkehrsmitteln nicht erreichbar ist **Big Wave Bay**, wohin man von Shek O aus etwa eine halbe Stunde zu Fuß benötigt – der Weg lohnt sich. Unterwegs kommt man am **Golfplatz des Shek O Country Clubs** vorbei, der aber nur Mitgliedern offensteht. Big Wave Bay bietet noch ein Schmankerl für Archäologen; 1978 fand man hier die erste von insgesamt acht **Steininschriften** im Territorium.

Von Shek O aus lassen sich **schöne Wanderungen** in die Umgebung unternehmen, z.B. zum **Tai Tam Reservoir**, Hong Kongs ältestem Staubecken aus dem Jahre 1899. Unterhalb der Tai Tam-Brücke kann man sich ein Boot mieten, um die Landschaft vom Wasser aus zu genießen.

4.1.11 Country Parks

Vier Country Parks stehen Wanderern und Naturliebhabern auf Hong Kong Islands für Exkursionen zur Verfügung:

• Pok Fu Lam Country Park

Leicht begehbar, mit phantastischen Ausblicken in den höheren Lagen. Am besten startet man vom Peak Tower aus; der Weg beginnt beim Ausgang auf der anderen Straßenseite, wo eine Schranke die Zufahrt für Kraftfahrzeuge blokkiert.

• Aberdeen Country Park

Nicht schwierig, mit Blick auf die Küste und die Reservoirs, unterwegs Bunker und Unterstände aus dem Zweiten Weltkrieg. Der Aberdeen Reservoir Rd bis zum Ende folgen, oder mit dem Taxi bis zum Eingang bringen lassen.

• Tai Tam Country Park

Mittelschwer, mit Blick auf die Küste und die Wasserreservoirs, unterwgs stößt man auf Bunker und andere Relikte des Zweiten Weltkriegs. Starten kann man von der Tai Tam Rd aus oder vom Hong Kong Crikket Club (zu erreichen mit Bus Nr. 6 ab Exchange Square), wo hinter der Tankstelle links die Tai Tam Reservoir Rd abzweigt, die einen zum Parkeingang bringt.

• Shek O Country Park

Je nach eingeschlagenem Weg leicht bis mittelschwer, mit schönen Blicken auf das Meer und die Berge. Start ist in Shek O.

Die meisten Pfade durch die Parks sind alte Verbindungswege zwischen den Inseldörfern. An den Parkeingängen ist jeweils Kartenmaterial erhältlich, unterwgs gibt es Picknickmöglichkeiten und Unterstellmöglichkeiten bei Regen. Manche besitzen auch ein Informationszentrum, in dem Fauna und Flora erklärt werden.

Für weitere Auskünfte wende man sich an: *Country Parks Division*, Agriculture and Fisheries Department, 12th Floor, 393 Canton Rd, Tsim Sha Tsui, Kowloon, Tel. 7332132. Hinweise auf Literatur finden Sie im Kapitel 6 unter "Country Parks".

4.2 Kowloon

Eigentlich endet Kowloon an der *Boundary St*, einige Blökke nördlich der MTR-Station Mong Kok, denn entlang dieser Linie verlief die Grenze zu China bis 1898, d.h. bevor die New Territories hinzugepachtet wurden, Kowloon sich weiter nach Norden vorschob und **New Kowloon** entstand. Wer heute von Kowloon spricht, rechnet diesen Teil zu Gesamt-Kowloon hinzu, was auch an dieser Stelle geschehen soll, um nicht für allzu viel Verwirrung zu sorgen.

4.2.1 Tsim Sha Tsui und Tsim Sha Tsui East

Wie auf Hong Kong Island, so ist auch auf der Festlandsseite der **Star Ferry Concourse** in **Tsim Sha Tsui** magischer Anziehungspunkt für viele Fremde, die sich von hier aus Kowloon erobern. Nicht nur als Ausgangspunkt für verschiedene Rundgänge bietet sich der Ferry Terminal an, davor fahren auch zahlreiche Busse und Minibusse in viele Richtungen Kowloons ab.

So sind die Fahnenmasten vor dem Terminal mittlerweile zum Treffpunkt der Jugend aus aller Welt geworden, um sie herum verdienen sich manche von ihnen mit Musikmachen, Zauberkunststücken oder ähnlichem ihre Übernachtungs- und Essenskosten, was den Platz stets bis spät in die Nacht hinein mit buntem Treiben füllt.

Zwischen *Ferry Terminal* und *Ocean Terminal* links liegt die **Ablegestelle für die diversen Hafenrundfahrten**. Von da aus sind es nur noch wenige Meter bis zu dem, was einen mit den riesigen Lettern **'Harbour City'** empfängt. Dabei handelt es sich um das größte Shopping Centre Hong Kongs, ja ganz Asiens, bestehend aus drei Teilen – *Ocean Terminal*, *Ocean Centre* und *Ocean Galleries* –, die miteinander verbunden sind, mit über 600 Geschäften, meist der gehobenen bis obersten Preisklasse.

Ältester Teil des Komplexes ist der **Ocean Terminal**, ein vierstöckiger Anlegepier für Kreuzfahrtschiffe, eröffnet 1966, als noch weit mehr Besucher per Schiff nach Hong Kong kamen als dies heutzutage der Fall ist. Hier findet man so ziemlich alles, was gut und teuer ist, günstig ist hier an und für sich nur *Toys R'Us*.

Es ist noch immer beeindrukkend, wenn einer der schneeweißen Ocean Liner hier festmacht. Um dieses Spektakel zu verfolgen oder ganz einfach einen schönen Blick auf Hong Kong Island und den Star Ferry Terminal zu haben, muß man auf das Oberdeck des Terminals gehen. Entweder durch das '*Omni The Hong Kong Hotel*' oder aber von der Aula des Terminals, in der links

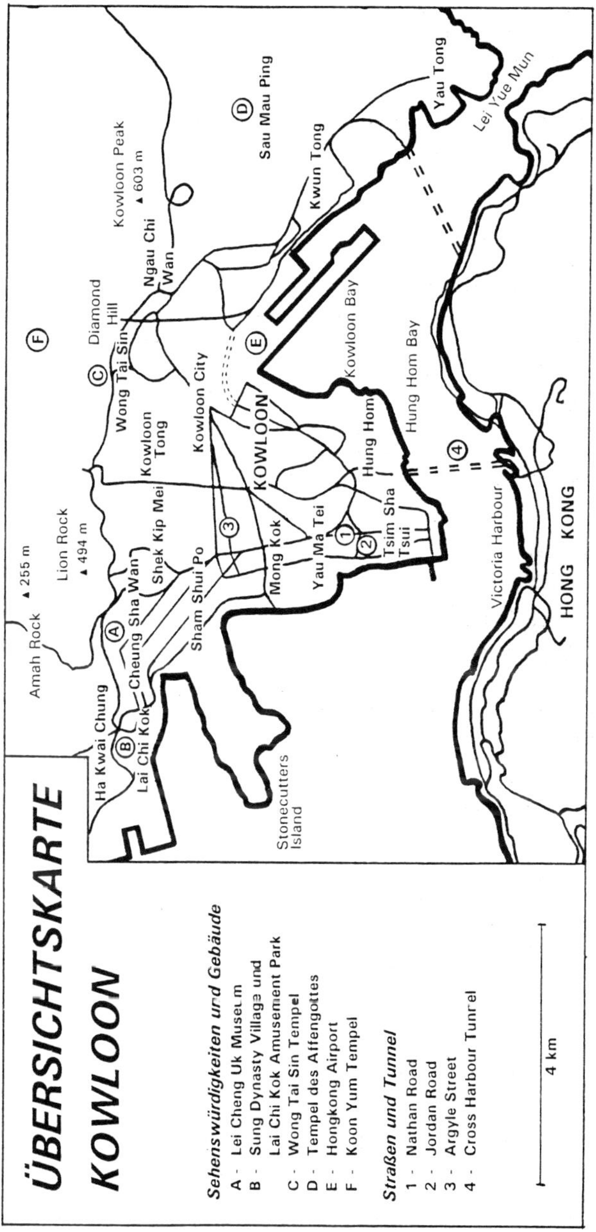
ÜBERSICHTSKARTE
KOWLOON
Sehenswürdigkeiten und Gebäude
A - Lei Cheng Uk Museum
B - Sung Dynasty Village und Lai Chi Kok Amusement Park
C - Wong Tai Sin Tempel
D - Tempel des Affengottes
E - Hongkong Airport
F - Koon Yum Tempel
Straßen und Tunnel
1 - Nathan Road
2 - Jordan Road
3 - Argyle Street
4 - Cross Harbour Tunnel
4 km
Ha Kwai Chung
Lai Chi Kok
Amah Rock
▲ 255 m
Lion Rock
▲ 494 m
Cheung Sha Wan
Shek Kip Mei
Sham Shui Po
Kowloon Tong
Wong Tai Sin
Diamond Hill
Ngau Chi Wan
Kowloon Peak
▲ 603 m
Sau Mau Ping
Kwun Tong
Yau Tong
Lei Yue Mun
Kowloon City
KOWLOON
Mong Kok
Yau Ma Tei
Tsim Sha Tsui
Hung Hom
Kowloon Bay
Hung Hom Bay
Stonecutters Island
Victoria Harbour
HONG KONG

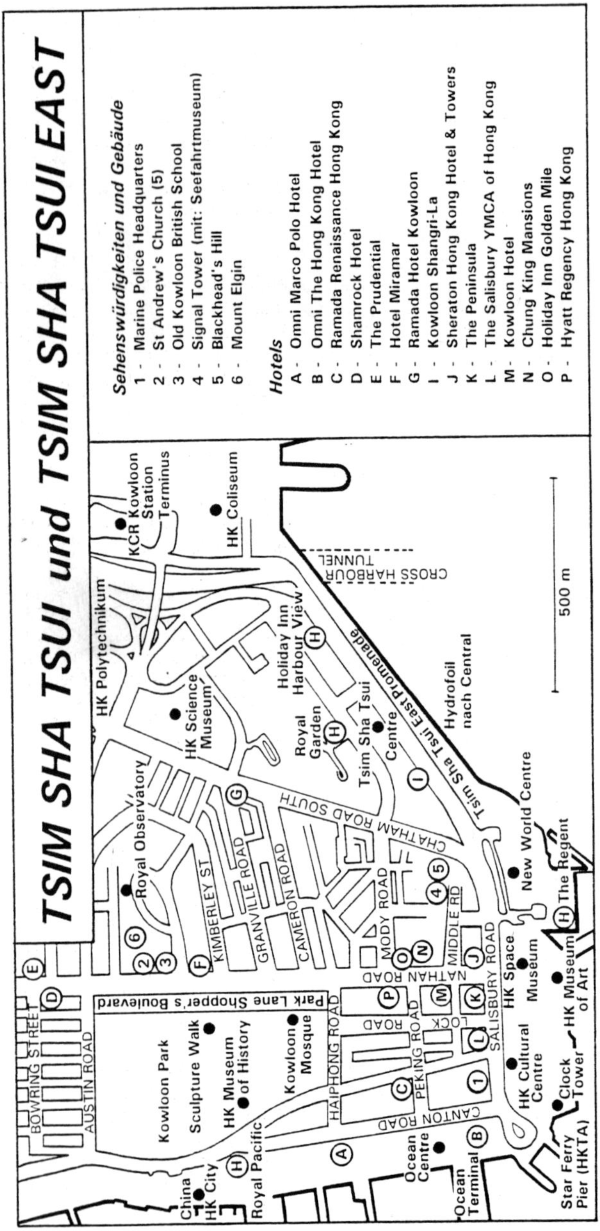
TSIM SHA TSUI und TSIM SHA TSUI EAST
Sehenswürdigkeiten und Gebäude
1 - Marine Police Headquarters
2 - St Andrew's Church (5)
3 - Old Kowloon British School
4 - Signal Tower (mit: Seefahrtmuseum)
5 - Blackhead's Hill
6 - Mount Elgin
Hotels
A - Omni Marco Polo Hotel
B - Omni The Hong Kong Hotel
C - Ramada Renaissance Hong Kong
D - Shamrock Hotel
E - The Prudential
F - Hotel Miramar
G - Ramada Hotel Kowloon
I - Kowloon Shangri-La
J - Sheraton Hong Kong Hotel & Towers
K - The Peninsula
L - The Salisbury YMCA of Hong Kong
M - Kowloon Hotel
N - Chung King Mansions
O - Holiday Inn Golden Mile
P - Hyatt Regency Hong Kong
KCR Kowloon Station Terminus
HK Coliseum
CROSS HARBOUR TUNNEL
500 m
HK Polytechnikum
HK Science Museum
Holiday Inn Harbour View
Royal Garden
Tsim Sha Tsui Centre
Tsim Sha Tsui East Promenade
Hydrofoil nach Central
Royal Observatory
CHATHAM ROAD SOUTH
New World Centre
The Regent
KIMBERLEY ST
GRANVILLE ROAD
CAMERON ROAD
MODY ROAD
MIDDLE RD
NATHAN ROAD
SALISBURY ROAD
HK Space Museum
HK Museum of Art
BOWRING STREET
AUSTIN ROAD
Park Lane Shopper's Boulevard
Kowloon Park
Sculpture Walk
HK Museum of History
Kowloon Mosque
HAIPHONG ROAD
PEKING ROAD
LOCK ROAD
HK Cultural Centre
Clock Tower
CANTON ROAD
China HK City
Royal Pacific
Ocean Centre
Ocean Terminal
Star Ferry Pier (HKTA)

eine Rolltreppe zum Parkdeck hochführt, von dem aus man noch eine Treppe hochsteigen muß. Fotografen sollten zum Sonnenuntergang hierherkommen.

Zurück in der Welt des Konsums sollte man, ehe man den schier endlosen Fluchten des *Ocean Centre* und der *Ocean Galleries* folgt, für einen kurzen Augenblick auf die *Canton Rd* hinaustreten, um gegenüber dem *Omni The Hong Kong Hotel* die **Marine Police Headquarters** in Augenschein zu nehmen. Ursprünglich 1884 mit nur zwei Stockwerken auf den Grundmauern eines alten chinesischen Forts erbaut, wurde 1920 ein drittes hinzugefügt. Von diesem roten Gemäuer aus beschossen die Japaner im Dezember 1941 Hong Kong Island mittels von ihnen installierter Kanonen, außerdem untertunnelten und befestigten sie die Anlage.

Zwei Möglichkeiten gibt es, um von hier aus zum Kowloon Park zu gelangen, entweder man bummelt die *Canton Rd* entlang nordwärts, oder aber man kehrt zurück in die klimatisierten Katakomben des Kommerz und folgt diesen bis zum *Omni Marco Polo Hotel*, dem gegenüber man in die *Haiphong Rd* einbiegt.

Nach Unterquerung der Hochstraße taucht nach etwa 50 m links der Eingang zum **Kowloon Park** auf. Steigt man den Weg gerade hoch, steht man nach wenigen Metern vor dem **Hong Kong Museum of History**, das in zwei ehemaligen Barracken der britischen Armee aus dem 19. Jhd untergebracht ist, den **Whitfield Barracks**. Nach Abschluß der Umbauarbeiten kann man sich nun anhand der Exponate und Video- bzw. Diapräsentationen einen recht guten Überblick über Hong Kongs Geschichte verschaffen.

In neun Sektionen führen die archäologischen Funde, ethnographischen Ausstellungsstücke, historischen Fotografien und Karten, Gemälde und Modelle den Besucher von der Frühgeschichte bis in die heutige Zeit, wobei politische und kulturelle Aspekte ebenso beleuchtet werden wie soziale und ökonomische. Im angeschlossenen Buchladen gibt es entsprechende Literatur dazu.

Hong Kong Museum of History, Kowloon Park, Haiphong Rd, Tsim Sha Tsui, Tel. 3671124; geöffnet Mo-Do und Sa 10.00-18.00, So und Feiertag 13.00-18.00 h; Eintritt Erwachsene HK$ 10, Kinder HK$ 5. Zu erreichen mit der MTR, Station Tsim Sha Tsui, Ausgang Kowloon Park.

Beim Verlassen des Museums orientiert man sich zunächst einmal in Richtung der hochaufschießenden Wasserfontäne, von der aus man leicht den dahinterliegenden **Sculpture Walk** erreicht, auf dem Plastiken diverser einheimischer Bildhauer zu entdecken und entschlüsseln sind. Am nördlichen Ende des Skulpturenweges auf dem Gartenpatio eine vom schottischen Künstler Sir Eduardo Paolozzi geschaffene Bronzeversion von William Blakes 'Concept of Newton'. Neben dem Museum befindet sich ein Freigelände für verschiedene Vogelarten, unter anderem Flamingos, dahinter ein Vogelhaus, ein chinesischer Garten, ein Kinderspielplatz, dazwischen moderne Plastiken.

Zur *Nathan Rd* hin wird der Park begrenzt durch eine langen Dachgarten auf dem *Park Lane Shoppers' Blvd.* Am nördlichen Ende schließlich drei Freiluftschwimmbäder, durch Wasserkaskaden miteinander verbunden, eine überdachte Schwimmhalle mit Olympiamaßen, eine Sporthalle und Restaurants. Die Neugestaltung des Parks konnte 1989 abgeschlossen werden, möglich geworden dank des großzügigen Engagements des *RHKJCs*, der mehrere hundert Millionen Dollar dafür zur Verfügung stellte.

Kowloon Park, geöffnet tägl. 6.30-23.30, Vogelhaus 6.30-20.00, Discovery Playground 6.30-21.00 h, Eintritt frei.

Der goldfarbene Gebäudekomplex an der Wasserfront, den man vom Park aus sieht und zu dem ein direkter Zugang mittels einer Fußgängerbrücke besteht, ist **China Hong Kong City**, von wo aus man mit diversen **Fähren nach Macau** oder in die **VR China** fahren kann.

Am nördlichen Ausgang des Parks empfängt einen wieder Hong Kongs Straßenchaos. Nach Überqueren der *Austin Rd* suche man sich eine der weiter nach Norden führenden Straßen aus, um sich zur *Jordan Rd* vorzuarbeiten, vielleicht die *Parkes St*, an deren Ende man links in die *Bowring St* abbiegt, in der **Straßenhändler** die unterschiedlichsten Dinge anbieten, vom Hemd bis zur Tapete.

An der nächsten Ecke kann man rechts in die *Woosung St* einbiegen; in den Kühlschränken mancher Lokale kann man hier Pudding aus Bohnen, Erbsen, Wasserkastanien, Ananas und Kokosnuß stehen sehen. Wer möchte, kann sie sich zum Dessert einpacken lassen.

Der schwarze Pudding ist 'Grasgelee' oder '*Gui Ling Gao*', gekocht aus sechs Kräutern und mehreren Schildkrötenpanzern, begehrt zur Linderung innerer Hitze, zu essen mit einer gehörigen Prise Zukker, um den bitteren Geschmack einigermaßen abzuschwächen.

An der *Jordan Rd* angekommen hält man sich rechts, bis man drei Blöcke weiter auf die *Nathan Rd* stößt, die einen mit ihrer ganzen Reklameflut und einem Heer umherhetzender Menschen empfängt. Ihr entlang geht es nun wieder südwärts, als Orientierungshilfe dient das in der genauen Verlängerung der Straße gebaute höchste Haus Hong Kongs, Central Plaza auf Hong Kong Island.

Die **Nathan Rd**, Hong Kongs 'Goldene Meile', wurde auf Geheiß von Gouverneur Sir Matthew Nathan (1904-1907) als gerade Nord-Süd-Verbindung zwischen *Boundary St* und der Südspitze Kowloons angelegt. Vorher ein schmaler, kurviger Pfad für Fuhrwerke

Nathan Road, Hong Kongs goldene Meile

und Fußgänger, gab man ihr den Spitznamen 'Nathan's Folly' ('Nathans Spleen'), sagte ihr der Gouverneur doch eine große Zukunft als Geschäftsstraße voraus, was angesichts der damals recht erbärmlichen Zustände von der Bevölkerung mit Kopfschütteln quittiert wurde.

Aber Sir Nathan behielt recht, die dreieinhalb Kilometer lange Straße entwickelte sich im Laufe der Jahrzehnte zum glitzernden Einkaufs-Boulevard, unter dessen Lichtreklame-Kaskaden man bis spät in die Nacht hinein bummeln und einkaufen, essen und sich vergnügen kann.

Während auf der rechten Seite wieder der Kowloon Park auftaucht, kommt man links an einigen älteren Gebäuden vorbei, die erhöht auf einer kleinen Anhöhe, **Mount Elgin**, stehen. Das erstere ist **St Andrew's Church**, die älteste protestantische Kirche Kowloons, 1905 mit Spenden des Philanthropen Sir Paul Chater errichtet, einem gebürtigen armenischen Christen. Die Kirche ist in gotischem Stil gehalten, mit einigen byzantinischen Elementen. Während des Zweiten Weltkrieges wurde sie von den Japanern als Shinto-Schrein benutzt.

Rechts daneben sieht man die **Old Kowloon British School**, 1902 mit Spenden von Sir Robert Ho Tung in neogotischem Stil errichtet. Heute ist das *Hong Kong Government's Antiquities and Monuments Office* darin untergebracht.

Eine schmale Straße führt links hoch und weitet sich sodann zur *Observatory Rd*, ihren Namen dem links liegenden **Royal Observatory** verdankend. Seit 1883 werden hier die meteorologischen Daten aufgearbeitet, die für Hong Kong von Bedeutung sind, unter anderem Taifunwarnungen. Der zweistöckige Kolonialbau beeindruckt durch seine wohlproportionierten Bogenfenster, Säulen und Veranden.

Von der *Observatory Rd* biegt man wenig später zunächst rechts in die *Kimberley St* ab, anschließend links in die *Granville Rd*, die beide bei den jungen Chinesen wegen ihrer Bekleidungsboutiquen beliebt sind, die Seidenprodukte und Umstandswäsche zu günstigen Preisen anbieten.

Wieder auf der *Nathan Rd*, hält man sich, nachdem man diese überquert hat, links. Am *Park Lane Shopper's Blvd* vorbei gelangt man zur **Jamia Masjid** (*Kowloon Mosque*), die seit 1984 eine aus dem Jahre 1896 stammende Moschee ersetzt, die für die in der Britischen Armee Dienst leistenden indischen Muslims errichtet worden war. Die Moschee, der ein Islamisches Zentrum angegliedert ist, folgt traditioneller islamischer Bauweise, bekrönt von einer marmorverkleideten Kuppel und vier Minaretten an den Ecken. Wer die Moschee besichtigen möchte, muß unter Tel. 7240095 zuvor einen Termin vereinbaren.

Die knorrigen, ausladenden Banyanbäume, die entlang dieses Teilstücks der *Nathan Rd* Schatten spenden, sind der traurige Rest jener Allee, die einst die ganze Straße säumte. Noch einmal überquert man die *Nathan Rd* und biegt gegenüber der Moschee in die *Cameron Rd* ein, an deren Ende man auf die *Chatham Rd South* stößt, der man ein kurzes Stück nach links folgt, um via Fußgängerüberweg zum Hong Kong Science Museum zu gelangen. *Chatham Rd* ist die Grenzlinie zwischen **Tsim Sha Tsui** und **Tsim Sha Tsui East**, letzteres nahezu vollständig auf aufgeschüttetem Gelände entstanden. Hier ballen sich Hotels und Shopping Centres, Restaurants und Nachtclubs.

Seit April 1991 besitzt dieser Stadtteil jedoch eine weitere Attraktion, das **Hong Kong Science Museum**. Über 500 Ausstellungsstücke, von denen rund 60% zum Anfassen und experimentellen Erlernen

Technik zum Anfassen: Science Museum in Tsim Sha Tsui East

gedacht sind, führen ein in die Bereiche Computer, Roboter, Energie, Kommunikation, Transportwesen, Genetik, Biologie, Nahrungsmittel, Mathematik, Geographie usw.. Zahlreiche Videodemonstrationen leisten dabei Hilfestellung.

Im Mittelpunkt des Museums steht die 20 m hohe Energiemaschine, die – wenn sie in Betrieb gesetzt ist – eine Reihe spektakulärer audio-visueller Effekte erzeugt, mittels derer die verschiedenen Formen von Energie demonstriert werden. Täglich zahlreiche Vorführungen in den einzelnen Sektionen sollen aufklären und Interesse wecken. Im obersten Stockwerk hängt der Stolz des Museums, eine originale DC 3, die Cathay Pacific stiftete.

Hong Kong Science Museum, 2 Science Museum Rd, Tsim Sha Tsui East, Tel. 7323232; geöffnet Di-Fr 13.00-21.00, Sa, So und Feiertag 10.00-21.00 h; Eintritt Erwachsene HK$ 25, Kinder HK$ 15. Hinweis: Mit Bus Nr. 2C, 5, 5C und 8 ab der Star Ferry, oder mit Minibus Nr. 1 ab der Star Ferry.

Vom Aussichtsturm des Museums hat man einen schönen Überblick, besonders auch am Abend. Die große Treppe hinunter, dann rechts durch die Anlage, orientiert man sich in Richtung des riesigen roten Gebäudekomplexes auf der anderen Seite der *Cheong Wan Rd*, das **Hong Konger Polytechnikum**. An der 1972 eröffneten Lehranstalt waren 1992 knapp 11.000 Vollzeit-Studenten und 16.000 Teilzeit-Studenten eingeschrieben. Man durchquert die Innenhöfe des Polytechnikums und schaut nach den Hinweisschildern für die KCR, die Kowloon-Canton-Railway.

Während man die Fußgängerbrücke zum Bahnhof überquert, staut sich unter einem der Verkehr vor der Einfahrt zum **Cross Harbour Tunnel**. Bei der **KCR Kowloon Station** – die schon im Stadtteil **Hung Hom** liegt – angekommen, wende man sich nach rechts, wo eine Pyramide mit der Spitze voran vom Himmel gefallen zu sein scheint, sich dabei so tief in den Untergrund bohrend, daß nur noch die Basis herausschaut. Es ist dies das **Hong Kong Coliseum**, eine 1983 fertiggestellte Sport- und Veranstaltungsarena für 12.500 Menschen, die keine einzige Stützsäule aufweist. Hier sind regelmäßig Popstars, Sportler und Zirkusse zu Gast.

KCR Kowloon Station und ***Hong Kong Coliseum***; zu erreichen mit Bus Nr. 5C und 8 ab der Star Ferry.

Läßt man das Coliseum links liegen und geht weiter in Richtung Hafen, gelangt man nach der Überquerung eines weiteren Fußgängerüberweges auf die *Tsim Sha Tsui East Promenade*, der man bis zur Star Ferry folgen kann, doch gibt es unterwegs noch einiges zu sehen. Die Promenade ist ein beliebter Abendtreffpunkt bei den Einheimischen, die hier entweder langflanieren oder aber sich zum Tête-à-tête verabredet haben. In den wärmeren Monaten säumen zahllose Pärchen die Uferpromenade – leicht verständlich, bei der Kulisse. Wie auf einer riesig breiten Leinwand zelebriert sich die Skyline von Hong Kong Island vor den Augen des Beobachters, lädt zum Träumen ein. Solch ein Bummel ist ein **Muß für jeden Besucher**. Doch dafür nehme man sich extra einmal Zeit, am besten eben abends.

Jetzt steige man zunächst einmal die erste Fußgängerbrükke hoch und überquere die *Salisbury Rd*, das *Holiday Inn Crowne Plaza* zur Rechten, anschließend noch über die *Mody Rd*, und mit einem Male öffnet sich vor einem ein weiter Platz, auf dem ein großer Springbrunnen seine Fontänen spritzen läßt.

Beim Brunnen halte man sich nach links, bis man vor dem Achtel eines Säulenrunds anlangt, hinter dem wiederum Wasserspiele im Sommer für angenehme Frische sorgen. Die sechs Säulen stammen vom Abfertigungsgebäude des ehemaligen Bahnhofs in Tsim Sha Tsui.

Links davon Auto Plaza, an dem vorbei man den *Mody Square* erreicht, auf dessen anderer Seite halblinks das *Royal Garden Hotel* liegt. Mit dem Fahrstuhl (gegenüber der Rezeption) fahre man hoch in den dritten Stock, um sich das 110 Fuß hohen Atrium anzuschauen, das geschmackvoll begrünt und mit Wasserspielen belebt ist.

Vom Hotel aus gibt es mittels einer Fußgängerbrücke direkten Zugang zum **Tsim Sha Tsui Centre**, dem größten seiner Art in Tsim Sha Tsui East. Im zweiten Kellergeschoß kann man sich im *Maxim's* für einen Pauschalpreis (Erwachsene HK$ 85, Kinder HK$ 50, plus 10% Service Charge) für zwei Stunden am Buffet soviel an chinesischen und westlichen Gerichten essen, wie man mag.

Von hier aus kehrt man via Überweg auf die Uferpromenade zurück, den dunkelbrauen Komplex des **New World Centre** schon vor Augen. Gegenüber dem *Shangri-La Hotel* stößt man auf einen Pier, von dem aus man alle 20 Minuten (8.00-20.00 h) mit dem **Hydrofoil nach Central** fahren kann. Zudem starten von hier die *'Pearl of the Orient'* und die *'Pearl of Hong Kong'* zu ihren Hafenrundfahrten, sog. *Dance Cruises* mit Buffet.

Beim **New World Centre** angekommen, trete man rechts in diese *Super Mall*, die mit ihren über 250 Geschäften und zahlreichen Restaurants auf fünf Etagen schon manchen arm gemacht hat, ganz besonders, wenn er in die mit ihr verbundene **Einkaufspassage des Regents** geraten ist.

Hindurchgehen sollte man, schon um in das Hotel zu gelangen, wo man es sich nicht nehmen lassen sollte, sich zu einer Tasse Kaffee oder Tee und einem Stück Kuchen zurückzulehnen, das Panorama Hong Kong Islands vor Augen. **The Regent** gilt derzeit als bestes Hotel Hong Kongs, weltweit als Nummer Zwei oder Drei. Auf 120 in den Grund des Hafens gerammten Pfeilern erbaut, bietet das Regent von allen Hotels in Tsim Sha Tsui den besten Blick auf Hong Kong Island. 1981 eröffnet, ist es mittlerweile zur Legende geworden, was es nicht zuletzt dem atemberaubenden Blick durch die 13 m hohe Glasfront zum Hafen hin verdankt, die es dem hinter dem Hotel hausenden Drachen auch weiterhin ermöglichen soll, ungehinderten Blick auf das Wasser zu haben und dort baden zu gehen.

In der *Lobby Lounge* zu sitzen, vor sich eine Tasse Kaffee oder Tee, umrahmt von diesem einzigartigen Blick ...

Und dann ist da noch die freistehende Wendeltreppe aus weißem Carraramarmor, auf die man einmal den Fuß gesetzt haben sollte. Wenn man sich schon quasi durch den Seiteneingang in das Haus geschlichen hat, soll man es wenigstens durch den Haupteingang verlassen, und sei es nur, um die hauseigenen goldfarbenen Rolls Royces, Bentleys und Benz' auf der Auffahrt stehen zu sehen.

Am besten nimmt man die klimatisierte Fußgängerbrücke, um die *Salisbury Rd* zu überqueren. Vor dem *Sheraton Hotel* biegt man rechts in die *Middle Rd*, von der aus man geradeaus weiter in die *Minden Row* geht, um von dieser einen kleinen Pfad nach rechts zum **Signal Tower** hochzusteigen, der auf dem **Blackhead's Hill** steht.

Der Turm wurde 1907 errichtet, nach seinem Zeitsignal justierten die Schiffe im Hafen bis 1933 ihre Chronometer, ehe Radiosignale diese Aufgabe übernahmen. 1927 wurden den drei ursprünglichen Stockwerken das vierte und die Kuppel hinzugefügt. Heute befindet sich in ihm ein kleines **Seefahrtsmuseum**.

Nach dem Abstieg folgt man der *Minden Row* bis zur *Mody Rd*, dieser links bis zur *Nathan Rd*, und dieser wiederum – sich ebenfalls links haltend – bis zur *Salisbury Rd*.

Ein Stückchen rechts findet man den Haupteingang zum Hotel **The Peninsula**, Hong Kongs große alte Dame der Hotellerie. Am 11. Dezember 1928 eröffnet, ist es wohl Hong Kongs berühmtestes Hotel. Hier steigt auch die königliche Familie ab, wenn sie nicht gerade mit ihrer Jacht da ist.

Das Hotel besitzt eine der größten Rolls-Royce-Flotten der Welt, und in keinem anderen Hotel Hong Kongs stehen so viele Bedienstete pro Gast zur Verfügung. Von Beginn an eine Legende, wetteifert es mit dem Regent um die Führungsrolle im Territorium, was vor allem nach der 1987 durchgeführten Generalüberholung und dem 1993 fertiggestellten Anbau, mit dem das Hotel seinen Gästen nun endlich auch einen Swimmingpool, ein Business- und ein Fitness-Centre anbieten kann, beiderseits zu Höchstleistungen anspornt.

Wer sehen und gesehen werden will, kommt zum *Five-O'Clock-Tea* in die im viktorianischen Stil gehaltene **Lobby**,

Five-o'-clock-Tea im Peninsula

die es wert ist, daß man ein klein wenig mehr bezahlt als anderswo.

Der Halbkugelbau auf der anderen Straßenseite ist das **Hong Kong Space Museum**, das sich in drei Teile gliedert: *Hall of Space Science*, *Hall of Astronomy* und *Space Theatre*. Die **Hall of Space Science** präsentiert die Geschichte der Astronomie, Science Fiction, frühe Raketenmodelle, den bemannten Raumflug und zukünftige Weltraumprojekte. Die **Hall of Astronomy** informiert über das Sonnensystem, Sterne und das Universum. Beide bieten die Gelegenheit, sich anhand von Videodemonstrationen und Anfaßmodellen einen vertiefenden Einblick zu verschaffen. Dies ist u.a. auf Englisch möglich.

Prunkstücke des **Space Theatre**, eines der **besten und größten Planetarien der Welt**, sind ein Zeiss-Projektor, der bis zu 9.000 Sterne an die 75 Fuß hohe Kuppel wirft, und ein Omnimax-Projektionssystem, das fast ein 360°-Panorama an die Decke werfen kann. Zwischen zwei 40-minütigen Vorführungen kann der Besucher wählen:

- *'Sky Show'*, die die Unterschiede zwischen Science Fiction und Wissenschaft und die durch Science Fiction beeinflußte technische Entwicklung des Menschen darstellt
- *'Hawaii'*, die die faszinierende Welt dieses Inselparadieses nahebringt. Nicht alle neun (an Sonntagen und Feiertagen zehn) Vorführungen sind in englischer Sprache, doch gibt es grundsätzlich die Möglichkeit, diese per Kopfhörer zu verfolgen.

Hong Kong Space Museum, 10 Salisbury Rd, Tsim Sha Tsui, Tel. 7342722; geöffnet Mo und Mi-Fr 13.00-21.00, Sa-So 10.00-21.00 h; Eintritt: für die Ausstellungshallen Erwachsene HK$ 10, Kinder HK$ 5; für die Shows Erwachsene HK$ 20, Kinder (unter drei Jahren nicht zugelassen) HK$ 13. Zu Fuß zu erreichen ab der Star Ferry oder der MTR, Station Tsim Sha Tsui.

Neben dem Space Museum liegt das am 5. November 1989 eröffnete **Hong Kong Cultural Centre**, das auf dem ehemaligen Gelände des alten Kowlooner Bahnhofs errichtet wurde, von wo aus man mit dem Orient Express bis London fahren konnte.

Der aus der Luft einem stilisierten Schmetterling gleichende Komplex mit seiner sprungschanzengleichen Dachkonstruktion umfaßt eine Konzerthalle mit 2.100 Plätzen, ein Theater mit 1.750 Plätzen, ein Studiotheater mit maximal 500 Plätzen, eine Kunstbibliothek und zwei Restaurants, außerdem eine Gartenanlage. Das Kulturzentrum ist eines der Wahrzeichen Kowloons.

Hong Kong Cultural Centre: Englischsprachige Führungen Mi und Sa 12.30-13 h, Erwachsene HK$ 10, Kinder HK$ 5; Karten im Main Foyer am Enquiries Counter, Tel. 7342009.

Angeschlossen an das Cultural Centre ist das **Hong Kong Museum of Art**, das in seinen sechs Ausstellungssälen chinesische Antiquitäten, chinesische Malerei und Kalligraphie, historische Gemälde (von Hong Kong, Macau und Guangzhou), Hong Konger Gegenwartskunst und moderne internationale Kunst präsentiert, sowie die berühmte Xubaizhai Collection von Mr. Low Chuck-tiew, die chinesische Malerei und Kalligraphien umfaßt.

Das Museum dient gleichzeitig als Arbeitsplatz und Ausstellungsforum für junge Hong Konger Künstler, die die Gelegenheit erhalten, ihre Werke entsprechend zu präsentieren und zu verkaufen. Angeschlossen ist auch ein kleiner Skulpturenpark.

Hong Kong Museum of Art, 10 Salisbury Rd, Tsim Sha Tsui, Tel. 7342167; geöffnet Mo-Mi und Fr-Sa 10.00-18.00, So 13.00-18.00 h; Eintritt Erwachsene HK$ 10, Kinder HK$ 5. Zu erreichen per Fuß von der Star Ferry oder MTR, Station Tsim Sha Tsui.

Folgt man vom Museum der Uferpromenade in Richtung Star Ferry – dabei sollte man auf den erhöhten Fußgängerweg steigen –, trifft man noch auf eines der wenigen Stücke Geschichte in diesem Teil der Stadt, nämlich auf den 45 m hohen **Clock Tower**, einziges Überbleibsel des alten *Kowloon-Canton Railway Terminus'*, der 1916 in Dienst genommen wurde. Obwohl der Turm bereits 1915 fertig war, dauerte es bis 1921, ehe auch die Uhr eingebaut war.

Zunächst mit Hilfe von Batterien betrieben, stellte man den Antrieb der vier Uhren auf den vier Seiten später auf vier Motoren um, für jede Uhr einen. Da diese jedoch nicht synchronisiert werden konnten und die Uhren ständig leichte Zeitabweichungen aufwiesen, wurde ihr Betrieb 1950 ganz eingestellt.

1975 verlegte man den Bahnhof nach Hung Hom, der alte wurde abgerissen, und nur massiven Protesten ist es zu verdanken, daß wenigstens der Uhrenturm stehenblieb.

Clock Tower, Relikt der alten Kowloon Station in Tsim Sha Tsui

Seine Glocke ist gegenwärtig im neuen Bahnhofsgebäude ausgestellt, sechs Säulen des alten Terminals sind im Urban Council Park in Tsim Sha Tsui East in einem Achtelkreis aufgebaut.

Am Ende des Rundgangs durch den '*spitzen sandigen Punkt*', denn dies bedeutet Tsim Sha Tsui übersetzt, geht es nun entweder mit der Star Ferry zurück nach Hong Kong Island oder mit Bus oder zu Fuß in einen der anderen Teile Kowloons.

4.2.2 Hung Hom

Hung Hom ist sicherlich kein besonders attraktiver Stadtteil, und gäbe es hier nicht zwei Orte, an denen sich günstig einkaufen läßt, so käme wohl nie ein Fremder hierher. Hung Hom beginnt im Westen bei der **KCR Kowloon Station**, von wo aus eine ewig lange Fußgängerbrücke entlang des neu aufgeschütteten Geländes bis zur *Hung Hom Wan St* führt. Das durch Aufschüttungen neu gewonnene Terrain soll zum einen der Bahnhofserweiterung zugute kommen, zum anderen sollen neue Wohnsiedlungen darauf entstehen. In den Schubläden liegen schon weitere Pläne, die vorsehen, die ganze Bucht zwischen Hung Hom und Kwun Tong – einschließlich der Runway des Airports – zuzuschütten, sobald der neue Flughafen vor Lantau Island in Betrieb geht, was 1997 der Fall sein soll.

Einer der Gründe, warum Fremde nach Hung Hom kommen, ist **Whampoa Garden**, eines der größten Einkaufszentren Hong Kongs, das inmitten des Siedlungsviertels **Whampoa Gardens** liegt, dessen uniforme Wohntürme man schon von weitem sieht. Kennzeichen des gesamten Komplexes ist eine scheinbar zwischen den Wohnblöcken gestrandete **Riesenmotorjacht**, die in ihrem 100 m langen, aus Beton bestehenden Inneren ein Kaufhaus, Geschäfte, Restaurants, Schwimmingpool, Fitnessclub und einen umfangreichen Kindervergnügungspark birgt.

Schräg gegenüber des Hecks der Jacht, links in der *Tak On St*, gelangt man zur **Bauhinia Plaza**. Dieser Komplex beherbergt Hong Kongs modernste Eislaufbahn, mit zwei TV-Wandbildschirmen, audio-visuellem Equipment, Lightshow usw. Wer will, kann sich für HK$ 30-45 für zwei Stunden aufs Eis begeben, Leihschuhe inbegriffen.

Im Block dahinter, in der *Tak Hong St*, findet man **Hong Kong Place**, das mit zwei Besonderheiten aufwarten kann: Erstens mit der **Hong Kong St**, in der mehrere kleinere 'Seitenstraßen' – ähnlich wie auf Hong Kong Island oder in Kowloon – jeweils Produkte einer Art anbieten. Zweitens die **Fantasy Musical Fountain**, die während ihrer fünf täglichen Vorführungen ein einmaliges audio-visuelles Erlebnis bietet, erzeugt von 670 Wasserstrahlern und über 100.000 Lichtpunkten auf einer 72 Fuß breiten Fiberglaswand, von einer ausgefeilten musikalischen Untermalung umrahmt.

Zwischen *Bauhinia Plaza* und *Hong Kong Place* stößt man noch auf etwas amüsantes, den **Jumping Water Garden**, in dem kurze Wasserstrahlen von Becken zu Becken hüpfen. Wer im Epcot Centre in Disneyworld, Florida, war, kennt dererlei Spielerei.

☞ *Whampoa Gardens*, Hung Hom; zu erreichen von Hong Kong Island aus mit der Star Ferry ab Central, oder mit der Fähre ab Wan Chai und North Point; vom Ferry Terminal in Hung Hom sind es dann noch etwa zehn Minuten zu Fuß. Ab Tsim Sha Tsui mit Bus Nr. 8A (Salisbury Rd), oder mit Minibus Nr. 6 ab der Star Ferry.

Zweite Anlaufstelle der Touristen in Hung Hom sind die **Kaiser Estates** in der *Man Yue St*. Bei diesen handelt es sich um einige fabrikähnliche Blocks, in denen Überschußproduktionen verkauft werden, meist zu günstigen Preisen, aber nicht alle verdienen die Bezeichnung 'Outlet'.

☞ *Kaiser Estates*; wer sich nicht einer organisierten Tour anhängen will, die auch zu Whampoa Garden fährt, nimmt Bus Nr. 8 ab der Star Ferry und hält sich nach dem Aussteigen in der Man Yue St ostwärts (als Orientierungshilfe können die herumstehenden Touristenbusse dienen).

4.2.3 Yau Ma Tei

Der im Norden von Tsim Sha Tsui gelegene Stadtteil war einst spärlich besiedeltes Farmland, worauf schon sein Name hinweist, der übersetzt 'Ort der Sesampflanzen' bedeutet.

Mittlerweile ist daraus ein Labyrinth von Straßen und Sträßchen geworden, in denen man dem traditionellen Stadtleben der Hong Konger Chinesen nachspüren kann.

Obwohl flächenmäßig nicht besonders groß, kann einen Yau

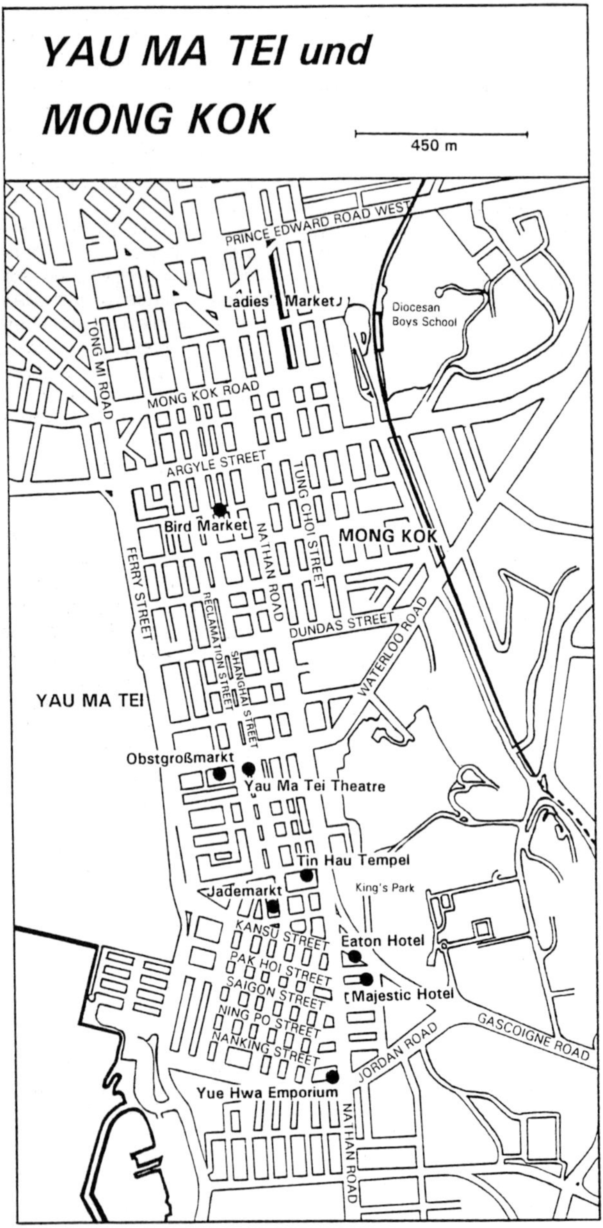
YAU MA TEI und
MONG KOK
450 m
PRINCE EDWARD ROAD WEST
Ladies' Market
Diocesan
Boys School
TONG MI ROAD
MONG KOK ROAD
ARGYLE STREET
TUNG CHOI STREET
Bird Market
NATHAN ROAD
MONG KOK
FERRY STREET
RECLAMATION STREET
DUNDAS STREET
WATERLOO ROAD
SHANGHAI STREET
YAU MA TEI
Obstgroßmarkt
Yau Ma Tei Theatre
Tin Hau Tempel
Jademarkt
King's Park
KANSU STREET
Eaton Hotel
PAK HOI STREET
SAIGON STREET
Majestic Hotel
NING PO STREET
NANKING STREET
JORDAN ROAD
GASCOIGNE ROAD
Yue Hwa Emporium
NATHAN ROAD

Ma Tei einen ganzen Tag – und mehr – gefangen halten, so viel gibt es für die interessierte Spürnase zu entdecken.

Zu erreichen mit der MTR bis Station Jordan.

In der MTR-Station folge man den Hinweisen '*Yue Hwa Emporium*', die einen direkt an der *Jordan Rd* herauskommen lassen. Wieder über der Erde angekommen, wende man sich rechts und biege wiederum rechts in die zweite Seitenstraße, die *Woosung St*. Nach wenigen Schritten taucht links ein **Laden voller Antiquitätenimitationen und Statuen** chinesischer religiöser und mythologischer Figuren auf.

Nach Überqueren der *Nanking St* fällt links Nr. 81 auf, ein Laden für **Arzneipflanzen**. Es lohnt, sich ein wenig Zeit zu nehmen, um zu sehen, wie den Patienten zunächst der Puls gefühlt und die Zunge untersucht wird, ehe ihnen eine Mixtur aus Kräutern, Insekten und Blumen zubereitet wird, die als Tee langsam getrunken wird. Mehr als 600 verschiedene Ingredienzien bergen die Holzschubläden, denen ein eigenartig würziger Geruch entströmt.

Die Diagnose kann sehr langwierig sein, da gemäß chinesischer Heilpraktik viele unterschiedliche Einflüsse das Wohlbefinden eines Menschen beeinflussen und es daher mitunter nicht einfach ist, die Störfaktoren herauszufinden.

An der *Ning Po St* angelangt, sollte man einen kurzen Abstecher nach rechts machen, um den **Schlangenladen** (Nr. 80A) zu inspizieren. Den besten Umsatz erzielt das Geschäft im Herbst, denn die Einheimischen glauben, daß das Schlangenfleisch am besten schmeckt, wenn diese sich auf den Winterschlaf vorbereitet. Schlangenfleisch und -wein sind gleichermaßen beliebt. Schlangengallensaft – mit warmem Reiswein gemischt – gilt als Tonikum gegen Rheuma, Impotenz und nachlassende Sehkraft. Die Schlange wird gewöhnlich erst direkt vor dem Trinken des Tonikums getötet, und je giftiger die Schlange ist, um so besser seine Wirkung.

Wieder in der *Woosung St* zurück, kann man manchmal links einen alten Mann sitzen sehen, dem ältere Menschen etwas diktieren. Er ist einer der immer seltener werdenden **Briefeschreiber**, die von älteren Personen zur Erledigung ihrer Korrespondenz kontaktiert werden, denn nicht wenige alte Menschen haben nie Lesen und Schreiben gelernt.

An der nächsten Ecke biegt man links in die *Saigon St*, wo einem von links gedämpftes Klacken entgegenhallt. Es kommt aus einer der lizensierten **Mahjong-Spielhallen**, in denen mehr oder weniger rund um die Uhr immer einige dem Spiel mit den 144 Steinen nachgehen. Über den einzelnen Tischen hängen Schildchen, auf denen der Betrag steht, um den gespielt wird, so kann sich jeder die für ihn geeignet erscheinenden Mitspieler heraussuchen. Eine dichte

Rauchglocke wölbt sich über die Spieler, Angestellte schenken an den Tischen kostenlos Tee nach, wo ein Spiel beendet ist, bimmeln sie ein kleines Glöckchen. Einen gewissen Prozentsatz am Gewinn eines jeden Spiels erhält das Spiellokal, den Rest – so es einen gibt – darf man mit nach Hause nehmen.

ter Nachtmarkt abgehalten wird. Die Striche und Zahlen markieren die Standorte der einzelnen Verkaufsstände, denn tagsüber rollt auf ihr ganz normal der Verkehr. Überquert man die *Temple St*, kann man sich links im **Teeausschank** für ein paar Dollar einen fünf- oder 24-Kräuter-Tee schmekken lassen. An der Ecke zur

INFO

Information zum Mahjong-Spiel

Das beim Mischen der Hartplastiksteine entstehende Klacken ist eines der charakteristischsten Geräusche Hong Kongs und begleitet einen – fast – überall hin. Besser gesagt: es lockt einen an, denn ***Mahjong*** *macht, beherrscht man einmal die Regeln, süchtig – auf eine sehr angenehme Art und Weise süchtig. Und so kompliziert, wie es zunächst aussieht, ist das Spiel nicht, außerdem gibt es Lehrbücher, und die Begeisterung kommt mit dem Spielen von ganz allein. Es gibt kaum etwas schöneres, als mit den Menschen hier zusammenzusitzen und sich trotz sprachlicher Hürden bestens zu amüsieren. Noch schöner ist dies nur auf den Outlying Islands, wo das Ganze unter freiem Himmel stattfindet oder im offenen Laden. Wer das Spiel beherrscht, sollte keine Hemmungen haben, dies auch kundzutun, denn die Einheimischen laden einen nur zu gerne zu einem Spielchen ein, zögern jedoch gewöhnlich, da sie davon ausgehen, daß der Fremde es sowieso nicht beherrscht. Aber Achtung: ein Tag ist dabei schnell vorbei; wer selber spielt, weiß das. Ein Mahjong-Spiel sollte man auf jeden Fall mit nach Hause nehmen, doch nicht eine der edlen Touristenausführungen, wie sie an der Peak Tram angeboten werden, sondern ein Hartplastikmodell. Denn Mahjong wird laut gespielt, die Steine mit Vehemenz auf den Tisch geknallt, was nur die Kunststoffsteine auf Dauer überleben. Welche soziale Bedeutung Mahjong im Leben der Menschen hier spielt, mag die Tatsache verdeutlichen, daß auf den Einladungen zu Hochzeitsfeierlichkeiten stets zwei Zeiten angegeben sind: eine für den Beginn des Festdiners, die andere für die Eröffnung der Mahjong-Tische, denn Stunden vor dem Essen setzen sich die Gäste jeweils zu viert zusammen, um sich die Zeit zu vertreiben (Mahjong spielt man traditioneller Weise zu viert, neuere Varianten zu dritt oder gar zu zweit, wie man es im Fernsehen verfolgen kann, sind reizlos).*

In der nächsten Querstraße fallen die gelben Markierungen auf dem Straßenplfaster auf; dies ist *Temple St*, wo allabendlich Hong Kongs größ-

Shanghai St links trifft man sodann auf eine der ältesten **Pfandleihen** Hong Kongs, in die früher Fischersfrauen ihre Babies brachten, in der Hoffnung, diese würden ohne böse Einflüsse aufwachsen, da der Pfandleiher bei ihrer Rückforderung ein Stück 'Glückspapier' mit überreichte, auf dem glückbringende Worte geschrieben standen. Das goldfarbene Zeichen im Firmenschild bedeutet 'doppeltes Glück' und wird gewöhnlich im Zusammenhang mit der Hochzeit verwendet.

Rechts die *Shanghai St* hoch, sollte man bei Nr. 202 einen Blick auf die ausgestellten **chinesischen Stickereien** werfen, besonders auf die roten und goldfarbenen **Hochzeitsanzüge**, die mit goldenen Stikkereien prächtig verziert sind, um bei den Hochzeitsfeierlichkeiten zur Geltung zu kommen. Hong Kong-Chinesen heiraten heutzutage standesamtlich in westlichem Stil, wobei das weiße oder rosa Brautkleid in aller Regel ausgeliehen wird, zur Hochzeitsgesellschaft, d.h. zum Nachmittagsempfang und zum Diner, trägt die Braut hingegen die traditionelle chinesische Hochzeitstracht, eben die hier zu sehenden weitgeschnittenen Anzüge. Die roten sind für junge Frauen gedacht, die goldfarbenen für wohlhabendere, schwarze für ältere Damen.

Ein Stückchen weiter (Nr. 218) steht man vor einer **chinesischen Bäckerei**. Zweimal täglich kommen die süßen chinesischen Kuchen in die Auslage, besonders interessant sind jedoch die hier gebackenen **'Hochzeitskuchen'**, auf denen man einen Drachen und einen Phoenix erkennen kann. Der **Drachen** gilt chinesischer Tradition zufolge als **Symbol der Männlichkeit**, der **Phoenix** als dasjenige der **Weiblichkeit**. Nur wenige chinesische Familien haben einen Backofen, der Hochzeitskuchen darf allerdings bei keiner Hochzeit fehlen. Nr. 234 bietet getrocknete Meeresfrüchte aller Art an, zu beachten sind dabei die Haifischflossen, für die bis zu HK$ 1.000 für 600 gr zu bezahlen sind, oder die Seegurken, die mit bis zu HK$ 3.000 für 600 gr gehandelt werden.

Auf der anderen Seite eines der Wettbüros des *RHKJCs*, das an Renntagen brechend voll ist, vor allem während der Rennen selbst. Unter der Hochstraße, die über der *Kansu St* verläuft, befindet sich ein großer **Einzelhandelsobstmarkt**. Früchte aus aller Welt werden hier angeboten. Ehe man sich dem nebenan liegenden **Jade Market** zuwendet, sollte man zunächst einmal links die *Reclamation St* zurückgehen, um im hiesigen **Marktgetümmel** nach weiteren Exotika Ausschau zu halten. Bis zur *Nanking St* werden Gemüse, Eier, Fisch, Obst und anderlei Sachen für den täglichen Gebrauch angeboten, alles ganz frisch, wie es die chinesische Hausfrau liebt.

An der *Nanking St* biege man rechts ab und bei der übernächsten Straße, der *Canton Rd*, noch einmal. Linker Hand, Nr. 521 und 527, kann man kaufen, wobei man zuvor zugeschaut hat, denn hier werden die Mahjongsteine von den Händlern bemalt. Etwa HK$ 250 kostet ein komplettes Spiel, das man in ein Trageköfferchen verpackt bekommt. **Mahjongsteinhändler und -maler** gibt es in ganz Hong Kong, hier, in der Nähe des Vogelmarktes und in Kowloon City sind sie jedoch günstiger als an den meisten anderen Orten.

Die meisten Geschäfte entlang der *Canton Rd* haben kleine rote **Türschreine** für den Kriegsgott Kwan Ti, der als Schutzpatron gegen böse Geister und der Polizei verehrt wird. Obschon vor mehr als 2.000 Jahren im Kampf gefallen, sagt man ihm noch immer großen Einfluß nach. 50 m weiter, Nr. 581, passiert man links ein Geschäft, das die für die Zubereitung und den Verkauf der *Dim Sums* benötigten Bambuskörbchen verkauft.

An der Ecke *Pak Hoi St* (Nr. 601-605) fällt ein vereinzeltes Gebäude auf, dessen Säulen einen Arkadengang über dem Gehsteig bilden. Während des Zweiten Weltkriegs waren hier Kriegsgefangene inhaftiert. Häuser wie dieses, mit Säulengängen über den Gehwegen, Balkonen in den darüberliegenden zwei oder drei Stockwerken, werden immer rarer. In diesem Viertel beherbergen sie oftmals im Erdgeschoß einen kleinen Jadeladen, darüber dann die Wohnung des Händlers. In den Mittagsstunden tauchen dann zusätzlich die Straßenhändler auf, die ebenfalls Jadestücke feilbieten; um sie herum bilden sich kleine Grüppchen, die über Jade, Rennpferde und die Rennen des vergangenen und des nächsten Renntages diskutieren. Schräg gegenüber Nr. 630 ist die **Chung Kee Marble Factory**, die unter anderem jene marmornen Gedenktäfelchen herstellt, die für die Urnenfächer der Ahnen in den Gedenkhallen benötigt werden. In das Täfelchen eingelassen ist oftmals das Bild des Verstorbenen. Aber auch Urnen und Grabsteine fertigt diese Fabrik.

Wieder bei der Hochstraße angelangt, besuche man den auf der anderen Seite der *Kansu St* stattfindenden **Jade-Markt**. Anfang der 60er Jahre in der Canton Rd entstanden, siedelte der Markt 1984 hierher um. Rund 450 Händler verkaufen Schmuck, Schnitzereien und Rohlinge, doch bei weitem nicht alles ist Jade.

Jade muß nicht unbedingt grün sein, Fachleute kennen angeblich 100 verschiedene Farben und Nuancen, jede mit ihrem eigenen Namen. Als kostbarste Jade wird eine durch und durch gleichmäßig sattgrüne, durchscheinende gehandelt, die aber sehr selten und teuer ist.Jade hat keinen festen Preis, sondern wird mehr oder weniger erst durch den Handel zwischen Käufer und Verkäufer bestimmt. Die Jadehändler untereinander bedienen sich bei ihren Transaktionen einer geheimen Kombination aus Wortcodes und Zeichensprache. Hinter einer ausgebreiteten Zeitung tun sie dem anderen per Fingerzeig kund, wieviel sie zu bezahlen bereit sind, denn je nach Anzahl der hochgehobenen Finger multipliziert sich der von ihnen per verbalem Geheimcode gebotene Kaufpreis. Kenner ertasten den Wert der Ware, indem sie das Stück, das sie erwerben möchten, unter einer Zeitung oder einem Stück Tuch gemächlich durch ihre Finger wandern lassen, denn gute Jade fühlt sich kalt an, und dies auch nach längerem Halten und Reiben. Früher verschlossen die Chinesen den Verstorbenen sämtliche Körperöffnungen mit Jadestükken, damit keine bösen Geister in den Leichnam fahren konnten, denn Jade beschützt vor dem Einfluß negativer Kräfte. Daher tragen viele Frauen und Kinder auch ein Jadearmband oder ein Amulett aus Jade, dessen Form meist symbolisch ist. So steht z.B. der Hirsch für Wohlstand, der Tiger für Glück und der Drache für Macht.

Jade Market, Kansu Rd; geöffnet tägl. 10.00-15.30 h. Zu erreichen mit Bus Nr. 9 ab der Star Ferry; oder mit der MTR bis Station Yau Ma Tei, von da aus rund 300 m südlich bis zum Tin Hau-Tempel, dann links.

Hinter dem *Jade Market* orientiert man sich in Richtung *Reclamation St*, der man bis zur *Waterloo Rd* folgt. Unterwegs kommt man an einem **Obstgroßmarkt** vorbei, außerdem an einer Reihe weiterer Geschäfte, die traditionelle chinesische Waren anbieten. Sich zunächst links haltend schlägt man einen Bogen durch die *Shek Lung St*, dann rechts die *Ferry St* und wieder rechts die *Waterloo Rd*. Während draußen im Hafen die Lastkähne im Taifunschutzhafen vor Anker liegen, stapeln sich im hier ansässigen Obstgroßmarkt die Kisten mit den Früchten aus aller Welt. 70% des in Hong Kong verbrauchten Obstes werden hier versteigert, eine beachtliche Menge, wenn man allein bedenkt, daß die Hong Konger Weltmeister im Konsum von Orangen sind.

Ein Stück Nostalgie erwartet einen, wenn man das **Yau Ma Tei Theatre** auf der anderen Seite der *Reclamation St* betritt, denn in diesem aus dem Jahre 1922 stammenden Kino wird der Vorhang noch von Hand auseinandergeschoben.

Rechts um die Ecke findet man in der *Shanghai St* zahlreiche *Dai Pai Dongs*, in denen den ganzen Tag über ein reges Ein und Aus herrscht, denn bereits am frühen Morgen kommen die ersten, um ihren **Congee** zu schlürfen, der mit achtmal mehr Wasser gekocht wird als normaler Reis.

Die Straße runter sollte man einen Blick in das **chinesische Teehaus** (Nr. 322) werfen, in dem sich ab den frühen Morgenstunden normale Spaziergänger und solche, die ihre Singvögel austragen, zum Plausch oder Wettsingen treffen. Zwischen den Tischen schieben die Verkäuferinnen ihre Wägelchen umher, von denen sie *Dim Sums* verkaufen. Da sie diese mitunter laut ausrufen, kann es ganz schön laut zugehen, zumal wenn die gefiederten Hausfreunde gerade zu einem sanglichen Wettstreit antreten. Und ab und an rückt ein Grüppchen der Männer – Frauen kommen hier praktisch nie her – zusammen und läßt zwei der piepsenden Gefährten aufeinander losgehen, natürlich nicht, ohne vorher die obligatorischen Wetten abzuschließen. Leider werden auch die Teehäuser in Hong Kong immer seltener, und mit ihnen stirbt ein uraltes Stück chinesischer Tradition.

Auf der linken Straßenseite reihen sich nunmehr eine ganze Anzahl typischer chinesischer Haushaltswaren und Devotionaliengeschäfte aneinander. Zunächst ein **Metallwarenladen**, in dem es die unterschiedlichsten Größen jener Schaufelchen zu kaufen gibt, mit denen Gewürze, Kräuter, Getrocknetes, Fleisch, Medizin und anderes abgemessen wird. Wer einen **Feuertopf** sucht, hier findet er ihn; chinesisch heißt er *'Faw Wor'*.

Nach Überqueren der *Hi Lung Lane* kann man bei Nr. 302 aus einem umfangreichen Sortiment chinesischer **Weine** auswählen, die aus der VR China importiert werden und zum Teil mit abenteuerlichen Mischungen aus Kräutern, Früchten, Blumen und Tieren versetzt sind, benutzt als Tonikum oder Potenzmittel.

Bei Nr. 292 hängt jede Menge gerösteter Enten und Hühnchen. Die Marinade aus Sojasauce, Reiswein und Maisstärke, mit der sie eingestrichen werden, verleiht ihnen beim Backen jene knusprig glänzende Haut, die sie ebenso gut schmecken läßt wie sie aussieht. Nebenan ein Laden, der Wurstwaren und **windgetrocknete Enten** anbietet, die

Gepreßte und getrocknete Enten fangen 'gute Winde' ein

zum Auffangen 'guter Winde' plattgepreßt auf Gestelle gespannt werden und einen leicht scharfen Geruch ausströmen.

An der Straßenecke zur *Wing Sing Lane* verkauft ein winziger Laden jene chinesischen **Balkenwaagen**, mit denen seit zwei Jahrtausenden in China abgewogen wird. Der Stab, an dessen einem Ende ein Gewicht und am anderen die Waagschale eingehängt ist, weist in regelmäßigen Abständen kleine Einkerbungen auf, von denen jede für ein 'Catty', dies sind ungefähr 600 Gramm, steht.

Noch ein Stückchen weiter (Nr. 280F) einer jener Läden, die **Räucherstäbchen** und andere **Devotionalien** in Hülle und Fülle anbieten. Wenn die Opfernden jeweils drei, sechs oder neun dieser Stäbchen darbringen, so nicht nur, weil die Zahl 3 für 'langes Leben' steht, sondern weil je eines den Himmelsgöttern, eines für die Götter in der Unterwelt und eines für das eigene Wohlbefinden geopfert werden muß. Im Geschäft nebenan (Nr. 280G) findet man dann die für die Darbringung der Opfer notwendigen Schreine und Altäre. In diesem **Altarladen** sieht man aber auch jene achteckigen Spiegel, die man zur Geisterabwehr ans Fenster hängt, oder mannsgroße Drachen, die mit ihren illuminierten Augen blitzen. Diese Art Laden findet man in den Straßen ringsum nicht selten, und es lohnt sich einen Blick in manch eine der Werkstätten zu werfen, was man, wenn man darum bittet, jederzeit tun darf.

An der *Public Square St* angelangt, lenkt man seine Schritte zu dem von mächtigen Banyanbäumen beschirmten kleinen Park auf der anderen Straßenseite, der sich als Seniorentreffpunkt großer Beliebtheit erfreut. Tagtäglich versammeln sich hier ältere Menschen, überwiegend Männer, um miteinander zu plauschen, Domino, Karten oder chinesisches Schach zu spielen. Und manche haben es sich unter den Bäumen ganz einfach nur bequem gemacht, geben sich einem kleinen Nikkerchen hin.

Schon allein die sich auf dem Platz abspielenden Szenen sind es wert, hierher zu kommen und zu verweilen, aber es gibt mehr zu sehen, und zwar fünf aneinandergereihte **Tempel**, die in den Jahren 1870-76 entstanden und damals nur wenige Meter vom Meer entfernt lagen. In der Mitte befindet sich derjenige **Tin Haus**, der Meeresgöttin, Schutzherrin der Fischer und Seeleute. Er ist der größte der fünf, mit grünen Ziegeln gedeckt, zur Abwehr böser Geister; die Grimassen am Eingang sollen die Eintretenden schützen. Im Innenhof hängen zahlreiche Räucherspiralen von der Dekke, an der rechten Wand die 60 Tai Suis, die chinesischen Jahresgötter, links Reihen von Ahnentäfelchen. Dabei sitzt ein Wahrsager, der den Gläubigen den Chim und den Fall der beiden nierenförmigen Holzstückchen erläutert. In der linken Ecke wartet ein blinder Wahrsager auf Kundschaft, der die Geschicke der Zukunft mittels eines Schildkrötenpanzers und mehrerer alter chinesischer Münzen deutet.

Zur Linken des Tin Hau-Tempels liegt derjenige **Shing Wongs**, des Stadtgottes, der alle guten und bösen Taten der Stadtbewohner an den Himmel und die Unterwelt weitermeldet, woraufhin jedem einzelnen seine Strafe oder Belohnung zugemessen wird.

Ganz links befindet sich der **Fook Tak-Tempel**, in dem To Tei, der Erdgott, verehrt wird. Der Tempel rechts des Haupttempels ist **Kwun Yum** geweiht, der Göttin der Barmherzigkeit. Außerdem werden in ihm viele andere Lokalgötter verehrt, die über keinen eigenen Tempel verfügen, zudem stößt man hier auf verehrte Steine, die Göttern oder Tieren ähneln und denen nachgesagt wird, sie seien mit göttlichem Geist beseelt, der die Gläubigen beschützen könne. Ganz rechts findet man eine

Halle (*Shue Yuan*) für die Wahrsager. Jede Menge Papiermodelle für Beerdigungsfeiern ist innerhalb des Tempelkomplexes gelagert. Mit ihrem Verkauf finanzieren die Tempelaufseher, die die Gedenkstätte vom *Chinese Temples Committee* gepachtet haben, einen Teil ihrer Pacht, den Rest decken die Gaben der Hierherkommenden.

Auch als Besucher sollte man stets ein paar Dollar in die Spendenbox werfen, als Zeichen des Respekts. Besonders während des *Tin Hau*-Festes versammeln sich hier Tausende, um sich bei der Meeresgöttin zu bedanken und ihren Segen für das nächste Jahr zu erbitten.

☞ *Tin Hau Temple*, Public Square St, Yau Ma Tei; geöffnet tägl. 8.00-18.00 h. Zu erreichen mit der MTR bis Station Yau Ma Tei, dann 200 m nach Süden die Nathan Rd entlang; oder mit Bus Nr. 9 ab der Star Ferry.

Geht der Tag mittlerweile seinem Ende entgegen, so sollte man gleich hier bleiben und sich anschließend in das allabendliche Spektakel des **Temple Street Night Market** stürzen, das ungefähr um 18 Uhr beginnt, zwischen 21 Uhr und Mitternacht jedoch erst seinen Höhepunkt erreicht. Entlang der *Temple St*, zwischen *Jordan Rd* und *Man Ming Lane*, entwächst dem Boden in Sekundenschnelle Stand für Stand, behängt und vollgepackt mit Produkten aller Art, zu Preisen, die schwach machen. Wo tagsüber Autos und Lastwagen die Fußgänger an die Straßenseite drücken, schieben sich nun Heerscharen von Menschen durch den schmalen Korridor, der zwischen den Verkaufsständen auf beiden Straßenseiten verblieben ist.

Der Beiname *'Men's St'* weist schon darauf hin, daß hier zum größeren Teil Dinge für den Mann verkauft werden, doch bei weitem nicht nur. Das Angebot reicht von der Jeans bis zu T-Shirts, von Seidenschals bis zu Damenhandtaschen, von Sonnenbrillen bis zu Gürteln, von Spielzeug bis zu Hifi-Geräten, von Koffern bis zu Handstaubsaugern – wahrlich eine Flut an Sonderangeboten.

Und dazwischen immer wieder kleine **Straßenrestaurants**, in denen man günstig und gut Meeresfrüchte essen kann. Abstriche muß man aufgrund des Preises ein wenig bei der Hygiene machen, trotzdem sollte man sich diesen Spaß nicht entgehen lassen, denn dazusitzen und den anderen zuzuschauen, wie sie sich durch die Menschenmassen und die Angebotsberge wühlen, es gehört zum Schönsten, was Hong Kong bei Nacht zu bieten hat.

Und für Unterhaltung ist auch gesorgt. In der Nähe des *Tin Hau-Tempels*, da wo die Hochstraße durch das Parkhaus führt, kann man sich beim Licht der Kerosinlampen die Zukunft voraussagen lassen, kann sich mit Profi-Schachspielern messen oder den Aufführungen der Laienschauspielgruppen lauschen, die Kanton-Opern zum besten geben, sich der gleichen Gestik und sanglichen Ausdrucksweise wie die Profis bedienend, lediglich die entsprechende Maskerade fehlt. Hat man eine Weile zugehört und zugeschaut, geht jemand mit einem Körbchen herum, in das man seinen 'Eintritt' werfen soll. Man ist herzlich willkommen, nur sieht man es nicht gerne, wenn fotografiert wird. Gegen 21.30 Uhr gehen die Vorführungen meistens zu Ende.

In dem Teilstück zwischen *Tin Hau-Tempel* und *Man Ming Lane* findet man viele Nepalesen, Inder und Malaien, die Kunsthandwerkliches aus ihren Ländern und Regionen feilbieten. Der **Nachtmarkt** ist ein Muß, auch für denjenigen, der nichts kaufen will. Einen unterhaltsameren Abend kann man kaum haben, und gleichzeitig ist er der ideale Tagesabschluß.

Temple St Night Market, Temple St, Yau Ma Tei; geöffnet 18.00 bis ca. 24.00 h, an Wochenenden oft auch länger; beste Zeit ab 21.00 h, für die Opernvorführungen ab 20.00 h. Zu erreichen mit der MTR bis Station Jordan; in der Station den Hinweisen 'Yue Hwa Emporium' nach, dann kommt man auf der Jordan Rd heraus; dort nach rechts bis zur dritten Querstraße rechts.

4.2.4 Mong Kok

Niemand weiß so recht, woher das Stadtviertel seinen Namen hat, denn er bedeutet schlichtweg nichts. Diese Art der Namenslosigkeit paßt jedoch zu ihm, diesem stadtgewordenen Chaos, in dem sich mehr als 165.000 Menschen pro Quadratkilometer in zum Teil erbärmlich kleinen Wohnungen, oder besser Käfigen, drängen. Wieder einmal darf sich Hong Kong einen Weltrekord in seine Bücher schreiben, doch ist es sicherlich nicht einer von denen, auf die man stolz ist.

Die Wohnraumnot in diesem Viertel geht sogar so weit, daß Zimmer mit 20 m², in denen acht oder mehr Dreifach-Etagebetten stehen, in drei Schichten rund um die Uhr vermietet werden, für HK$ 20 pro acht Stunden. Hier hausen jene, die kein festes Zuhause haben, meist ältere Menschen, aber auch viele illegal Eingewanderte, die täglich mit ihrer Aufgreifung und Abschiebung zurück in die Volksrepublik rechnen müssen.

Vielleicht ist es aber gerade auch diese berstende Lebensenergie, dieser manische Wille zum Überleben, der hier niemanden klein beigeben läßt, die Straßen mit jener Magie anreichert, wie man sie in guten Theaterstücken ab und an erleben darf.

Kulturhistorisch hat Mong Kok kaum etwas zu bieten, in Sachen Soziales hingegen umso mehr. Nahezu einzige Anlaufstation der Touristen ist der **Bird Market** in der **Hong Lok St**, auf dem die Chinesen sich ihren gefiederten Hausfreund aussuchen. So gefühllos der Chinese mit anderen Tieren in unseren Augen umzugehen pflegt, so liebevoll widmet er

Am Bird Market in Mong Kok

sich Stunde um Stunde seinem zwitschernden Partner, den er auch als solchen sieht. Auf ihn konzentriert sich all jene Zärtlichkeit, die man bei den Chinesen in der Öffentlichkeit oftmals vergeblich sucht, es sei denn, sie sind mit ihren Kindern unterwegs.

Die enge Gasse ist beiderseits flankiert von Geschäften, die sowohl Vögel verschiedener Arten als auch das nötige Zubehör bereithalten, z.B. Vogelkäfige aus Bambus oder Kunststoff, Trinknäpfchen und natürlich entsprechendes Futter, wobei besonders die in Käfigen gehaltenen Heuschrekken auffallen, die plastikbeutelweise verkauft werden. Manchmal sieht man einen der Händler dasitzen und seine Vögel mit Chopsticks füttern, andere wiederum reichen den Piepmatzen mit Honig gesüßtes Wasser, was ihre Stimme schmieren soll, denn ihr Wert und Preis bemißt sich nach ihren Sangeskünsten, erst in zweiter Linie nach ihrem Äußeren.

☞ *Bird Market*, Hong Lok St, Mong Kok; geöffnet tägl. 10.00-18.00 h. Zu erreichen mit der MTR, Station Mong Kok; sich dort in Richtung Ausgang Nelson St Western Exit halten; der Markt liegt zwei Blöcke weiter westlich.

Wer nach Preiswertem für die Damen Ausschau halten will, wendet sich auf der *Argyle St* nach rechts und an der *Nathan Rd* nach links, ehe er an der nächsten großen Querstraße, der *Mong Kok Rd*, nach rechts abbiegt, um in die zweite Querstraße links einzuschwenken. Hier in der *Tung Choi St* werden Schuhe, Kleider, Jeans, Blusen und andere von der Damenwelt begehrte Accessoires feilgeboten. Der hier stattfindende **'Ladies' Market'** ist quasi das für die Damenwelt stattfindende Pendant zum Nachtmarkt in der *Temple St*, wo mehr die Herren auf ihre Kosten kommen.

Tip: *Ladies' Market*, Tung Choi St, Mong Kok; geöffnet tägl. 12.00-22.30 h. Hinweis: Mit der MTR bis Station Prince Edward; dort in Richtung Ausgang Sai Yeung Choi St South halten, und bei der Tankstelle rechts dann einen Block ostwärts.

4.2.5 Sham Shui Po

Zusammen mit Mong Kok ist dieser Stadtteil der am dichtesten besiedelte der Welt, mit gut 165.000 Einwohnern/km². Eigentlich schon in den New Territories liegend, zählt er zu **New Kowloon**, jenem urbanen Geflecht aus Industrie- und Wohnsiedlungen. das im Norden Kowloons entstanden ist, nach dem Zweiten Weltkrieg aus dem Boden gestampft, uniform und austauschbar. Hierher kommen Fremde nur, um entweder auf den **Trödelmärkten** rings um die MTR-Station nach Secondhandwaren zu spähen, auf dem großen Markt asiatische Exotik zu schnuppern, vor allem aber, um im **Golden Shopping Centre** in der *Fuk Wa St* günstig **Computer**hardware und -software zu erstehen.

Zu erreichen mit der MTR, Station Sham Shui Po.

An der Grenze zum Stadtteil **Cheung Sha Wan** findet man Hong Kongs ältestes historisches Monument, das **Lei Cheng Uk Museum**, in dem ein aus der Östlichen Han-Dynastie (25-220 n.Chr.) stammendes Grabmal zu sehen ist.

Die Grabkammer wurde im August 1955 während der Einebnungsarbeiten für die nunmehr nebenan entstandenen Mietwohnungen des Lei Cheng Uk Estates in der Tonkin St entdeckt, als man hier einen Hügel abtrug.

Die Anlage liegt 13 m über dem derzeitigen Wasserspiegel und rund 1 km landeinwärts, was auf die massiven Hafenaufschüttungen während der letzten Jahrzehnte zurückzuführen ist. Früher muß das Grab ziemlich nahe am Wasser gelegen haben. Es besteht aus vier kreuzförmig angeordneten Kammern und einer Eingangspassage, deren Tor allerdings verloren gegangen ist. Die vordere Kammer ist mit einer Kuppel überdeckt, die drei restlichen hingegen weisen ein Tonnengewölbe auf. In der hinteren Kammer befindet sich eine tonnengedeckte Nische. Die ganze Konstruktion, einschließlich des Bodens, besteht aus Ziegelsteinen, von denen manche Gravierungen und Inschriften aufweisen, die – teilweise gestempelt – mehrfach auftauchen.

Bei den Ausgrabungsarbeiten wurden insgesamt 58 Töpfereien und Bronzegegenstände gefunden, allerdings keine menschlichen Knochen. Da das Grabmal große Ähnlichkeit mit denjenigen der Östlichen Han-Dynastie in Südchinas aufweist, fiel die zeitliche Zuordnung nicht allzu schwer. Die Grabkammer ist durch eine Glasscheibe gegen Witterungseinflüsse geschützt und daher nicht zugänglich, jedoch gut einsehbar. Im angeschlossenen Museum werden die Funde und erläuterndes Bild- und Textmaterial zu Auffindung und Geschichte gezeigt.

Lei Cheng Uk Museum, 41 Tonkin St, Sham Shui Po, Tel. 3862863; geöffnet Mo-Mi und Fr-Sa 10.00-13.00 und 14.00-18.00, So und Feiertag 13.00-18.00 h; Eintritt frei.

4.2.6 Lai Chi Kok

Amüsement und einen Einblick in das Leben zur Zeit der Sung- (oder Song-) Dynastie (960-1279) bekommt man im **Sung Dynasty Village**. Die hier Arbeitenden sind alle in Kostüme der damaligen Epoche gekleidet, und mit dem beim Eintritt miterhaltenen 'Sung-Geld', das aus einem kleinen Heftchen mit mehreren Vouchern besteht, kann der Besucher in den einzelnen Geschäften kleine Mitbringsel erstehen, so z.B. Bonbons, Tee oder Räucherstäbchen für den Tempel innerhalb des Dorfkomplexes. Wer einen Kimono oder anderes erstehen will, muß hingegen mit harter Münze aus dem 20. Jhd zahlen.

In den einzelnen Läden kann man die Herstellung von Räucherstäbchen, Kalligraphien, Kuchen, Bonbons, die Bemalung von Schirmen und anderes verfolgen, so wie es zur damaligen Zeit praktiziert wurde. Und auch für das leibliche Wohl ist gesorgt, in Form eines Teehauses und eines Restaurants, hinter dem Hong Kongs größtes Wachsfigurenmuseum besucht werden kann, in dem Personen der chinesischen Geschichte ausgestellt sind. Oder man verfolgt eine Hochzeitszeremonie; die fünf täglichen Shows hingegen beinhalten chinesische Tänze aus dieser Epoche, Akrobatik, eine Affendressur und Kung Fu-Vorführungen. Die Show dauert jeweils 45 Minuten.

Sung Dynasty Village, Kau Wa Keng, Lai Chi Kok; geöffnet tägl. für Einzelreisende 10.00-20.30 h; Eintritt Erwachsene HK$ 110, Kinder HK$ 60, an Sa, So und Feiertag zwischen 12.30 und 17.00 h; Erwachsene HK$ 75, Kinder HK$ 30. Hinweis: Mit Bus Nr. 6A ab der Star Ferry; näheste MTR-Station ist Mei Foo, Ausgang Mount Sterling Mall, dann nordwärts entlang der Lai Wan Rd bis zur Einmündung in die Mei Lai Rd, der man links folgt.

Gleich nebenan liegt der **Lai Chi Kok Amusement Park**, zu dem früher auch Sung Dynasty Village gehörte. Bei diesem handelt es sich um einen schon etwas in die Jahre gekommenen Vergnügungspark, in dem diverse Karussells, Schießstände, eine Rollschuhbahn, Autoscooter und andere Fahrbetriebe für Unterhaltung sorgen. Während im Sung Dynasty Village die Attraktionen und Shows im Preis beinhaltet sind, muß man im Vergnügungspark für jede – zusätzlich zum Eintritt – einzeln bezahlen.

Lai Chi Kok Amusement Park, neben Sung Dynasty Village; geöffnet Mo-Fr 12.00-21.30, Sa 11.00-22.30 , So und Feiertag 10.00-21.30 h; Eintritt Erwachsene HK$ 10, Kinder HK$ 5. Gleiche Anreise wie zum Sung Dynasty Village.

4.2.7
Kowloon City

Zu erreichen mit Bus Nr. 1 oder 1A ab der Star Ferry.

Hat man selbst vom Westen her kommend zur Landung auf Hong Kongs **Flughafen Kai Tak** angesetzt und den dabei verspürten Nervenkitzel noch in Erinnerung, der aufkam, als man 30 oder 20 Meter – oder waren es noch weniger? – über den Dächern einschwebte, gepaart mit jenem phantastischen Anblick, der sich einem dabei auftut und diesen Anflug zum spektakulärsten der Welt macht, möchte man auch einmal die andere Seite kennenlernen, den Final Approach aus der Warte der in der Anflugschneise Wohnenden miterleben.

Gelegenheit dazu hat man in **Kowloon City**, jenem Stadtteil der nordwestlich von Kai Tak liegt, wo die Jumbos mitunter die Dächer zu streifen scheinen. In einer der Straßen stehend, hört man erst recht spät das Näherkommen der Maschinen, und mit einem Mal sind sie für ein oder zwei Sekunden direkt über einem, gleich riesigen schwarzen Raubvögeln, die sich herniederstürzen. Für eine Weile erlebt man, was die Anwohner jahrein, jahraus durchmachen, und es wird verständlich, warum sie der Fertigstellung des neuen Flughafens vor Lantau Island entgegenfiebern, doch möglicherweise fangen die Schlafstörungen dann angesichts der Stille erst an.

Interessant wird der Flughafenumzug, der für 1997 geplant ist, aber auf jeden Fall für die Grundstücksspekulanten, fällt mit der Auflösung Kai Taks doch auch jene Bestimmung, die das Höhenwachstum in weiten Teilen Kowloons und New Kowloons bislang auf 17 Stockwerke beschränkt.

Nur wenige Meter über den Dächern von Kowloon City schweben die Jets ein

Der Umzug ist notwendig, denn seit Jahren operiert Kai Tak – trotz ständiger Erweiterungen – an der Belastungsgrenze, und seine zentrale Lage inmitten der City läßt ein weiteres Wachstum nicht mehr zu, was vor allem auf seine nur eine Start- und Landebahn zutrifft, jene berühmt-berüchtigte 3.333 (!) Fuß lange Runway 13, die nur Piloten mit mindestens zehn Jahren Flugerfahrung ansteuern dürfen. Aus Platzmangel in das Hafenbecken hinausgebaut, entstand sie unter anderem auf dem Abbruchmaterial der einst Kowloon Walled City umgebenden Mauer.

Kowloon Walled City, jahrzehntelang ein Krebsgeschwür im Herzen der Stadt, in dem Gesetzlosigkeit und Willkür herrschten, gibt es nicht mehr. Lange wurde um dieses exterritoriale Fleckchen gerungen, das ursprünglich, d.h. bei der Hinzupachtung der New Territories, noch am Wasser lag und den Chinesen als Anlaufstelle für ihre Schiffe von britischer Seite überlassen worden war, und somit offiziell chinesisches Territorium ist.

Doch schon bald kümmerten sich die Chinesen nicht mehr darum, durch Landaufschüttungen wanderte das Fleckchen Erde landeinwärts, heute liegt es gut einen Kilometer vom Wasser entfernt. Da die Briten keinen rechtlichen Zugriff darauf hatten, siedelten sich hinter der Mauer dieses Kuriosums bald die ersten zwielichtigen Gestalten an, und allmählich wurde die Enklave Fluchtburg vieler dunkler Elemente Hong Kongs. Von hier aus zogen Triaden ihre Fäden, Prostitution, Rauschgift und illegales Glücksspiel verwandelten den ohne irgend welche baulichen Genehmigungen nach und nach hochgezogenen Gebäudekomplex von 2,8 ha in einen Sündenpfuhl.

Damit die Hong Konger Polizei sich hier nicht sehen ließ, zahlten die Triaden täglich HK$ 60.000 an diese, und so dauerte es bis Ende der 70er, Anfang der 80er Jahre, ehe man von Regierungsseite aus beschloß, ernsthaft etwas gegen diesen Schandfleck zu unternehmen. Da dies aufgrund des Besitzstatus' nicht so einfach war, drängte man im Rahmen der chinesisch-britischen Verhandlungen über die Zukunft Hong Kongs darauf, daß auch dieses Problem gelöst würde – und es wurde.

Die 'Finsternis', so die Übersetzung der chinesischen Bezeichnung 'Hak Nam', mußte einer öffentlichen Parkanlage weichen, die 32.319 Bewohner des Wohnblockes und ihre 1.050 Geschäfte und Betriebe wurden umquartiert und erhielten Entschädigungszahlungen. Widerstand bis zuletzt leisteten die hier ansässigen rund 200 Zahnärzte, die anderswo nicht arbeiten dürfen, da es ihnen an der notwendigen Lizenz fehlt, und manch einer von ihnen ist ein führender Kopf einer Triade.

Kowloon City ist aber nicht nur ein sehr geschichtsträchtiger Stadtteil, hier läßt sich auch recht gut einkaufen, wenn man nicht gerade auf Haute Couture aus ist. Wer einen guten Rundblick über die Stadt haben will und die einschwebenden Jets zum Greifen nahe haben will, der möge in den nahegelegenen **Kowloon Tsai Park** gehen oder im **Lok Fu Park** den Berg ganz nach oben steigen.

4.2.8 Wong Tai Sin

Knapp 1,5 km nördlich des Flughafens liegt der Stadtteil Wong Tai Sin mit dem Tempel gleichen Namens. Der **Wong Tai Sin-Tempel** trägt den Namen des populärsten taoistischen Gottes in Hong Kong, dem der Legende zufolge bereits als fünfzehnjähriger Hirte von einem der Acht Unsterblichen beigebracht wurde, wie man Zinnober in ein gegen alle Krankheiten wirksames Heilmittel verwandelt. Die nächsten 40 Jahre soll er in der Einsamkeit verbracht haben, ehe ihn sein Bruder wiederfand, der ihn angeblich all die Jahr über gesucht habe, und die ihm anvertrauten Schafe.

Der gegenwärtige Tempel wurde 1973 eröffnet, das Bild Wong Tai Sins, das sich im Haupttempel befindet, wurde bereits 1915 von einem Mann und seinem Sohn aus der Provinz Guangdong nach Hong Kong gebracht und in einem kleinen Tempel in Wan Chai aufgestellt, von wo es 1921 hierher gebracht wurde. Bis 1956 war der Tempel privat, wurde dann der Öffentlichkeit zugänglich gemacht, deren Spendengelder derart reichlich flossen, daß man in den 70er Jahren den heutigen Komplex beginnen konnte.

Die Anlage des größten Hong Konger Tempels ist ein gutes Beispiel chinesischer Tempelbaukunst, insbesondere die Haupthalle mit ihren roten Säulen, ihrem goldfarbenen Doppeldach, den türkisblauen Friesen, dem gelben Gitterwerk und vielfarbigen Schnitzereien, steht in wahrhaft krassem Gegensatz zu den Wohnblöcken ringsum. Die als Dachschmuck auf den Firsten sitzenden Tierskulpturen haben Tradition: Sie erinnern an den legendenhaften Sieg über einen verhaßten Prinzen im Jahre 183 v.Chr., den man nach seiner Gefangennahme auf ein Dach band, bis er vor Hitze starb.

Um das Volk an den Sieg über den bösen Prinzen zu erinnern, formte man Bilder von ihm, wie er auf einem Huhn ritt, und befestigte sie oben auf dem Dachfirst der Häuser. Um die Flucht des Prinzen zu verhindern, fügte man später die Bilder eines Drachen, eines Löwen, eines Einhorns und eines Himmelspferdes hinzu.

Der Tempel ist stets voller Leute, durch die Massen kaum noch hindurchzukommen ist jedoch um das Chinesische Neujahr herum und am Geburtstag des Gottes, am 23. Tag des 8. Mondmonats; gute Besuchstage sind aber auch der 1. und 15. Tag eines jeden Monats, und all jene Tage, an denen Pferderennen stattfinden, denn Wong Tai Sin ist für seine guten Renntips bekannt. Die Anlage umfaßt noch einen chinesischen Garten, eine Gedenkhalle für Konfuzius und eine für Buddha, eine Bücherei und anderes, so z.B. auch eine kleine Klinik, in der man sich nach chinesischer und westlicher Methode behandeln lassen kann.

Aus den Wasserhähnen nahebei sprudelt Heilwasser, an dem sich viele laben. Besonders interessant sind hier die vielen Weissager, die einem die Antworten Wong Tai Sins deuten, einem aus Händen oder Gesicht lesen.

Wong Tai Sin-Tempel, Lung Cheung Rd, Wong Tai Sin; geöffnet tägl. 7.00-17.00 h; Eintritt frei, doch sollte man am Eingang eine Kleinigkeit in den Opferstock werfen. Man erreicht ihn mit der MTR, Station Wong Tai Sin, dort immer den Hinweisschildern nach. Die HKTA hält ein kostenloses Faltblättchen über den Tempel bereit.

4.2.9 Sau Mau Ping

Am äußersten östlichen Rand New Kowloons liegt der Stadtteil Sau Mau Ping, eine ziemlich unansehliche Ansammlung von Wohnsiedlungen, um die Fremde meist einen weiten Bogen zu machen pflegen.

Doch einmal im Jahr, am 16. Tag des 8. Mondmonats, lohnt es sich auf jeden Fall, hierher zu kommen. Denn dann feiert der Affengott seinen Geburtstag, und dies mit einem Spektakel, das seinesgleichen sucht.

Geburtstag des Affengottes (16. Tag des 8. Mondmonats), Sau Ming Rd, Sau Mau Ping. Man erreicht den Tempel mit Bus Nr. 1A ab der Star Ferry; er liegt gleich schräg links gegenüber der Busstation. (S.a. Kapitel 3.1 "Feiertage und Feste".)

4.2.10 Yau Tong

Ganz im Südosten New Kowloons liegt Yau Tong, ein Industrie- und Wohngebiet ohne Reize, und doch kommen viele hierher, denn nur wenige Minuten zu Fuß sind es von hier bis **Lei Yue Mun**.

Dieser Name steht für frischeste Meeresfrüchte und ausgezeichnete Restaurants, in denen man den selbst in einem der Läden ausgesuchten Fisch oder die gewählten Schalen- und Krustentiere nach eigenem Belieben zubereiten lassen kann. Diese Art, die Früchte des Meeres zu genießen, erfreut sich besonders bei den Einheimischen großer Beliebtheit, doch auch nicht wenige Ausländer kommen hierher, meist allerdings im Rahmen von ausgeschriebenen Touren. Kommt man allein, wird man jedoch in aller Regel weit besser bedient, mit weniger Hektik und mehr Lokalkolorit.

Leider nimmt sich kaum jemand die Zeit, das Dorf selbst zu erkunden, was man am besten als erstes tut. Verlaufen kann man sich nicht, es gibt nur einen Weg durch die Ansammlung aus Fischläden und Restaurants, bis man am Ende

Lei Yue Mun,
bekannt für seine zahlreichen Meeresfrüchte-Restaurants

auf einen kleinen Platz kommt, bei dem man die Schalen der im Ort verzehrten Tiere, zerbrochenes Porzellan und Glas in die Bucht kippt. Wer festes Schuhwerk trägt, sollte auf einen der Felsen am Küstensaum klettern, um die startenden Jets richtig ins Visier zu bekommen. Wenn wieder einmal einer dieser künstlichen Riesenvögel über dem Dorf langsam an Höhe gewinnt, muß man um die Standfestigkeit der Behausungen fürchten.

Von den erstaunten Blicken sollte man sich nicht abschrekken lassen und ruhig seinen Weg fortsetzen, bis man ganz am Dorfende zu einem kleinen **Tin Hau-Tempel** gelangt, neben dem zwei alte Kanonenrohre vor einem Felsen aufgebockt sind. Das Mahnmal erinnert an die von Lei Yue Mun aus gestartete Invasion der Japaner hinüber nach Hong Kong Island. Wer will, kann noch weiter gehen, die kleine Halbinsel umrunden, festes Schuhwerk ist dann allerdings unerläßlich. Noch lange nach der Hinzupachtung der New Territories war Lei Yue Mun ein berüchtigtes Schmugglernest, nur zu Fuß oder von See aus zu erreichen. Und einen Hauch von Nostalgie und Andersartigkeit hat es sich bis heute bewahrt, nur die darüber hinwegdonnernden Flugzeuge erinnern einen daran, daß nebenan eine der quirligsten Metropolen der Welt brodelt.

☞ *Lei Yue Mun*, Yau Tong. Zu erreichen mit der MTR bis Station Kwun Tong, vom Busbahnhof auf dem Yue Man Square mit Bus Nr. 14C bis zur Endhaltestelle Sam Ka Tsuen; zu Fuß von dort rund um den Taifunschutzhafen gehen. Von Hong Kong Island aus kann man auch per Fähre ab Sai Wan Ho Ferry Pier nach Sam Ka Tsuen gelangen. Die Fähren fahren ungefähr alle 25-30 Minuten.

4.3 New Territories

Rund 90% des Gesamtterritoriums Hong Kongs gehören zu den New Territories, die von den meisten Touristen sträflich vernachlässigt werden. Zwar fahren manche hinaus nach Lantau Island, einer der 235 Inseln, die dazu gehören, oder nach Cheung Chau, manch einer schafft es auch bis Sha Tin oder Kam Tin, für mehr nimmt sich hingegen kaum einer Zeit.

Dabei findet man gerade hier Distanz zu dem Trubel der City, kann auf vielen interessanten Pfaden Altem und Neuem nachspüren oder ganz einfach die Natur genießen, und zu alledem gibt es noch eine ganze Reihe hochinteressanter Dinge zu sehen, die selbst viele Einheimische nicht einmal kennen.

Die New Territories gleichen einem Flickenteppich, zusammengesetzt aus traditionell chinesischem Dorfleben und ultramodernen Satellitenstädten, Entenfarmen und Country Parks, pulsierenden Märkten und verschlafenen Dörfchen, sich endlos dahinschlängelnden Trampelpfaden und vielspurigen Autobahnen.

Im folgenden werden die wichtigsten Orte auf dem Festland weitestgehend dem Uhrzeigersinn folgend vorgestellt, beginnend mit Tsuen Wan, endend mit der Joss House Bay, im Anschluß daran die wichtigsten Inseln, ohne Anspruch auf Vollständigkeit, denn dies würde den Rahmen sprengen. Wer noch mehr entdecken möchte, findet Hinweise dazu im Literaturverzeichnis.

4.3.1 Tsuen Wan

Im Nordwesten Kowloons liegt Tsuen Wan, die 'seichte Bucht', wie der Name dieser New Town (einer von acht) übersetzt lautet. Als die Briten die New Territories pachteten, bestand dieser Name zu Recht, denn damals lebten nur rund 3.000 Menschen in ein paar kleinen Siedlungen um einen Marktflecken herum verstreut dort, wo heute schon mehr als 720.000 Menschen zu Hause sind.

Einzige 'Industrie' waren damals lediglich 24 Fabriken, die Pulver für Räucherstäbchen herstellten, in unseren Tagen schaffen vor allem der dazugehörige **Containerhafen** in Kwai Chung und die sich rasch entwickelnde Industriezone auf der vorgelagerten Insel **Tsing Yi** für das Einkommen der hier Lebenden. Doch steigt man am Stadtrand nur wenige Meter bergan, stößt man noch immer auf traditionelle Lebensformen der Hakka.

• Chuk Lam Sim Yuen

Das *'Bambuskloster'* ist eines von Hong Kongs interessantesten buddhistischen Klö-

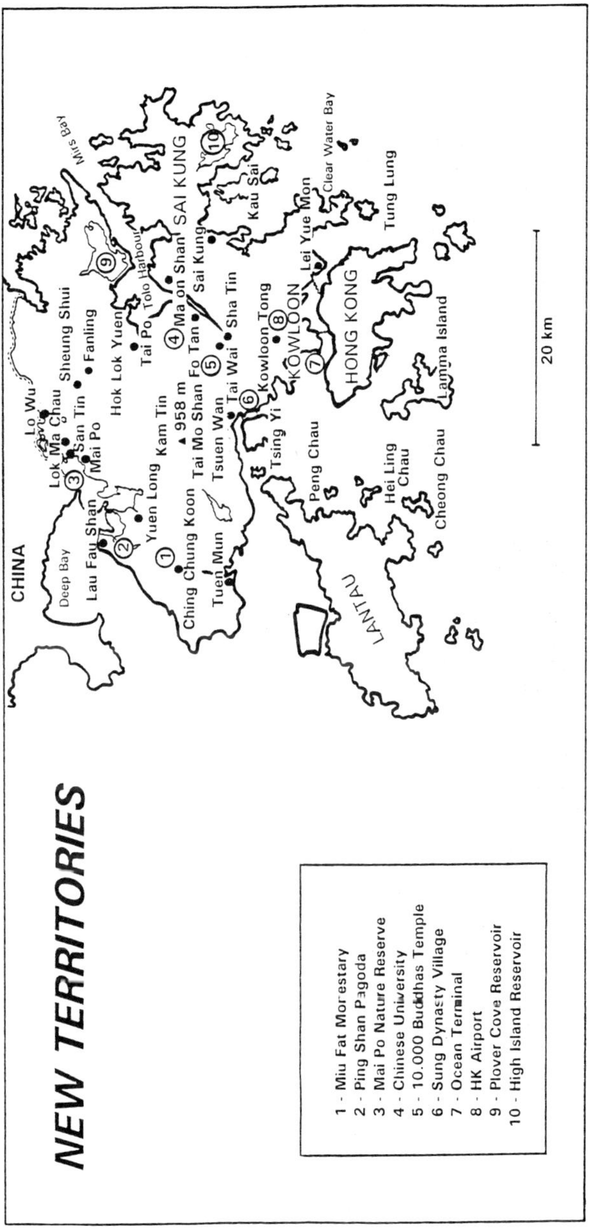
NEW TERRITORIES
CHINA
Deep Bay
Lau Fau Shan
Lok Ma Chau
Lo Wu
San Tin
Mai Po
Sheung Shui
Fanling
Yuen Long
Kam Tin
Hok Lok Yuen
Tai Po
Tolo Harbour
Mirs Bay
Ma on Shan
SAI KUNG
Sai Kung
Kau Sai
Clear Water Bay
Tung Lung
Ching Chung Koon
Tai Mo Shan
958 m
Tuen Mun
Tsuen Wan
Fo Tan
Tai Wai
Sha Tin
Kowloon Tong
Tsing Yi
KOWLOON
Lei Yue Mon
HONG KONG
Peng Chau
Hei Ling Chau
Lamma Island
Cheong Chau
LANTAU
20 km
1 - Miu Fat Monestary
2 - Ping Shan Pagoda
3 - Mai Po Nature Reserve
4 - Chinese University
5 - 10.000 Buddhas Temple
6 - Sung Dynasty Village
7 - Ocean Terminal
8 - HK Airport
9 - Plover Cove Reservoir
10 - High Island Reservoir

stern. 1927 gegründet, beherbergt es drei der größten Buddhastatuen im Territorium. Aufgrund seiner Lage abseits der großen Straßen liegt das Kloster meist ziemlich verlassen da, ein guter Ort für Minuten der Besinnung.

Chuk Lam Sim Yuen, Fu Yung Shan Rd. Zu erreichen mit der MTR bis Tsuen Wan, dann mit Maxicab Nr. 85 ab der Shiu Wo St (zwei Blocks südlich der MTR-Station); oder zu Fuß ab der MTR-Station (Ausgang A) die Sai Lau Kok Rd westwärts und nach der Einmündung in die Mei Wan St rechts die Fußgängerbrücke über die Gleise, bei der ersten Abzweigung rechts, an der Hauptstraße geradeaus weiter bis zum Hinweisschild 'Muk Min Ha', da links immer der Vorfahrtsstraße nach; Dauer etwa 20 Minuten.

• Yuen Yuen Institute

Im Vorort Lo Wai Village findet man das Yuen Yuen Institute, einen großen **Tempelkomplex**, der den drei wichtigsten in Hong Kong praktizierten Religionen gleichermaßen geweiht ist – Buddhismus, Taoismus und Konfuzianismus.

In der großen Halle rechts finden fast täglich Totenlesungen und Bestattungszeremonien statt, im angeschlossenen Restaurant wird vegetarische Kost für jedermann angeboten.

Im Mittelpunkt der Anlage steht jedoch ein dreistöckiger Pagodenrundbau, der dem Himmelstempel in Beijing nachempfunden ist. In seinem Untergeschoß findet man neben einer Statue für *Kwun Yum*, der Göttin der Barmherzigkeit, die das Rund des Baues füllenden 60 *Tai Suis* (Jahresgötter). Im Obergeschoß stößt man auf drei schwarze Buddhafiguren, die im eigenartigen Kontrast zu dem Bunt ringsum stehen.

Yuen Yuen Institute, Lo Wai Rd. Zu erreichen mit der MTR bis Tsuen Wan, ab der Shiu Wo St (zwei Blocks südlich der Station) anschließend mit Maxicab Nr. 81.

Das Yuen Yuen Institute in Tsuen Wan

● Sam Tung Uk Museum

Das Museum ist ein originales 200 m² großes **Hakka-Mauerdorf** (*Walled Village*) aus dem Jahre 1786, erbaut vom Chan-Clan, dessen Vorfahren über Fujian und Guangdong hierher kamen. Die vier separaten Häuser in der Mitte sind an drei Seiten von acht weiteren Wohneinheiten und einer Ahnenhalle hermetisch nach außen abgeschlossen, die Eingangsseite wird durch Gemeinschaftsräume abgeschlossen.

Die einzelnen Räume sind mit Originalmöbeln und -geräten eingerichtet, unter anderem auch mit solchen, die für Feste, Rituale und das Kunsthandwerk benötigt wurden. Sonderausstellngen ergänzen periodisch die Dauerausstellung.

Sam Tung Uk Museum, Kwu Uk Lane, Tel. 4112001; geöffnet Mi-Mo 9.00-16.00 h. Zu erreichen mit der MTR bis Tsuen Wan, dann den Hinweisschildern nach die Sai Lau Kok Rd ostwärts bis zur ersten Kreuzung links.

● Hoi Pa Village House

Hierbei handelt es sich um ein altes **Hakka-Dorfhaus**, das von dem hier lebenden Lehrer Yau Yuan-cheung (1865-1937) 1904 erbaut wurde. Yau war, nachdem er die kaiserlichen Examina in Beijing mehrmals nicht bestanden hatte, für zehn Jahre nach Jamaica gegangen und hatte sich anschließend in Tsuen Wan niedergelassen, wo er als geachteter Mann, der sich um die Belange der hiesigen Menschen kümmerte, wohnte.

Hoi Pa Village House, zwischen Tsuen Wan Market St und Tak Wam St. Da das Haus noch bewohnt ist, steht es nicht für den Publikumsverkehr offen. Zu erreichen: Bis Tsuen Wan mit der MTR, dann die Tai Ho Rd südlich bis zur Tsuen Wan Market St, in die man links einbiegt.

4.3.2 Tai Mo Shan

Wer den **958 m** hohen **Tai Mo Shan** erklimmen möchte, sollte sich dazu am besten einen klaren Tag aussuchen, um das einzigartige Panorama von Hong Kongs **höchstem Berg** aus auch voll auskosten zu können, denn sein Name verrät schon, was einem ansonsten widerfahren kann – seine Übersetzung nämlich lautet: 'großer nebliger Berg'.

Er liegt im **Tai Mo Shan Country Park** und ist leicht zu besteigen, wenn es auch mitunter ein wenig steil bergauf geht. Alpinistische Ausrüstung wird aber keineswegs benötigt. Vor allem in Richtung Nordwesten bieten sich herrliche Ausblikke, während am Parkeingang der **'Family Trail'** beschildert ist, der auf einem etwa 30-minütigen Rundgang ebenfalls Staunenswertes bereithält.

Tai Mo Shan – Zu erreichen mit der MTR bis Tsuen Wan, von dort aus weiter mit Bus Nr. 51 auf dem Dach der Station; auf der Paßhöhe aussteigen und dann rechts die Tai Mo Shan Rd hoch (kaum ein Auto), zuvor im Visitor Centre noch Unterlagen besorgen.

4.3.3 Tuen Mun

Die Fahrt auf der Tuen Mun Rd von Tsuen Wan nach Tuen Mun, das im Westen der New Territories liegt, zählt zu den schönsten im gesamten Territorium, mit herrlichen Ausblikken auf die Küste und die vorgelagerten Inseln. Nach etwa Dreiviertel der Strecke kommt man an der **größten Meerwasserentsalzungsanlage der Welt** vorbei, die man links unten am Ufer liegen sieht. Tuen Mun ist, wie man beim Näherkommen unschwer erkennt, ebenfalls eine jener seit den 70er Jahren aus dem Boden gestampften New Towns, die die New Territories in einem weiten Ring umspannen. Von den geplanten 500.000 Menschen leben bereits knapp 400.000 hier, zumeist in Wohnsiedlungen der *Housing Authority*. Das 'Kanaltor' war einst ein kaiserlicher Außenposten, der die östliche Zufahrt zur Deep Bay und zum Perlfluß überwachte und schon Jahrhunderte ehe die Briten hier Fuß faßten von den Portugiesen besetzt worden war. Interessanter wird die Stadt vielleicht eines Tages dadurch, daß hier Hong Kongs größtes **Einkaufszentrum** entsteht, die **Tuen Mun Town Plaza** (LRT-Station Town Centre).

• Ching Chung Koon-Tempel

Umgeben von einem Gespinst von Schnellstraßen und versunken zwischen den Blöcken der Wohnsiedlungen liegt der 1949 errichtete **Ching Chung Koon-Tempel**, der *'grüne Pinien-Tempel'*, denn die immergrüne Pinie gilt als Symbol für ewig-währendes Leben. Der taoistische Tempel ist *Lu Sun Young*, einem der Acht Unsterblichen – der die Erde von vielen Übeln befreit hat – und zwei seiner Schüler gewidmet.

Ehrentor des Ching Chung Koon-Tempels in Tuen Mun

Die prächtige Anlage ist für ihre vielen Kunstschätze bekannt: unter anderem über 200 Jahre alte Lampions, die dereinst im Kaiserpalast in Beijing hingen, ein über 1.000 Jahre altes Jadesiegel und zwei Statuen aus weißem Stein zu beiden Seiten des Hauptaltars, die vor gut 300 Jahren in Beijing hergestellt wurden.

Viele kommen hierher, um in der über 4.000 Bände umfassenden Bibliothek über die Geschichte Chinas und des Taoismus nachzuschlagen. Im Garten ist die Bonsai-Sammlung zu bewundern. Angeschlossen ist ein Altenheim, außerdem kann man hier vegetarische Kost genießen. Der Tempel zählt zu den **schönsten im Territorium** und sollte **unbedingt besucht** werden.

Ching Chung Koon Temple, Tsing Lun Rd. Zu erreichen entweder mit der MTR bis Tsuen Wan, ab der Station dann weiter mit Bus Nr. 66M bis zur Endhaltestelle, von dort aus entlang der Tsun Wen Rd bis zur Fußgängerbrücke, dann rechts; etwa 10 Minuten zu Fuß. Oder ab dem Blake Pier in Central mit der Hoverferry bis zum Tuen Mun Ferry Pier, von dort aus mit der LRT (Linie 610) bis Station Shek Pai, dort umsteigen in Linie 505 bis Station Ching Chung.

• Tsing Shan Monastery

Der Legende nach ist das *'Grüner Berg Kloster'* oder *Castle Peak Kloster* das älteste auf dem Territorium Hong Kongs und soll bereits vor 1.500 Jahren entstanden sein, gegründet von dem chinesischen Wandermönch Bei Du, der sich hier auch niederließ. Seither wurde es abwechselnd von Buddhisten und Taoisten genutzt.

Die Anlage wurde im Laufe der Zeit mehrmals zerstört, die heutige stammt aus dem Jahre 1918. Als Sehenswürdigkeiten hat sie mehrere hundert Jahre alte Statuetten, einen fossilen Knochen, der angeblich von einem Drachen stammt, und eine Steinstatue zu bieten, die den Gründervater darstellen und im Jahr 964 hier aufgestellt worden sein soll.

Sie ist in einer Höhle hinter dem Kloster zu finden, nahebei eine Reproduktion einer Steininschrift, deren Original sich auf der Spitze des Berges befindet: *"Hoher Berg, erster an Bedeutung."*

Tsing Shan Monastery, zu erreichen mit der Hoverferry ab dem Blake Pier in Central bis Tuen Mun Ferry Pier, von da aus mit der LRT (Linie 506 oder 610) bis Station Tsing Shan Tsuen; wenige Meter querfeldein auf die Yeung Tsing Rd, dann die Abzweigung links hoch (auf Hinweisschilder achten). Kommt man vom Ching Chung Koon-Tempel, kann man von dort aus LRT-Linie 505 bis Shek Pai nehmen und dann umsteigen in Linie 610 bis Tsing Shan Tsuen.

• Hung Lau

Das **'Rote Haus'** wurde vermutlich zwischen 1885 und 1890 erbaut und war Bestandteil der *Castle Peak Farm*. Es gehörte Li Kei-tong, einem Gefolgsmann Dr. Sun Yat-sens, und gilt als geheimer Versammlungsort chinesischer Revolutionäre. Angeblich soll **Dr. Sun Yat-sen** während seines Studienaufenthaltes in Hong Kong (Abschluß 1892) in diesem Haus gewohnt haben.

Hung Lau; zu erreichen mit der Hoverferry ab dem Blake Pier in Central bis zum Tuen Mun Ferry Pier, von dort mit der LRT-Linie 506 oder 610 bis Station Butterfly, ein kurzes Stück die Lung Mun Rd zurück (unter der Fußgängerüberführung hindurch), erste Straße rechts; das Haus liegt hinter einem kleinen Teich.

• Castle Peak

Unweit Tuen Mun erhebt sich der **583 m** hohe **Castle Peak**, von dem aus man einen schönen Panoramablick hat und der ohne große Mühe zu besteigen ist.

Castle Peak; entweder steigt man vom *Tsing Shan Kloster* (s.o.) weiter bergaufwärts, oder aber man folgt dem nordwärts bergauf führenden Pfad ab Shek Kok Tsui, wohin man nach einem etwa halbstündigen Marsch ab der LRT-Station Butterfly gelangt (gleiche Richtung wie nach Hung Lau, und von dort weiter westwärts).

• Miu Fat Buddhist Monastery

Ein paar Kilometer nördlich von Tuen Mun liegt dieses buddhistische Kloster, das zu den **größten Südostasiens** zählt. Die Fassade des dreistöckigen Baus wird beherrscht von zwei 20 m hohen Drachen, die sich um je eine Säule schlingen. Das Dach ist im traditionellen Tempelstil gehalten. Die Figuren und Bilder im Eingangsbereich und in den Treppenaufgängen muten leicht kitschig an, entsprechen aber genau dem chinesischen Geschmack. Im ersten Stock befindet sich ein Restaurant, im zweiten die große Andachts- und Meditationshalle, in deren Mittelpunkt drei große Buddhastatuen stehen, während die Wände ringsum bedeckt sind mit über **10.000** kleinen **Buddhafiguren**. Auf der Rückseite der drei Zentralbuddhas sind viele Ahnentäfelchen zu sehen, zudem *Kwun Yum* mit sieben Köpfen und zahlreichen Armen, ein Hinweis darauf, daß sie die chinesische Variante des Bodhisattvas Avalokiteshvara ist. Die Decke ist bedeckt mit in chinesischem Stil ausgeführten Bildern aus dem Thai-Epos Ramayana, ein weiterer Hinweis darauf, wie der chinesische Buddhismus es verstanden hat, die aus Indien und den Nachbarregionen kommende Lehre den eigenen Vorstellungen gemäß umzuformen, sie mit im Lande gewachsenem religiösem Gedankengut, z.B. dem Taosismus und Konfuzianismus, zu verschmelzen.

Miu Fat Buddhist Monastery, Castle Peak Rd, Lam Tei; zu erreichen ab Tuen Mun mit der LRT in Richtung Yuen Long (Linie 610, 612 oder 614) bis Station Lam Tei, dort gelangt man via Fußgängerbrücke auf die andere Seite der Castle Peak Rd, der man nach links folgt, bis nach etwa fünf Minuten das Kloster rechter Hand auftaucht (das Kloster ist bereits von der LRT-Station aus zu sehen).

4.3.4 Lau Fau Shan

Dieser kleine Küstenort an der Deep Bay (Hau Hoi Wan) ist vor allem an Wochenenden stark frequentiert, denn dann fallen die Einheimischen in die hiesigen **Restaurants** ein, die für ihre exzellenten **Meeresfrüchte** bekannt sind.

Wovon Lau Fau Shan lebt, ist unschwer erkennbar, wenn man erst einmal an der Küste angelangt ist, wo mehr als 3.000 ha Küstenlinie zur Aufzucht von Austern genutzt werden, deren Schalen quadratkilometerweise die Bucht füllen. Vor dem Verzehr der einheimischen Austern wird allerdings immer wieder gewarnt, da es regelmäßig zu Fällen von Austernvergiftung (Hepatitis) kommt. Rings um den Ort kann man einen Eindruck vom ländlichen Leben bekommen, zahlreiche Fisch- und Ententeiche bieten reizvolle Fotomotive.

Lau Fau Shan; zu erreichen von Tuen Mun aus mit LRT-Linie 610, 612 oder 614 bis Station Ping Shan, bei der man sich nach rechts in die Ping Ha Rd wendet und bis zur Bushaltestelle geht, an der man Bus Nr. 655 nimmt, der bis Lau Fau Shan fährt.

4.3.5 Ping Shan

Nach Ping Shan verschlägt es kaum einen Touristen, aber auch die meisten Einheimischen würden einen danach fragen, was man dort eigentlich wolle. und doch stößt man hier auf zwei sehenswerte Besonderheiten, die den Weg durchaus lohnen:

• Kun Ting Study Library

Sie ist eine von drei in den New Territories erhaltenen **Studienbüchereien**, in denen sich die Clan-Söhne auf die Prüfungen für den kaiserlichen Beamtendienst vorbereiteten.

Diese Halle ist die schönste und besterhaltene und wurde 1870 erbaut, als sich der hier ansässige Tang-Clan, der bereits seit dem 13. Jhd. hier siedelte, sich im Zenit seiner Macht und seines Reichtums befand.

Vor der Fertigstellung der Halle unterrichtete man die Clan-Kinder in den Ahnenhallen. Sie erinnert an ein Mitglied der 21. Generation, Tan Kun Ting (1815-1838), und bietet neben Lehreinrichtungen auch solche für die Ahnenverehrung.

Nahebei stößt man auf eine weitere dieser Studierhallen (**Shut Hing Study Hall**), von der allerdings nur das aus dem Jahre 1874 stammende prächtige Eingangsportal erhalten geblieben ist.

Kun Ting Study Hall, Ping Ha Rd, Ping Shan; geöffnet Mi-Mo 9.00-13.00 und 14.00-17.00 h. Zu erreichen mit der LRT von Tuen Mun oder Yuen Long bis Station Hang Mei, von dort etwa 300 m die Ping Ha Rd in Richtung Ping Shan zurück; die Halle liegt am Dorfeingang links.

• Tsui Shing Lau Pagoda

Wenige hundert Meter von der Kun Ting Study Hall entfernt stößt man auf diese aus dem 14. Jhd stammende Pagode, die **einzige historische in Hong Kong**. Pagoden sind traditionellerweise buddhistische Bauwerke, wurden aber auch zur Erkundung der lokalen geomantischen Einflüsse errichtet. Nach Aussagen des Tang-Clans handelt es sich bei dieser Pagode ('Bauwerk der vielen Sterne') um ein dem *Feng Shui* zugedachtes Gebäude, das zur Abwehr böser aus dem Norden kommender Kräfte und zur Ermunterung zur Gelehrsamkeit gedacht ist. Der sechseckige Bau ist 20 m hoch und mißt zehn Meter im Durchmesser. Ursprünglich bestand er aus sieben Stockwerken, von denen vier vermutlich bei Taifunen zerstört wurden und auf Anraten eines *Feng Shui*-Meisters auch nicht wieder aufgebaut wurden, so daß der heutige Bau noch aus drei Etagen besteht.

Tsui Shing Lau Pagoda; zu erreichen mit der LRT ab Tuen Mun oder Yuen Long bis Station Hang Mei, von dort aus die Ping Ha Rd ein paar Meter weiter, bis zur ersten Abzweigung rechts; die Straße mündet in einen ungeteerten Pfad; die Pagode liegt hinter einem Teich.

4.3.6 Yuen Long

Die 135.000 Einwohner zählende New Town im Nordwesten der New Territories hat außer ein paar kleineren Tempeln für verschiedene Götter kaum etwas Sehenswertes zu bieten. Neues Wahrzeichen der Stadt ist seit 1991 die 30 m hohe **Pagode im Yuen Long Town Park**. Nur an Tin Haus Geburtstag ist richtig was los in der Stadt, denn nirgendwo sonst feiert man die Göttin des Meeres mehr als hier, was daran erinnert, daß Yuen Long seit jeher Umschlagsplatz für die in den nahen Gewässern gefangenen Schätze des Meeres ist, aber auch wichtiger Handelsplatz für das in der Umgebung angebaute Gemüse, die hier gezüchteten Enten und anderes Geflügel. Die Stadt ist aber ein guter Ausgangspunkt für Exkursionen zu entlegeneren Orten im Umkreis, z.B. Ping Shan, Kam Tin usw. ...

Yuen Long; zu erreichen entweder mit der Hoverferry ab dem Blake Pier in Central bis Tuen Mun, von dort aus weiter mit LRT-Linie 610 oder 614; oder mit der MTR bis Tsuen Wan und von dort aus mit Bus Nr. 68M bis Yuen Long; oder vom Jorden Rd Ferry Pier in Yau Ma Tei, Kowloon, mit Bus Nr. 68X.

4.3.7 Kam Tin

Fälschlicherweise wird oft angenommen, bei Kam Tin handle es sich um eine Ortschaft, in Wahrheit ist dies der Name eines kleinen **Tales**, in dem noch einige der alten **befestigten Dörfer** (*Walled Villages*) zu sehen sind, wie sie von den Clans während der Ming- und Qing-Dynastie errichtet wurden, und zwar zum Schutze gegen kriegerisch gesonnene

Nachbarn, Piraten, Banditen und Wildtiere. Zwei dieser Dörfer mögen hier erwähnt sein, ersteres, weil es leicht zugänglich ist und einige Besonderheiten aufweist, das andere, weil es aufgrund seiner etwas abseitigen Lage touristisch unverdorbener und auch größer ist.

● Kat Hing Wai

Gleich neben der Hauptstraße liegt dieses im späten 17. Jhd von den **Tang** erbaute Dorf, das von einem mit Wasserlilien gefüllten Schutzgraben, einer sechs Meter hohen Mauer und je einem Wachturm mit Schießscharten an jeder der vier Mauerecken umgeben ist. Betreten kann man das Dorf nur durch eine schmale Pforte, davor lauern ein paar alte Frauen in ihrer traditionellen Tracht mit den breiten, von einem schwarzen Band gesäumten Hüten auf den Sich-Nähernden, dem sie sich als Fotomodell zur Verfügung stellen, allerdings nur gegen bare Münze. Mehr als HK$ 5 für zwei oder drei Aufnahmen sollten es aber nicht sein – und auch die erst hinterher bezahlen.

Beim Betreten des Dorfes wirft man ein paar Dollars in die beim Eingang in die Mauer eingelassene Spendenbox. Die 'Hauptstraße' ist gerade einmal 2 m breit, gesäumt von Souvenirläden, von ihr zweigen einige Seitensträßchen ab. Insgesamt ist das Dorf symmetrisch angelegt, und zwar unterteilt in sechs Reihen à zehn Häuser. Am anderen Ende des Hauptweges befindet sich der Dorftempel und die Ahnenhalle.

● Shui Tau

Dieses etwa 1 km abseits der Hauptstraße befindliche Dorf besuchen nur wenige Touristen, was der Atmosphäre zugute kommt. Berühmt ist das aus dem 17. Jhd stammende **Tang-Dorf** wegen seiner geschnitzten Dächer: Schiffsbugs, dekoriert mit Steinfischen und -drachen. Im Dorfinneren winzige Häuser, die die **Ahnenhalle** umstehen, in der aus Mangel an entsprechenden Lehreinrichtungen vormittags Unterricht stattfindet. Die Steinfische auf dem Dach der Eingangshalle symbolisieren Mann und Frau und gelten als Glücksbringer, die auf die Türen gemalten Soldaten bewachen den Eingang. Am Altar in der inneren Halle und an den Wänden sind die Namen der Clan-Ahnen festgehalten. Fast alle Dorfbewohner tragen den Namen Tang, genau wie in Kai Hing Wai. Der *Tin Hau-Tempel* außerhalb des Dorfes wurde 1722 erbaut, seine gewaltige Glocke wiegt 106 kg.

Kam Tin; zu erreichen entweder mit der MTR bis Tsuen Wan und von dort aus weiter mit Bus Nr. 51 (Bushaltestelle auf der Station) – landschaftlich sehr schöne Fahrt; oder mit Bus Nr. 64K ab Yuen Long und Tai Po, oder mit Bus Nr. 77K ab Yuen Long und Sheung Shui. Wer **Kat Hing Wai** besuchen will, steigt in der Ortsmitte von Kam Tin aus, wer nach **Shui Tau** möchte, außerhalb des Ortes (Richtung Yuen Long), von da aus dann weiter entlang der nach Norden abzweigenden Straße.

4.3.8 Mai Po Marshes

Hierher sollte man nicht nur kommen, wenn man an Vögeln interessiert ist, die es vor allem im **Bird Sanctuary** zu beobachten gibt. Dafür braucht man allerdings – will man sich keiner organisierten Tour anschließen – eine Sondererlaubnis, erhältlich bei: *Agriculture and Fisheries Department* (12th Floor, 393 Canton Rd, Tsim Sha Tsui, Kowloon, Tel. 7332132). Wer selbst vorbeigeht, bekommt diese innerhalb weniger Stunden, sie kann aber auch im voraus beantragt werden. Aber auch jedem anderen Naturliebhaber bietet der Marsch durch die Enten- und Fischteiche, vorbei an den kleinen Farmen und einzelnen Wohnhäusern eine Abwechslung. Mehr als **250 Vogelarten** wurden hier schon gezählt, die Masse davon sind Zugvögel, die hier nur Zwischenstation auf ihren Wanderungen machen, daher ist die beste Zeit für einen Besuch das Frühjahr und der Herbst.

Mai Po Marshes; zu erreichen mit Bus Nr. 76K ab Yuen Long oder Sheung Shui; in Mai Po steigt man aus und hält sich dann westwärts.

4.3.9 San Tin

Fast an der Grenze zur VR China liegt das Dorf San Tin, an dem die Zeit weitestgehend spurlos vorübergegangen ist. Die engen Straßen und Gassen, in denen man sich zwischen aufgehängter Wäsche und umhertollenden Kindern und Hunden vorwärts kämpfen muß, lassen sofort die Enge der Dorfgemeinschaft verspüren, mit all ihren Schatten- und Sonnenseiten. Fremde sind hier ein seltener Anblick, über das Gekicher der Kleinen und das Staunen der Alten darf man sich daher nicht wundern. Der Ort ist das Zuhause des letzten der fünf nach Hong Kong eingewanderten Clans, nämlich der vor fünf Jahrhunderten hierher gekommenen **Man**.

• Tai Fu Tai

Das *'Haus einer bedeutenden Person'* wurde 1865 von einem älteren Clan-Mitglied der Man erbaut, der bei den Prüfungen für die kaiserlichen Zivilbeamten das beste Ergebnis erreicht hatte. Eine Ziegelmauer umschließt die Anlage, bestehend aus einem großen Vorhof, dem Wohngebäude in der Mitte und einem Garten mit Lycheebäumen dahinter.

Das Gebäude ist ein feines Beispiel für die **Bauweise der chinesischen Gelehrtenklasse** und zählt zu den elegantesten Gebäuden im Territorium. Aus grauen Ziegeln und Granitblöcken errichtet, verziert mit farbenfrohen Terrakottafiguren innen und außen, Holzschnitzereien und weiteren Handwerksarbeiten. Anders als sonst üblich, weist das Haus keinen symmetrischen Grundriß auf, möglicherweise Folge eines späteren Umbaus. Unter dem Dachvorsprung der

Tai Fu Tai in San Tin

Haupthalle sieht man zwei aus dem Jahre 1875 stammende Tafeln, auf denen der Qing-Kaiser Guangxu den Eltern und Großeltern des Erbauers seine Referenz erweist. Diese Tafeln, beide mit chinesischen und Manchu-Schriftzeichen beschrieben, sind die einzigen ihrer Art in Hong Kong.

Tai Fu Tai, Wing Ping Tsuen, San Tin; geöffnet Mi-Mo 9.00-13.00 und 14.00-17.00 h.

Man Lun-fung Ancestral Hall

Diese **Ahnengedenkhalle** ist nur eine von fünf in San Tin, jedoch die größte und sehenswerteste. Sie wurde im Angedenken an ein Clan-Mitglied der achten Man-Generation in Hong Kong errichtet, vermutlich gegen Ende des 17. Jhds. Bis heute dient der Bau seinen ursprünglichen Funktionen, der Ahnenverehrung, Veranstaltung von Festen und Zeremonien und als Versammlungsplatz der Dorfältesten. Als Baumaterial für den aus drei Hallen und zwei Innenhöfen bestehende Bau wurden Granit und Ziegel verwendet, wobei besonders die mächtigen Steinsäulen beeindrucken, die mit verzierten Kragsteinen abschließen.

Man Lun-fung Ancestral Hall, Fan Tin Tsuen, San Tin; zu erreichen mit Bus 76K ab Yuen Long und Sheung Shui oder mit Public Light Bus Nr. 17 ab Yuen Long und Sheung Shui. Bei der Tankstelle in Sha Tin aussteigen und ein Stück die *Old Castle Peak Rd* in Richtung Sheung Shui gehen, bis man links das Postamt liegen sieht; hier links in die *Wing Ping Tsuen St* einbiegen und immer dieser Straße folgen; bis zum *Tai Fu Tai* sind es etwa noch drei Minuten zu Fuß; um zur Ahnengedenkhalle zu kommen, nimmt man sich im *Tai Fu Tai* eine der ausliegenden kostenlosen Broschüren mit, die einen Ortsplan enthält und in der der Weg eingezeichnet ist – die Broschüre gibt es auch beim: *Antiquities and Monuments Office*, Recreation and Culture Branch, 25th Floor, Shui On Centre, 6-8 Harbour Rd, Wan Chai, Hong Kong Island, Tel. 8660869.

4.3.10 Lok Ma Chau

Dieser **Aussichtspunkt** nahe der Grenze zur VR China hat zwar seit der Öffnung des Bambusvorhangs ein wenig an Bedeutung verloren, doch reizt noch immer viele der Blick hinüber in die Sonderwirtschaftszone **Shenzhen**, die unmittelbar hinter dem Grenzzaun anfängt. Reizvoller sind jedoch die mitunter farbenprächtigen Abendstimmungen über den **Mai Po Marshes**, die sich von hier oben beobachten lassen.

☞ *Lok Ma Chau*; zu erreichen mit Bus 76K ab Yuen Long oder Sheung Shui; an der Kreuzung Castle Peak Rd/Lok Ma Chau Rd aussteigen und letzterer folgen; etwa 30 Minuten Fußmarsch. Oder man nimmt sich ab Sheung Shui ein Taxi.

4.3.11 Sheung Shui

Wie alle New Towns hat auch Sheung Shui sich in den letzten Jahren stark gewandelt und ist mittlerweile mit Fanling zusammengewachsen. Der Wandel der nördlichsten Stadt Hong Kongs vom Marktflecken hin zum Industriestandort hat die alten ländlichen Gepflogenheiten jedoch nicht gänzlich verdrängen können. So sind nach wie vor drei der fünf großen Clans der New Territories, nämlich die **Hau**, **Pang** und **Liu**, eng mit Sheung Shui verbunden, was man wiederum an den Ahnengedenkhallen erkennen kann, die man im Stadtgebiet findet.

• Liu Man Shek Tong Ancestral Hall

Dies ist die **besterhaltene** und **bedeutendste** der hiesigen **Gedenkhallen**, die ziemlich versteckt in einem Vorort im Nordwesten der Stadt liegt und nicht immer geöffnet ist. Daß eine Voranmeldung für den Besuch erforderlich sei – wie oft geschrieben wird – ist allerdings nicht richtig, nur wer sicher gehen will, daß die Halle auch geöffnet ist, sollte sich vorher an die *HKTA* wenden, die im Rahmen ihrer 'Heritage Tour' ebenfalls hierher kommt.

Der *Liu-Clan*, dem diese Gedenkhalle gehört, kam im 14. Jhd aus der Provinz Fujian hierher und errichtete im Jahre 1751 dieses aus drei Hallen und zwei Innenhöfen bestehende Gebäude, vor dem sich eine kleine Gartenanlage befindet.

Beachtenswert sind vor allem die wunderbaren Holzschnitzereien und chinesischen Wandmalereien; zwei schöne Beispiele chinesischer Landschaftsmalerei findet man auch auf beiden Seiten der Schutzwand am Eingang, leider in recht schlechtem Zustand. Auf den Dachfirsten bezaubern die Figurinen aus Shiwan. Ist die Gedenkhalle auch nicht leicht zu finden, so lohnt sich der Weg aber auf jeden Fall.

☞ *Liu Man Shek Tong Ancestral Hall*; zu erreichen bis Sheung Shui ab Kowloon mit der KCR oder ab Yuen Long mit Bus Nr. 76K; ab der Station oder dem Busbahnhof (beide liegen nebeneinander) weiter mit dem Taxi (Fahrt etwa drei Minuten).

4.3.12 Fanling

Seit Jahrhunderten besiedelt, expandiert Fanling seit den 1980er Jahren zusehends und zählt mittlerweile zusammen mit seiner Nachbarstadt Sheung Shui rund 180.000 Einwohner, bis zum Ende des Jahrhunderts sollen es 250.000 sein.

Hochhaussiedlungen dominieren das Stadtbild, entsprechend wenig ist aus alter Zeit übrig geblieben.

In der Nähe liegen die **Golfplätze** des *Royal Hong Kong Golf Clubs*, auf denen Nicht-Mitglieder während der Woche zugelassen sind.

• Kun Lung Gate Tower

Ein Stück nordöstlich von Fanling befindet sich der Landkreis *Lung Yeuk Tau*, in dem man einige **befestigte Dörfer** besichtigen kann, die zum **Tang-Clan** gehören.

In einem der unbefestigten Clan-Dörfer, in **San Wai**, stößt man auf den besterhaltenen **Torturm** im Territorium, den Kun Lung Gate Tower, der 1744 errichtet wurde.

Kun Lung Gate Tower, zu erreichen bis Fanling mit der KCR; ab der Station am besten mit dem Taxi bis San Wai; wer gut zu Fuß ist, kann auch ab dem Bahnhof der Sha Tau Kok Rd folgen und zwar etwa 2,5 km, bis zur zweiten Abzweigung links nach dem Fluß, in die man einbiegt und nach etwa 200 m zu San Wai gelangt.

• Fung Ying Seen Koon-Tempel

Dieser taoistische Tempel wurde 1929 gegründet und wurde im Laufe der Zeit zu einer der wichtigsten taoistischen Kult- und Einrichtungsstätten Hong Kongs. Verehrt werden in ihm folgende Gründergestalten des Taoismus': *Tai Sheung Lo Kwan*, *Lui Shun Yeung* und *Yau Cheung Chung*.

Der Tempel ist für seine taoistischen Studien bekannt, aber auch für seine Fürsorge, die er alten Menschen zukommen läßt, so gehört z.B. auch ein Altersheim zu dem Gesamtkomplex. Kostenlose medizinische Beratung, sowohl nach chinesischer als auch nach westlicher Methode, gehört ebenfalls zu seinem Sozialprogramm.

Die Anlage schmiegt sich an einen Berghang und umfaßt im hinteren oberen Teil einen großen Friedhof, auf dem sich viele Ahnentäfelchen in den Urnenmauern und -hallen finden, jedes mit einem Bild des Dahingegangenen versehen. Die blauen Dachziegel dieser Hallen kontrastieren angenehm zu dem Gelb der Tempeldächer. Erstaunlicherweise besuchen nur sehr wenige Fremde diese schöne Tempelanlage, die leicht zu erreichen ist.

Fung Ying Seen Koon-Tempel, 10E Pak Fook Chuen, Fanling, Tel. 6699186; geöffnet tägl. 8.00-18.00 h. Zu erreichen mit der KCR bis Fanling; der Tempel liegt gegenüber der Bahnstation und ist zu Fuß in fünf Minuten zu erreichen (per Fußgängerbrücke die Tai Po Rd überqueren, dann links hinunter zum Haupteingang).

• Luen Wo Market

Es handelt sich hierbei um einen typisch chinesischen Markt, auf dem alle möglichen landwirtschaftlichen Erzeugnisse, Haushaltswaren und Gebrauchsgegenstände des Alltags verkauft werden. Eingerichtet wurde er 1948, unter anderem mit der Absicht, die verfeindeten Clans einander näherzubringen, was an seinem Namen abzulesen ist, der übersetzt 'Frieden' oder 'vereint' bedeutet.

Die Verkäuferinnen in ihren traditionellen Trachten sorgen für viel Lokalkolorit, genau wie die angebotenen Gemüse- und Obstsorten, Eier, Fische und vielen Arten chinesischer Medizin.

Luen Wo Market, Luen Wo Rd; geöffnet tägl. 10.30-12.00 h. Zu erreichen mit der KCR bis Fanling; ab der Station entweder zu Fuß die Sha Tau Kok Rd 700 m geradeaus, der Markt ist dann links in der Parallelstraße; oder ab dem Bahnhof mit Minibus Nr. 53K.

• Wo Hop Shek Cemetery

Einen knappen Kilometer von der KCR-Station in Fanling entfernt liegt am Fuße eines Berges die Ortschaft **Wo Hop Shek**.

Auf dem Berg befindet sich der **größte chinesische Friedhof** Hong Kongs, der sich über mehrere Berghänge und -täler erstreckt, eingebettet in die natürliche Umgebung, zum Teil schon überwachsen und verfallen. Der nicht ganz ohne Schweiß erkaufte Aufstieg lohnt sich aber angesichts des schönen Fernblicks, den man von oben aus hat.

Wo Hop Shek Cemetery, zu erreichen entweder zu Fuß ab der KCR-Station Fanling, wo man sich zunächst in Richtung des Tempels Fung Ying Seen Koon hält und dann weiter der Pak Fuk Tsuen Rd folgt; am Kreisverkehr hält man sich südwärts Richtung Berg. Oder mit Bus Nr. 70K ab KCR-Station Fanling oder Sheung Shui.

4.3.13 Tai Po

Momentan leben rund 215.000 Menschen in dieser New Town 20 km nördlich von Kowloon, 300.000 sollen es in der Endphase sein. Strategisch günstig an einem Fluß gelegen, der in den **Tolo Harbour** mündet, verlief durch den Ort der Handelsweg zwischen Guangdong und Kowloon.

Die ehemaligen Einwohner Tai Pos gehörten den **Tanka Boat People** an, die ihren Lebensunterhalt aus der in der Bucht betriebenen Perlenzucht bezogen, und zwar bereits vor tausend Jahren. Diese Zucht war so gewinnbringend, daß später eine kaiserliche Garnison zu ihrem Schutz im Ort eingerichtet wurde. Nach dem Niedergang der Perlenzucht wurden die Tanka allmählich vom **Tang-Clan** als führende Volksgruppe abgelöst.

Der Ort selbst, besonders aber auch die Umgebung, haben dem Besucher ein paar Abwechslungen zu bieten:

● Hong Kong Railway Museum

Das kleine Museum ist im alten Bahnhof von **Tai Po Market** untergebracht und zeichnet sich durch seine einzigartige Bauweise aus, denn anders als die anderen Bahnhöfe entlang der Strecke Hong Kong – Kanton, die alle im gleichen Stil gehalten waren, erbaute man diesen 1913 im Stil eines chinesischen Tempels.

Während das Äußere mit Keramikfiguren und gemalten floralen Mustern verziert ist, umfaßt das Innere die zentrale Wartehalle, einen Seitenraum für die Bahnhofsbediensteten und einen weiteren Seitenraum für den Fahrkartenverkauf, die Verwaltung und Signalaufbewahrung.

Alle drei sind original restauriert, außerdem kann man anhand von Fotos und Ausstellungsstücken die Geschichte dieser Stecke nachvollziehen.

Im Freigelände findet man drei alte Waggons und einen der neuen KCR, die man auch von innen besichtigen kann.

Hong Kong Railway Museum, On Fu Rd, Tel. 6533339; geöffnet Mi-Mo 9.00-16.00 h; Eintritt frei. Zu erreichen bis Tai Po Market mit der KCR; dann entweder mit dem Taxi weiter, oder zu Fuß ab der Station dem Museumszeichen folgen (parallel der Bahnstrecke, unter der Unterführung hindurch auf die andere Straßenseite, weiter entlang der Gleise, am Ende der Po Heung St rechts, dann links in die Wei Yi St, und nochmals links in die On Fu Rd); zu Fuß etwa 20 Minuten.

● Man Mo-Tempel

Weitaus kleiner als sein Pendant in der *Hollywood Rd* auf Hong Kong Island, entströmt diesem zwischen Häusern und Marktständen eingekeiltem Tempel eine eigenartig melancholische Atmosphäre. Leicht übersieht man ihn im Marktgetümmel, der kleine Vorhof schafft jedoch schon etwas Di-

Hong Kong Railway Museum in Tai Po Market

stanz. Das Tempelinnere ist düster, die Figuren der beiden hier verehrten taoistischen Götter der Literatur und des Krieges befinden sich auf dem Hauptaltar. Der Tempel wurde vor rund 100 Jahren anläßlich der Gründung von Tai Po Market erbaut und ist heute eine der wichtigsten religiösen Gedenkstätten im Umkreis.

Man Mo-Tempel, Fu Shin St. Der Tempel befindet sich 200 m vom *Railway Museum* entfernt; vom Bahnhof kommend biegt man von der Wai Yi St nicht links in die On Fu Rd ab, sondern folgt geradeaus der Fu Shin St, die voller Marktstände ist; links taucht dann der Tempel auf. Vom Museum aus biegt man links in die zweite Seitengasse ein.

• Tin Hau-Tempel

Auch Tai Po besitzt einen kleinen *Tin Hau-Tempel*, in dem neben der Meeresgöttin auch mehrere andere Götter auf den Seitenaltären und in der Seitenhalle verehrt werden.

Tin Hau-Tempel; zu erreichen ab der KCR-Station Tai Wo immer der Ting Kok Rd nach, der Tempel taucht nach etwa einem Kilometer links an der Straße auf.

• Tai Ping Carpet Factory

Die **Teppichfabrik** kann nur nach Voranmeldung oder im Rahmen einer organisierten Tour besichtigt werden. Sie liegt etwa 300 m vom *Tin Hau-Tempel* entfernt an derselben Straßen, auf derselben Straßenseite wie dieser.

• Island House

In dem 1905 fertiggestellten, zweistöckigen Kolonialgebäude befindet sich derzeit das lokale **Hauptquartier** des *World Wide Fund for Nature*. Der Turm auf der einen Seite des Hauses diente einstmals als Signalturm für die Schiffe im Tolo Harbour. Zum Haus gehört ein sehr schöner Garten mit vielen interessanten Bäumen.

Besuchern steht das kleine Informationszentrum offen; besichtigt werden kann das Haus im Rahmen der an Wochenenden stattfindenden Führungen (Reservierung unter Tel. 5264473).

Island House; das Haus steht auf der kleinen Halbinsel Yuen Chau Tsai, direkt am Tolo Harbour, und ist am einfachsten mit dem Taxi zu erreichen; oder zu Fuß ab KCR-Station Tai Po Market die Nam Wan Rd bis zur Tai Po Rd, von der man auf der anderen Seite des Kanals auf die links parallel dazu verlaufende Straße überwechselt, die zum Island House führt.

• Plover Cove Reservoir

Einer der schönsten Ausflüge in die Umgebung ist derjenige zu Hong Kongs **größtem Trinkwasserreservoir**, das anders als sonst üblich nicht durch den Bau eines Dammes quer zu einem Fluß entstanden ist, sondern dadurch, daß man gleich eine ganze Bucht mittels eines Dammes von der See abschnitt, das Wasser aus dem Staubecken pumpte und dieses anschließend mit

Süßwasser wieder auffüllte, das zum größten Teil aus China kommt, wie fast das ganze Trinkwasser Hong Kongs.

Das 1968 beendete Projekt gilt nach wie vor als technisches Meisterwerk. Um das Reservoir herum gibt es zahlreiche **Wandermöglichkeiten**, so auch in den nahen **Country Parks**, aber auch **per Fahrrad** lassen sich ringsum schöne Touren unternehmen. Fahrräder kann man sich problemlos in der Nähe der KCR-Station Tai Po Market ausleihen. Es empfiehlt sich jedoch, nur während der Woche hierher zu kommen, an Wochenenden erdrücken sich die Menschen und die Fahrradmieten sind ebenfalls wesentlich höher, wenn es überhaupt noch eines gibt.

Eine besonders schöne Tour führt zu den **Bride's Pool Waterfalls**, die aus zwei Ansammlungen von Wasserfällen bestehen. Sie sind nicht spektakulär, aber landschaftlich recht reizvoll. Die Legende zum Hauptfall besagt, daß ein junges Mädchen in einer Sänfte zur Hochzeit getragen wurde, einer der Träger dabei ausrutschte und der Tragstuhl die Fälle hinunter in den Teich gespült wurde. Das ertrunkene Mädchen wurde angeblich im Teich unsterblich gemacht und benutze den Wasserfall als Spiegel, wenn sie ihre Haare kämmt.

Plover Cove Reservoir, wer nicht mit dem Fahrrad von Tai Po aus anreist, nimmt ab KCR-Station Tai Po Market Bus Nr. 75K, der einen bis zum Reservoir bringt. Zu den Fällen folgt man der *Bride's Pool Rd.*

● Tai Po Kau

Zwischen Tai Po und der Chinese University findet man dieses Stückchen echten Waldes, eine Rarität in Hong Kong. Hier ist man selbst an Wochenenden noch weitestgehend allein.

Tai Po Kau; zu erreichen mit Bus Nr. 74A ab KCR-Station Tai Wo; auf der Höhe aussteigen.

4.3.14 Chinese University

In **Ma Liu Shui**, hoch auf dem Berg, liegt die 1963 gegründete **Chinese University**. Deren Campus ist allein schon einen Besuch wert, doch kommen die meisten Besucher, um die **Chinese Unviversity Art Gallery** zu besichtigen. Das vierstöckige Gebäude, in dem die Galerie untergebracht ist, dient vorwiegend als Lehrinstitut, dessen Innenhof grob einem traditionellen chinesischen Garten nachempfunden wurde.

Wechselausstellungen ergänzen die Dauerausstellung, die gut 1.300 Kalligraphien und Gemälde kantonesischer Künstler aus der Ming-Periode bis zur Moderne zeigt, außerdem nach 300 Bronzesiegel aus den Han- und Vor-Han-Dynastien und 400 florale Jadeschnitzereien. Die Exponate stammen aus lokalen und chinesischen Sammlungen.

Chinese University Art Gallery, Tai Po Rd, Ma Liu Shu, Tel.6097416; geöffnet Mo-Sa

10.00-16.30, So 12.30-16.30 h; Eintritt frei. Zu erreichen mit der KCR bis Station University, von dort weiter mit dem Shuttle-Bus der Universität (creme- und violettfarben), der etwa halbstündig vom Parkplatz vor der Station abfährt (in der Studentencaféteria kann man günstig zu Mittag essen).

Ein Stück links des Parkplatzes vor der KCR-Station geht ab **Ma Liu Shui** die **Fähre** hinaus in den **Tolo Harbour** und nach **Tap Mun Chau** (*Grass Island*) und **Ping Chau** (s. unter Kapitel 4.4).

4.3.15 Sha Tin

Wer nach Sha Tin kommt, kann kaum glauben, daß sich hier bis Mitte der 70er Jahre nichts weiter befand als mehrere kleinere Siedlungen, die sich entlang einer schmalen Bucht reihten, die vom *Shing Mun River* gespeist wurde und deren sumpfiges Schwemmland nach der Kultivierung landwirtschaftlich genutzt wurde. Die Planungen für die auf dem Reißbrett entworfene New Town änderten das Umfeld gründlich, die Bucht wurde zugeschüttet, Wohnsiedlungen und Industriekomplexe entstanden. Heute leben schon fast 600.000 Menschen hier, 700.000 sollen es zum Jahrtausendende sein. Vom *'sandigen Feld'* und seinen Menschen ist nichts geblieben, außer einigen wenigen Landwirtschaft treibenden Hakka, deren Vorfahren sich im 17. Jhd hier niederließen. In kaiserli-

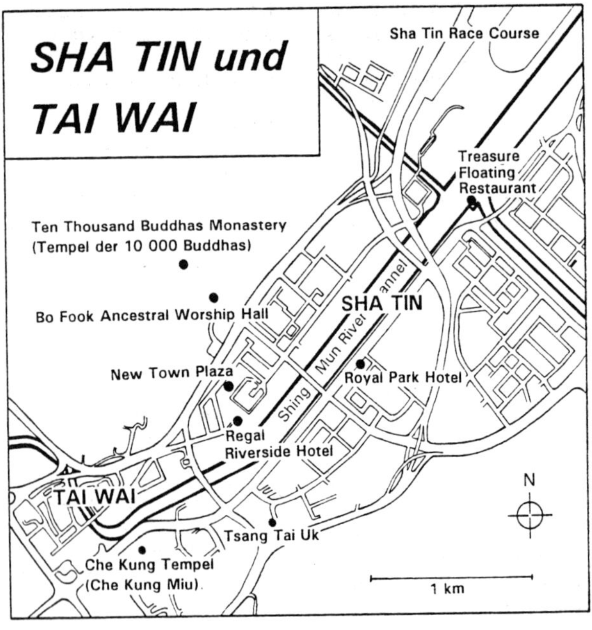

cher Zeit war Sha Tin berühmt für seine Weihrauchproduktion, heute hingegen für seine Sehenswürdigkeiten, seine exzellenten Einkaufsmöglichkeiten und eine der modernsten Pferderennbahnen der Welt.

● Ten Thousand Buddhas Monastery

Der *'Tempel der 10.000 Buddhas'* ist Sha Tins Hauptattraktion und liegt rund 500 m vom Bahnhof entfernt; um zu ihm zu gelangen, sind allerdings rund 400 Stufen zu erklimmen.

Wer den Weg nach oben nicht scheut, wird dafür mit einem schönen Blick über Sha Tin belohnt. Die Wände der Haupthalle sind von unten bis oben angefüllt mit **12.800**, etwa 30 cm großen, **Buddhastatuen**, von denen jede ein klein wenig anders ist als alle anderen. Zahlreiche Buddhas, Bodhisattvas und andere Gestalten füllen die Altäre, Weissager lesen einem die Zukunft.

Vor der Halle befindet sich eine neunstöckige rosa **Pagode**, erbaut zur Harmonisierung des Tempel-*Feng Shuis*. 18 ziemlich kitschige Jüngerfiguren Buddhas stehen auf der Terrasse vor dem Tempel. Weitere 70 Stufen bergan sind es bis zur Tempelanlage von **Man Fat**, die aus vier Hallen besteht.

In der Halle links stößt man auf die *vier Himmelskönige*, von denen jeder eine Himmelsrichtung zu bewachen hat und leicht an seinen Attributen zu erkennen ist: der *Osthimmel-König* hält eine *Pipa* (durch einen Saitenschlag belegt er seine Feinde mit Taubheit), der *Südhimmel-König* ein Schwert (damit teilt er Feuerhiebe aus), der *Westhimmel-König* eine Naga-Schlange (damit vergiftet er seine Feinde) und der *Nordhimmel-König* eine Schirmstandarte (beim Öffnen vertausendfacht sich seine Person).

Die wichtigste Halle findet man jedoch rechts; in ihr erhebt sich eine Kolossalfigur, zu deren Füßen ein kleiner Glaskasten steht, in dem sich eine vergoldete und in Mönchsgewänder gehüllte Gestalt befindet. Was zunächst wie eine Statue aussieht, ist in Wirklichkeit der balsamierte Leichnam des Klostergründers (das Kloster wurde 1957 fertiggestellt) **Yuet Kai**, der insgesamt 96 Bücher über den Buddhismus geschrieben hat und 1965 im Alter von 87 Jahren starb.

Als er acht Monate nach seiner Beisetzung gemäß chinesischer Tradition exhumiert wurde, fand man seinen Leichnam – entsprechend seiner Vorhersage – unverändert, wobei er ein gelbliches Licht ausgestrahlt haben soll, was als Zeichen seiner übernatürlichen Kräfte gewertet wurde. Daraufhin präparierte man ihn entsprechend und setzte ihn in den Glaskasten, wo er heute noch zu sehen ist.

Ten Thousand Buddhas Monastery, geöffnet tägl. 8.00-18.30 h. Zu erreichen bis Sha Tin mit der KCR, ab der Station den Hinweisschildern nach, an den Bo Fook Ancestral Worship Halls rechts vorbei, dann links die Treppen hoch.

Unterhalb des *'Tempels der 10.000 Buddhas'* stößt man vom Bahnhof kommend zunächst auf den neuen Tempel- und Friedhofskomplex **Bo Fook Ancestral Worship Halls**, der vornehmlich dem Gedenken der Ahnen zugedacht ist, die in den zahlreichen Urnenhallen ihre letzte Ruhe gefunden haben.

● Che Kung-Tempel

Dieser kleine Tempel befindet sich in der Nähe von **Tai Wai Village** und verehrt *Che Kung*, einen bedeutenden General der Sung-Dynastie, der eine Revolte in Südchina unterdrückte und von den Taoisten später vergöttlicht wurde. Der Tempel wurde errichtet, nachdem ein Anwohner geträumt hatte, Che Kung verhindere den Ausbruch der Pest im Dorf; als die Seuche vorbei war, wurde umgehend mit dem Bau des Tempels begonnen. Am meisten ist hier am dritten Tag des Chinesischen Neujahrs los, dem Festtag *Che Kungs*. Gläubige drehen das bronzene Gebetsrad vor dem Altar im Uhrzeigersinn, wodurch Unglück im kommenden Jahr verhindert werden könne, zum gleichen Zweck umkreisen sie – gegen den Uhrzeigersinn – den im thailändischen Stil gehaltenen Schrein, der mit Blumen dekoriert ist.

☞ *Che Kung-Tempel*, Che Kung Miu Rd; geöffnet 8.00-17.00 h. Zu erreichen bis Tai Wai mit der KCR, von dort sind es etwa 600 m zu Fuß: von der Station aus links in die *Hung Mui Kuk Rd* einbiegen, dann links in die *Che Kung Miu Rd*; der Tempel liegt nach Überqueren der *Chui Tin St* auf der rechten Seite.

● Tsang Tai Uk

Dieses **befestigte Dorf** (*'Tsangs großes Haus'*) wurde 1850 vom **Tsang-Clan** fertiggestellt, sein Erbauer war ein ansässiger Steinbruchmei-

Tsang Tai Uk, altes Festungsdorf bei Sha Tin

ster der Hakka, wie man an der architektonischen Ausführung erkennen kann, die derjenigen der Hakkas in der Provinz Guangdong entspricht: eine mächtige Umfassungsmauer mit vier Ecktürmen, wobei die Häuser in vier Parallelreihen und zwei Seitenreihen angeordnet sind, wodurch ein zentraler Innenhof entsteht.

Die Türme sind mit metallenen Dreizacks bekrönt, die der Abwehr böser Geister dienen.

Tsang Tai Uk; zu erreichen am einfachsten mit dem Taxi; oder zu Fuß ab KCR-Station Sha Tin, und zwar über den davor liegenden Sha Tin Central Park und die Fußgängerbrücke über den Kanal, an der Tai Chung Kiu Rd dann rechts bis zur nach links abbiegenden Sha Kok St; das Dorf liegt dann rechts.

• New Town Plaza

In diesem **Einkaufszentrum** der Superlative findet jeder etwas, und für Unterhaltung ist ebenfalls gesorgt, unter anderem in Form der 20-minütigen Vorführungen der **Musical Fountain**, die während der Woche zweimal, an Wochenenden und Feiertagen viermal täglich stattfinden.

Im davor liegenden Sha Tin Central Park finden oft Ausstellungen und Veranstaltungen statt.

New Town Plaza; zu erreichen mit der KCR bis Sha Tin, von der Station aus direkter Zugang zum Einkaufszentrum.

• Treasure Floating Restaurant

Am *Shing Mun River Channel* hat dieses **schwimmende Restaurant** festgemacht, das rein äußerlich mit denjenigen in Aberdeen allerdings nicht mithalten kann, dafür ist das Essen etwas besser.

Treasure Floating Restaurant, 55 Tai Chung Kiu Rd, Tel. 6377000. Zu erreichen bis Sha Tin mit der KCR; weiter am besten mit dem Taxi, oder ab New Town Plaza mit Bus Nr. 284.

• Sha Tin Race Course

Diese **High-Tech-Pferderennbahn** wurde 1980 eingeweiht. Die HK$ 500 Mio teure Anlage bietet **über 83.000 Zuschauern** Platz und besitzt neben einem eigenen Busbahnhof auch eine eigene Bahnhaltestelle, von der aus man per Fußgängerbrücken direkt auf die riesige Tribüne gelangt. Hier finden abwechselnd mit der Rennbahn in Happy Valley zwischen September und Juni Pferderennen statt. In der Mitte des Racecourses steht der acht Hektar große **Penfold Park** der Öffentlichkeit zur Verfügung, die sich an dem Vogelrefugium und der Gartenarchitektur erfreuen kann. Der Park ist wochentags – außer Montag, an Renntagen und den Tagen nach öffentlichen Feiertagen – geöffnet.

Sha Tin Race Course; zu erreichen mit Sonderzügen der KCR direkt bis zur Rennbahn, ansonsten zu Fuß ab der KCR-Station Fo Tan oder mit dem Taxi.

● Amah Rock

Auf den Bergen oberhalb Sha Tins, ungefähr da, wo der Lion Rock Tunnel in das Gestein eintaucht, kann man einen **bizarren Felsen** sehen, der einer menschlichen Gestalt ähnelt und der Legende nach eine Fischersfrau sein soll. Diese sei hier mitsamt ihres Babys am Rücken heraufgeklettert, um nach ihrem Mann Ausschau zu halten und auf seine Rückkehr zu warten. Tag für Tag habe sie gewartet, schließlich hätten sich die Götter ihrer erbarmt und sie zu Stein verwandelt.

Amah Rock; zu erreichen ab der KCR-Station Tai Wai zu Fuß links der *Hung Mui Kuk Rd* bis zum Ende folgend, d.h. bis zur *Lion Rock Tunnel Rd*, von dort aus führt schräg gegenüber auf der anderen Straßenseite ein Pfad bergaufwärts bis zum Felsen. Bis zum Pfad kann man sich auch mit dem Taxi bringen lassen.

4.3.16 Sai Kung Peninsula

Die im **Südosten Hong Kongs** gelegene Halbinsel ist noch weitgehend unberührt und bietet neben herrlichen Wanderwegen einige der schönsten Strände im Territorium.

Die Inseln in **Port Shelter** sind für manche Entdeckung gut, ebenso wie die Gegend um das **High Island Reservoir**. Die Stadt **Sai Kung**, einst ein kleines Fischerdorf und Marktflecken, ist meist Ausgangspunkt für die Exkursionen in die Umgebung, ganz gleich ob zu Lande oder zu Wasser. Vom Pier neben dem Busbahnhof fahren die Fähren hinaus zu den Inseln in der Bucht oder um die Halbinsel herum.

Der Ort selbst hat noch viel von seinem ursprünglichen Charakter erhalten können, auch wenn erste Bungalowsiedlungen ins Idyll vordringen und Bauspekulanten ihre Fühler schon weit vorgestreckt haben. Am Hafen frischen Fisch oder andere Meeresfrüchte zu kaufen und diese im Restaurant nebenan zubereiten zu lassen – dies lieben nicht nur die Einheimischen.

Sai Kung; zu erreichen mit der MTR bis Choi Hung, von dort aus weiter mit Bus Nr. 92.

● Hebe Haven Marina Cove

In dieser Marina liegen die Boote des *Hebe Haven Yacht Clubs*. Von hier aus kann man mit einem Sampan zu einem der Strände auf der vorgelagerten Landzunge fahren.

Hebe Haven Marina Cove; zu erreichen mit Bus Nr. 92 (nach Sai Kung).

● Sheung Yiu Folk Museum

Das Museum ist in einem alten **befestigten Hakka-Dorf** untergebracht, das im späten 19. Jhd von einer Familie Wong erbaut wurde. Die 500 m² große Anlage umfaßt acht Wohneinheiten, Schweineställe, einen großen Innenhof und einen Eingangsturm; das ganze steht auf einem etwa zwei Meter hohen Fundament, im Rücken geschützt von einem Hang, davor von einem Fluß.

Ausgestattet ist das Museum mit originalen Einrichtungsgegenständen und Arbeitsgeräten, sowie erläuterndem Text- und Bildmaterial, das auch auf die Kalkproduktion eingeht, von der die Bewohner neben der Landwirtschaft lebten. Außerdem brannten sie Ziegel und Kacheln.

Unweit des Museums sieht man am Wegesrand einen alten restaurierten **Kalkofen**, der um das Jahr 1830 erbaut wurde. Aus Muschelschalen und Korallen produzierte man darin Kalk, ein in der Umgebung damals weit verbreitetes Gewerbe, das nach dem Zweiten Weltkrieg allerdings allmählich einging. Sheung Yiu wurde daher 1965 aufgegeben.

Sheung Yiu Folk Museum, Pak Tam Chung, Sai Kung Country Park, Tel. 7926365; geöffnet Mi-Mo 9.00-16.00 h; Eintritt frei. Zu erreichen ab Sai Kung mit Bus Nr. 94 bis Pak Tam Chung – der Bus hält am Country Park Visitor Centre (geöffnet Mi-Mo 9.30-16.30 h); im Centre gibt es ein grünes Blatt, auf dem der Weg eingzeichnet ist (oder sich bei der *HKTA* die kostenlose Broschüre *'Country Walks'* besorgen): zunächst ein Stück die Straße geradeaus weiter, dann bei der Brücke rechts über den Fluß und von da an rechts immer den Weg entlang des Flusses. Etwa 25 Minuten Fußmarsch.

● Ma On Shan

Wer den **vierthöchsten Berg** Hong Kongs (702 m) erklimmen will, kann entweder von Sai Kung aus starten oder dies im Zuge einer Begehung des *MacLehose Trail* tun, des mit 100 km Gesamtdistanz längsten Rundwanderweges im Territorium, der die New Territories von Ost nach West durchquert und in zehn Einzeletappen aufgeteilt ist. Nähere Informationen entnehme man der entsprechenden Literatur (s. Kapitel 6).

4.3.17 Clear Water Bay Peninsula

Der **südöstlichste Zipfel** der New Territories hält vor allem für Sportbegeisterte einiges parat, so z.B. den *Clear Water Bay Golf and Country Club*, dessen Sporteinrichtungen im Rahmen einer Tour der *HKTA* benutzt werden dürfen (s. Kapitel 3.7).

Auf dem Wege dorthin passiert man von Kowloon kommend etwa eineinhalb Kilometer nach der Gabelung der Straße auf der Berghöhe die Hong Konger **Filmstudios**, deren Hallen auf der linken Seite der Straße liegen.

Anschließend bieten sich den Wander- und Badefreunden fast unbegrenzte Möglichkeiten, von denen jeder die ihm geeignet erscheinende auswählen möge.

● Joss House Bay Tin Hau-Tempel

Der Tempel liegt rechts abseits der Straße, die zum *Clear Water Bay Golf and Country Club* führt, und zwar fast ganz im Süden des Landzipfels. Er ist daher mit öffentlichen Verkehrsmitteln auch nicht erreichbar.

Trotzdem lohnt sich ein Besuch, nicht nur am Geburtstag der Göttin, wenn hier Abertausende zusammenströmen, um *Tin Hau* ihre Gunst zu erweisen, mit prächtig geschmückten Booten, hochaufgetürmten Opfergaben und vielen Räucherstäbchen. Er ist Hong Kongs **ältester Tempel**, zumindest was den Standort anbelangt, denn der Originaltempel wurde zerstört und während der Jahrhunderte mehrmals durch neue ersetzt. Letztmalig wurde er 1962 während eines Wirbelsturms schwer beschädigt und mußte vollkommen renoviert werden.

Ursprünglich stand der Tin Hau geweihte Tempel auf der vorgelagerten Insel **Tung Lung Chau**, der von zwei schiffbrüchigen Brüdern im Jahre 1012 errichtet worden war, die gerettet wurden, weil sie sich an einer Statue der Göttin festklammern konnten. Als der Tempel durch einen Taifun zerstört worden war, beschlossen Nachfahren der Brüder, ihn an seiner heutigen Stelle neu zu errichten. Dies geschah 1266.

Hinter dem Rauch- und Glokkenturm stehen zwei Bildnisse Tin Haus auf dem reich dekorierten Hauptaltar, bewacht von vier 5 Fuß hohen Generälen und weiblichen Wächtern. Das düstere Innere und die einsame Lage verleihen dem Ort während der Woche eine eigenwillige Atmosphäre aus Melancholie und Weltabgeschiedenheit.

Steigt man die Treppen von der Straße herunter, stößt man auf eine aus dem Jahre 1274 stammende **Steininschrift** aus 108 chinesischen Zeichen, die älteste bislang bekannte in Hong Kong. Die von Glas beschützte Inschrift berichtet von der Inspektion eines Beamten bei der damals hier betriebenen Salzgewinnung und von der Geschichte der beiden Tempel in Joss House Bay.

☞ *Joss House Bay Tin Hau-Tempel*; zu erreichen am besten mit dem Taxi; oder mit Bus Nr. 91 ab MTR-Station Diamond Hill bis Clear Water Bay und von dort aus der Straße entlang zu Fuß um die Bucht herum (etwa 5 km).

4.3.18 Country Parks

Wer sich die New Territories erwandern und mehr von Flora und Fauna Hong Kongs erleben möchte, kann sich, ehe er sich in die 14 Country Parks aufmacht, mit entsprehendem Buch- und Kartenmaterial beim *Government Publications Centre* eindecken; die wichtigsten Hinweise finden sich auch im Literaturverzeichnis.

4.4 Outlying Islands

Die **235 vorgelagerten Inseln und Inselchen** gehören vertraglich zu den New Territories und machen rund 20% des Gesamtterritoriums aus. Mit wenigen Ausnahmen sind sie fast unberührt, das Gros sogar unbewohnt.

Wer dem traditionellen chinesischen Leben und den Zeugnissen der Vergangenheit nachspüren, die Zeit vergessend mit den Einwohnern eine Runde *Mahjong* spielen oder ganz einfach nur mit sich allein sein will – hier kann er all das und noch weit mehr haben.

Nachstehend wird nur auf die wichtigsten Inseln näher eingegangen, weitere interessante werden am Ende kurz vorgestellt. Und alle Geheimnisse muß man nicht verraten, sonst gibt es nichts mehr zu entdecken.

Nur zu **sieben Inseln** besteht ein **regelmäßiger Fährdienst**, zudem sind – bis auf Lantau Island – Pkw und Lkw auf allen Inseln verboten.

Es ist empfehlenswert, während der Woche hierhin zu fahren, denn die Inseln erfreuen sich bei den Einheimischen einer außerordentlichen Beliebtheit, was die Fähren an Wochenenden schier zum Bersten bringt.

Auch auf den Inseln gilt: Nacktbaden verboten!

4.4.1 Cheung Chau

Die einer überdimensionalen Hantel gleichende Insel ist von allen die am **dichtesten besiedelte** und quirligste. Aber trotz einiger Landgewinnungsmaßnahmen und Siedlungsprojekte während der letzten Jahre vermochte das rund **40.000 Einwohner** zählende Cheung Chau, das nur 2,4 km² mißt, sich seinen ländlich-gemächlichen Charakter zu bewahren, so daß es sich nach wie vor großer Beliebtheit bei Einheimischen Und Fremden gleichermaßen erfreut, und dies zu Recht.

Während im Hafen der 12 km westlich von Hong Kong Island liegenden *'langen Insel'* die Dschunken dümpeln, verläuft das Leben seinen von alters her gewohnten Gang. Viele Häuser entsprechen noch dem althergebrachten Schema, oben Schlafzimmer und Arbeitszimmer, unten Wohnzimmer und Geschäftsraum, der zum Mittelpunkt des sozialen Lebens wird, hier trifft man sich zu einem Plausch, einer Tasse Tee oder zu einer Runde *Mahjong*. Und keiner der Kunden hat es derart eilig, daß er die in ihr Spiel Vertieften stören würde, eher setzt man sich dazu und gibt seinen Kommentar zum Spielverlauf ab.

Wer Cheung Chau ernsthaft kennenlernen will, sollte für die

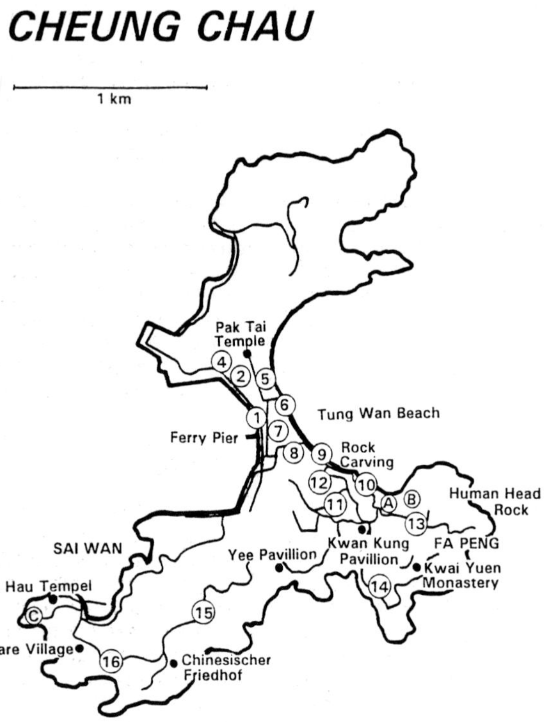

Straßen und Plätze

1 - Praya Street
2 - Pak She Praya Street
3 - Pak She Fourth Lane
4 - Playground
5 - Pak She Street
6 - Kwok Man Road
7 - San Hing Street
8 - Tun Wan Road
9 - Cheung Chau Beach Road
10 - Hak Pai Road
11 - Kwun Yum Wan Road
12 - Cheung Chau Sports Road
13 - Ming Fai Road
14 - Fa Peng Road
15 - Peak Road
16 - Peak Road West

Sehenswürdigkeiten

A - Kwun Yum Temple
B - Caritas Youth Centre
C - Cheung Po Tsai Höhle

beschriebene Wanderung einen ganzen Tag einplanen, und je eher man startet, desto besser. Also möglichst früh mit der Fähre von Central aus herüberkommen, oder sich für die Nacht zuvor im *Warwick Hotel* einquartieren.

Frühmorgens zeichnen sich bei der Einfahrt in den Hafen die dort vor Anker liegenden Dschunken und Boote schattenrißartig gegen die dahinterliegende Häuserfront entlang der Küstenstraße ab. Cheung Chau besitzt eine der größten **Dschunkenstädte** Hong Kongs, doch auch hier nimmt die Zahl derer, die auf ihren Hausbooten leben, stetig ab.

Zur Orientierung kann es nicht schaden, wenn man sich vor dem Beginn seiner Wanderung einen kurzen Überblick auf der Kartentafel gegenüber dem Landesteg verschafft. Und ehe man sich versieht, ist man schon mittendrin im Inselalltag. Denn die Straße, auf der man steht, ist Cheung Chaus Hauptgeschäftsstraße, die *Praya St*, auf der tagsüber einer jener pittoresken **Märkte** stattfindet, die Fremde geradezu magisch anlocken.

Ganz früh am Morgen werden hier die frisch angelandeten Früchte des Meeres feilgeboten, tagsüber kauft die Hausfrau hier all das ein, was zum Leben benötigt wird, und am Abend wird fürs leibliche Wohl gesorgt, buhlen Straßenrestaurants und Garküchen mit verführerischen Düften um Kundschaft. Folgt man der Straße vom Pier aus nach links, kommt man an einem Restaurant vorbei, in dem es *Dim Sums* zum Tee gibt. Ein Stückchen weiter in der *Pak She Praya Rd* fallen einem **aus Kreppapier und Blumen gefertigte Tafeln** auf, eine besondere Art der Werbung der Einheimischen.

Ähnliche Tafeln sieht man sehr oft bei Restaurants, oft mehrere nebeneinander: In diesen Fällen handelt es sich um Hochzeitsanzeigen, auf denen die Namen der Brautleute und ein Glückwunsch steht. Jedes Restaurant ist stolz darauf, möglichst viele davon an seiner Fassade hängen zu haben, denn sie sind die beste Werbung.

Auf der Uferstraße begegnen einem die einzigen auf der Insel zugelassenen Motorfahrzeuge, kleine Lastkarren, die zum Transport schwerer Güter auf gewissen Straßen fahren dürfen. Am Ende der Häuserzeile biegt man rechts in die *Pak She Fourth Lane* ab, in der man auf ein **Fahrradverleihgeschäft** stößt.

Am jenseitigen Ende des Spielplatzes zur Linken erkennt man schon den **Pak Tai-Tempel**, den wichtigsten Cheung Chaus, um den herum das *Bun-Festival* stattfindet. Links des Haupteingangs zum Tempel befindet sich eine Informationstafel, die Geschichte und Bedeutung des Tempels erläutert.

Der Tempel, bekannt auch als *'Yu Hsu Kung'*, wurde 1783 erbaut und ist Pak Tai, dem Gott des Meeres geweiht, der auch als 'Oberster Herrscher der

Pak Tai-Tempel auf Cheung Chau

dunklen Himmel' gilt. Anlaß für die Errichtung des Tempels war eine 1777 auf der Insel ausgebrochene Pestepidemie, die abklang, nachdem Fischer das Bild des Gottes aus dem Dorf ihrer Vorfahren hierher gebracht hatten.

Das Äußere des Tempels ist einfach gehalten, der Gott selbst trägt eine goldene Krone, die von einer Frau gespendet wurde, um an den Besuch von Prinzessin Margaret und Lord Snowdon im Jahre 1966 zu erinnern. Zu Füßen des Gottes sieht man eine Schlange und eine Schildkröte, wodurch seine Macht über die See und ihre Geschöpfe symbolisiert werden soll.

Vor dem Altar stehen Figuren der Kriegsgötter, die unter den Namen *'Tausend-Meilen-Auge'* und *'Gewogenes Wind-Ohr'* bekannt sind. Die Granitpfeiler daneben sind mit fein geschnitzten Drachen verziert. Auf der rechten Seite des Altars liegt ein fünf Fuß langes Eisenschwert, das von hiesigen Fischern gefunden und später Pak Tai zugesprochen wurde. Es soll aus der Sung-Dynastie stammen und wird gemeinsam mit der Statue des Gottes während des Bun-Festivals in den Tempelhof hinausgetragen. Ein 1894 gefertigter hölzerner Tragsessel dient der Statue dabei als 'Sitzplatz'.

In den Seitenhallen findet man Schnitzereien vom Grünen Drachen und Weißen Tiger, zwei wichtigen Elementen des *Feng Shuis.*

Vom Tempel aus wende man sich links in die *Pak She St*, wo einen nach wenigen Schritten links zwei Steinlöwen auffallen, die den Eingang eines Hauses bewachen; die Türgötter halten zusätzlich böse Geister ab. Gegenüber (Nr. 17) stößt man auf ein braunes Haus, das eine der *'Tongs'*, der örtlichen Bezirksvereinigungen beherbergt, in denen sich jeweils die Bewohner zusammenschließen, die aus dem gleichen Bezirk in China stammen. Sie fungieren als Gemeindezentrum, Geschäftskooperative und Schutzgemeinschaften.

Ein Blick lohnt sich in die Praxen der **chinesischen Ärzte** bei Nr. 25 und 34. Wer nach einem besonderen Speiseverfeinerer Ausschau hält, kann bei Nr. 47 in Glasflaschen abgefüllte *Shrimppaste* erstehen, eine lokale Spezialität. Der **Bäckerladen** unter Nr. 56 hält köstliche Leckereien bereit, zudem ist er der Hauptlieferant für die während des *Bun-Festivals* benötigten kleinen Brötchen.

An der Kreuzung mit der *Kwok Man Rd* bemerkt man links den kleinen **Schrein für den Erdgott**, dem die Inselbewohner regelmäßig ihre Reverenz erweisen. Ein klein wenig weiter links mündet der Weg in die *San Hing St* ein, die einem weitere Einblicke in das Inselleben gewährt.

So z.B. in Form der kleinen **Handtaschenfabrik** (Nr. 9), oder mittels des **Kräuterladens** (Nr. 38), dessen feilgebotenen Exotika zu medizinischen Heilgetränken aufgekocht werden. Oder wie wäre es mit dem **Bootsausrüster** (Nr. 54) und dem **Räucherstäbchenladen** (Nr. 68)? Und wer einen Strohhut sucht, findet ihn bei Nr. 80. Einen typischen **Lebensmittelladen**, wo unter anderem die verschiedenen Reissorten noch in großen Holztonnen gelagert werden, kann man bei Nr. 86 in Augenschein nehmen, und von gegenüber schlägt einem jenes wohlvertraute Geräusch entgegen, das die Straßen der Inseln füllt und unweigerlich zu einem Zwischenstop animiert – gemeint ist das Klacken der Mahjongsteine, das aus einem **lizensierten Spielsalon** kommt.

Weiter die Straße hinunter wird Geflügel aller Art verkauft, wer es ganz frisch haben will, kann sich sein Hühnchen aus einem der Käfige aussuchen und gleich schlachten lassen. Der anschließende **Markt** wiederum bietet alles, was für das Alltagsleben nötig ist.

Am Ende der *San Hing St* orientiert man sich nach links in Richtung *Tung Wan Rd*, die einen kleinen Knick nach links macht. Von rechts breitet ein großer **Banyanbaum** seine Äste über die Straße, der dem Volksglauben nach von den Heilungs- und Fruchtbarkeitsgeistern bewohnt sein soll. Unter dem 'heiligen Baum' fallen Steine auf, denen die Einheimischen Räucherstäbchen opfern, ein weiteres Zeichen für die Einfachheit des Lebens und der Vorstellungswelt der Fischersleute, die in den Steinen ebenfalls Götter sehen.

Folgt man der Straße bis zum Ende, stößt man auf den **Tung Wan Beach**, den man – sich nach rechts wendend – entlang der *Cheung Chau Beach Rd* abschreiten kann. Geradeaus sieht man bereits das *Warwick Hotel*, das einzige auf der Insel – an Wochenenden und Feiertagen daher dementsprechend voll.

Vor dem Hotel hält man sich möglichst in Küstennähe und folgt der *Hak Pai Rd*, die einen zu den **Bronze Age Rock Carving** bringt. Diese rund 3.000 Jahre alten bronzezeitlichen Steininschriften bestehen aus geometrischen Mustern, die stilisierten Tieren und Monstern ähneln; entdeckt wurden sie 1970. Über ihre Bedeutung bestehen bisher nur Vermutungen.

Das nächste Wegstück erfordert etwas mehr Kondition. In der Nähe der Steininschriften weisen einen Schilder nach **Kwun Yum Wan** und zum **Kwun Yum-Tempel**, der ein Stückchen hinter dem Strand liegt und über ein paar Stufen zu erreichen ist. Der kleine Tempel ist *Kwun Yum* geweiht, der Göttin der Barmherzigkeit; vor ihm befindet sich ein kleiner Steinaltar für die Darbringung der Räucherstäbchenopfer.

Wieder auf der *Hak Pai Rd*, stößt man wenig später auf das **Caritas Youth Centre**, das vom deutschen Vater Paul Koppelberg 1962 gegründet wurde und Kindern armer Hong Konger Familien die Möglichkeit der Erholung und Unterhaltung geben soll.

Ganz im Süden der Insel gibt es einige **bizarre Felsformationen** zu sehen, die man erreicht, indem man den Hinweisschildern *'Fa Peng'* und *'Human Head Rock, Bell Shape Rock and Vase Shape Rock'* folgt. Am Ende des Pfades halte man sich links und achte auf das noch einmal nach links weisende Hinweisschild. Wenige Meter später kommen die drei Felsen ins Blickfeld. Oben orientiert man sich dann in Richtung **'Fa Peng Knoll'** und halte sich an den Kreuzungen immer geradeaus. So gelangt man schon bald zum **Kwai Yuen Monastery**, das Buddha, Konfuzius und Lao Tze gleichermaßen gewidmet ist. Das Eingangstor des 1957 eröffneten Klosters weist den typischen Schriftzug 'Dieses Tor führt auf den Weg der Disziplin und der Tugend' auf, die Empfangshalle ist mit feinen Teakmöbeln eingerichtet. Anstandshalber sollte man vor dem Betreten der Anlage um die entsprechende Erlaubnis darum bitten.

Vom Kloster aus geht es weiter in Richtung Kwan Kung Pavilion, der beschildert ist. Am Ende der *Fa Peng Rd* folge man der *Peak Rd* ein paar Schritte nach rechts, schon ist man beim Pavillon angelangt. Der 1973 erbaute **Kwan Kung Pavillon** ist ein dem Gott *Kwan Ti* geweihter Tempel, der die extravaganten Schnitzereien und lackierten Säulen alter Tempelbauer nachzuahmen trachtet. Davor wurde ein kleiner Garten mit Blumen und Bäumen angelegt. Im Inneren kann man die acht Fuß hohe Statue Kwan Tis sehen, die vom Po Kwok-Kloster in Taichung, Taiwan, gestiftet wurde. Neben dem Hauptaltar wird ein 'Drachenknochen' aufbewahrt, der angeblich von ortsansässigen Fischern gefunden wurde.

Vom Tempel aus geht es zunächst das kurze Stück bis zur *Peak Rd* zurück, auf der man seinen Weg fortsetzt. Nachdem man an den neueren, im spanischen Stil gehaltenen Bungalows vorbeigekommen ist, gelangt man schließlich zum **Yee Pavillon** im *Chung Lok Garden*. Der 1974 errichtete Pavillon ist der chinesischen Dichterin Yan-sze Cheung Tsoi gewidmet, die ihre Altersjahre auf der Insel verbrachte. Kollegen haben Widmungen an die Steine ringsum geschrieben.

Schon weit nach Westen vorgestoßen, passiert man den Friedhof, der besonders während der Totentage rege besucht wird und einer der beliebtesten Plätze Hong Kongs ist, wo die Überreste der Angehörigen an diesen Tagen exhumiert und gereinigt werden.

Dem Weg folgend gelangt man endlich nach **Sai Wan**, wo von der amerikanischen Hilfsorganisation *C.A.R.E.* für arme Fischerfamilien kleine Häuser errichtet wurden. Hinter dem Dorf weist einem das Schild *'Cheung Po Tsai Cave via Wui Yau Pavilion'* den Weg.

Nach zwei weiteren Hinweisschildern steht man dann vor dem Eingang zur **Höhle**, in der der legendäre **Pirat Cheung Po Tsai** während der Qing-Dynastie die von ihm und seinen rund 30.000 Mann zusammengeraubten Schätzen aufbewahrt und in der er sich vor Nachstellungen versteckt gehalten haben soll. Wer in die Höhle steigen möchte, sollte nicht allzu korpulent sein, zudem ist eine Taschenlampe erforderlich.

Wenn man von der Höhle zurückkommt, sollte man noch rasch einen kurzen Abstecher nach links machen, um sich den **Tin Hau-Tempel** und den **Tin Hau-Pavillon** anzuschauen. Der 1988 restaurierte Tempel besitzt einige sehr schöne Dachfigurinen.

Wer noch Zeit und Lust hat, kann entlang der Küste ins Zentrum zurückgehen, genauso reizvoll ist jedoch die etwa zehnminütige Fahrt mit einem Kaido, das einen vom Pier unterhalb des *Tin Hau-Tempels* zurückbringt zum Fährenpier im Zentrum, von wo aus man seine Rückfahrt nach Hong Kong Island antreten kann. So hat man noch einmal die Gelegenheit, das Leben der Boat People aus der Nähe zu beschnuppern.

Nach Cheung Chau fahren den ganzen Tag über Fähren ab dem Outlying Districts Ferry Services Pier in Central, Hong Kong Island; ab dem Government Pier besteht auch eine Hoverferry-Verbindung, die schneller, aber auch teurer ist. Fotografen sollten auf die normale Fähre zurückgreifen, da die Hoverferry keine Gelegenheit zum Fotografieren bietet. Es gibt auch eine Verbindung mit Lantau Island und Peng Chau. Aktuelle Fahrpläne erhält man am Pier oder bei der *HKTA*.

4.4.2 Lamma Island

Die mit 13,5 km² **drittgrößte Insel Hong Kongs** ist von den bewohnten eine der am wenigsten berührten, zudem mit 3.000 Einwohnern äußerst dünn besiedelt, denn das Gros der Bevölkerung ballt sich um die 'Hauptstadt' **Yung Shue Wan** im Norden, wo sich auch das riesige Kohlekraftwerk befindet, dessen Schornsteine man auch von Hong Kong Island aus sehen kann.

Der Rest der Insel erfreut sich hingegen noch weitgehender Naturbelassenheit, stille Wanderwege und kleine, dafür aber während der Woche sehr, sehr ruhige Strände laden zum Entspannen ein, und für das leibliche Wohl sorgen die ausgezeichneten Meeresfrüchterestaurants, vor allem in **Sok Kwu Wan**, dem zweiten wichtigen Ort des Eilands. Auf Lamma Island wurden aber auch einige der ältesten Siedlungen im Territorium nachgewiesen, die bereits aus dem Neolithikum stammen.

Auch für Lamma gilt: Wer die Insel kennenlernen will, macht sich am besten zu Fuß auf den Weg. Geeigneter Startpunkt ist **Yung Shue Wan** ('Banyanbaumbucht'), die größte Ansiedlung auf Lamma Island.

Die über dem Ort hängende Langeweile wird nur am Wochenende oder an Feiertagen vorübergehend mit etwas Lebensstimmung unterbrochen, darüber können auch die in den letzten Jahren vermehrt entstandenen Cafés und westlichen Restaurants nicht hinwegtäuschen.

Ansonsten gehen die Menschen hier ihren von alters her bekannten und vertrauten Geschäften nach, und das Plastikzeitalter, das hier einmal vorübergehend Arbeitsplätze geschaffen und Einkommen gesichert hat, ist längst wieder vorbei. Touristen sind das verläßlichere Geschäft. Viele Geschäfte mit typischen Waren – Kräuter, Räucherstäbchen, getrockneter Fisch etc. – finden sich im Zentrum des Ortes, und Fahrräder kann man auch mieten, nämlich in der Nähe des Hung Shing Ye Beachs.

Am Ende der *Main St* stößt man auf den über 100 Jahre alten **Tin Hau-Tempel**, dessen Eingang von zwei Granitlöwen bewacht wird. Im Inneren findet man, hinter einer roten Wand, die der Abwehr böser Geister dient, in einem Schrein die mit Perlen geschmückte und verschleierte Göttin. Links von ihr sieht man *To Tei*, der Stadtgott, der bedeutende Ereignisse wie Geburt, Heirat und Tod festhält, rechts dann die Figur von *Muen Kuen*, der den Tempel vor schlechten Einflüssen beschützt.

Ein Stückchen weiter des Weges fällt einem ein geschmückter, moderner **Schrein** auf, der der lokalen Gottheit *'König des Dreibergekönigreichs'* geweiht ist.

Am südlichen Ende von Yung Shue Wan weist einem ein Schild *'Lamma Youth Hostel'* den Weg nach Sok Kwu Wan, für den man etwa eineinhalb Stunden benötigt. Nach dem Passieren von **Hung Shing Ye Beach** gelangt man nach einem Anstieg zu einem chinesischen Pavillon, von wo aus einem klar wird, daß die Insel zum Großteil aus hügeligem

Grasland und großen Felsbrocken besteht, Bäume hingegen rar sind.

Bald danach gelangt man zu einer Anhöhe, die einen zauberhaften Blick auf die **Bucht von Sok Kwu Wan** freigibt. Getrübt wird der Anblick allerdings von dem Steinbruch und dem dazugehörigen Zementwerk, die sich immer mehr in die Felsen der Insel fressen.

Je näher man Sok Kwu Wan kommt, desto mehr Hunde tauchen auf, von denen manch einer nach fremden Beinen Ausschau hält. Ein wenig Vorsicht ist daher geboten. Am Ortseingang stößt man auf den reichlich verstaubt wirkenden **Tin Hau-Tempel**, dessen rote Laternen und Fahnen sonnengebleicht träge im Winde baumeln.

Sok Kwu Wan ('Picknickbucht') zählt nur wenige Häuser, viele davon sind Restaurants, die die in der Bucht gezüchteten oder in der See ringsum gefangenen Schätze des Meeres so lecker zubereitet auf den Tisch bringen, daß viele Hong Konger nur zum Essen eben einmal kurz hierherkommen.

Wer einen **ruhigen Strand** sucht, kann sich weiter ostwärts halten, in Richtung **Mo Tat Wan**, einem etwa 400 Jahre alten Dorf, das zu den ältesten im Territorium gehört. Auf dem Weg zum Strand kommt man an einer mit Planen überdachten Werkstatt vorbei, in der **hölzerne Drachenboote** hergestellt werden.

Der Süden der Insel wird dominiert vom 353 m hohen **Mount Stenhouse**, den man von Sok Kwu Wan aus in etwa einer Stunde besteigen kann. Der Aufstieg sollte nur mit festem Schuhwerk und von gut Trainierten unternommen werden. Die Aussicht vom Gipfel an klaren Tagen lohnt jedoch jede Mühe.

Fischzuchtfarm bei Sok Kwu Wan, Lamma Island

Wer möchte, kann noch weitere Wanderungen auf der Insel unternehmen, ansonsten kann man mit der Fähre nach Central zurückkehren oder sich mit dem Kaido nach Aberdeen übersetzen lassen, das etwa alle zwei Stunden fährt.

Zu erreichen mit der Fähre ab dem Outlying Districts Ferry Services Pier in Central, Hong Kong Island – die Fähren laufen entweder Yung Shue Wan oder Sok Kwu Wan an; oder mit dem Kaido ab Aberdeen (ab den Anlegestellen für die Zubringerboote zu den Floating Restaurants).

4.4.3 Lantau Island

Mit 142 km^2 fast doppelt so groß wie Hong Kong Island, leben nicht einmal 20.000 Menschen auf Lantau Island (= im Kantonesischen *'Gebrochener Kopf'*; die Insel wird auch **'Tai Yue Shan'**, *'Großes Inselgebirge'* genannt), was die Insel zu einem Paradies für Wanderer und Erholungssuchende macht – aber nur während der Woche.

Doch droht Gefahr, denn im Schatten des 934 m hohen **Lantau Peak** (Hong Kongs zweithöchster Berg) entsteht der neue Internationale Flughafen, dem man eine ganze Insel opfert, nämlich das im Norden vorgelagerte **Chek Lap Kok**, dessen Spitzen man kappt und ins Meer kippt. Auf dem so neu entstandenen Gelände, das die Insel an Lantau Island anbindet, entstehen die beiden Startbahnen, die mit den dazu geplanten Terminals etc. im Endstadium jährlich 80 Mio Passagiere abfertigen können sollen.

Im Rahmen dieses Großprojektes, dem China wegen der hohen Verschuldung Hong Kongs mit gemischten Gefühlen gegenübersteht – diese beläuft sich nach den letzten Schätzungen vermutlich auf über HK$ 140 Milliarden –, sollen nicht nur eine der längsten, vielleicht sogar die längste Hängebrücke der Welt, sondern auch ein dritter Cross Harbour Tunnel nach Hong Kong Island, weitere Hafenterminals, Industriekomplexe, Hotels und touristische Einrichtungen sowie Wohnsiedlungen im Norden der Insel bzw. auf dem gegenüberliegenden Festland entstehen.

Doch noch sind rund **50% der Insel Country Parks**, die vom **Lantau Peak** und vom **Sunset Peak** (869 m) überragt werden, an der Küste warten zahlreiche Strände, und dazu gibt es eine Reihe alter chinesischer Ortschaften, in denen die Zeit bis dato stehengeblieben ist.

Wahrscheinlich war Lantau Island schon vor der Han-Zeit (206 v.Chr.) besiedelt, auf jeden Fall kam im 13. Jhd der letzte Sung-Kaiser bei seiner Flucht vor den ihn verfolgenden Mongolen hier durch, angeblich hielt er sich einige Zeit im Tung Chung Valley auf. Zudem war es über die Jahrhunderte hinweg Zufluchtsort für Seeräuber, darunter den berüchtigten Cheung Po Tsai. Heute, kurz vor dem Einfall der

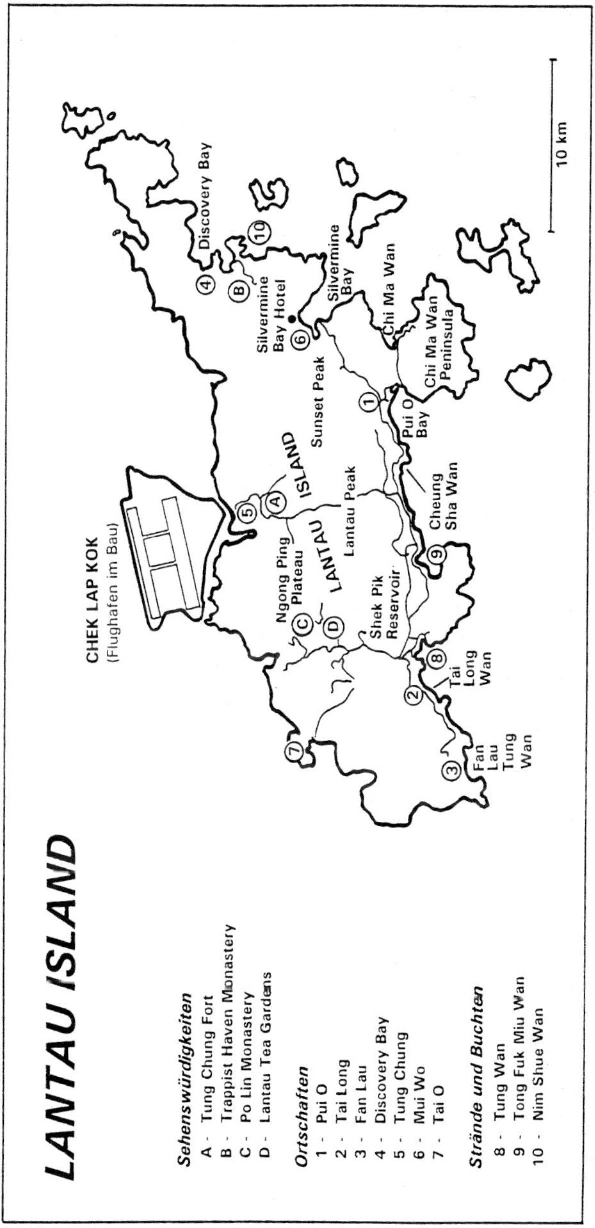
LANTAU ISLAND
Sehenswürdigkeiten
A - Tung Chung Fort
B - Trappist Haven Monastery
C - Po Lin Monastery
D - Lantau Tea Gardens
Ortschaften
1 - Pui O
2 - Tai Long
3 - Fan Lau
4 - Discovery Bay
5 - Tung Chung
6 - Mui Wo
7 - Tai O
Strände und Buchten
8 - Tung Wan
9 - Tong Fuk Miu Wan
10 - Nim Shue Wan
CHEK LAP KOK
(Flughafen im Bau)
Discovery Bay
Silvermine Bay Hotel
Silvermine Bay
Chi Ma Wan
Chi Ma Wan Peninsula
Sunset Peak
Pui O Bay
LANTAU ISLAND
Lantau Peak
Cheung Sha Wan
Ngong Ping Plateau
Shek Pik Reservoir
Tai Long Wan
Fan Lau Tung Wan
10 km

stählernen Riesenvögel, gehen die Menschen hier die Woche über ihren uralten Gewerben nach, zum einen als Landwirte, zum anderen als Fischer. Das dicke Zubrot am Wochenende, wenn Zehntausende Erholungssüchtige von Hong Kong Island oder vom Festland sich hier breitmachen, lindert die Mühsal des Alltags.

Man kann sich die Insel auch zu Fuß oder mit dem Fahrrad erschließen, in der Regel fehlt es jedoch an der nötigen Zeit dazu, denn die Distanzen und das gebirgige Gelände lassen keine allzu großen Tagesetappen zu. Einen Tag sollte man aber mindestens einplanen, um wenigstens die wichtigstens Sehenswürdigkeiten besichtigen zu können.

Zu erreichen mit der Fähre ab dem Outlying Districts Ferry Services Pier in Central, Hong Kong Island, oder mit der Hoverferry ab dem Government Pier, Central.

• Mui Wo

Fast alle Touristen setzen zum ersten Mal hier ihren Fuß auf den Boden von Lantau Island, denn hier landen die von Hong Kong Island kommenden Fähren. Die *'fünfblättrige Blume'*, so die Übersetzung des Ortsnamens, liegt in einem kleinen Tal, das sich rings um die **Silvermine Bay** zieht, wie Mui Wo oft selbst genannt wird, wegen der zwei ehemaligen Silberminen, die sich in der Nähe des Ortes befanden.

Heute ist der Ort oftmals nur Durchgangsstation auf dem Wege zu den anderen Zielen auf der Insel, dabei hat er selbst auch ein paar reizvolle Kleinigkeiten zu bieten, für die man sich ruhig zwei oder drei Stunden Zeit nehmen sollte.

Gleich neben dem Busbahnhof steht in einem kleinen Garten der **Li Family Taxation Stone**, ein über 700 Jahre alter Grenzstein, der an den Seiten und oben mit chinesischen Schriftzeichen beschrieben ist. Der Stein wurde 1955 in Chung Hau, Mui Wo, gefunden und soll nach Aussage der Historiker gegen 1265 aufgestellt worden sein, um den Besitz von Li Mao Ying abzugrenzen, eines hohen Beamten am Hofe des Sung-Kaisers.

Anschließend orientiere man sich in Richtung *Silvermine Rd*, von der aus man einen guten Blick auf Bucht und Strand hat. Folgt man der Straße geradeaus, gelangt man schießlich zu einem alten **Aussichtsturm**, dessen Überreste einst Bestandteil einer befestigten Siedlung waren, in der der 'Gangster Yuen' mit seinen etwa 100 Gefolgsleuten lebte. Erst Mitte der 60er Jahre ergab er sich den Behörden, denen seine illegalen Geschäfte lange Zeit ein Dorn im Auge gewesen waren.

Von hier aus muß man wieder ein Stück zurückgehen, um links über die Brücke in die *Mui Wo Chung Hau St* zu gelangen. Rechts zweigt wenig später die *Tung Wan Tau Rd* ab, die einen zum *Silvermine Bay Hotel* und zum Strand bringt, an dem sich zahlreiche Restaurants etabliert haben. Zu beiden Seiten der *Mui Wo Chung Hau St* bieten kleine Läden unter anderem die typischen chinesischen Marktprodukte feil; Dutzende von Hühnern müssen sich einen kaum einen Kubikmeter großen Käfig teilen, was zu blutigen Aggressionen innerhalb der gefiederten Zwangsgemeinschaft führen kann.

Am Ende der Straße halte man sich nach rechts in Richtung *Mui Wo Rural Committee Rd* und achte auf Schilder mit der Aufschrift *'Pak Ngan Heung'*, die einen zu einem Spielplatz und ein Stückchen weiter zum **Man Mo-Tempel** bringen. Der Tempel soll etwa 200 Jahre alt sein, auf dem Hauptaltar steht ein großes Gefäß für die Verbrennung der Räucherstäbchen, außerdem links eine Statue von *Man Cheung* und rechts eine von *Kwan Kung*.

Weiter geradeaus gelangt man sodann zu einer großen Villa mit Swimmingpool, wo man sich links hält, jedoch nicht die Stufen hochsteigt. So kommt man zu einem kleinen **Park mit Pavillon**, der vor einem **Wasserfall** angelegt wurde.

Am Hang oben stößt man auf eine Plakette, die einen über die aufgegebene **Silbermine** aufklärt, die um 1865 in Bc trieb genommen und bereits 1896 wieder geschlossen wurde, vermutlich wegen der schlechten Silberqualität. Der Weg führt nun wieder zurück zum Pier, von wo aus man mit dem Bus oder per Pedes zu anderen Destinationen auf der Insel gelangen kann.

• Trappist Haven Monastery

Die Hong Konger Regierung schenkte den 1949 auf der Flucht vor den Kommunisten aus Beijing hierhergekommenen Trappisten-Mönchen 30 ha Land auf Lantau Island, auf dem sie in den Folgejahren mit dem Bau eines Schlafsaales und einer Kapelle begannen. Mit einer Kuh und zwei Bullen (zu Zuchtzwecken angeschafft) begann man 1953 mit der Produktion von Milch, die man – bekannt für ihre Qualität – in der Stadt verkaufte. Die Farm ist allerdings kürzlich geschlossen worden.

Wahrzeichen des Klosters ist das weiße Kreuz auf dem Dach der Kapelle. Besucher sind herzlich willkommen, werden aber gebeten, sich leise zu verhalten und keine Radios oder Cassettenrekorder spielen zu lassen.

Am einfachsten zu erreichen mit einem Kaido ab Peng Chau, wohin man mit der Fähre gelangt; das Kaido wartet am Pier auf jede Fähre. Oder zu Fuß von Miu Wo oder Discovery Bay aus. Ab Nim Shue Wan (südlich von Discovery Bay) fährt ebenfalls ein Kaido.

• Discovery Bay

Ein Modell, wie Lantau Island in 30 Jahren aussehen wird? Bleibt zu hoffen, daß nicht, doch die aus dem Boden gestampfte Luxuswohnstadt im Nordosten der Insel verfügt immerhin schon über einen Golfplatz, der weiterhin zahlungskräftiges Publikum anlocken soll.

Zu erreichen mit der Hoverferry ab dem Blake Pier in Central, Hong Kong Island.

Shek Pik Reservoir

Um das 1963 fertiggestellte, 25 Mio m³ fassende **Wasserreservoir** herum, das unter anderem mittels Tiefseepipelines Cheung Chau und Hong Kong Island mit Trinkwasser versorgt, hat man einen schönen Blick auf den Lantau Peak, ein hübscher Wanderweg führt hinauf zum Kloster Po Lin. Das Dorf **Shek Pik** mußte beim Bau des Dammes umgesiedelt werden und liegt nun zu seinen Füssen. Auf der östlichen Seite des Dammes, unweit des Gefängnisses, findet man auch **alte Steininschriften**.

Zu erreichen mit Bus Nr. 1, 2 oder 5 ab Mui Wo.

Tai O

Es ist dies die größte Siedlung der Insel, und zusammen mit Tung Chung war Tai O jahrhundertelang wichtiger Fischereihafen und eine bedeutende Garnison, als hier die Chinesen noch das Sagen hatten. Zudem war der Ort gut 100 Jahre lang Hong Kongs Salzgewinnungszentrum, dessen Erzeugnis großenteils nach China exportiert wurde.

Heute leben die Menschen hier von der Fischzucht, von der Entenzucht, dem Reisanbau und der Gewinnung von Shrimppaste. Stets hängt der Geruch von Fisch in den Gassen des Dorfes, das wegen seiner Pfahlbauten auch den Beinamen *'Venedig Hong Kongs'* trägt. In der Nähe der Bushaltestelle kann man sich auf einem Lageplan einen Überblick über die Ortschaft verschaffen. Unmittelbar neben der Haltestelle sieht man auch die einstigen **Salzgewinnungspfannen**, die heutzutage meist als Fischteiche genutzt werden.

Von hier aus biege man in die *Wing On St* ein, wo man an der ersten Ecke links auf einmal vor einem der merkwürdigsten Transportmittel Hong Kongs steht, einer **von Hand fortbewegten Fähre**.

Diese verbindet den am Festland gelegenen Teil des Ortes mit dem auf einer vorgelagerten Insel sich befindlichen, wobei die wenigen Meter zwischen beiden mittels einer Fähre überwunden werden, die von zwei alten Frauen durch das Entlanghangeln an einem über den schmalen Wasserarm gespannten Seil fortbewegt wird.

Natürlich könnte eine Brücke die beiden Ortsteile miteinander verbinden, doch keiner will eine solche, schließlich ist das Fährenunikum Tai Os wichtigster Fotospot.

Die Überfahrt kostet übrigens 30 Cent und gewährt einen schönen Blick auf die entlang des trüben Wasserarms **auf Stelzen stehenden Häuser**, die über eigene Bootsanleger verfügen, denn das Boot ist für die hier Lebenden das wichtigste Transportmittel.

Handbetriebene Fähre in Tai O

Wer sich einen näheren Einblick in das Leben dieser Menschen verschaffen will, kann sich von den Tanka-Frauen, die hier mit ihren Sampans auf Kundschaft warten, auf- und abpaddeln lassen.

Setzt man nach kaum einer Minute seine Füße wieder auf festes Land, steht man in der *Tai O Market St*, in der unter anderem Stockfisch und Shrimppaste verkauft werden, zwei der lokalen Spezialitäten, außerdem Obst, Gemüse und andere Lebensmittel aller Art. Überall in den Straßen und Gassen Tai Os fallen die kleinen **Steinschreine** auf, bei denen dem Erdgott geopfert wird, der in ihnen anwesend ist, wie es der von den Yueh – Vorfahren der Tanka – bereits um 1.500 v.Chr. eingeführte Kult besagt.

Biegt man nunmehr rechts in die *Kut Hing Back St* ein, taucht bald links der 1784 erbaute **Kwan Tai-Tempel** auf, der dem Gott des Krieges und der Rechtschaffenheit geweiht ist. Man beachte die feinen Keramikfiguren auf dem Dach. Beim Betreten des Tempels sieht man rechts die Statue des Pferdes von Kwan Tai, links diejenige des Pferdes von Liu Pei, jenem Herrscher der Han-Dynastie, dem Kwan Tai diente. Auf dem Altar befindet sich eine Reihe von Bildnissen, so z.B. links dasjenige von Wah Lo, dem Arztgott, und das von Choi San, dem Gott des Reichtums, rechts. Rechts hängt auch eine 1739 gegossene Bronzeglocke. Kwan Tai wird meist von den Armen zum Schutz gegen jede Form des Übels angerufen.

Um einen guten Blick auf die Pfahlhäuser zu haben, sollte man auf Höhe der Nr. 47 rechts abbiegen und sich dann links in Richtung *Sun Kit St* orientieren, wo man nach wenigen Metern zur **Sun Kit Drawbridge** gelangt, von der aus man ganz gut das Treiben ringsum beobachten kann. Wieder zurück auf der *Kut Hing Back St* folge man dieser weiter bis zur öffentlichen Toilettenanlage, um sich dort nach rechts zu wenden, und so dauert es gar nicht lange, bis man vor dem malerischen **Hau Wong-Tempel** steht.

Der 1699 errichtete Tempel ist Tai Os beliebtester und wurde zum Andenken an einen Mann namens Yang erbaut, der den letzten Sung-Kaiser, der hier vor den Mongolen Zuflucht suchte, beschützt haben soll. Hau Wongs Bildnis steht hinter einem langen Altar voller Blumen und Opfergaben, links der Haupthalle befindet sich ein Schrein für den Erdgott, rechts sieht man Fossilien von Haifischknochen und einen Walfischkopf, die von ansässigen Fischern gefunden wurden.

Von hier aus führt der Weg zurück ins Dorf, wobei man noch auf die Hausboote achten sollte, die am Ufer liegen und mittlerweile so zugebaut sind, daß sie ihrem ursprünglichen Zweck kaum noch Genüge leisten dürften.

Tai O besitzt einige vorzügliche Fischrestaurants, in denen man sich am Ende des Rundgangs stärken kann.

Zu erreichen mit Bus Nr. 1 ab Mui Wo. Wer von Tai O zum Po Lin Kloster (Ngong Ping) will (oder umgekehrt), muß an der Kreuzung Kheung Shan Rd/Sham Wat Rd von Bus Nr. 1 in Bus Nr. 2 (oder umgekehrt) umsteigen. Eine Direktverbindung zwischen Tai O und Po Lin Tze gibt es nur an Sonn- und Feiertagen (Bus Nr. 2R). An Wochenenden und Feiertagen gibt es zusätzlich eine Fährbindung von Central über Tuen Mun und Sha Lo Wan nach Tai O und zurück.

• Ngong Ping

Auf dem 520 m hoch gelegenen **Ngong Ping Plateau** finden sich einige der populärsten

Kloster Po Lin Tze auf Lantau Island

Ausflugsziele von Lantau Island. Wer das Gefühl vermeiden möchte, auf einem Rummelmarkt zu sein, muß unbedingt während der Woche kommen.

Erste und für viele einzige Anlaufstelle ist **Po Lin Monastery** (Po Lin Tze), Hong Kongs größtes buddhistisches Kloster, das offiziell 1927 gegründet und im Laufe der Jahre immer größer wurde. Bereits im Jahre 1905 hatten sich drei Mönche hier in der Abgeschiedenheit zur Meditation zurückgezogen; als sich ihnen allmählich andere anschlossen, gaben sie dem Ort ihrer Innenschau den Namen *'Po Lin Ching Tze'*, was soviel bedeutet wie *'Kloster des kostbaren Lotus, wo man zur Meditation sitzt'*.

Bis 1960 bestand das Kloster aus einem einfachen Tempel und ein paar bescheidenen Nebenbauten, dank der nicht unbeträchtlichen Spendengelder konnte man sich jedoch an die Erweiterung machen, so daß 1970 der heute zu sehende Komplex eingeweiht werden konnte.

Durchschreitet man das **Ehrentor** am Klostereingang, begrüßen einen zwei große Steinlöwen. Sodann gelangt man zur **Eingangshalle**, in der eine Statue des Lachenden Buddhas, ein Symbol der Freude, den Gast willkommen heißt; dahinter eine Statue von Veda, dem Beschützer des Hauptschreins. In der Mitte des Hofes erhebt sich die zweistöckige **Haupthalle**, die von einem hohen Dach aus gelben Keramikziegeln gedeckt ist, dessen Enden von Tierfiguren, z.B. Huhn, Hund und Schwein, verziert werden. Diese erinnern die Buddhisten an ihr Gelübde, demzufolge sie streng vegetarisch zu leben haben und keine lebende Kreatur gequält oder gar getötet werden darf. Der Rest der Halle ist in Blau, Grün, Orange und Gold gehalten.

Im oberen Stockwerk, zu dem eine breite Treppe emporführt, strahlen die **Drei Kostbaren Buddhas** ehrfurchtgebietende Ruhe aus. Die 3 m hohen Holzstatuen sind über und über mit Blattgold bedeckt, in der Mitte Sakyamuni, der Heilende Buddha zur Rechten und der Buddha des Westlichen Paradieses zur Linken. Im Rücken der drei findet man ein Bildnis von Kwun Yum, der Göttin der Barmherzigkeit. Im Stockwerk darunter, das man von der Rückseite her betritt, werden die **Drei Großen Seinsformen** verehrt, deren Aufgabe es ist, den Todesgeistern zu helfen. Der Raum wird auch *'Halle der Arhats'* genannt (*Arhats* sind Schüler Buddhas).

Hinter der Haupthalle befindet sich der eigentliche Tempel, in dem sich die Mönche um 5.00 und um 15.00-16.00 Uhr zum Gebet versammeln. In seiner Mitte steht eine vergoldete Statue Buddhas, daneben eine seines Vaters und seines ältesten Sohnes Lo Hu Lo. Beide Seiten des Hofes werden flankiert von Pavillons und langen Hallen; in der vom Eingang aus rechts gelegenen kann man sich einen Essenscoupon für eine vegetarische Mahlzeit holen, die in der Halle links serviert wird.

Auf einer Anhöhe vor dem Kloster erhebt sich die am 14. Oktober 1989 eingeweihte **größte freistehende Bronzebuddhastatue der Welt**, der 34 m hohe *Tiantan-Buddha* (oder *'Lantau Buddha'*). Die knapp 24 m hohe Figur sitzt auf einem rund zehn Meter hohen

Tiantan-Buddha beim Po Lin Tze auf Lantau Island

Steinsockel, der dem Himmelsaltar in Beijing nachempfunden ist. Auf den 12 Lotusblättern, auf denen Buddha sitzt, sind die Namen der Sponsoren eingraviert. Veranlassung für die Errichtung dieser Monumentalstatue war ein Traum des Klosterabtes Zhui Hai im Jahre 1972, der solch eine Statue im Traum gesehen haben soll. Viele Gläubige griffen die Idee begeistert auf, und nach dem Eingang zahlreicher Spenden konnte mit dem Bau begonnen werden, der insgesamt zehn Jahre dauerte und HK$ 60 Mio kostete. 250 t wiegt die Figur, die aus 202 in Nanjing gegossenen, 10 mm starken Bronzeplatten besteht, deren schwerste 6 t wiegt. Getragen wird das ganze von einem Stahlgerüst, das demjenigen der Freiheitsstatue in New York gleicht und auch mit denselben Rostschutzmitteln behandelt wurde.

260 Stufen führen zu der Statue hinauf, in deren Sockel sich eine 3,3 m hohe, 6 t schwere Messingglocke befindet, deren 2 m große Öffnung einer Flamme gleicht. Ein computergesteuertes System soll installiert werden, um sie von 11.00-23.00 h tägl. insgesamt 108 mal schlagen zu lassen, Symbol für die 108 Schwierigkeiten, denen der Mensch gemäß Buddhas Lehre gegenüberstehen kann.

Neben der Bushaltestelle führt ein schmaler Weg zu den **Lantau Tea Gardens**, die seit 1959 unterhalten werden, angelegt von einem britischen Rechtsanwalt. Hier wächst Hong Kongs einziger Tee, namens *'Wan Mo Cha'* (= *'Tee der Wolken und des Dunstes'*), den man im Café nebenan probieren kann. Wer Lust hat, kann sich nebenan auch auf ein Pferd schwingen und ein paar Runden drehen.

Auf halbem Weg zwischen Kloster und Teegarten zweigt ein schmaler Weg ab, auf dem man über einige Stufen zu einer **alten Pagode** gelangt, die einsam auf einer kleinen Plattform inmitten dichter Vegetation steht. Hier ist man wirklich mit sich und der Welt allein.

Östlich der Tea Gardens, bei einem hölzernen Ehrentor, beginnt der Pfad hoch zum **Lantau Peak**, den viele Chinesen zum Sonnenaufgang besteigen. Von dem 934 m hohen Berg aus kann man an klaren Tagen – doch die sind selten – Macau sehen, ganz zu schweigen von dem phantastischen Blick auf Hong Kong selbst. Wer den Aufstieg wagen will, sollte am besten im Kloster oder in der Jugendherberge beim Teegarten übernachten.

Po Lin Monastery; Tel. 9855113 (Voranmeldung für die Übernachtung empfehlenswert); Eintritt frei. Zu erreichen mit Bus Nr. 2 ab Mui Wo. Wer von Tai O kommt oder dorthin will, muß von Bus Nr. 1 in Bus Nr. 2 umsteigen, bzw. umgekehrt. An Sonn- und Feiertagen fährt Bus Nr. 2R direkt von Ngong Ping nach Tai O und zurück.

• Tung Chung

In der Umgebung dieser verlassenen Ortschaft, die in der nördlichen Ebene von Lantau Island liegt, trifft man auf einige kleine **buddhistische Klöster**, die verstreut in der Landschaft liegen. Nach der Fertigstellung des neuen Flughafens, der vor Tung Chung entsteht, wird es wohl mit ihrer Ruhe ebenso vorbei sein wie mit derjenigen des Ortes selbst.

Touristen kommen aber nicht ihretwegen hierher, oder nur sehr selten, sondern wegen des alten Forts, das man ein Stückchen landeinwärts an der Verbindungsstraße findet, die der Bus nimmt.

Das **Tung Chung Fort** datiert aus dem Jahre 1832 und wurde von den Chinesen zur Eindämmung des Opiumhandels und zur Bekämpfung von Piraten gebaut. 400 Soldaten waren damals hier stationiert, heute beherbergt das Fort in seinen Granitmauern eine Grundschule. Über dem Haupteingang findet sich eine alte Steininschrift, die auf die Entstehung der Befestigungsanlage eingeht. Auf der Mauer stehen noch sechs alte Kanonen, die jedoch vermutlich aus der alten **Befestigungsanlage** (erbaut 1817) neben der Bushaltestelle am Hafen stammen.

Die Besichtigung der Befestigungsanlagen ist kostenlos. Wer noch ein wenig Zeit hat, kann vom Fort aus ein Stückchen die Straße in Richtung Mui Wo zurückgehen und dann halbrechts in einen Fußweg einbiegen, der ihn zum **Hau Wong-Tempel** bringt, einen kleinen Tempel, der *Yeung Hau Wong* gewidmet ist, einem Minister der Sung-Dynastie, der mit dem letzten Kaiser zusammen starb. Die Andachtsstätte mit ihrem Doppeldach stammt aus der Ming-Zeit.

Nach Tung Chung gelangt man ab Mui Wo mit Bus Nr. 3. Ab Tuen Mun kann man auch mit dem Kaido hierher kommen. Zu Fuß ist es ein etwa eineinhalbstündiger Marsch vom Po Lin Monastery nach Tung Chung.

• Lantau Trail

Dieser 70 km lange **Rundwanderweg** ist in 12 Abschnitte gegliedert, die unterschiedlich lang und schwer sind. Für die ganze Tour benötigt man etwa 24 Stunden, die interessantesten Teilabschnitte sind aber jene rund um den Lantau Peak, den Sunset Peak und entlang der Südwestküste.

Nähere Informationen erhält man bei der *HKTA*, der *Country Parks Division* und dem *Government Publications Office*, wo man die Karte '*Lantau Trail*' erwerben kann.

• Fan Lau

Auf einer kleinen Halbinsel ganz im Süden liegt Fan Lau, wo es die Überreste eines **Forts** aus der Qing-Zeit, einen kleinen **Tin Hau-Tempel** und einen **Steinkreis** gibt, über dessen Bedeutung man jedoch nichts weiß. Zudem locken mehrere kleine, dafür sehr verlassene Strände; Grund dafür ist die isolierte Lage. Wer nicht stundenlang von Tai O aus herüberkraxeln will, kommt nur mit einem eigenen Boot hierher.

• Chi Ma Wan Peninsula

Die Halbinsel südlich von Silvermine Bay lädt zu ausgedehnten **Wanderungen** ein und kann mit der wohl **verrücktesten Kneipe** des ganzen Territoriums aufwarten. Von **Chi Ma Wan** aus, wo sich eines der geschlossenen Lager für die Vietnamflüchtlinge befindet, kann man sich entweder entlang der Küste halten, oder man schlägt den Weg quer durch das Innere der Halbinsel ein, Zielort sollte auf jeden Fall **Tai Long** sein, ein verschlafenes Kaff am anderen Ende der Halbinsel. Die alten, vom Verfall bedrohten Häuser wirken nicht gerade einladend, und so lenkt man seine Schritte schon unwillkürlich in Richtung des einzigen Neubaus, eben besagter Kneipe, nach derengleichen man lange suchen muß. *'Frog and Toad'* (= 'Frosch und Kröte') heißt sie, die Bedienung muß man eventuell selbst übernehmen, wenn der Besitzer keine rechte Lust dazu hat, laut und feucht-fröhlich geht es zu, doch meist nur am Wochenende, wenn die Einheimischen hierherkommen, denn Fremde kennen dieses Kuriosum nicht.

Die Stimmung ist stets ein wenig skurril, ihren Höhepunkt erreicht sie jedoch jedes Jahr am ersten Sonntag im Oktober, wenn die stadtbekannten *'Mud Olympics'* über die Bühne gehen. Bei dieser 'Schlamm-Olympiade' wird ein nahegelegenes Feld unter Wasser gesetzt, in dem dann diverse Wettkämpfe stattfinden, deren einziges Ergebnis eine einzige riesige Schlammschlacht ist, an der sich jeder der Anwesenden beteiligt, freiwillig oder unfreiwillig. Die Fotos der letzten Jahre kann man sich vom Besitzer, der seine Gäste – die mehr oder weniger alles Stammgäste sind – fast alle beim Namen kennt, zeigen lassen.

Wer nicht selber hier versumpft, kann noch weiter bis **Pui O** wandern, um von dort mit dem Bus nach Mui Wo zurückzukehren. Ansonsten ruft einem der Barbesitzer ein

Sampan von Cheung Chau herüber, das einen zur Fähre auf Cheung Chau bringt. Wer sich den Anmarschweg zur Kneipe sparen will, kann auch auf diese Art und Weise zu ihr gelangen.

☞ Zu erreichen entweder zu Fuß ab Mui Wo, oder bis Chi Ma Wan Village mit der Fähre ab Mui Wo. Oder bis Pui O mit dem Bus Nr. 7.

4.4.4 Peng Chau

Nur wenige Minuten von Lantau Island entfernt liegt die kleine Insel Peng Chau, deren 8.000 Einwohner vom Fischfang, der Möbelherstellung, der Streichholzproduktion und der Landwirtschaft leben. In Heimarbeit bemalt man **Porzellan**, das hier günstig gekauft werden kann. Die hügelige Insel ist in wenigen Stunden vollständig erkundschaftet, so daß durchaus Zeit bleibt, sich zu den alten Frauen zu setzen und eine Runde Mahjong mit ihnen zu spielen. Und ehe man wieder die Fähre besteigt, sollte man noch einen kurzen Blick in den 200 Jahre alten **Tin Hau-Tempel** in der Nähe des Piers werfen, der einen alten Walknochen beherbergt.

Von hier aus kann man sich auch mittels Kaido zum Trappistenkloster auf Lantau Island übersetzen lassen.

☞ Zu erreichen mit der Fähre ab dem Outlying Distrcts Ferry Services Pier in Central, Hong Kong Island; oder mit der Fähre ab Lantau Island und Cheung Chau.

4.4.5 Ping Chau

Diese ganz im **Nordosten** des Territoriums gelegene Insel kommt der VR China schon sehr nahe – kein Wunder also, daß sie Ziel vieler Chinaflüchtlinge war und ist.

Wie viele ihre Flucht mit dem Leben bezahlen mußten, weiß niemand, und die Haie schweigen dazu.

Bis Anfang der 60er Jahre des 20. Jhds lebten noch 3.000 Menschen auf dem Eiland, doch dann setzte der Exodus in die Stadt ein, heute liegt die Insel menschenverlassen da, nur an Wochenenden suchen sie – oftmals grölende – Erholungssuchende heim, denen man sich anschließen muß, denn die Fähre hierher fährt nur am Wochenende.

Vor allem die **schönen Strände** sind es, die Städter anlokken, wild-romantisch hingegen die aufgegebenen Dörfer und Einsiedeleien.

☞ Zu erreichen mit der Fähre ab Ma Liu Shui (bei der Chinese University, New Territories); die Fähre verläßt Ma Liu Shui am Samstag und kehrt am Sonntag zurück, man muß also auf der Insel übernachten. Zelt, Dekken, Lebensmittel und alles, was sonst noch benötigt wird, sind mitzubringen. Unbedingt die genauen Abfahrtszeiten vorher bei der Hong Kong & Yaumati Ferry Company, 1st Floor, Central Harbour Services Pier, Pier Rd, Central, Hong Kong Island, Tel. 5423081, in Erfahrung bringen. Bei schlechtem Wetter fährt die Fähre nicht.

4.4.6
Po Toi Island

Wer es einsam mag – auch an Wochenenden –, der sollte hierher fahren. Vielleicht ist er dann schon ganz allein, denn wie lange die wenigen Bewohner der Insel noch bleiben werden, ist ungewiß. In der einzigen größeren Siedlung, **Tai Wan**, kann man im Moment noch recht gut Fisch und andere Früchte des Meeres essen, die direkt aus den Zuchtbecken und -tanks geholt und den extra dafür angereisten Städtern verführerisch zubereitet aufgetischt werden.
Auf der Insel gibt es einige **Steingravierungen**.

☞ Zu erreichen mit dem Kaido am Di, Do und Sa ab dem Aberdeen Public Pier (beim Fischmarkt), Abfahrt 9.00 h, Rückfahrt ab Po Toi 10.30 h (wer die Insel erkunden will, muß also über Nacht bleiben; es gibt aber keine entsprechenden Unterkünfte auf der Insel). An Sonn- und Feiertagen fahren jedoch drei Boote, um 8.00 h ab Aberdeen, von Stanleys St Stephen's Beach um 10.00 und 11.30 h; Rückfahrten ab Po Toi 9.15, 10.45, 15.00, 16.30 und 18.00 h.

4.4.7
Tap Mun Chau

Diese Insel, auch *'Grass Island'* genannt, liegt im Nordosten der New Territories, dort wo Tolo Harbour in die Mirs Bay übergeht. Für viele ist es die schönste Insel Hong Kongs, die neben einem kleinen **Tin Hau-Tempel**, einer **Höhle** und seinen altertümlichen Behausungen verlockend **schöne Strände** zu bieten hat.

☞ Am einfachsten zu erreichen mit dem Kaido (etwa jede Std.) ab dem Wong Shek Pier (Endstation von Bus Nr. 94 ab Sai Kung, New Territories); oder mit der Fähre (zweimal tägl.) ab Ma Liu Shui (nahe der *Chinese University*, New Territories) – Fahrpläne beachten!

4.4.8
Tung Lung Chau

Die 6 x 4 km große Insel östlich von Hong Kong Island, unterhalb der Clear Water Bay Peninsula gelegen, ist mittlerweile unbewohnt, lohnt aber der Überreste eines alten **Forts** und einiger **Steingravierungen** wegen die Überfahrt. Die bronzezeitlichen **Steingravierungen** sind mit 1,8 x 2,4 m die größten Hong Kongs und stellen vermutlich einen Drachen dar. Man findet sie an der nordwestlichen Ecke der Insel. Auf dem nordöstlichen Landzipfel stößt man auf die Überreste eines 22,5 x 33,5 m großen **Forts**, das einst diesen Zufahrtskanal zum Hong Konger Hafen bewachte. Doch bereits um 1810 wurde die Befestigungsanlage aufgegeben.

☞ Zu erreichen mit dem Kaido der Lam Kee Ferry Company westlich des Sai Wan Ho Ferry Piers, Hong Kong Island; das Boot fährt am Sa und So morgens, und kehrt am späten Nachmittag zurück. Die genauen Zeiten müssen erfragt werden. Während der Woche muß man sich, so man kein eigenes Boot zur Verfügung hat, ein Sampan mieten.

5. Ausflüge in die Umgebung

Hong Kong als internationale Verkehrsdrehscheibe ist ein guter Ausgangsort für Ausflüge in die weitere Umgebung, d.h. in die VR China und nach Macau.

5.1 Volksrepublik China

Wer sich nicht auf eigene Faust nach China aufmachen will, kann sich einer der von zahlreichen Hong Konger Reisegesellschaften veranstalteten Touren anschließen. Das Visum gibt es in aller Regel innerhalb eines Arbeitstages, in dringenden Fällen – gegen einen Aufschlag – sofort. Man kann sich jede gewünschte Route zusammenstellen lassen, die beliebtesten Zielorte sind jedoch **Guangzhou (Kanton)**, **Guilin**, **Hainan** und **Shenzhen** (letzteres meist nur für Geschäftsreisende).

5.1.2 Hainan

Die Insel im Süden der Volksrepublik wird gegenwärtig als Bade- und Ferienparadies ausgebaut, vor allem mit Blickrichtung auf ausländische, devisenstarke Touristen. Wer sich entspannen möchte und sonst schon alles in der näheren Umgebung Hong Kongs gesehen hat, kann es einmal versuchen, mit einigen Unzulänglichkeiten war aber bis dato noch zu rechnen.

☞ Zu erreichen mit dem Flugzeug.

5.1.3 Shenzhen

Wo sich noch gegen Ende der 1970er Jahre ein kleines Dorf mit ein paar tausend Bauern befand, boomt heute Chinas ehrgeizigste Sonderwirtschaftszone, die in ihrem äußeren Erscheinungsbild ihrem Vorbild jenseits der Grenze sehr ähnlich sieht. Die Retortenstadt wird meist nur von Geschäftsleuten besucht, da mittlerweile nicht nur viele Hong Konger Firmen, sondern auch europäische und amerikanische hier fertigen lassen.

Als touristische Attraktionen wurden *Splendid China* und die *China Folk Cultural Villages* errichtet, in denen unter anderem mehr als 20 der bekanntesten Touristenattraktionen Chinas im originalen Maßstab nachgebaut wurden, bzw. Dörfer von 24 nationalen Minderheiten.

☞ Zu erreichen mit der KCR.

5.1.4 Guangzhou

135 km sind es mit der Bahn von Hong Kong aus, 2,5 Stunden Fahrt durch eine reizvolle Landschaft. Nach Fertigstellung der Autobahn wird es sogar noch schneller gehen. Die rund 6 Mio Einwohner zählende *Metropole am Perlfluß* lohnt einen Zwei- oder Dreitageausflug, und wie man bemerken wird, pflegt man hier schon einen recht westlichen Lebensstil. Mit ein wenig Informationsmaterial kann man sich die Stadt selbst erschließen, wobei man folgende Stationen unbedingt auf seinem Programm stehen haben sollte: *Gedenkhalle für Dr. Sun Yatsen*, *Tempel der sechs Banyanbäume*, *Ahnentempel der Familie Chen*, *Guang Xiao-Tempel*, *Huai Sheng-Moschee*, *Shamian*, *Wu Xian Guan* (= *Tempel der fünf Genies*), *Qingping-Markt* (riesiger Freimarkt).

☞ Zu erreichen mit der KCR, dem Flugzeug oder der Fähre.

5.1.5 Guilin

Die traumhaft schöne Karstgebirgslandschaft hat der Stadt Guilin einen Touristenboom ungeahnten Ausmaßes eingebracht, den zu bewältigen sie fast nicht mehr imstande ist. Die einst romantische **Schifffahrt auf dem Li-Fluß**, deretwegen jeder hierherkommt, ist beinahe zu einem Wettrennen zwischen den einzelnen Booten verkommen. Wäre die Landschaft nicht wirklich einzigartig schön, würde man sich darüber sicherlich mokieren. So genießt man es dennoch und überlebt auch den Ramsch-Rummel am auswuchernden *Hallo-Hallo-Markt* in **Yangshuo**, wo die Flußfahrt endet. Wer allein unterwegs ist, sollte unbedingt nach einer Möglichkeit Ausschau halten, die Fahrt in umgekehrter Richtung, d.h. von Yangshuo nach Guilin zu unternehmen, denn die Schiffe fahren sowieso leer zurück, dabei ist die Fahrt in dieser Richtung und zu dieser Tageszeit (Nachmittag) noch einmal so schön.

Man kann auch Exkursionen mit dem Fahrrad oder Wanderungen in **Guilin** selbst und in der näheren Umgebung unternehmen. In der Stadt sollte man auf jeden Fall auf den am Li-Fluß gelegenen **Fubo Shan** steigen, von dem aus man einen schönen Blick auf Guilin hat.

☞ Zu erreichen mit dem Flugzeug.

5.2 Macau

Wichtigstes Ausflugsziel in der näheren Umgebung Hong Kongs ist jedoch Macau, das 65 km entfernt gelegene Spielerparadies des Fernen Ostens, das mit dem Jetfoil in 55 Minuten zu erreichen ist, rund um die Uhr. Einen Tag sollte man sich für die kleine (noch-)portugiesische Enklave allerdings schon Zeit nehmen, besser jedoch zwei oder drei, um den Charme dieses erst ganz allmählich aus seinem Dornröschenschlaf erwachenden Stückchen Erde auch wirklich mitzubekommen.

Wahrzeichen Macaus: Ruine von Sao Paulo

5.2.1 Geschichte

1557 den Portugiesen vom kaiserlichen Hof als **Handelsposten überlassen**, wurde Macau bereits **1575** von Papst Clemens XIII. zum **Bischofssitz** ernannt und steuerte schon wenige Jahrzehnte später seiner Blütezeit zu, als die portugiesischen Handelsgaleonen die fernöstlichen Meere

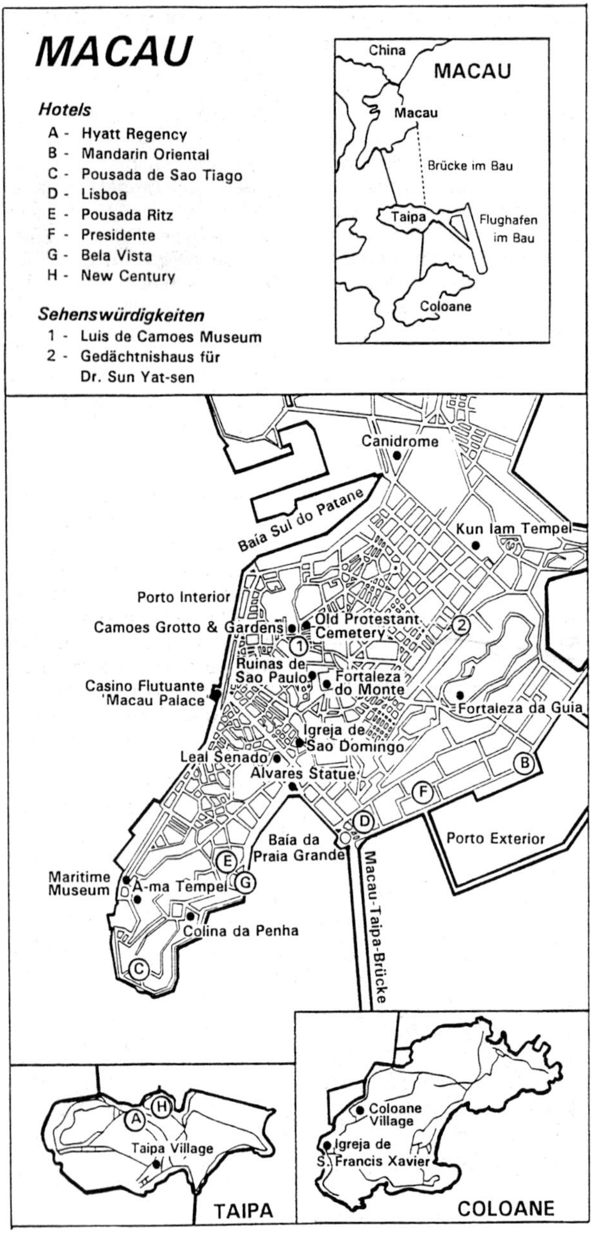
MACAU
Hotels
A - Hyatt Regency
B - Mandarin Oriental
C - Pousada de Sao Tiago
D - Lisboa
E - Pousada Ritz
F - Presidente
G - Bela Vista
H - New Century
Sehenswürdigkeiten
1 - Luis de Camoes Museum
2 - Gedächtnishaus für Dr. Sun Yat-sen
China
MACAU
Macau
Brücke im Bau
Taipa
Flughafen im Bau
Coloane
Canidrome
Baía Sul do Patane
Kun Iam Tempel
Porto Interior
Camoes Grotto & Gardens
Old Protestant Cemetery
Ruinas de Sao Paulo
Fortaleza do Monte
Casino Flutuante 'Macau Palace'
Fortaleza da Guia
Igreja de Sao Domingo
Leal Senado
Alvares Statue
Porto Exterior
Baía da Praia Grande
Macau-Taipa-Brücke
Maritime Museum
A-ma Tempel
Colina da Penha
Taipa Village
TAIPA
Coloane Village
Igreja de S. Francis Xavier
COLOANE

beherrschten. Mit dem Auftauchen der Briten und Holländer in den Gewässern des Fernen Ostens begann Macaus stetiger Abstieg; die während der Wintermonate in Guangzhou tätigen überseeischen Handelsherren wählten Mitte des 18. Jhds das mittlerweile verarmte Macau zu ihrer **Sommerresidenz**. Nach seiner Öffnung für Chinesen im Jahre 1793 wurde Macau zum **wichtigsten Hafen des Opiumschmuggels** an den Küsten des Kaiserreiches. Die Abtretung Hong Kongs an die britische Krone traf die portugiesische Enklave empfindlich, doch rang sie dem Kaiserreich 1862 vertraglich einen mit der Kronkolonie vergleichbaren Status ab. 1887 erkannte Beijing Portugals Rechte an der Halbinsel Macau sowie den dazugehörigen Inseln Taipa und Coloane an. Der in den 1930er Jahren einsetzende Flüchtlingsstrom ließ Macaus Einwohnerzahl von rund 64.000 auf knapp 500.000 an-

Statue von Jorge Alvares

wachsen. In den Folgejahren entwickelte sich der territoriale Winzling zu einem der **größten Goldkäufer der Welt**, der von neuen Flüchtlingsströmen aus China überschwemmt zu werden drohte. Die Jahre des wirtschaftlichen Abstiegs endeten erst mit der Übernahme des **legalisierten Glücksspiels** in Macau durch die

Kolonialgebäude beim Leal Senado

'Sociedade de Turismo e Diversoes', die Macau zum **Las Vegas des Fernen Ostens** machte und gleichzeitig die politischen Fäden in die Hand nahm, die sie bis heute nicht abgegeben hat. Seit **1979** ist Macau als *'Chinesisches Gebiet unter portugiesischer Verwaltung'* deklariert und geht gemäß der am 26. März 1987 von der VR China und Portugal paraphierten *'Gemeinsamen Erklärung zur Macau-Frage'* am **20. Dezember 1999** an die Volksrepublik zurück, einen nahezu identischen Status wie Hong Kong erhaltend.

5.2.2 Fakten, Informationen und touristische Hinweise

Durch die gewaltigen Landaufschüttungen für den neuen Internationalen Flughafen und Industrieansiedlungen, die zwischen und auf den beiden vorgelagerten Inseln, aber auch an der Baía de Praia Grande gegenwärtig vorgenommen werden, wächst das **Territorium Macaus** ständig und beträgt zur Zeit etwa **17 km²**, wovon rund 6 km² auf den Festlandsanteil entfallen, 7 km² auf Coloane Island und 4 km² auf Taipa Island. **Rund 500.000 Menschen**, von denen **95% Chinesen** sind, drängen sich auf dem winzigen Fleck Erde zusammen, wodurch Macau mit knapp **30.000 Ew/km²** zum **am dichtest bevölkerten 'Land' der Erde** wird.

Die **Wirtschaft** wird weitgehend bestimmt von den Einnahmen aus dem Glücksspiel, doch erhofft man sich durch den Bau des Flughafens und eines Tiefseehafens weitere Einnahmequellen zu erschließen.

Die **Währung** Macaus ist der **Pataca**, der ziemlich genau 1:1

St Michael in Macau

zum Hong Kong Dollar gehandelt wird. Diesen akzeptiert man überall als vollwertiges Zahlungsmittel, was das leidige Umtauschen hinfällig macht.

Für die **Einreise** ist ein noch mindestens sechs Monate gültiger Pass erforderlich. Ein **Visum** ist für Deutsche, Schweizer und Österreicher nicht notwendig.

Gesprochen wird vorwiegend **Kantonesisch**, vielfach auch **Englisch**, **Portugiesisch** hingegen nur von den Portugiesen selbst und einigen wenigen anderen. Noch weniger als die Briten dies in Hong Kong vermochten, gelang es den Portugiesen, den Chinesen ihre Kultur aufzuzwingen, am ehesten noch bei der Küche.

Informationen

● in **Deutschland** (auch für die Schweiz und Österreich zuständig): Portugiesisches Touristik Amt, D-60329 Frankfurt/M, Kaiserstraße 66-IV, Tel. (069)234094 oder 234097.

● in **Hong Kong**: Macau Tourist Information Bureau, 3704 Shun Tak Centre, 200 Connaught Rd, Sheung Wan, Hong Kong Island, Tel. 5408180, Fax (852) 5596513; oder: Macau Government Tourist Office, 336 Shun Tak Centre, Tel. 8572287.

● in **Macau**: Macau Government Tourist Office, 9 Largo do Senado, Tel. 3971115, geöffnet Mo-Fr 9.00-13.00 und 15.00-17.30, Sa 9.00-12.30 h. Ein weiteres Büro befindet sich direkt am Jetfoil-Pier.

Öffentliche Verkehrsmittel

Es gibt eine Reihe öffentlicher **Busse** (fahren von 7-24 Uhr), **Taxis**, zudem **Pedicabs** (dreirädrige Fahrradrikschas – Preis vorher aushandeln) und die **Macau Mokes**, kleine offene Wagen zum Selbstfahren (Internationaler Führerschein erforderlich). Aufgrund der wenigen Parkplätze im Innenstadtbereich empfiehlt sich das Mieten eines Autos nur, wenn man wenig Zeit hat und auch die Inseln besuchen will. Mieten kann man sie bei: *Macau Mokes Group Ltd*, Avenida Marciano Baptist, Tel. 378851 (gegenüber dem Jetfoil-Terminal); oder in Hong Kong: 806 Kai Tak Commercial Building, 317-321 Des Voeux Rd Central, Sheung Wan, Hong Kong Island, Tel. 5434190. Am besten erschließt sich einem Macau aber zu Fuß.

Unterkunft

Macau besitzt eine ganze Reihe erstklassiger Hotels, die zum Teil über ein eigenes Spielcasino verfügen. Die Preise liegen im Durchschnitt um ein Drittel niedriger als in Hong Kong. Besonders empfehlenswert sind: *Bela Vista*, *Hyatt Regency*, *Lisboa*, *Mandarin Oriental*, *New Century*, *Presidente*, *Pousada Ritz* und *Pousada de Sao Tiago*. Buchungen erfolgen am besten über das Tourist Office.

Essen

Macau verfügt über eine Vielzahl guter Restaurants, in denen chinesisch und portugiesisch/afrikanisch gekocht wird. Aus ihren ehemaligen Überseebesitzungen brachten die Portugiesen Gewürze und Gerichte mit, die sie dann zum Teil noch mit der einheimischen Küche vermischten. Am bekanntesten ist das *African Chicken* (in einer Mischung afrikanischer und indischer Gewürze gebackenes Huhn) und das *Portuguese Chicken* (Huhn mit Kokosnuß, Olivenöl, Curry, Safran und Kartoffeln).

Spielcasinos

Mit Ausnahme des *Jockey Club Casinos* sind alle Spielcasinos rund um die Uhr geöffnet. Jugendliche unter 18 Jahren haben keinen Zutritt, das Fotografieren ist in den Casinos verboten. Gewählt werden kann zwischen den international bekannten Spielen, wie z.B. Roulette, Baccara usw., und chinesischen Glücksspielen.

Andere Unterhaltungsmöglichkeiten

Einige Hotels und Clubs bieten verschiedene *Shows* (aktuelles Programm

Macaus größtes Casino

erfährt man beim Tourist Office), zudem besitzt Macau auf Taipa Island eine *Trabrennbahn* und ein *Canidrome*, das in der Nähe des Grenztors zu China liegt.

Geschäftszeiten: Mo-Fr 8.30-13.00 und 15.00-17.00, Sa 8.30-13.00 h. Privatgeschäfte öffnen länger. Banken: Mo-Fr 9.00-16.00, Sa 9.00-12.00 h.

Strom: 220 Volt AC, 50 Hertz.

Telefon: Die Vorwahl von Macau ist 853. Nach Deutschland: 00-49 + Ortsvorwahl (ohne die '0') + Anschluß.

5.2.3 Was es zu sehen gibt

Macau ist eine alte Stadt, entsprechend viel gibt es auf dem kleinen Territorium zu sehen, doch leider werden immer mehr der historischen Sehenswürdigkeiten durch moderne Hochhäuser verbaut. Nachstehend eine Auswahl der wichtigsten Sehenswürdigkeiten.

• Auf der Halbinsel Macau

– *Jorge Alvares Statue* (Ecke Rua Praia Grande/Avenida da Amizade): Alvares gilt als erster Portugiese, der den Boden Chinas betrat, und zwar im Jahre 1555.

– *Leal Senado* (Avenida de Almeida Ribeiro): Der 1784 eingeweihte Sitz der Stadtverwaltung gilt als hervorragendes Beispiel portugiesischer Architektur im Territorium.

– *Igreja de Sao Domingo* (Rua do Sao Domingos): Aus dem 17. Jhd stammende Renaissancekirche mit Barockaltar.

– *Camoes Grotto & Gardens* (Rua Coelho da Amaral): Schöne Gartenanlage mit einer Grotte, in der eine Büste

Die alte Dominikanerkirche Igreja da Sao Domingo in Macau

des portugiesischen Dichters steht, der im 16. Jhd hier gelebt haben soll.

– *Luis de Camoes Museum* (neben der Gartenanlage): Große Sammlung chinesischer Töpferwaren, Emailarbeiten, Gemälde und Waffen. Das Gebäude war einst Hauptquartier der East India Company in Macau. Geöffnet Do-Di (außer an Feiertagen) 11.00-17.00 h.

– *Old Protestant Cemetery* (neben dem Camoes Museum): Auf diesem Friedhof sind viele Ausländer begraben, die das Schicksal nach Macau verschlug.

– *Ruínas de Sao Paulo* (Calcada de Sao Paulo): Die beim Brand von 1835 stehengebliebene Fassade der Kathedrale ist das Wahrzeichen Macaus.

– *Fortaleza do Monte* (neben Sao Paulo): Aus dem Jahre 1626 stammende Befestigungsanlage, von der aus man den besten Blick über ganz Macau hat.

– *Gedächtnishaus für Dr. Sun Yat-sen* (Rua Silva Mendes): Das Haus birgt Ausstellungsstücke, die an Dr. Sun Yat-sen erinnern sollen, der einige Zeit in Macau lebte. Ge-

Grabstein auf dem Old Protestant Cemetery

öffnet Mo, Mi-Fr 10.00-13.00, Sa-So 10.00-13.00 und 15.00-17.00 h.

– *Fortaleza da Guia* (Colina da Guia): Auf dem höchsten Punkt Macaus findet man diese 1637/38 errichtete Befestigungsanlage mit dem 1845 erbauten Leuchtturm, den ältesten an den Küsten Chinas. Von hier oben hat man einen schönen Blick auf die Stadt.

– *Ma Kok Miu (A-ma-Tempel)* (Rua da Barra): An dieser Stelle soll das Schiff gelandet sein, das das später als Tin Hau verehrte Mädchen aus Seenot rettete. Ihm zu Ehren baute man bereits im 14. Jhd hier den ersten Tempel, der jetzige stammt aus dem 17. Jhd, große Teile sind jedoch ganz neu, da ein Brand 1991 die Haupthalle zerstörte.

Er ist das älteste Bauwerk Macaus. Aus 'A-ma Gao' ('Bucht der A-ma', d.h. von Tin Hau) wurde später 'Macau'.

– *Maritime Museum* (Rua da Barra): Gegenüber dem Ma Kok Miu liegt das kleine Schiffahrtsmuseum.

– *Colina da Penha*: Auf dieser Anhöhe im Süden der Halbinsel befindet sich der Bischofssitz. Von hier hat man einen schönen Blick auf den Inneren Hafen und hinüber nach Zhuhai.

– *Kun Iam-Tempel* (Avenida do Coronel Mesquita): Der Tempel ist Kuan Yin, der Göttin der Barmherzigkeit, geweiht. Gut 400 Jahre reichen die Anfänge des Komplexes zurück, der der schönste Macaus ist, und in dem der erste Handels- und Freundschaftsvertrag zwischen den USA und China im Jahre 1844 unterzeichnet wurde.

– *Portas do Cerco* (Istmo Ferreira do Amaral): Bis zur Öffnung der Volksrepublik war es sogar verboten, das Grenztor zu fotografieren, heute fin-

Portas do Cerco, Macaus Grenztor zur VR China

det hier ein reger Grenzverkehr statt, denn täglich strömen Tausende zur Arbeit aus China nach Macau herein – ganz legal.

– *Casino Flutuante 'Macau Palace'* (Rua das Lorchas): Wo sonst gibt es ein schwimmendes Spielcasino, doch nicht nur zum Schauen ist man eingeladen, sondern selbstverständlich auch zum Spielen.

● Auf Coloane Island

– *Coloane Village* (zu erreichen mit Bus Nr. 21 und 21A): Verträumtes Dorf, an dem die Zeit vorbeigegangen zu sein scheint. Im Ort lohnt der Besuch der *Igreja de S. Francis Xavier*, die 1928 zu Ehren des 1552 in der Nähe verstorbenen Missionars Francis Xavier errichtet wurde, der sich – vergeblich – um die Christianisierung Japans und Chinas bemüht hatte. Ein Armknochen des Heiligen wird hier als Reliquie aufbewahrt. Ganz in der Nähe liegen drei weitere Tempel, einer ist *Tin Hau*, einer *Kun lam* und einer *Tam Kong* geweiht.

Zudem gibt es auf Coloane Island noch einige ganz hübsche Strände, z.B. den *Cheoc Van Beach* und den *Hac Sa Beach*.

Igreja de San Francis Xavier auf Coloane Island

● Auf Taipa Island

– *Taipa Village* (zu erreichen mit Bus Nr. 11, 28A und 33): Wer einen Eindruck vom Leben früherer Tage bekommen will, schlendert einfach durch das Dorf, in dem es einen kleinen *Tin Hau-Tempel* (Largo Governador Tamagnini Barbosa) und einen *Pak Tai-Tempel* (Rua do Regedor) gibt.

– *Pou Tai Un-Tempel*: 200 m westlich des Hyatt Regency Hotels stößt man auf den größten Tempel der Insel.

Literaturverzeichnis

Während dem Interessenten im Deutschen fast ausschließlich Reiseführer zur Verfügung stehen, findet man im Englischen eine Vielzahl von Publikationen, die sich mit allen Aspekten Hong Konger Lebens beschäftigen. Die bei weitem größte Auswahl hat man natürlich in Hong Kong selbst. Wer sich in ein Spezialgebiet vertiefen möchte, sollte in den Büchereien nachschauen, die im reisepraktischen Teil angegeben sind.

Reisepraktisches

Anderson-Tsang, Barbara und **Mikula**, Leopoldine, Hong Kong Shopping Guide, Professional Printers (HK) Ltd, Hong Kong 1990

Apa-Guide, Hong Kong, Nelles Verlag, München 1991

Historical Hong Kong Walks, The Guidebook Company, Hong Kong 1988

Hong Kong Tatler, Hong Kongs Best Restaurants 1993, Hong Kong 1992

Moores, Alan (Hrsg), Another Hong Kong: An Explorer's Guide, Emphasis (HK) Ltd, Hong Kong 1990

Nadler, Alexander, Hong Kong mit Macau, Reich Verlag, Luzern 1989

Reiber, Beth, Frommer's Comprehensive Travel Guide – Hong Kong '92-'93, New York 1992

Storey, Robert, Hong Kong, Macau & Canton, Lonely Planet Publications, 6. Ausgabe, 1992

Die **HKTA** hat fünf kleine Broschüren einschließlich Karten veröffentlicht, die es auch im Buchhandel zu kaufen gibt:
- Central and Western District Walking Tour
- Cheung Chau Walking Tour
- Lantau Island Explorer's Guide
- Sai Kung Explorer's Guide
- Yau Ma Tei Walking Tour

Historisches

Cameron, Nigel, An Illustrated History of Hong Kong, Oxford Press, Hong Kong 1991

Hong Kong 1992, A Review of 1991, Government Information Services, Hong Kong 1992 (wird jedes Jahr neu aufgelegt)

Rodwell, Sally, Historic Hong Kong, The Guidebook Company Ltd, Hong Kong 1991

The Taipans – Hong Kong's Merchant Princes, Oxford University Press, Hong Kong 1981

Kulturelles

Lip, Evelyn, Chinese Geomancy, Times Books International, Singapur 1991

Modder, Ralph P., Chinese Temple Festivals, Yee Tin Tong Printing Press Ltd, Hong Kong 1983

Ng, Rebecca S.Y. und **Ingram**, Shirley C., Chinese Culture in Hong Kong, Asia 2000 Ltd, 2. Ausgabe, Hong Kong 1989

Country Parks

Schepel, Kaarlo, Magic Walks, The Alternative Press, 3. Auflage, Hong Kong 1992

Schepel, Kaarlo, Magic Walks (Volume 2), The Alternative Press, Hong Kong 1991

Schepel, Kaarlo, Magic Walks (Volume 3), The Alternative Press, Hong Kong 1991

Thrower, Stella L., Hong Kong Country Parks, A Hong Kong Government Publication, Hong Kong 1984

Romane

Clavell, James, Tai-Pan, Knaur, München, 1979

Clavell, James, Noble House, Knaur, München, 1986

Elegant, Robert S., Die Dynastie, Rowohlt, Reinbek, 1979

Gordon-Davis, John, Das Jahr des hungrigen Tigers, Rowohlt, Reinbek

Le Carré, John, Eine Art Held, Knaur, München

Han Suyin, Alle Herrlichkeit auf Erden, Goldmann, München 1991

Mason, Richard, Suzie Wong, Rowohlt, Reinbek, 1989

Stichwortverzeichnis

A
A-Ma 46
Aberdeen 38, 62, 66, 69, 133, 175, 197, 198-201, 202, 204, 276
Aberdeen Country Park 209
Aberdeen Tunnel 97, 191
Admirality 98
Affengott 71-72, 240
Agriculture and Fisheries Department 252
Ahnenkult 40, 43
Aldrich Bay 196, 197
Amah 178
Amah Rock 264
Amitabha 42
Animismus 40, 43-44
Ap Lei Chau 200
Arhat 283
Avalokiteshvara 42-43, 248
Aw Boon Haw Gardens *s. Tiger Balm Gardens*

B
Bank of China Tower ... 164, 180, 182, 206
Beijing 11, 13, 14, 16, 18, 19, 20, 33, 34, 163, 244, 245, 247, 279, 284, 293
Big Wave Bay 208-209
Bird Market 233-234
Bishop's House 160
Blackhead's Hill 219
Blake Pier 133, 158
Bo Fook Ancestral Worship Halls 262
Boat People 18, 29, 197, 199, 200, 273
Bodhisattvas 42
Boundary St 27
Bremer, Sir J. J. 14
Bride's Pool Waterfalls . 259
Buddha 240, 261, 272, 283, 284
Buddhismus 40
Bun 67
Bun-Festival 269, 270, 271

C
Canossian Missions 171
Castle Peak 248
Cat Street 134, 135, 153
Causeway Bay ... 62, 72, 89, 90, 91, 99, 116, 127, 167, 184-190, 189, 190, 193
Causeway Bay Typhoon Shelter 186
Cenotaph 168
Central District 14, 16, 101, 102, 104, 106, 127, 155-169, 177, 218, 269, 276
Central Magistracy 171
Central Market 159
Central Plaza 38, 177, 182, 214
Central Police Station ... 171
Chai Wan 66, 69, 102, 193, 197
Chang Jiang 10, 14
Chater Garden 168
Che Kung-Tempel 262
Cheung Chau 10, 27, 59, 60, 61, 62, 66, 67, 68, 92, 242, 267-273, 280, 287
Cheung Po Tsai 12, 207, 273, 276
Cheung Sha Wan 235
Chi Ma Wan 286-287
Chien Niu 70
Chim 36, 152, 231
China Resources Building 184
Chinese University of Hong Kong 30-31, 259-260

Chinesisch-britisches Hong Kong-Abkommen 19, 21-22, 33
Chinesisches Neujahrsfest 38, 63, 64, 88, 91, 188, 191, 239, 262
Ching Chung Koon-Tempel 246-247
Ching Ming ... 43, 65-66, 72, 147, 199
Chiu Chow 39
Chiu Chow-Opern 71
Choi Hung 69, 97
Chuanbi 23
Chuk Lam Sim Yuen 242-244
Chung Yeung 43, 72, 147
City Hall 38, 82, 99, 157
Cityplaza 196
Clear Water Bay 31, 92, 266, 288
Clock Tower 221
Coloane 293, 294, 299
Congee 229
Convention & Exhibition Centre 110, 113
Country Parks 82, 83, 90, 198, 209, 242, 259, 266, 276
Country Parks Division . 209
Cross Harbour Tunnel 19, 24, 57, 97, 186, 217

D
Dai Pai Dong 117, 159, 189, 229
Daih Su 70
Davis, Sir John 14, 161
Deep Bay 246, 249
Deep Water Bay 90, 92, 175, 202, 204
Deng Xiaoping 19
Dim Sum 119-120, 228, 229, 269
Discovery Bay ... 60-61, 279
District Boards 21
Dongguan 98
Drachenbootfestival 38
Drachentänze 38, 66

E
East India Company 12, 23, 297
Eastern Harbour Crossing 20, 97
EIC *s. East India Company*
Eier, hundertjährige 159
Elias, H.M.H. Essack 171
Elliot, Charles 13, 14, 22, 150
Exchange Square 158
Executive Council 21, 24

F
Fan Lau 286
Fanling 66, 90, 94, 133-134, 254, 255-256
Feng Shui 36, 37, 43, 44, 64, 110, 147, 154, 160, 164, 165, 167, 205, 250, 270
Flagstaff House Museum of Tea Ware 162
Floating Restaurants 62, 199, 201
Food Street 190
Fook Tak 231
Foreign Correspondents' Club 160
French Mission Building 161
Fringe Club 85, 160
Fujian 245, 254
Fung Ping Shan Museum 149
Fung Ying Seen Koon-Tempel 255

G
Gautama Buddha 41, 42, 66-67
General Post Office 157
Goethe Institut 183
Government House 172-173

Government Publications Centre 82, 266, 286
Guangdong ... 118, 119, 180, 239, 245, 256, 263
Guangxu, Kaiser 253
Guangzhou ... 11, 12, 13, 14, 15, 16, 22, 103, 104, 152, 221, 289, 290, 293
Guilin 289, 290-291
Gweilos 19, 147, 151

H

Hafenrundfahrten .. 139-140
Hainan 289, 290
Hakka 12, 197, 206, 242, 260, 263, 264
Han-Dynastie . 65, 235, 259, 276, 281
Happy Valley 44, 66, 94, 100, 177, 184, 189, 190-193, 263
Hau 29, 254
Hau Wong 282, 285
Hausgott 45
High Island Reservoir ... 264
Himmelskönige, vier 261
Hinayana 42
Hindus 44, 81, 191
HKTA (Fremdenverkehrsamt) 77
Hoi Pa Village House 245
Hoklo 11, 29, 200
Hong 12, 157
Hong Kong Academy for Performing Arts 183, 192
Hong Kong Arts Centre 183
Hong Kong Arts Centre Pao Galleries 183
Hong Kong Cemetery ... 191
Hong Kong City Polytechnic 31
Hong Kong Coliseum 217
Hong Kong Convention and Exhibition Centre 183
Hong Kong Cultural Centre 221
Hong Kong Government Publications Centre 90
Hong Kong Hotel Association 56, 82
Hong Kong Island ... 10, 13, 14, 15, 16, 17, 19, 21, 22, 23, 26, 27, 29, 44, 83, 91, 92, 96, 97, 100, 102, 105-106, 145-209, 210, 213, 218, 219, 222, 241, 257, 267, 273, 274, 276, 278, 280, 288
Hong Kong Museum of Art 221
Hong Kong Museum of History 213
Hong Kong Park 83, 161-162, 192
Hong Kong Polytechnic . 31
Hong Kong Publications Centre 157
Hong Kong Railway Museum 257
Hong Kong Science Museum 216-217
Hong Kong Space Museum 220
Hong Kong Tourist Association *s. HKTA*
Hong Kong University of Science and Technology 31
Hongkong and Shanghai Banking Corporation 164-167
Hopewell Centre 180
Housing Authority ... 17, 30, 32, 189, 246
Housing Estates 98
Huang Di 46
Hunan 68
Hung Hom 59, 103, 195, 217, 222, 222-223
Hung Hsing 67
Hung Lau 247-248
Hung Shing ... 181, 199, 200

I

Independent Commission Against Corruption 18
Island House 258

J

Jade 138
Jade-Markt 227, 228-229
Jamia Masjid (Kowloon Mosque) ... 216
Jamia Mosque 170
Jardine House 157
Jardine Matheson ... 12, 157, 187
Jardine, William 23
Joint Liaison Group 20, 22, 34
Joss 43, 64, 68
Joss House Bay 66, 242, 266
Juden 44, 81
Jüdischer Friedhof 191

K

Kadoorie Agricultural Aid Association 24
Kadoorie, Sir F. 170
Kadoorie, Sir Lawrence .. 24
Kai Hing Wai 251
Kai Tak 237, 238
Kaido 273, 276, 287
Kam Tin 11, 29, 242, 250-251
Kanton-Opern 66, 71, 232-233
Kasyapa 42
Kat Hing Wai 251
Kau Sai Chau 92
KCR *s. Kowloon-Canton Railway*
Kennedy Town ... 16, 69, 99, 145, 147
Kolonialfriedhof 191
Konfuzianismus 40, 41
Konfuzius 40, 41, 72, 240, 272
Konvention von Beijing 15
Kowloon 15, 16, 17, 19, 21, 24, 27, 29, 83, 96, 97, 102, 174, 175, 210-241, 256
Kowloon City 228, 237-239
Kowloon Mosque ... 81, 216
Kowloon Park 44, 62, 71, 83, 90, 91, 114, 192, 213, 215
Kowloon Tong 102, 103
Kowloon Tsai Park 239
Kowloon Walled City ... 238
Kowloon-Canton Railway 103-104
Kuan Iam 45
Kuan Yin 45, 65, 67, 151
Kuanti 45
Kublai Khan 46
Küchengott 45, 64
Kulturrevolution 18
Kun Lung Gate Tower .. 255
Kun Ting Study Library 249
Kwai Chung 18, 25, 242
Kwai Yuen Monastery .. 272
Kwan Tai 281
Kwan Ti 228, 272
Kwong Fuk Yee Chee ... 150
Kwun Tong 222
Kwun Yum 45, 65, 205, 207-208, 231, 244, 248, 272, 283

L

Ladies' Market 234
Lai Chi Kok 91, 97, 236
Lai Chi Kok Amusement Park 236
Lamma Island 10, 59, 60, 62, 199, 273-276
Lan Kwai Fong 160
Lantau Island 10, 11, 20, 27, 55, 56, 59, 60, 61, 62, 67, 91, 92, 96, 97, 98, 105, 222, 237, 242, 267, 276-287, 287
Lantau Peak ... 27, 276, 280, 285, 286
Lantau Tea Gardens 284

Lantau Trail 285-286
Lao Tze 41, 272
Laternenfest 65
Lau Fau Shan 249
Law Uk Folk
Museum 197-198
Legislative Council 16, 21, 24
Legislative Council
Building 168-169
Lei Cheng Uk
Museum 235-236
Lei Yue Mun 59, 62, 196, 240, 241
Light Rail Transit 104
Lin Zexu 13
Lion Rock 264
Lion Rock Tunnel 97
Lippo Centre 163
Liu 29, 254
Liu Man Shek Tong
Ancestral Hall 254
Lo Wu 103, 104
Lok Fu Park 239
Lok Ma Chau 254
London 20
Lover's Rock 70, 177
Löwentänze 38, 66, 67, 72, 197
Lu Pan 69, 147-149
Lucky Money 64, 96
Lucky Numbers 37
Luen Wo Market 256
Luk Yu Tea House 160

M

Ma Hang Village 207
Ma Liu Shui 30, 259, 260
Ma On Shan 265-266
Macau 11, 13, 17, 22, 23, 29, 36, 45, 46, 61, 62, 104, 105, 114, 171, 214, 221, 285, 289, 291-299
Macau Ferry Termi-
nal 154, 158
Macau Tourist Infor-
mation 56-57
MacLehose, Sir Murray .. 18
MacLehose Trail 266
Mafoo 192
Mahayana 42
Mahjong 225-226, 267, 287
Mai Po Marshes 252, 254
Maitreya 42
Malaria 87
Man 29, 252, 253
Man Fat 261
Man Lun-fung Ancestral
Hall 253
Man Mo 151, 152, 257-258, 279
Manchukuo 16
Marine Police Head-
quarters 213
Mass Transit Railway
(MTR) 19, 101-103
Matheson, James 23
Mid-Autumn Festival 38
Mid-Levels 44, 106, 151, 159, 169-173
Middle Kingdom ... 202-203
Ming-Dynastie ... 11, 39, 71, 250, 259, 285
Mirs Bay 288
Miu Fat Buddhist
Monastery 248
Mong Kok 32, 62, 133, 210, 233-235, 235
Mount Elgin 215
Mount Stenhouse 275
MTR *s. Mass Transit Railway*
Mui Wo 62, 67, 92, 278-279, 286
Murray House 206
Museum of Chinese
Historical Relics 182
Muslims 44, 81

N

Nanjing 284
Napiers, Lord 22
Nathan Road 44, 89, 130, 214, 216, 219, 234
Nathan, Sir Matthew 170, 214-215
Nationaler Volkskongreß 20

New Kowloon .. 27, 29, 210, 235, 240
New Territories .. 11, 16, 17, 21, 24, 27, 29, 30, 37, 62, 65, 83, 87, 90, 91, 92, 94, 96, 97, 98, 102, 103, 104, 105, 117, 175, 210, 235, 238, 241, 242-266, 267, 288
New Towns 17, 18, 30, 103, 246, 254, 260
New World Centre 218
Ngong Ping 282-285
Nixon 18
Noonday Gun 187
Nordvietnam 10
North Point....... 59, 97, 133, 195

O

Ocean Centre 210, 213
Ocean Galleries 210, 213
Ocean Park 83, 98, 99, 192, 202-203
Ocean Terminal 210
Ohel Leah Synagogue 44, 81, 169-170
Old Stanley Police Station 208
Opern 38, 66, 67, 197
Opium 13
Opiumkrieg, Erster 14
Opiumkrieg, Zweiter 15
Outlying Islands 16, 27, 30, 69, 158, 175, 226, 267-288

P

Pacific Place 162, 163
Pak Pai 67
Pak Shing 150
Pak Tai 45-46, 67, 180, 269, 270
Pak Tai-Tempel 62
Palmerston, Lord . 13, 14, 23
Pang 29, 254
Pao Kung 152
Parsen 191
Parteitag 20
Patten, Christopher 20
Peak 71, 173-176
Peak Tram 16, 24, 65, 71, 101, 140, 157, 161, 173, 174, 226
Peking-Oper 38-39
Peng Chau 59, 60, 287
Perlfluß 246, 290
Ping Chau 59, 260, 287
Ping Shan 249-250
Plover Cove Reservoir 258-259
Po Lin Tze 67, 91, 280, 283
Po Toi Island 288
Pok Fu Lam 66, 143, 147
Pok Fu Lam Country Park 209
Police Museum 176
Polytechnikum 217
Port Shelter 264
Possession Point 14
Pottinger, Sir Henry . 14, 15, 22-23
Pui O 286

Q

Qin Shi Huang Di 11
Qing-Dynastie 149, 152, 167, 250, 286
Qu Yuen 68
Quarry Bay 102, 195-196

R

Real Estates 17
Regional Council 21
Repulse Bay 38, 92, 175, 204-206
RHKJC *s. Royal Hong Kong Jockey Club*
Rikscha 157
Roman Catholic Cathedral 171
Royal Hong Kong Jockey Club .. 9, 161-162, 183, 190, 192, 202, 214, 227

Royal Hong Kong
Yacht Club 186
Royal Observatory 215
Rundfahrten 139-143

S
Sai Kung 69, 90, 91, 92, 264-265, 266
Sai Wan Ho 59, 62, 195, 196
Sai Ying Pun 145, 149
Sakyamuni 283
Sam Tung Uk Museum . 245
Sampan 186-188, 190, 196, 199, 200, 207, 264, 281, 287
San Tin 252-253
San Wai 255
Sassoon, Sir Jacob E. 170
Sau Mau Ping 72, 240
Seefahrtsmuseum 219
Sha Tin ... 18, 62, 67, 69, 71, 94, 95, 98, 115, 192, 242, 260-264
Sha Tin Race Course 263
Sham Shui Po 32, 133, 235-236
Shanghai 16, 195
Sharp Island 92
Shau Kei Wan 16, 66, 69, 100, 133, 193, 196, 197
Shaw, Run Run 24
Shek Kip Mei 17, 83
Shek O 92, 208-209
Shek O Country Park 209
Shenzhen . 98, 254, 289, 290
Sheung Shui 103, 254
Sheung Wan 102, 105, 106, 1453, 150, 159
Sheung Yiu Folk
Museum 264-265
Shing Wong 152, 231
Shui Tau 251
Shut Hing Study Hall 249
Signal Tower 219
Sikhs 44, 81, 193
Silvermine Bay 60, 61, 278, 286
Sing Pui 36
Siu Mui Sha 98
Sok Kwu Wan. 60, 274, 275
Sonderverwaltungs-
zone 20, 33
Squatter Areas 17, 30, 32
Squatter Villages 189
St Andrew's Church 215
St John's Cathedral 161
Stanley 69, 92, 173, 205, 206-208
Star Ferry ... 16, 89, 99, 108, 115, 132, 140, 157, 158, 210, 217, 221, 222
Statue Square .. 16, 167, 188
Stonecutter Island 15
Streitende Reiche 149
Sui Tsing Paak 150
Sun Yat-sen, Dr. ... 149, 248
Sung Dynasty Village ... 236
Sung-Dynastie ... 11, 29, 46, 236, 262, 270, 285
Sung-Kaiser 276
Sunset Peak 27, 276, 286
Supreme Court Building . 16
Suzie Wong 18, 128, 181

T
Tai Chi Chuan 172, 188
Tai Fu Tai 252-253
Tai Hang 189
Tai Mo Shan 27, 245
Tai Mo Shan Country
Park 245
Tai O 11, 280-282, 286
Tai Pan 187
Tai Ping Carpet Factory 258
Tai Ping Shan 150
Tai Po 62, 69, 256-259
Tai Po Kau 259
Tai Po Market 138
Tai Sui 151, 180, 181, 188, 231, 244
Tai Tam Country Park .. 209
Tai Tam Reservoir 177, 209
Tai Wai Village 262
Taifun 28, 29
Taikoo Shing 99, 195
Taipa 293, 294, 296, 299

Tam Kung 46, 66, 197
Tang-Dynastie .. 11, 29, 149, 181, 249, 250, 251, 255, 256
Tanka 11, 29, 200, 256, 281
Taoismus 40, 41
Tap Mun Chau 260, 288
TDC Design Gallery 183
Temple Street 38, 130, 136, 226, 232, 233, 234
Ten Thousand Buddhas Monastery 261
Thatcher, Margaret 19
The Landmark 160, 168
The Peninsula 219
The Regent 218-219
The Ultamia 176
Theravada 42
Tian An Men 19
Tiantan-Buddha 284
Tierkreiszeichen 35-36, 39, 151
Tiger Balm Gardens 83, 189
Tin Hau 45, 46, 66, 67, 150, 181, 188, 197, 199, 205, 207, 231, 232, 233, 241, 250, 251, 258, 266, 273, 274, 275, 286, 287, 288, 298, 299
Tin Hau-Festival 38
To Tei 231, 274
Tolo Harbour 11, 256, 258, 260, 288
Tong 270
Tou Tei 67
Tramway 16, 89, 99-100, 140, 159, 178, 184, 189, 190, 193, 197
Trappist Haven Monastery 279
Triaden 150, 238
Tsang 262
Tsang Tai Uk 262-263
Tsim Sha Tsui 44, 62, 91, 99, 104, 108, 127, 128, 129, 210-222
Tsim Sha Tsui East .. 61, 69, 91, 97, 99, 127, 128, 186, 210-222
Tsing Shan Monastery .. 247
Tsing Yi 195, 242
Tsuen Wan ... 18, 61, 62, 69, 98, 102, 242-245, 246
Tsui Museum of Art 167
Tsui Shing Lau Pagoda . 250
Tu Ti 177
Tuen Mun 11, 18, 60, 69, 104, 133, 158, 246-248
Tung Chung 280, 285
Tung Chung Fort 285
Tung Lung Chau ... 266, 288
Türgötter 64

U

Universität 16
University of Hong Kong 30, 69, 149
University of Science and Technology 192
Unsterbliche, Acht . 46, 152, 239, 246
Urban Council 21, 85

V

Vertrag von Nanjing . 14, 23
Vertrag von Tianjin 15
Victoria 15, 27, 145, 158, 175, 177, 193
Victoria Harbour 30, 64
Victoria, Königin .. 167, 188
Victoria Park 64, 71, 90, 91, 92, 111, 167, 188
Victoria Peak 16, 27, 28, 38, 64, 72, 91, 99, 101, 140, 173, 174
Victoria Prison 171
Vietnamkrieg 18

W

Walled Villages 245, 250
Wan Chai 15, 18, 44, 59, 62, 89, 91, 99, 116, 127, 128, 133, 177, 178-184, 193, 239

Wan Chai Gap . 70, 176-177
Wan Chai Post Office ... 180
Wan Li 45
Water World 202
Weissager 36, 44, 64
Western District 15, 145-155
Western Market 154
Whampoa Garden . 222-223
Wo Hop Shek 66, 256
Wong Tai Sin 46, 72, 239-240
Wong Tai Sin-Tempel 36

Y

Yau Ma Tei 59, 69, 102, 127, 133, 158, 223-233
Yau Tong 240-241
Yin und Yang 36
Young, Sir Mark 17
Yuan-Dynastie 11, 149
Yue Lan 70
Yuen Long 66, 104, 250
Yuen Yuen Institute 244
Yuet Kai 261
Yung Shue Wan 60, 274
Yunnan 10

Z

Zhou-Dynastie 180
Zoological and Botanical Gardens 90, 169, 172, 175, 177